新公司法
重大修订内容超详细解读

表格化对照+实操指南

毕汝才　史公侯　编著

中国水利水电出版社
www.waterpub.com.cn
·北京·

内 容 提 要

本书为懂经营的不懂法律、懂法律的不懂经营的众多中小企业经营者，搭建了一个了解法律条文的实用平台。

目前，市面上关于法律条文的解读类书籍，常出现过于理论化、晦涩的问题，可读性差。本书在专业性和可读性上做了平衡设计，让读者看了就能懂，懂了就能用。

两版法律条款的比对，让经营者"知其然"，还"知其所以然"。

实操指南，让经营者可以对照经营现实，查漏补缺，避坑优化。

本书完全站在"企业"角度，解读新《公司法》，解读法律词条，让企业经营者既能对此次修订有一个总体的了解，又能第一时间找到与自己经营相关的法律条款和现实经营调整的指导方案，切实解决中小企业迫切关心的问题。

本书整体风格做到了实用、精练、专业，是中小企业经营者必备的法律工具书。

图书在版编目（CIP）数据

新公司法重大修订内容超详细解读：表格化对照＋实操指南 / 毕汝才，史公侯编著． -- 北京：中国水利水电出版社，2024.7． -- ISBN 978-7-5226-2622-2

Ⅰ．D922.291.915

中国国家版本馆 CIP 数据核字第 2024NR9754 号

选题策划：陈正侠

书　　名	新公司法重大修订内容超详细解读 表格化对照＋实操指南 XIN GONGSIFA ZHONGDA XIUDING NEIRONG CHAOXIANGXI JIEDU BIAOGEHUA DUIZHAO＋SHICAO ZHINAN
作　　者	毕汝才　史公侯　编著
出版发行	中国水利水电出版社 （北京市海淀区玉渊潭南路 1 号 D 座　100038） 网址：www.waterpub.com.cn E-mail：zhiboshangshu@163.com 电话：（010）62572966-2205/2266/2201（营销中心）
经　　售	北京科水图书销售有限公司 电话：（010）68545874、63202643 全国各地新华书店和相关出版物销售网点
排　　版	北京智博尚书文化传媒有限公司
印　　刷	河北文福旺印刷有限公司
规　　格	170mm×240mm　16 开本　26 印张　451 千字
版　　次	2024 年 7 月第 1 版　　2024 年 7 月第 1 次印刷
印　　数	0001—3000 册
定　　价	118.00 元

凡购买我社图书，如有缺页、倒页、脱页的，本社营销中心负责调换

版权所有·侵权必究

前　言

公司是最重要的市场主体，而《中华人民共和国公司法》（简称《公司法》）是市场经济的基础性法律保障。对于优化营商环境、促进市场经济健康发展至关重要。

自1993年《公司法》问世以来，先后经历了五次修订：1999年、2004年对《公司法》个别条款进行了修改；2005年进行了全面修订；2013年、2018年对公司资本制度相关问题作了两次修改。

2023年正值《公司法》颁布三十周年，第十四届全国人民代表大会常务委员会第七次会议修订通过《中华人民共和国公司法》（简称"新《公司法》"），并自2024年7月1日起施行。此次新《公司法》是第六次修正，也是规模最大的一次修订，修改内容特别多。新《公司法》共计15章、266条、31456字，除了"外国公司的分支机构"和"附则"这两章和现行法几乎相同之外，其余各章都有所变动，删除了现行法中的16个条文，实质性修改条文超过上百条，并在公司设立、运营、变更、治理等方面都进行了调整。

本次修订有两大亮点：

一是在"总则"之后新增第二章"公司登记"，明确规定了公司的法定登记事项和具体程序，丰富和完善了我国的公司登记规则体系，为公司设立、变更、注销等全生命周期登记便利化提供制度支撑，保障公司登记结果公开、透明、可预期。新设公司登记一章，集中反映了优化营商环境的新要求。

二是专设一章来规范国家出资公司，以法律形式明确了国家出资公司的框架体系，满足国企改革深化提升、完善中国特色现代企业制度的需要。其中不少新增内容。比如，国家出资公司新概念的提出，丰富了国企的类型，为以后中央和地方企业合作提供了法律支撑，而明确国务院或者地方人民政府可以授权国有资产监督管理机构或者其他部门、机构代表本级人民政府对国家出资公司履行出资人职责，为以后经营性国有资产集中监管提供法律支撑。

本书在解读新《公司法》修订内容上，下足了功夫。作者仔细研读了新旧两版《公司法》（2018年版和2023年版）有变动的地方，然后逐条解读。针对每条内容的解读，小标题明确表明了是"修订"条款还是"新增"条款。

在内容解读上，特设了三个板块：

【法条对比】对比分析做了什么变动？让读者一目了然，免受读不懂数百法条之苦。

【溯源解读】为什么要这么修订？帮中小企业了解法律制定初衷，把握界限和分寸！

【实操指南】面对变动公司要怎么做？相关人要承担什么后果？如何规避法律风险？

通过对照并结合实际、干货满满的解读方式，既省去了读者翻阅查找的时间，又解决了读者最关心的问题，并就如何理解和运用，提供了具体案例和实操指南。

在本书附录部分，罗列了与本法修订、企业经营高度相关的法律条文，方便中小企业主查找相关企业经营内容，印证和确认法律依据。

总之，本书满怀诚意地对新《公司法》进行了全面、务实、系统性的解读，希望能最大化帮助对新《公司法》存在疑惑、又想充分运用新《公司法》为公司发展提供助力的广大读者。

目　录

第一章　关于总则的修订 ... 001

- [新增] 增加公司名称权规定 ... 001
- [修订] 法定代表人可主动辞职 ... 002
- [新增] 法定代表人的行为后果 ... 004
- [修订] 建立健全职工代表大会制度 ... 005
- [修订] 增添公司社会责任内容 ... 007
- [修订] 增添人格否认规则内容 ... 009
- [新增] 电子化会议规定 ... 010
- [修订] 补充股东可撤销的情形与期限 ... 011
- [新增] 股东会、董事会决议不成立的情形 ... 013
- [修订] 决议无效、撤销、不成立的法律后果 ... 015

第二章　增设专章（1）：公司登记 ... 017

- [修订] 明确公司设立原则 ... 017
- [修订] 增加申请设立材料的规定 ... 018
- [新增] 明确法定登记事项的范围 ... 020
- [修订] 新增电子营业执照的规定 ... 021
- [修订] 完善变更登记的规定 ... 023
- [新增] 注销登记与公告规则 ... 025
- [新增] 强化公司自主公示义务 ... 027
- [新增] 优化公司登记服务 ... 029

第三章 有限责任公司的设立和组织机构修订内容 031

- [修订] 明确一人公司的法律地位 031
- [新增] 股东可以签订设立协议 032
- [新增] 股东先公司交易的连带责任 033
- [修订] 注册资本认缴制与最长认缴期限 035
- [修订] 增加股权、债权可列入出资范围 036
- [修订] 强化股东未足额缴纳出资的赔偿责任 037
- [修订] 公司设立时股东出资连带责任 039
- [新增] 董事会资本充实责任规定 040
- [新增] 股东失权制度 041
- [修订] 补充抽逃出资责任 043
- [新增] 要求股东提前缴纳出资制度 044
- [修订] 补充股东名册具体事项 045
- [修订] 增加股东查阅权的范围与方式 047
- [修订] 减少股东会公司治理职权 048
- [修订] 增加股东会一般事项的通过比例 050
- [修订] 董事会职权调整 051
- [修订] 董事会成员中职工代表的新要求 053
- [新增] 审计委员会行使监事会的职权 055
- [修订] 新增董事辞任规则 056
- [新增] 无因解除董事 057
- [修订] 经理职权不再法定 059
- [修订] 监事会可以要求董高人员移交执行职务的报告 060
- [修订] 增加监事表决一人一票原则 061
- [修订] 增加不设监事的条件 062
- [修订] 删除"一人有限责任公司的特别规定" 063

第四章 有限责任公司的股权转让修订内容 067

- [修订] 股权转让不需要任何人同意 067
- [新增] 股权转让程序 068
- [新增] 瑕疵股权转让的责任承担 070

| 修订 | 控股股东滥权时其他股东的回购请求权 071

第五章　股份有限公司的设立和组织机构修订内容 075

| 修订 | 设立股份有限公司的条件 075
| 修订 | 发起人完成股份认购的时间 077
| 修订 | 股份公司章程应载明的事项 079
| 修订 | 删除了无记名股票的相关规定 082
| 修改 | 召开公司成立大会 084
| 修改 | 明确非货币财产出资的提法 087
| 新增 | 明确股东资本充实责任 088
| 修改 | 强调股份有限公司股东查阅权 090
| 修改 | 股东会会议的召开程序 092
| 新增 | 审计委员会的相关规定 095
| 新增 | 可以不设董事会的规定 097
| 修改 | 监事会表决应当一人一票 098
| 新增 | 审计委员会过半数通过的事项 100
| 新增 | 禁止代持上市公司股票的规定 102
| 新增 | 子公司交叉持股的限制 105

第六章　股份有限公司的股权转让修订内容 107

| 修订 | 无面额股的规定 107
| 修订 | 类别股发行规则 108
| 新增 | 发行股份的相关规定 111
| 修订 | 股份转让的原则性规定 112
| 修订 | 股份转让的限制原则 114
| 新增 | 异议股东的股份回购请求权 116
| 新增 | 禁止财务资助制度及例外规则 118

第七章　增设专章（2）：国家出资公司组织机构的特别规定 121

| 修订 | 创设"国家出资公司"的法律概念 121
| 新增 | 明确国家出资公司为一级企业 123

新增	明确党对国家出资公司的领导	124
修订	明确"履行出资人职责的机构"的权责	125
修订	新增国有独资公司中外部董事过半的规定	128
新增	国有独资公司设置审计委员会	129
新增	国家出资公司的监管与风控规定	131

第八章 董监高人员的资格和义务修订内容 133

修订	完善董监高人员的准入禁入条件	133
修订	忠实义务和勤勉义务更加清晰	135
修订	扩大关联交易限制对象和适用范围	137
修订	新增正当利用公司机会的例外情形	139
修订	完善董监高人员的竞业禁止义务	141
新增	关联董事表决回避规则	143
修订	增加双重股东代表诉讼制度	144
新增	董事、高管对第三人的赔偿责任	146
新增	"影子董事"与"名义董事"承担连带责任	147
新增	董事可向公司要求投保责任保险	148

第九章 关于公司债券的修订内容 151

修订	新增公司债券可以非公开发行	151
修订	变债券核准制为注册制	152
修订	取消无记名债券	153
修订	改"债券存根簿"为"债券持有人名册"	154
新增	债券持有人会议具体规定	156
新增	聘请债券受托管理人规定	157
新增	债券受托管理人的义务规定	159

第十章 关于公司财务、会计的修订内容 163

新增	公司违法分配利润的责任规定	163
新增	公司分配利润的时间限定规定	164
修订	新增无面额股列入资本公积金的部分	165

- 修订 取消资本公积金不得用于弥补公司亏损……166
- 修订 新增监事会为会计师事务所的决定主体……168

第十一章 公司合并、分立、增资、减资修订内容……171

- 新增 简易合并与小规模合并可以不经股东同意……171
- 修订 按照出资比例减资……172
- 新增 减资弥补亏损的特别规定……173
- 新增 违法减资的民事责任……175

第十二章 关于公司解散和清算的修订内容……177

- 修订 增加"限期公示"公司的解散事由……177
- 修订 将清算责任从股东转移给董事……178
- 修订 申请指定清算组的规定……180
- 新增 简易注销规定……181
- 新增 强制注销制度……183

第十三章 关于法律责任的修订内容……185

- 修订 虚假登记的法律责任……185
- 新增 公司未公示或不如实公示信息最高罚 20 万元……187
- 修订 对虚假出资予以阶梯式罚款……188
- 修订 抽逃出资直接负责人员最高罚款 30 万元……190
- 修订 另立会计账簿、财务会计报告失真的法律责任……191
- 修订 机构提供重大遗漏报告的法律责任……194
- 修订 公司登记机关违法行为的政务处分……197
- 修订 增加办理歇业的公司不承担法律责任……198

附录 中小企业须知的公司法相关法律法规和司法解释……203

- 附录1 《中华人民共和国公司法》（2024 年版）……203
- 附录2 《中华人民共和国市场主体登记管理条例》……244
- 附录3 《中华人民共和国市场主体登记管理条例实施细则》……252

附录 4	《中华人民共和国企业国有资产法》 266
附录 5	《中华人民共和国反不正当竞争法》 277
附录 6	《最高人民法院关于适用〈中华人民共和国公司法〉若干问题的规定（五）》 283
附录 7	《最高人民法院关于适用〈中华人民共和国公司法〉若干问题的规定（四）》 284
附录 8	《最高人民法院关于适用〈中华人民共和国公司法〉若干问题的规定（三）》 288
附录 9	《最高人民法院关于适用〈中华人民共和国公司法〉若干问题的规定（二）》 294
附录 10	《最高人民法院关于适用〈中华人民共和国公司法〉若干问题的规定（一）》 299
附录 11	《防范和查处假冒企业登记违法行为规定》 299
附录 12	《企业信息公示暂行条例》（2024 年修订版） 303
附录 13	《中华人民共和国税收征收管理法》 307
附录 14	《中华人民共和国资产评估法》 321
附录 15	《中华人民共和国注册会计师法》 329
附录 16	《中华人民共和国证券法》 335
附录 17	《公司债券发行与交易管理办法》（2023 年版） 376
附录 18	《国务院关于开展优先股试点的指导意见》 393
附录 19	《上市公司独立董事管理办法》 396

第一章　关于总则的修订

[新增] 增加公司名称权规定

📲 法条对比

2018年版《公司法》并未规定公司名称权规定，新《公司法》增加了此规定。

修订此内容，主要是服务于完善公司依法成立及登记注册制度。新《公司法》增加"**公司登记**"专章（第二章），**明确规定及保护公司"名称权"**，是衔接后面企业名称权部分的法律规定。

2018年版《公司法》	新《公司法》	内容变化
无。	第六条　公司应当有自己的名称。公司名称应当符合国家有关规定。公司的名称权受法律保护。	1. 新增公司名称权规定。

✏️ 溯源解读

公司名称权最早可以追溯至《中华人民共和国民法通则》（简称《民法通则》）（已废止）第九十九条："公民享有姓名权，有权决定、使用和依照规定改变自己的姓名，禁止他人干涉、盗用、假冒。法人、个体工商户、个人合伙享有名称权。企业法人、个体工商户、个人合伙有权使用、依法转让自己的名称。"

《中华人民共和国民法典》（简称《民法典》）第五十八条、第一千零一十三条、第一千零一十四条延续了相应的权利及保护规定：

第五十八条："法人应当依法成立。法人应当有自己的名称、组织机构、住所、财产或者经费。法人成立的具体条件和程序，依照法律、行政法规的规定。设立法人，法律、行政法规规定须经有关机关批准的，依照其规定。"

第一千零一十三条："法人、非法人组织享有名称权，有权依法决定、使用、变更、转让或者许可他人使用自己的名称。"

第一千零一十四条："任何组织或者个人不得以干涉、盗用、假冒等方式侵害他人的姓名权或者名称权。"

新《公司法》明确规定及保护公司"名称权"在内的各项权利，有助于**完善公司依法成立及登记注册制度**，从而构建完善的法律体系。

☑ 实操指南

如何应对不正当竞争者冒名营业？

《中华人民共和国市场主体登记管理条例》（简称《市场主体登记管理条例》）第十条明确规定："市场主体只能登记一个名称，经登记的市场主体名称受法律保护。市场主体名称由申请人依法自主申报。"

公司在登记的时候，只能通过系统筛选确定一个名称，所以很少存在重名纠纷。真正侵害名称权的纠纷多发于不正当竞争当中。比如，冒用同行的名字从事相关业务。

如何应对恶意侵害名称权的行为？

被侵权方走民事诉讼程序，到具有管辖权的人民法院起诉，并提交相关的证据材料。

侵权方将承担停止侵害、赔礼道歉和消除影响等民事责任。如果侵权行为给权利人造成损失的，侵权人还应当赔偿被侵权人因该侵权行为所遭受的损失。

「修订」法定代表人可主动辞职

↪ 法条对比

相较于2018年版《公司法》，新《公司法》扩大了法定代表人的选任范围，概括性规定"由代表公司执行公司事务的董事或经理"担任法定代表人。

另外，新《公司法》新增了"法定代表人可主动辞任"的规定，这一点比较引人关注。2018年版《公司法》对此没有规定，导致的结果是，那些"挂名"法定代表人为了涤除这个身份，不得不诉诸法律时，却难以得到法律支持。现在有了这条规定，"挂名"法定代表人有了涤除身份的法律依据和政策保障，可以轻松维护自身合法权益。

2018年版《公司法》	新《公司法》	内容变化
第十三条 公司法定代表人依照公司章程的规定，由董事长、执行董事或者经理担任，并依法登记。公司法定代表人变更，应当办理变更登记。	第十条 公司的法定代表人按照公司章程的规定，由代表公司执行公司事务的董事或者经理担任。担任法定代表人的董事或者经理辞任的，视为同时辞去法定代表人。法定代表人辞任的，公司应当在法定代表人辞任之日起三十日内确定新的法定代表人。	2.将"董事长、执行董事或者经理"修改成了"董事或者经理"； 3.细化了法定代表人变更登记规定； 4.新增"法定代表人可以主动辞任"的规定以及补任规则。

第一章　关于总则的修订

📝 溯源解读

法定代表人是公司设立的必备要素，没有法定代表人，公司不得设立登记。法定代表人以公司名义从事的民事活动，其法律后果由公司承担，这是毋庸置疑的。本条规定积极回应了实践中因法定代表人辞任、变更等引发的各类问题。

一、法人≠法定代表人

法人通常被视作法定代表人的简称。其实，两者并不能完全画等号的。根据《民法典》第五十七条规定："法人是具有民事权利能力和民事行为能力，依法独立享有民事权利和承担民事义务的组织。"法人是依法成立的组织。根据《民法典》第六十一条规定："依照法律或者法人章程的规定，代表法人从事民事活动的负责人，为法人的法定代表人。法定代表人以法人名义从事的民事活动，其法律后果由法人承受。法人章程或者法人权力机构对法定代表人代表权的限制，不得对抗善意相对人。"法定代表人是法人的负责人，是自然人。

二、为什么删除"董事长"

新《公司法》将"董事长、执行董事或者经理"修改成了"董事或者经理"，一是考虑到有些公司不设董事会的情况，二是扩大法定代表人的选任范围至任何一名代表公司执行公司事务的董事会成员，而非局限于董事长。以前公司的法定代表人基本都是由公司的董事长担任，而事实上一个老板可能有多家公司，每家公司都由他担任法定代表人，并不科学，因为一个人的精力有限，不可能每家公司都参与经营。扩大公司法定代表人的担任范围，就可以减少"挂名"现象。

☑ 实操指南

如何辞去法定代表人职务？

新《公司法》规定，法定代表人可主动辞任，辞任后公司需在三十日内确定新法定代表人。辞任形式可以是书面提出辞任，通过快递的形式向公司注册地及实际经营地同时寄送辞任通知书，也可以通过电子邮件方式提出辞任，使用个人邮箱向企业发送电子邮件。

记住，无论采用哪种方式，都要记得证据固定。

而根据"法定代表人辞任的，公司应当在法定代表人辞任之日起三十日内确定新的法定代表人"的新规定，法定代表人提出辞任，是不需要公司表决的。一旦提出辞任，公司只能及时选出新的法定代表人，并且后续公司办理变更登记，原法定代表人不需要再签署文件。

[新增] 法定代表人的行为后果

法条对比

该条为新增条文，明确规定法定代表人代表公司作出的行为，应该由公司承担相应的法律后果，法定代表人个人无须就履行职务的行为承担法律责任。与此同时，也规定法定代表人如果违反法律法规和公司章程的规定，超越代表权限，可能承担相应的民事、行政或刑事责任。

2018年版《公司法》	新《公司法》	内容变化
无。	第十一条　法定代表人以公司名义从事的民事活动，其法律后果由公司承受。**公司章程或者股东会对法定代表人职权的限制，不得对抗善意相对人。**法定代表人因执行职务造成他人损害的，由公司承担民事责任。公司承担民事责任后，依照法律或者公司章程的规定，可以向有过错的法定代表人追偿。	5. 本条为新增条款，明确规定了法定代表人行为后果归属、超越权限的法律后果和内部追责方式。

溯源解读

公司作为法人最常见的组织形式之一，理当在《公司法》中有所规定。新《公司法》第十一条借鉴、吸收了《民法典》第六十一条、第六十二条：

第六十一条　依照法律或者法人章程的规定，代表法人从事民事活动的负责人，为法人的法定代表人。

法定代表人以法人名义从事的民事活动，其法律后果由法人承受。

法人章程或者法人权力机构对法定代表人代表权的限制，不得对抗善意相对人。

第六十二条　法定代表人因执行职务造成他人损害的，由法人承担民事责任。法人承担民事责任后，依照法律或者法人章程的规定，可以向有过错的法定代表人追偿。

新《公司法》的这一新增强调了法定代表人不再是天然第一责任人，他的行为是"以公司名义""执行公司职务"，其后果自然是"公司承受、公司承担"，这也避免了有些老板抱着找人背锅的心思找其他人来当法定代表人的做法。

实操指南

法定代表人超越代表权限，可能承担哪些责任？

1. 民事责任

公司违法将会受到双重制裁，除了追究公司责任外，法定代表人也会承担个人法律责任：

（1）损失赔偿责任。因法定代表人的故意、过失或者违反法律行政法规或公司章程的规定而给公司造成损失，公司有权就该损失向法定代表人主张赔偿责任。

（2）法定代表人滥用职权所获取的收入，归入公司。

2. 行政责任

公司一旦存在非法经营、抽逃资金、隐匿财产逃避债务的行为，作为企业的法定代表人，法院可以直接对其进行罚款，同时可以向有关部门提出司法建议，由有关部门给予行政处分。法定代表人不知情且无过错的除外。

3. 刑事责任

如果公司存在犯罪行为的，需要承担刑事责任。很多情况会采取双罚制度，就是公司和法定代表人都会承担刑事责任。法定代表人的常见犯罪包括：违规披露、不披露重要信息罪；虚假破产罪；妨害清算罪；非法经营同类营业罪；偷税罪；为亲友非法牟利罪；逃避追缴欠税罪；骗取出口退税罪；虚开增值税专用发票罪；违法发放贷款罪；生产、销售伪劣商品罪；拒不支付劳动报酬罪；侵犯知识产权罪等。

【修订】建立健全职工代表大会制度

法条对比

新《公司法》第十六条将2018年版《公司法》条款中的"必须"改为"应当"，并无实质意义上的变动。

有比较大的改动是第十七条，新增"休息休假"的内容，体现了对保障劳动者休息休假权利问题的进一步重视；增加"建立健全以职工代表大会为基本形式的民主管理制度"，强调职工代表大会的地位；在听取公司工会意见中，将"公司解散与申请破产"纳入到听取公司工会意见中，是对职工权利保护的又一体现。

2018年版《公司法》	新《公司法》	内容变化
第十七条　公司必须保护职工的合法权益，依法与职工签订劳动合同，参加社会保险，加强劳动保护，实现安全生产。 公司应当采用多种形式，加强公司职工的职业教育和岗位培训，提高职工素质。 第十八条　公司职工依照《中华人民共和国工会法》（简称《工会法》）组织工会，开展工会活动，维护职工合法权益。公司应当为本公司工会提供必要的活动条件。公司工会代表职工就职工的劳动报酬、工作时间、福利、保险和劳动安全卫生等事项依法与公司签订集体合同。 公司依照宪法和有关法律的规定，通过职工代表大会或者其他形式，实行民主管理。 公司研究决定改制以及经营方面的重大问题、制定重要的规章制度时，应当听取公司工会的意见，并通过职工代表大会或者其他形式听取职工的意见和建议。	第十六条　公司应当保护职工的合法权益，依法与职工签订劳动合同，参加社会保险，加强劳动保护，实现安全生产。 公司应当采用多种形式，加强公司职工的职业教育和岗位培训，提高职工素质。 第十七条　公司职工依照《中华人民共和国工会法》组织工会，开展工会活动，维护职工合法权益。公司应当为本公司工会提供必要的活动条件。公司工会代表职工就职工的劳动报酬、工作时间、休息休假、劳动安全卫生和保险福利等事项依法与公司签订集体合同。 公司依照宪法和有关法律的规定，建立健全以职工代表大会为基本形式的民主管理制度，通过职工代表大会或者其他形式，实行民主管理。 公司研究决定改制、解散、申请破产以及经营方面的重大问题、制定重要的规章制度时，应当听取公司工会的意见，并通过职工代表大会或者其他形式听取职工的意见和建议。	6. 增加"休息休假"的表述； 7. 增加"建立健全以职工代表大会为基本形式的民主管理制度"的表述； 8. 增加"解散、申请破产"的表述。

✎ 溯源解读

职工是公司重要的利益相关者，强化公司民主管理、维护职工合法权益是立法目的之一。新《公司法》借鉴《中华人民共和国劳动法》（简称《劳动法》）、《中华人民共和国劳动合同法（简称《劳动合同法》）《工会法》的相关规定，强化了对职工权益的保护。

1. 保护职工休息休假权利

劳动者与用人单位关于休息休假的纠纷一直持续不断，新《公司法》基于此现实，新增了"休息休假"的内容，符合《中华人民共和国宪法》（简称《宪法》）及《劳动法》中对劳动者休息权利的保护。

2. 建立健全以职工代表大会为基本形式的民主管理制度

根据《工会法》的相关规定，工会依照法律规定通过职工代表大会或者其他形式，组织职工参与本单位的民主选举、民主协商、民主决策、民主管理和民主监督。新《公司法》借鉴了《工会法》的相关规定，将职工代表大会加入了进去。需要指出的是，该条款只是将职工代表大会作为民主管理的基本形式，公司既可以选择职工代表大会的方式，也可以选择其他的民主管理形式。

3. 将听取工会意见扩展至解散、申请破产

《劳动合同法》第四条第二款规定："用人单位在制定、修改或者决定有关劳动报酬、工作时间、休息休假、劳动安全卫生、保险福利、职工培训、劳动纪律以及劳动定额管理等直接涉及劳动者切身利益的规章制度或者重大事项时，应当经职工代表大会或者全体职工讨论，提出方案和意见，与工会或者职工代表平等协商确定。"公司的解散与申请破产显然属于"直接涉及劳动者切身利益的重大事项"，但现实是，员工通常在公司作出提前解散的决定后被动单方面告知，无法参与公司所作决策之过程。新《公司法》将公司解散与申请破产两项纳入到听取公司工会意见中，保护了员工知情权。

> **实操指南**

强化职工代表大会地位，意味着什么？

根据新《公司法》的第十七条规定，公司工会代表职工与公司签订集体合同，并涉及诸如劳动报酬、工作时间、休息休假、劳动安全卫生以及保险福利等重要议题。这意味着，职工今后将在公司决策中占有一席之地。

在公司决策过程中，不仅需要工会的意见，而且需要通过职工代表大会来收集和考虑职工的观点。这意味着，无论是公司的重大改革、解散、申请破产还是其他重大经营问题和规章制度的制定，职工的意见都不可忽视。如果公司执意不听取职工的声音，其最终的决议可能会面临法律风险。

[修订] 增添公司社会责任内容

> **法条对比**

2018年版《公司法》第五条只是提到了公司应该"承担社会责任"，奠定了公司社会责任作为公司法核心原则的法律地位。新《公司法》在此基础上，补充了两项核心内容：一是公司具有尊重与保护利益相关者的社会义务——"**应当充分考虑公司职工、消费者等利益相关者的利益以及生态环境保护等社会公共利益**"；二是信息披露——"**公布社会责任报告**"。

2018年版《公司法》	新《公司法》	内容变化
第五条 公司从事经营活动，必须遵守法律、行政法规，遵守社会公德、商业道德，诚实守信，接受政府和社会公众的监督，承担社会责任。 公司的合法权益受法律保护，不受侵犯。	第二十条 公司从事经营活动，应当充分考虑公司职工、消费者等利益相关者的利益以及生态环境保护等社会公共利益，承担社会责任。 国家鼓励公司参与社会公益活动，公布社会责任报告。	9. 增加公司具有尊重与保护利益相关者的社会义务； 10. 增加公布社会责任报告。

📝 溯源解读

自1916年美国芝加哥大学的克拉克（John Maurice Clark）提出"**企业社会责任**"之后，理论界一直在探讨社会责任的内涵。

2005年版《公司法》第一次提出了"社会责任"概念，其第五条规定："公司从事经营活动，必须遵守法律、行政法规，遵守社会公德、商业道德，诚实守信，接受政府和社会公众的监督，承担社会责任。"2013年和2018年在修订《公司法》时，保留了这一条规定。

新《公司法》新增第二十条，导向其实很明确，就是要鼓励企业履行社会责任和发布企业社会责任报告。新规定明确了企业对"谁"负责、负什么责、如何负责，丰富了社会责任的内涵。近年来，公司侵害职工权益引发的劳动争议事件越来越多，所以新修订的《公司法》把**职工权益的保护**列入企业社会责任之中，这是新增亮点。

📝 实操指南

公司必须公布社会责任报告吗？

新《公司法》第二十条用了"**鼓励**"一词。也就是说，**并不强制企业参与社会公益活动**。一个客观原因就是，企业有大小，所以鼓励大型企业参与社会公益活动并出具社会责任报告，中小微企业可以积极参与社会公益活动而不必出具社会责任报告。

其实，国家对于鼓励大企业参与社会公益活动并非只停留在口头层面，在《中华人民共和国企业所得税法实施条例》（简称《企业所得税法实施条例》）第三十七条就有规定："企业当期实际发生的公益性捐赠支出在年度利润总额12%

以内(含)的,准予扣除。年度利润总额,是指企业按照国家统一会计制度的规定计算的年度会计利润。"

[修订] 增添人格否认规则内容

📑 法条对比

相较 2018 年版《公司法》规定的人格否认规则,新《公司法》增添了一项内容:"**股东利用其控制的两个以上公司**"滥用公司法人独立地位和股东有限责任的相关规则,以横向法人人格否认制度回应实务中的股东逃避债务行为。

另外一处变动为:将财务独立举证责任倒置的适用范围从"**一人有限公司**"修改为"**只有一个股东的公司**",即范围除一人有限公司外,还包括一人股份有限公司。

2018年版《公司法》	新《公司法》	内容变化
第六十三条 一人有限责任公司的股东不能证明公司财产独立于股东自己的财产的,应当对公司债务承担连带责任。	第二十三条 公司股东滥用公司法人独立地位和股东有限责任,逃避债务,严重损害公司债权人利益的,应当对公司债务承担连带责任。 股东利用其控制的两个以上公司实施前款规定行为的,各公司应当对任一公司的债务承担连带责任。 只有一个股东的公司,股东不能证明公司财产独立于股东自己的财产的,应当对公司债务承担连带责任。	11. 增加了"横向法人人格否认制度"; 12. 增加了"一人股份有限公司"的举证责任倒置规则。

✍ 溯源解读

首先要理解一个法律概念:法人人格否认制度,即为防止法人独立人格的滥用和保护公司债权人的利益,就具体法律关系中的特定事实,否认法人的独立人格与成员的有限责任,责令法人的成员或其他相关主体对法人债权人或公共利益直接负责的一种法律制度。

该制度源自西方。简单来说,公司通常是一个法人实体,其具有独立人格。但当公司被用来损害债权人及社会公众利益时,应该把公司视为人的集合,即股东应与公司一起承担责任。

公司人格否认制度包括纵向与横向,2005 年版《公司法》引入了"纵向公司法人人格否认制度",主要是为解决母子公司之间的人格否认。新《公司法》则引入了"横向法人人格否认制度"。因为在实践当中,有很多股东为了规避相关责任，会成立一些和原公司毫无隶属关系的新公司，"纵向公司法人人格否认制度"就拿它们没有办法。而"横向法人人格否认制度"，通过确认横向关联公司的实际控制人，判断其是否违反诚实信用和公平原则，损害了债权人利益，从而判决其要承担的连带清偿责任。

☑ 实操指南

公司如何避免承担债务连带责任？

根据新《公司法》"横向法人人格否认制度"的规定，公司要强化内部治理，公司、公司股东、实际控制人都要秉持诚信经营原则，**按照新《公司法》和公司章程规范决策、规范管理、规范经营，尤其需要保证公司财务独立**。为此，要进一步建立健全各项规章制度，人员设置、财务账簿、资产权属、资金使用等都要做到有据可查。

只有一个股东的公司，应在每一个会计年度终了时编制财务会计报告，并经会计师事务所审计。

新增 电子化会议规定

➡ 法条对比

随着新时代的发展，很多公司都已经采用电子会议沟通形式。此次《公司法》修订就与时俱进地增加了"**电子会议**"的内容，以适应公司内部管理中的电子化趋势。

2018 年版《公司法》	新《公司法》	内容变化
无。	第二十四条　公司股东会、董事会、监事会召开会议和表决可以采用电子通信方式，公司章程另有规定的除外。	13. 新增电子会议规定。

✏ 溯源解读

股东会、董事会、监事会被称作公司治理的"三会"。新《公司法》对"三会"的规范运作与履行职责作出进一步规定。"**召开会议和表决可以采用电子通信方式**"，将现实中的通信会议和通信表决予以了法律认可，意义不可小觑。

会议的召开和表决采取何种方式原本只属于公司的自由行为，但有了这条新规定，电子会议就拥有了法律效力。要知道，过去公司采取腾讯会议、钉钉、微信等软件开会是会被视作非正式会议的，其表决不具有法律效力。

电子会议的新规定还有一个重要意义，那就是可以保护中小股东的合法权利。因为很多时候中小股东自己没有在公司担任职务，又舍不得与会费用，就会缺席不少会议。但是，电子会议有了法律效力之后，中小股东就可以多次零成本参会，时时参与表决，既可以充分行使自己的股东权力，又可以保护自己的合法权益。

☑ 实操指南

公司召开电子会议要做到程序合法

电子会议使开会表决更加方便，但是必须要指出的是，使用电子通信方式开会时，会议的通知召集和表决程序也必须合法合规，否则很容易因为"程序不合法"而被撤销，甚至被判决会议不成立。

另外，新《公司法》对三会"召集和表决电子化"的规定还不够彻底，因为后文有多次需要签名或者盖章的规定并没有考虑到电子会议这种形式，这一点企业要尤其注意：

比如，第五十九条第三款规定："对本条第一款所列事项股东以书面形式一致表示同意的，可以不召开股东会会议，直接作出决定，并由全体股东在决定文件上签名或者盖章。"

比如，第六十条规定："只有一个股东的有限责任公司不设股东会。股东作出前条第一款所列事项的决定时，应当采用书面形式，并由股东签名或者盖章后置备于公司。"

再比如，第六十四条第二款规定："股东会应当对所议事项的决定作成会议记录，出席会议的股东应当在会议记录上签名或者盖章。"

修订 补充股东可撤销的情形与期限

📑 法条对比

本条对2018年版《公司法》作出了较大修订，主要变动有四处：

（1）将"轻微瑕疵"补充进入"不予撤销"情形中；

（2）增加"未被通知参加股东会的股东自知道或应当知道股东会决议作出之日起六十日内，可以请求人民法院撤销"情形；

（3）限定股东的撤销权期限为自决议作出之日起一年内；

（4）删除了可提供担保的规定。

2018 年版《公司法》	新《公司法》	内容变化
第二十二条　公司股东会或者股东大会、董事会的决议内容违反法律、行政法规的无效。 　　股东会或者股东大会、董事会的会议召集程序、表决方式违反法律、行政法规或者公司章程，或者决议内容违反公司章程的，股东可以自决议作出之日起六十日内，请求人民法院撤销。 　　股东依照前款规定提起诉讼的，人民法院可以应公司的请求，要求股东提供相应担保。 　　公司根据股东会或者股东大会、董事会决议已办理变更登记的，人民法院宣告该决议无效或者撤销该决议后，公司应当向公司登记机关申请撤销变更登记。	第二十六条　公司股东会、董事会的会议召集程序、表决方式违反法律、行政法规或者公司章程，或者决议内容违反公司章程的，股东自决议作出之日起六十日内，可以请求人民法院撤销。但是，股东会、董事会的会议召集程序或者表决方式仅有轻微瑕疵，对决议未产生实质影响的除外。 　　未被通知参加股东会会议的股东自知道或者应当知道股东会决议作出之日起六十日内，可以请求人民法院撤销；自决议作出之日起一年内没有行使撤销权的，撤销权消灭。	14. 将"轻微瑕疵"补充进入"不予撤销"情形中； 15. 增加"未被通知参加股东会的股东自知道或应当知道股东会决议作出之日起六十日内，可以请求人民法院撤销"情形； 16. 限定股东撤销权期限为一年； 17. 删除了可提供担保的规定。

溯源解读

本条修订吸收了《最高人民法院关于适用〈中华人民共和国公司法〉若干问题的规定（四）》（简称《公司法司法解释（四）（2020修正）》）相关内容：

比如，《公司法司法解释（四）（2020修正）》第四条规定："股东请求撤销股东会或者股东大会、董事会决议，符合公司法第二十二条第二款规定的，人民法院应当予以支持，但会议召集程序或者表决方式仅有轻微瑕疵，且对决议未产生实质影响的，人民法院不予支持。"新《公司法》全盘吸收该条规定，将"轻微瑕疵"补充进入"不予撤销"情形中。

不过，本条也有创新之处。现实中，股东未被通知参加股东会会议、对股东会决议不知情的情形时有发生。新《公司法》根据这一事实，新增了"未被通知参加股东会会议"的股东行使撤销权除斥期间的特殊起算时点和最长行使期，等于填补了2018年版《公司法》的法律漏洞。不过需要提醒的是，这一规定只适用于股东会决议，而不适用于董事会决议。

在域外公司法实践中，存在恶意阻挠公司合并的掠夺性小股东，此类股东故意制造决议程序瑕疵外观或利用决议程序瑕疵,在公司决议通过后,提起诉讼阻碍公司决议的后续执行以索取"撤诉补偿金"。2018年版《公司法》要求股东提供担保的规则具有防止恶意诉讼的功能,新《公司法》则删除了提供担保的规定。但是,从现实层面考虑,我国公司治理的主要症结是控制股东和实际控制人滥权问题,所以应降低非控制股东维护权益的成本,而不应该设置诉讼障碍,这样才能更好地维护非控制股东的权益;另外,从司法实践来看,也可以通过公司法中的权利滥用条款以及诉讼中的受理要件来过滤骚扰性诉讼防止滥用诉权。

☑ 实操指南

如何判断"轻微瑕疵"?

为了保证公司议事程序能够尽可能保证股东会、董事会成员中每个人的职权行使且不受损害,才有了所谓的"法定程序"。判断是否"轻微瑕疵",要看股东会、董事会成员权利的受损程度。

比如,股东会会议召开一般要求提前15日通知,如果公司直到开会前一天才发布通知,虽然通知时间较晚,但是各股东的知情权、表决权都没有被损害,就属于"轻微瑕疵";而如果此间有股东健康有问题,通知太晚,令其无法提前做好准备,而被迫放弃出席会议,这种情况就不仅仅是"轻微瑕疵"了。

新增 股东会、董事会决议不成立的情形

↪ 法条对比

第二十七条为新增条款,明确了在某些特定情况下,公司股东会或董事会的决议会被视为无效。这些情形包括:未进行会议或表决、参与人数或表决权数不足等。这条新增规定是为了保障公司决策过程的合法、合规与有效。

2018年版《公司法》	新《公司法》	内容变化
无。	第二十七条 有下列情形之一的,公司股东会、董事会的决议不成立: (一)未召开股东会、董事会会议作出决议; (二)股东会、董事会会议未对决议事项进行表决;	18.新增股东会、董事会决议无效的情形。

续表

2018年版《公司法》	新《公司法》	内容变化
	（三）出席会议的人数或者所持表决权数未达到本法或者公司章程规定的人数或者所持表决权数； （四）同意决议事项的人数或者所持表决权数未达到本法或者公司章程规定的人数或者所持表决权数。	

溯源解读

《公司法司法解释（四）(2020修正)》第五条规定："股东会或者股东大会、董事会决议存在下列情形之一，当事人主张决议不成立的，人民法院应当予以支持：

（一）公司未召开会议的，但依据公司法第三十七条第二款或者公司章程规定可以不召开股东会或者股东大会而直接作出决定，并由全体股东在决定文件上签名、盖章的除外；

（二）会议未对决议事项进行表决的；

（三）出席会议的人数或者股东所持表决权不符合公司法或者公司章程规定的；

（四）会议的表决结果未达到公司法或者公司章程规定的通过比例的；

（五）导致决议不成立的其他情形。"

区别在于，本条删除了"（五）导致决议不成立的其他情形"的兜底性规定，避免权力滥用的情况。

实操指南

发现公司股东会或董事会的决议存在瑕疵，怎么办？

（1）明确决议瑕疵的具体情况，究竟是违反了法律法规，还是违背了公司章程？或者是会议召集程序、表决方式存在问题？

（2）准备相关的证据材料，包括会议记录、决议文件、公司章程、法律法规等。

（3）如果决议确实存在瑕疵，且对自己的利益造成了影响，可以选择向法院提起诉讼，在决议作出六十日内，请求确认决议无效或撤销决议。

（4）等待人民法院撤销决议的通知。

「修订」决议无效、撤销、不成立的法律后果

法条对比

第二十八条在 2018 年版《公司法》第二十二条第四款的基础上，增加了决议无效、撤销、不成立的法律规定，"公司根据该决议与善意相对人形成的民事法律关系不受影响"。这意味着，不知情且无过错的善意相对人与公司的法律关系不受影响，公司该承担的法律责任还得继续。这一规定是为了保护第三方的利益，维护市场交易的安全。

2018 年版《公司法》	新《公司法》	内容变化
第二十二条第四款 公司根据股东会或者股东大会、董事会决议已办理变更登记的，人民法院宣告该决议无效或者撤销该决议后，公司应当向公司登记机关申请撤销变更登记。	第二十八条 公司股东会、董事会决议被人民法院宣告无效、撤销或者确认不成立的，公司应当向公司登记机关申请撤销根据该决议已办理的登记。股东会、董事会决议被人民法院宣告无效、撤销或者确认不成立的，公司根据该决议与善意相对人形成的民事法律关系不受影响。	19. 增加了决议无效、撤销、不成立的法律规定。

溯源解读

本条修订是将 2018 年版《公司法》第二十二条第四款、《公司法司法解释（四）（2020 修正）》第六条和《民法典》第八十五条的内容融合为一条，置于总则中。

2018 年版《公司法》第二十二条第四款："公司根据股东会或者股东大会、董事会决议已办理变更登记的，人民法院宣告该决议无效或者撤销该决议后，公司应当向公司登记机关申请撤销变更登记。"

《公司法司法解释（四）（2020 修正）》第六条规定："股东会或者股东大会、董事会决议被人民法院判决确认无效或者撤销的，公司依据该决议与善意相对人形成的民事法律关系不受影响。"

《民法典》第八十五条规定："营利法人的权力机构、执行机构作出决议的会议召集程序、表决方式违反法律、行政法规、法人章程，或者决议内容违反法人章程的，营利法人的出资人可以请求人民法院撤销该决议。但是，营利法人依据该决议与善意相对人形成的民事法律关系不受影响。"

☑ 实操指南

股东会决议被确认无效，依据决议签署的合同还有效吗？

根据本条"股东会、董事会决议被人民法院宣告无效、撤销或者确认不成立的，公司根据该决议与善意相对人形成的民事法律关系不受影响"的新增规定，如果合同方不知情且无过错，且合同本身无其他导致无效的情形，那么之前签署的合同就是有效的。

但是，如果合同方对决议内容知情且动机不纯，和签订者一起在暗中攒动决议通过，合同中本身就有为双方谋取不正当利益的内容时，那么之前签订的合同无效。

简而言之，股东会决议的效力不及于第三人，而合同是公司与第三方的权利义务关系。如果决议无效，那么合同产生的损失，不仅有效，还要追究相关人员的赔偿责任。

第二章 增设专章（1）：公司登记

「修订」 明确公司设立原则

法条对比

新《公司法》第二十九条保留了 2018 年版《公司法》第六条的部分内容，强调了公司在设立过程中需要遵守的法律和行政法规，以及需要获得批准的登记情况。此规定单列在本章第一条，旨在确保公司设立过程的合规性和合法性，从源头上确保公司和投资者的利益。

2018 年版《公司法》	新《公司法》	内容变化
第六条 设立公司，应当依法向公司登记机关申请设立登记。符合本法规定的设立条件的，由公司登记机关分别登记为有限责任公司或者股份有限公司；不符合本法规定的设立条件的，不得登记为有限责任公司或者股份有限公司。 法律、行政法规规定设立公司必须报经批准的，应当在公司登记前依法办理批准手续。 公众可以向公司登记机关申请查询公司登记事项，公司登记机关应当提供查询服务。	第二十九条 设立公司，应当依法向公司登记机关申请设立登记。 法律、行政法规规定设立公司必须报经批准的，应当在公司登记前依法办理批准手续。	20. 删除了符合设立条件与不符合设立条件的累赘规定； 21. 删除了申请查询公司登记事项的规定。

溯源解读

公司设立有四种不同的原则，即自由设立原则、特许设立原则、核准设立原则和准则设立原则。

在公司法学中，这四个原则被分别概括为自由设立主义、特许设立主义、核准主义和准则主义。**公司设立原则的不同，决定了公司这种市场主体设立的基本程序的不同，实际上也就形成了不同的市场主体准入制度。**

自由设立主义是指政府对公司的设立不施加任何干预，公司设立完全依设立者的主观意愿进行。特许设立主义是指公司须经特别立法或基于国家元首的命令方可设立。核准主义是指公司的设立须首先经过政府行政机关的审批许可，然后经政府登记机关登记注册方可设立。准则主义是指法律规定公司设立要件，公司只要符合这些要件，经登记机关依法登记即可成立，无须政府行政机关的事先审批或核准。

新《公司法》本条规定对设立有限责任公司采取"准则主义＋核准主义"。普通公司的设立适用准则主义，只要符合法定条件与程序，直接向登记机关申请设立登记即可。特殊行业则适用核准主义，申请公司设立登记前需要取得主管机关的行政审批手续。

实操指南

哪些行业设立公司必须报经批准？

根据本条规定，对于一些特定的行业，法律和行政法规可能规定了额外的批准程序。这些行业包括但不限于：

（1）金融服务行业，比如设立证券公司，设立金融资产管理公司、信托公司、财务公司、金融租赁公司等非银行金融机构，设立中资银行业金融机构，设立融资担保公司，设立期货专门结算机构，设立证券交易场所，设立期货交易场所，设立证券交易登记结算机构。

（2）交通行业，比如设立从事经营性通用航空公司。

（3）教育行业，比如设立营利性民办学校。

（4）第三行业，比如设立保安公司、设立经营快递业务的公司。

（5）危险品领域，比如设立从事民用爆炸物品生产的公司、设立从事爆炸作业的公司、设立生产烟花爆竹的公司。

（6）特殊生产行业，比如设立制造、销售弩的公司，设立开设弩射项目的营业性射击场，设立从事民用枪支弹药制造公司。

（7）出版印刷行业，比如设立出版单位、设立出版物进口经营单位。

（8）保险行业，比如设立保险公司、设立专属自保组织和相互保险组织。

（9）外商投资行业，比如设立涉及国家规定实施准入特别管理措施的外商投资企业，设立外商独资银行、中外合资银行。

（10）有争议行业，比如设立经营个人征信业务的征信机构。

修订 增加申请设立材料的规定

法条对比

新《公司法》第三十条在 2018 年版《公司法》第二十九条对申请材料提交

规定的基础上，补充规定材料的真实性、合法性和有效性保证义务，并且规定如不完整或格式不符合法律要求，公司登记机关有责任告知申请人需要补充或更正的具体内容。

2018年版《公司法》	新《公司法》	内容变化
第二十九条 股东认足公司章程规定的出资后，由全体股东指定的代表或者共同委托的代理人向公司登记机关报送公司登记申请书、公司章程等文件，申请设立登记。	第三十条 申请设立公司，应当提交设立登记申请书、公司章程等文件，提交的相关材料应当真实、合法和有效。申请材料不齐全或者不符合法定形式的，公司登记机关应当一次性告知需要补正的材料。	22.补充规定材料的真实性、合法性和有效性保证义务，将有限公司和股份公司的申请材料统一起来； 23.补充符合法规设立条件和不符合法规设立条件的情形。

溯源解读

企业在申请公司登记时，必须确保所提交材料的真实性，并明白虚假申报的严重后果。企业应建立严格的内部审核机制，确保所有对外提交的文件均经过核实，公司申请材料真实性的关键要把握以下几点：提交真实性声明，承诺所提交的所有申报材料均真实、合法，来源可靠，未侵犯他人权益，如果材料存在不实，公司需承担由此产生的法律责任；需要法定代表人或授权代表签字并加盖公司公章，以此作为对材料真实性的自我保证。

实操指南

办理公司设立手续的一般程序是什么？

办理公司设立手续一般需要遵循以下程序：

（1）确定公司类型（有限责任公司或股份有限公司），并确定公司的名称。

（2）制定公司章程，明确公司的组织结构、经营范围、股东权利与义务等。

（3）股东需按照约定出资，出资可以是货币或非货币财产。

（4）向工商行政管理机关申请公司名称的预先核准，并获取《企业名称预先核准通知书》。

（5）在银行开设公司账户，并注入注册资本的出资，交给有关机构出具验资证明，证明公司注册资本的真实性。

（6）提交设立材料，包括但不限于登记申请书和公司章程。

（7）经公司登记机关审核通过后，领取公司营业执照。

（8）根据公安局的规定，刻制公司公章、财务章等，到税务局办理税务登记，获取税务登记证。

（9）**为员工办理社会保险登记**，开设社会保险账户。

（10）根据公司的经营范围和具体情况，可能还需要办理环保审批、卫生许可、特殊行业许可等其他相关手续。

新增 明确法定登记事项的范围

法条对比

2018年版《公司法》没有规定公司登记事项，只在第六条第三款提到："公众可以向公司登记机关申请查询公司登记事项，公司登记机关应当提供查询服务。"新《**公司法》第三十二条新增公司登记事项的规定**。该条文规定了公司登记的法定记载事项，这也是公司设立登记中的必备事项，否则无法完成公司的设立登记，进而达到赋予其法人主体资格的法律效果。**登记事项从申请查询转向主动公示，目的在于提高登记信息的透明度**。

2018年版《公司法》	新《公司法》	内容变化
无。	第三十二条　公司登记事项包括： （一）名称； （二）住所； （三）注册资本； （四）经营范围； （五）法定代表人的姓名； （六）有限责任公司股东、股份有限公司发起人的姓名或者名称。 公司登记机关应当将前款规定的公司登记事项通过国家企业信用信息公示系统向社会公示。	24.新增公司登记事项。

溯源解读

《市场主体登记管理条例》第八条规定："市场主体的一般登记事项包括：（一）名称；（二）主体类型；（三）经营范围；（四）住所或者主要经营场所；（五）注册资本或者出资额；（六）法定代表人、执行事务合伙人或者负责人姓名。

除前款规定外，还应当根据市场主体类型登记下列事项：（一）有限责任公司股东、股份有限公司发起人、非公司企业法人出资人的姓名或者名称；（二）个人独资企业的投资人姓名及居所；（三）合伙企业的合伙人名称或者姓名、住所、承担责任方式；（四）个体工商户的经营者姓名、住所、经营场所；（五）法律、行政法规规定的其他事项。

本条保留了名称、住所、注册资本、经营范围、法定代表人的姓名、有限责任公司股东、股份有限公司发起人的姓名或者名称等核心营业信息。删除了"主体类型"以及根据市场主体类型登记的相关事项，这些信息对于市场交易并不是必须知道的。

✅ **实操指南**

公司住所变更后，如何更换营业执照上的登记信息？

公司住所变更后，营业执照上的登记信息需要在一定时间内更新。《市场主体登记管理条例》第二十四条规定："市场主体变更登记事项，应当自作出变更决议、决定或者法定变更事项发生之日起 30 日内向登记机关申请变更登记。"这意味着，公司住所变更后，应在 30 日内完成营业执照上的地址更新。

办理更新需要做这些工作：

（1）准备好公司营业执照正副本、新地址的场地证明（如租赁合同或产权证复印件）、公司章程修正案（针对住所条款）、委托书等。

（2）前往当地的工商行政管理部门提交变更申请。工商行政管理部门会对提交的材料进行审核，确保材料的完整性和合规性。

（3）审核通过后，需要前往原注册地址所在地的工商部门办理迁出手续。这包括提交相关申请表格、证明文件等，并等待工商部门的审批和核准。

（4）在获得迁出核准后，前往新注册地址所在地的工商部门办理迁入手续。这同样需要提交相应的申请表格和证明文件，并等待工商部门的审批和核准。

（5）完成迁入手续后，则可以领取新的营业执照，上面将显示新注册地。

[修订] 新增电子营业执照的规定

📋 **法条对比**

新《公司法》第三十三条在 2018 年版《公司法》第七条第一、二款关于公司营业执照相关规定的基础上，增加电子营业执照的规定，明确规定"公司登记机关可以发给电子营业执照。电子营业执照与纸质营业执照具有同等法律效力"，以顺应数字时代发展的新要求。

2018年版《公司法》	新《公司法》	内容变化
第七条第一、二款 依法设立的公司，由公司登记机关发给公司营业执照。公司营业执照签发日期为公司成立日期。 公司营业执照应当载明公司的名称、住所、注册资本、经营范围、法定代表人姓名等事项。	第三十三条 依法设立的公司，由公司登记机关发给公司营业执照。公司营业执照签发日期为公司成立日期。 公司营业执照应当载明公司的名称、住所、注册资本、经营范围、法定代表人姓名等事项。 公司登记机关可以发给电子营业执照。电子营业执照与纸质营业执照具有同等法律效力。	25.补充规定"公司登记机关可以发给电子营业执照。电子营业执照与纸质营业执照具有同等法律效力"。

溯源解读

与《市场主体登记管理条例》等相关立法规定一脉相承，注重运用数字技术。

为提高公司登记效率、提升公司登记机关的工作效能，本条修订吸收了《市场主体登记管理条例》和《市场主体登记管理条例实施细则》的内容。

《市场主体登记管理条例》第二十二条："营业执照分为正本和副本，具有同等法律效力。电子营业执照与纸质营业执照具有同等法律效力。营业执照样式、电子营业执照标准由国务院市场监督管理部门统一制定。"

《中华人民共和国市场主体登记管理条例实施细则》（简称《市场主体登记管理条例实施细则》）第十五条："申请人应当在申请材料上签名或者盖章。申请人可以通过全国统一电子营业执照系统等电子签名工具和途径进行电子签名或者电子签章。符合法律规定的可靠电子签名、电子签章与手写签名或者盖章具有同等法律效力。"

第二十三条："市场主体营业执照应当载明名称、法定代表人（执行事务合伙人、个人独资企业投资人、经营者或者负责人）姓名、类型（组成形式）、注册资本（出资额）、住所（主要经营场所、经营场所）、经营范围、登记机关、成立日期、统一社会信用代码。电子营业执照与纸质营业执照具有同等法律效力，市场主体可以凭电子营业执照开展经营活动。市场主体在办理涉及营业执照记载事项变更登记或者申请注销登记时，需要在提交申请时一并缴回纸质营业执照正、副本。对于市场主体营业执照拒不缴回或者无法缴回的，登记机关在完成变更登记或者注销登记后，通过国家企业信用信息公示系统公告营业执照作废。"

在日常生活中，电子营业执照已得到广泛应用，新《公司法》通过法律的方式确认电子营业执照的合法效力，这也就意味着电子营业执照有了官方认证，它与纸质营业执照具有同等法律效力。

> **实操指南**

如何申请电子营业执照?

（1）法定代表人或者其授权的人员通过实名认证，包括输入姓名、身份证号、人脸识别等。

（2）通过电子营业执照微信小程序、支付宝小程序、百度小程序或市场监管总局提供的 APP 下载并使用电子营业执照。

（3）法定代表人可以授权证照管理员或办事人员保管、持有、使用电子营业执照。被授权的人员也可以下载并使用电子营业执照。

（4）在办理公章刻制、涉税服务、社保登记、银行开户等业务时可以出示电子营业执照，相关部门可通过扫码等方式验证市场主体身份的真实性。如果需要纸质版的营业执照，可以通过电子营业执照系统提供的打印功能进行打印。

（5）如果在操作过程中遇到问题，可以联系市场监管部门或通过电子营业执照系统提供的帮助信息进行咨询。

[修订] 完善变更登记的规定

> **法条对比**

关于变更登记，新《公司法》接连用了三条——第三十四条、第三十五条、第三十六条，分别对公司登记事项的对抗效力、变更登记所需的文件、换发营业执照程序做了详细规定。这些规定在 2018 年版《公司法》第三十二条和第七条第三款的基础上，增加了具体的变更登记所需的文件。

2018 年版《公司法》	新《公司法》	内容变化
第三十二条　有限责任公司应当置备股东名册，记载下列事项： （一）股东的姓名或者名称及住所； （二）股东的出资额； （三）出资证明书编号。 记载于股东名册的股东，可以依股东名册主张行使股东权利。	第三十四条　公司登记事项发生变更的，应当依法办理变更登记。公司登记事项未经登记或者未经变更登记，不得对抗善意相对人。 第三十五条　公司申请变更登记，应当向公司登记机关提交公司法定代表人签署的变更登记申请书、依法作出的变更决议或者决定等文件。	26.补充规定变更登记所需文件和程序要求。

续表

2018年版《公司法》	新《公司法》	内容变化
公司应当将股东的姓名或者名称向公司登记机关登记；登记事项发生变更的，应当办理变更登记。未经登记或者变更登记的，不得对抗第三人。 第七条第三款 公司营业执照记载的事项发生变更的，公司应当依法办理变更登记，由公司登记机关换发营业执照。	公司变更登记事项涉及修改公司章程的，应当提交修改后的公司章程。 公司变更法定代表人的，变更登记申请书由变更后的法定代表人签署。 第三十六条 公司营业执照记载的事项发生变更的，公司办理变更登记后，由公司登记机关换发营业执照。	

📝 溯源解读

在法律领域中，对抗善意第三人是一个重要的概念。它的意思是当第三人不知道真实情况且满足善意的条件时，原合同当事人之间的约定，对该善意的第三人不发生法律效力。

通俗地讲，合同双方不能因为彼此之间的权利纠纷而损害善意第三人的权益。善意第三人通常是不知道法律关系双方真实情况的第三方。例如，在非法交易中不知情的权利人。

对抗善意第三人是抗辩权的一种，当双方都主张对相同标的物的权利时，有登记的一方通常拥有优先权。这意味着在发生争议时，有登记的权利人将受到法律的保护，而原所有人只能要求转让人（占有人）赔偿损失。

举个例子：在房地产交易中，如果卖方非法转让房屋给不知情的买方，买方将享有优先权。然而，如果买方知道卖方没有所有权而购买房屋，则买方不受保护。

善意第三人需要满足三大条件：（1）受让人受让不动产或者动产时是善意的；（2）转让行为需要有合理的价格；（3）转让的不动产或者动产依照法律规定应当登记的已经登记，不需要登记的已经交付给受让人。

所谓善意取得，是指无权处分他人动产或不动产的占有人，不法将动产或不动产转让给第三人以后，如果受让人在取得该动产或不动产时出于善意，就可以依法取得对该动产或不动产的所有权，受让人在取得动产或不动产的所有权以后，原所有人不得要求受让人返还财产，而只能请求转让人（占有人）赔偿损失。

☑ 实操指南

企业如何办理变更登记？

1. 申请变更登记

（1）企业法人改变名称、住所、经营场所、法定代表人、经济性质、经营范围、经营方式、注册资金、经营期限，以及增设或者撤销分支机构，应当申请办理变更登记。

（2）企业法人申请变更登记，应当在主管部门或者审批机关批准后三十日内，向登记主管机关申请办理变更登记。

（3）企业法人分立、合并、迁移，应当在主管部门或者审批机关批准后三十日内，向登记主管机关申请办理变更登记、开业登记或者注销登记。

2. 企业法人变更登记提交的文件

（1）法定代表人签署的《企业法人变更登记申请书》。

（2）原主管部门审查同意的文件。

（3）变更法定代表人的，需提交法定代表人任、免职文件，新任法定代表人的身份证明，由企业原法定代表人或者拟任法定代表人签署的变更登记申请书；变更经济性质的，需提交有关部门资产归属的认定文件；变更住所或经营场所的，需提交新住所或经营场所的使用证明；变更经营范围涉及行业管理部门专项审批的，需提交批准文件；变更注册资金的，需提交验资证明；变更名称的，需提交登记机关签发的《企业名称变更核准通知书》。

（4）变更登记事项涉及修改企业章程的，应提交修改后的企业章程或企业章程修正案。

（5）营业执照正、副本（原件）。

（6）其他文件、证件。

（7）领取营业执照的经营单位和企业法人分支机构改变登记事项，应当按照企业法人变更登记规定申请变更登记。

[新增] 注销登记与公告规则

📢 法条对比

现实中，**虚假登记行为大量存在**。关于虚假登记的应当注销登记规定，一直被提到，但是没有单独成为一个新条文。而新《公司法》将注销公司登记独立为一个新条文，明确了相应的注销登记制度及公告规则，这是一个很大的变化。

2018年版《公司法》	新《公司法》	内容变化
无。	第三十七条 公司因解散、被宣告破产或者其他法定事由需要终止的，应当依法向公司登记机关申请注销登记，由公司登记机关公告公司终止。	27.新增注销登记制度及公告规则。

✏️ 溯源解读

本条吸收并简化《市场主体登记管理条例》第四十条撤销登记的规定，后者赋予登记机关调查虚假登记事实的权力，并就调查程序作了详细规定：

《市场主体登记管理条例》第四十条："提交虚假材料或者采取其他欺诈手段隐瞒重要事实取得市场主体登记的，受虚假市场主体登记影响的自然人、法人和其他组织可以向登记机关提出撤销市场主体登记的申请。

登记机关受理申请后，应当及时开展调查。经调查认定存在虚假市场主体登记情形的，登记机关应当撤销市场主体登记。相关市场主体和人员无法联系或者拒不配合的，登记机关可以将相关市场主体的登记时间、登记事项等通过国家企业信用信息公示系统向社会公示，公示期为45日。相关市场主体及其利害关系人在公示期内没有提出异议的，登记机关可以撤销市场主体登记。

因虚假市场主体登记被撤销的市场主体，其直接责任人自市场主体登记被撤销之日起3年内不得再次申请市场主体登记。登记机关应当通过国家企业信用信息公示系统予以公示。"

新《公司法》删除了有关调查程序的表述，以"依法"一词转引之，在条文表述上更简洁。

公司申请注销登记是指公司在破产或者解散的情况下，应该向相关部门登记撤销的一种登记制度。登记时应该保证材料的正确性。

公司登记撤销的法律后果：

（1）公司将不再具有法人资格。这意味着公司将无法再以公司名义进行任何法律行为，包括签订合同、参与诉讼等。

（2）公司的财产将被清算，清算后的财产将按照法定顺序进行分配。

（3）债权人将失去以公司为债务人的追偿权利，但债权人可以参与公司清算，按照法定顺序进行债权的清偿。如果公司清算后仍有未清偿的债务，债权人可以根据法律规定追偿公司股东的个人财产。

（4）员工将失去与公司的劳动关系，但是公司应当依法支付员工的工资和经济补偿，并履行其他与员工劳动关系终止相关的义务。

需要提醒的是，撤销公司注销登记会诱发连锁性的债务清偿危机，为避免不必要的交易损害和社会动荡，实践中应慎用公司注销登记。

☑ 实操指南

公司被误判撤销要不要注销登记？

1. 以下情形公司会被强制撤销：

（1）虚报注册资本、提交虚假材料或者采取欺诈手段隐瞒重要事实取得公司登记，情节严重的。

（2）滥用职权、玩忽职守作出准予登记决定的。

（3）超越决定职权作出准予登记决定的。

（4）对不具备申请资格或者不符合法定条件的申请作出准予登记决定的。

（5）依法可以撤销作出准予登记决定的其他情形。

2. 以下情形公司可以不予撤销：

（1）撤销市场主体登记可能对社会公共利益造成重大损害。

（2）撤销市场主体登记后无法恢复到登记前的状态。

（3）法律、行政法规规定的其他情形。

3. 发现登记机关或者其上级机关撤销公司登记决定是错误的，可以撤销决定，登记机关或者其上级机关恢复原登记状态，并通过国家企业信用信息公示系统公示。这种情形下，公司不需要注销登记。

新增 强化公司自主公示义务

⮕ 法条对比

第四十条系新增条款，规定了公司通过国家企业信用信息公示系统公示股东认缴和实缴的出资额、出资方式和出资日期，发起人认购的股份数，以及公司股东或者发起人的股权、股份变更等信息。

2018年版《公司法》	新《公司法》	内容变化
无。	第四十条　公司应当按照规定通过国家企业信用信息公示系统公示下列事项： （一）有限责任公司股东认缴和实缴的出资额、出资方式和出资日期，股份有限公司发起人认购的股份数； （二）有限责任公司股东、股份有限公司发起人的股权、股份变更信息； （三）行政许可取得、变更、注销等信息； （四）法律、行政法规规定的其他信息。 公司应当确保前款公示信息真实、准确、完整。	28.新增公司自主公示事项。

溯源解读

本条新增规定，公司有义务按照规定通过国家企业信用信息公示系统公示登记信息，是为了提高企业信用信息的透明度，确保注册信息的真实性、准确性和及时性，促进企业诚信经营，保护消费者和公众利益，以及推动社会信用体系建设。

《国务院关于实施〈中华人民共和国公司法〉注册资本登记管理制度的规定（征求意见稿）》第十条则在此条的基础上进一步明确，公司应当按照公司法第四十条规定自信息形成之日起二十个工作日内，将股东认缴和实缴的出资额、出资方式、出资日期、发起人认购的股份数，以及公司股东或者发起人的股权、股份变更等信息在国家企业信用信息公示系统上向社会公示。

另外，**新《公司法》第二百五十一条再次强化了公司的公示义务**，明确了未按规定公示有关信息或者不如实公示有关信息的法律后果。有限公司实缴出资额、出资方式和出资日期虽不属于法定登记（备案）事项，但对提高交易效率具有重要作用。

实操指南

公司不履行公示义务，会面临什么后果？

如果公司未能及时、准确地公示这些信息，或者公示的信息存在误导性，可能会：

（1）**影响公司的融资能力**。公示信息都是潜在投资者和债权人评估公司信誉和偿债能力的关键指标，如果公司不愿意公布，投资者和债权人对公司的信任度就会下降，则不愿意对公司投资。

（2）**面临法律责任**。包括罚款、责令改正、暂停业务、吊销许可证等。这些法律后果不仅会影响公司的声誉，也可能直接影响公司的正常经营。

（3）**被别有用心者传播虚假信息**。如果公司未按规定公示或公示信息不真实、不完整，可能会被恶意竞争者利用，它们会在公司发展的关键时期，给公司制造巨大麻烦。

因此，公司应当认真履行自主公示义务，确保公示信息的真实、准确、完整。

新增 优化公司登记服务

法条对比

新《公司法》第四十一条为新增规定，明确要求公司登记机关应优化公司登记办理流程，提高公司登记效率等内容。**本条对象不是公司而是登记机关**，既是为了顺应不断优化企业服务的大方向，也是为了解决公司登记实践中审核程序过于繁杂的问题，**新公司法强化了市场监管主体的服务性，在安全性的基础上兼顾效率**。

2018年版《公司法》	新《公司法》	内容变化
无。	第四十一条　公司登记机关应当优化公司登记办理流程，提高公司登记效率，加强信息化建设，推行网上办理等便捷方式，提升公司登记便利化水平。 国务院市场监督管理部门根据本法和有关法律、行政法规的规定，制定公司登记注册的具体办法。	29.新增优化公司登记服务规定。

溯源解读

本条规定吸收了《民法典》《市场主体登记管理条例》等相关立法：

比如，《市场主体登记管理条例》：

第六条　国务院市场监督管理部门应当加强信息化建设，制定统一的市场主体登记数据和系统建设规范。

县级以上地方人民政府承担市场主体登记工作的部门（以下称登记机关）应当优化市场主体登记办理流程，提高市场主体登记效率，**推行当场办结、一次办结、限时办结**等制度，实现**集中办理、就近办理、网上办理、异地可办，提升市场主体登记便利化程度**。

第七条 国务院市场监督管理部门和国务院有关部门应当推动市场主体登记信息与其他政府信息的共享和运用，提升政府服务效能。

新《公司法》与时俱进地将"公司登记机关应当将前款规定的公司登记事项通过国家企业信用信息公示系统向社会公示"正式列入规定，更契合当下时代发展的要求。

☑ **实操指南**

公司可以在线完成所有登记流程吗？

随着各地政府部门纷纷提供在线公司登记服务，公司登记大部分流程都可以在线完成，除了某些特定情况需要线下提交材料或进行面签。

企业只要根据官方提供的信息系统，绝大部分都可以完成从注册到获取营业执照的全过程，不同地区的信息、系统不同，一般分为如下几步：

（1）**登录系统**。找到公司所在地区的"企业在线登记系统"。如果没有电子营业执照，可以选择"普通登录"方式；如果已经持有电子营业执照，则选择"电子证书登录"方式。

（2）**选择相应的业务类型**。如"企业设立申请""企业变更申请""企业备案申请"或"企业注销申请"。

（3）**根据提示填写申请信息**。如企业名称、注册资本、股东信息等。确保所有填写的信息真实有效，以便通过系统打印出的文书内容无误。

（4）有些情况下，可能需要上传 PDF 格式的文件。如法定代表人身份证明、股东会决议等。

（5）完成所有必要的信息填写和文件上传后，提交申请。一旦申请被受理，就可以在线跟踪进度，并在完成后下载或打印营业执照。

第三章 有限责任公司的设立和组织机构修订内容

修订 明确一人公司的法律地位

法条对比

第四十二条是在 2018 年版《公司法》第二十四条的基础上，**明确了有限责任公司股东的数量要求，即股东人数应介于一至五十之间**。明确股东数量的上下限，有助于确保公司的管理效率和决策过程的合理性，同时也为公司的成立和运营提供了明确的法律指导。

2018 年版《公司法》	新《公司法》	内容变化
第二十四条 有限责任公司由五十个以下股东出资设立。	第四十二条 有限责任公司由一个以上五十个以下股东出资设立。	30. 明确一人公司的法律地位。

溯源解读

不要把"一人公司"想当然地理解为只存在一人组织的公司。**"一人公司"也叫"独资公司"或"独股公司"，是指由一名股东（自然人或法人）持有公司的全部出资的有限责任公司。**

一人有限责任公司有两个基本法律特征，一是股东人数的唯一性，二是股东责任的有限性。

因为其特殊性，《公司法》明确规定了一人有限责任公司不设股东会，排除了其适用有关股东会的召集程序、股东表决程序等规定。

实操指南

一人公司老板如何避免个人财产与公司财产混同？

（1）建立<u>独立的公司银行账户</u>，用于公司的所有财务往来。

（2）<u>避免使用个人账户处理公司事务</u>，或将个人资金与公司资金混用。

（3）建立<u>健全的财务管理制度</u>，确保公司财务活动的规范性和透明性。

（4）将公司的<u>业务活动与老板的个人业务分开</u>，避免业务上的混同。

（5）<u>严格做好财务分割</u>，避免家庭财产与公司财产混同。

新增 股东可以签订设立协议

📩 法条对比

第四十三条为新增条文，与后面的第九十三条（"股份有限公司发起人承担公司筹办事务。发起人应当签订发起人协议，明确各自在公司设立过程中的权利和义务"）相互对应。

2018年版《公司法》	新《公司法》	内容变化
无。	第四十三条 有限责任公司设立时的股东可以签订设立协议，明确各自在公司设立过程中的权利和义务。	31. 新增股东签订设立协议的相关条款。

📝 溯源解读

公司设立协议，也就是合伙协议，是指就成立公司所涉及的公司名称、注册资本、经营范围、股东构成、出资形式和金额等相关事宜签订的协议。设立协议虽然发生在公司成立前，但是合伙人一旦签字盖章，就具有了法律效力。

需要指出的是，**签署设立协议不是必要行为，合伙人可自行选择，所以本条属于提示性规定**。

公司设立协议和公司章程有重复的部分，不过两者的功能大有不同。**公司章程是必要件**，且必须依据公司法制定，不是契约性质的，在公司成立后生效。

✅ 实操指南

为什么要签署公司设立协议？

老话讲：丑话要说在前面。现实中，合伙人在创立公司之前，因为缺乏书面公司设立协议，后期在发生纠纷的时候，会闹得非常不愉快。公司设立协议就相当于合伙人之间的"君子协定"。

签署公司设立协议，要尽可能详尽，把后期会产生纠纷的事项尽可能想到。比如，出资比例、出资方式、出资的缴付期限、所占股权比例、股权的转让规定、利润的分配，以及合伙人的权利和义务，违约责任，都必须考虑在内。

其中保密约定和竞业限制，是在当下最应该补充在内的。在信息化时代，有关将来公司的很多资料、信息，特别是那些关键性核心技术，必须在公司成立之前书面签订保密条款。这样做的目的，一是防止某些不直接参与公司经营的合伙人将来"出卖公司"获取利益，二是防止共同创业的合伙人他日另外成立相似的公司。

第三章 有限责任公司的设立和组织机构修订内容

[新增] 股东先公司交易的连带责任

法条对比

本条为新规定，补充了先公司交易行为，股东要承担的法律后果。**所谓先公司交易行为，是指公司设立过程中发生的民事交易行为**。简单说，就是股东在公司登记完成前、还没有取得法人资格的过程中，打着公司的旗号对外签署合同所要承担的法律后果。

2018年版《公司法》	新《公司法》	内容变化
无。	第四十四条 有限责任公司设立时的股东为设立公司从事的民事活动，其法律后果由公司承受。 **公司未成立的，其法律后果由公司设立时的股东承受**；设立时的股东为二人以上的，享有连带债权，承担连带债务。 设立时的股东为设立公司**以自己的名义从事民事活动产生的民事责任**，第三人有权选择请求公司或者公司设立时的股东承担。 设立时的股东因履行公司设立职责造成他人损害的，公司或者无过错的股东承担赔偿责任后，可以**向有过错的股东追偿**。	32.新增股东先公司交易的连带责任。

溯源解读

本条在借鉴《公司法司法解释（三）（2020修正）》内容的基础上，进行了简述型严谨规定：

"**第二条** 发起人为设立公司以自己名义对外签订合同，合同相对人请求该发起人承担合同责任的，人民法院应予支持；公司成立后合同相对人请求公司承担合同责任的，人民法院应予支持。

第三条 发起人以设立中公司名义对外签订合同，公司成立后合同相对人请求公司承担合同责任的，人民法院应予支持。公司成立后有证据证明发起人利用设立中公司的名义为自己的利益与相对人签订合同，公司以此为由主张不承担合同责任的，人民法院应予支持，但相对人为善意的除外。

第四条 公司因故未成立，债权人请求全体或者部分发起人对设立公司行为所产生的费用和债务承担连带清偿责任的，人民法院应予支持。部分发起人依照前款规定承担责任后，请求其他发起人分担的，人民法院应当判令其他发起人按照约定的责任承担比例分担责任；没有约定责任承担比例的，按照约定的出资比例分担责任；没有约定出资比例的，按照均等份额分担责任。

第五条 发起人因履行公司设立职责造成他人损害，公司成立后受害人请求公司承担侵权赔偿责任的，人民法院应予支持；公司未成立，受害人请求全体发起人承担连带赔偿责任的，人民法院应予支持。公司或者无过错的发起人承担赔偿责任后，可以向有过错的发起人追偿。"

另外也融合了《民法典》第七十五条的规定：

"设立人为设立法人从事的民事活动，其法律后果由法人承受；法人未成立的，其法律后果由设立人承受，设立人为二人以上的，享有连带债权，承担连带债务。

设立人为设立法人以自己的名义从事民事活动产生的民事责任，第三人有权选择请求法人或者设立人承担。"

现实中，大部分公司股东之间存在亲戚、同学、朋友关系，因此股东之间如果发生纠纷，会一案带多案，异常复杂。本条规定对于解决股东纠纷案件意义重大。

如果合伙人在公司成立之前以设立中公司名义、亦或是以自己名义对外签订合同，等公司成立后，对方是可以请求新公司承担合同责任的。这一点创业公司的老板要提高警惕。

公司成立后，合伙人打着公司的旗号为自己谋福利，已经合同盖章的，如果找到证据，公司是可以申请不承担合同责任的；最直接的方式为公司成立后不接受原来的合同，这样就可以不承担合同责任。这一点对于合伙创业公司来说是利好消息。

✅ 实操指南

公司成立前签订的合同，在公司成立后是否还有效？

有限责任公司股东在公司成立前签订的合同，公司成立后是否有效，要具体情况具体分析：

（1）股东以设立中公司名义对外签订合同，公司成立后，如果合同相对人请求公司承担合同责任的，合同继续有效。

（2）股东为设立公司以自己名义对外签订合同，公司成立后对该合同予以确认，或者已经实际享有合同权利或者履行合同义务，合同相对人请求公司承担合同责任的，合同继续有效。

（3）公司成立前的合同效力还取决于是否符合《合同法》的规定。例如，双方自愿签订、合同内容不违反法律规定等。

[修订] 注册资本认缴制与最长认缴期限

法条对比

新《公司法》第四十七条在 2018 年版《公司法》第二十六条的基础上，对有限责任公司注册资本认缴登记制作出进一步的修订，增加了"全体股东认缴的出资额由股东按照公司章程的规定自公司成立之日起五年内缴足"的硬性规定。

2018 年版《公司法》	新《公司法》	内容变化
第二十六条　有限责任公司的注册资本为在公司登记机关登记的全体股东认缴的出资额。 法律、行政法规以及国务院决定对有限责任公司注册资本实缴、注册资本最低限额另有规定的，从其规定。	第四十七条　有限责任公司的注册资本为在公司登记机关登记的全体股东认缴的出资额。全体股东认缴的出资额由股东按照公司章程的规定自公司成立之日起五年内缴足。 法律、行政法规以及国务院决定对有限责任公司注册资本实缴、注册资本最低限额、股东出资期限另有规定的，从其规定。	33. 增加"全体股东认缴的出资额由股东按照公司章程的规定自公司成立之日起五年内缴足"新规定。

溯源解读

注册资本分为"实缴制"与"认缴制"。公司法最早实行实缴制，即"有限责任公司的注册资本为在公司登记机关登记的全体股东实缴的出资额"。2005 年 10 月，《公司法》作较大幅度修改，注册资本从一律实缴，修改为部分"认缴制"。2013 年 12 月再次修订《公司法》时，修改为"有限责任公司的注册资本为在公司登记机关登记的全体股东认缴的出资额"。

自实行认缴登记制以来，现实中出现了不少动辄注册资本破千万的公司，注册的时候能注水就尽量注水，在临近认缴期限的时候，股东纷纷转让股权，这番"操作"对营商环境造成了恶劣影响。此条修订内容设置五年最长认缴期限规则，可以有效避免此类虚假注册现象的发生，引导创业者理性确定认缴出资额。

实操指南

办理减资需要准备哪些材料？

"我们公司在 2019 年成立的时候申报注册资本 2000 万元，目前情况短期内可能无法实缴到位，应如何办理减资？"

需要办理减资的企业，应当准备哪些材料呢？

（1）公司登记（备案）申请书。

（2）修改公司章程的决议、决定。

（3）修改后的公司章程或公司章程修正案，并由公司法定代表人在公司章程或公司章程修正案上签字确认。

（4）公司债务清偿或债务担保情况的说明。

（5）仅通过报纸发布减少注册资本公告的，需要提交依法刊登公告的报纸样张。已通过国家企业信用信息公示系统发布减少注册资本公告的，可免于提交减资公告材料（通过报纸或公示系统发布减资公告均应当自公告之日起45日后申请变更登记）；已领取纸质版营业执照的缴回营业执照正、副本。

[修订] 增加股权、债权可列入出资范围

法条对比

本条与时俱进地把股权、债权这两种可以用货币估价并可依法转让的非货币财产列入出资范围。**这条新修规定对于鼓励投资、扩大投资主体，尤其就当下艰难的创业环境而言，具有很大的影响。**

2018年版《公司法》	新《公司法》	内容变化
第二十七条　股东可以用货币出资，也可以用实物、知识产权、土地使用权等可以用货币估价并可以依法转让的非货币财产作价出资；但是，法律、行政法规规定不得作为出资的财产除外。 对作为出资的非货币财产应当评估作价，核实财产，不得高估或者低估作价。法律、行政法规对评估作价有规定的，从其规定。	第四十八条　股东可以用货币出资，也可以用实物、知识产权、土地使用权、**股权、债权**等可以用货币估价并可以依法转让的非货币财产作价出资；但是，法律、行政法规规定不得作为出资的财产除外。 对作为出资的非货币财产应当评估作价，核实财产，不得高估或者低估作价。法律、行政法规对评估作价有规定的，从其规定。	34. 补充规定"股权、债权"可用于出资。

溯源解读

这条规定采纳了《公司法司法解释（三）（2020修正）》第十一条对股权出资的特别规定："出资人以其他公司股权出资，符合下列条件的，人民法院应当

认定出资人已履行出资义务:(一)出资的股权由出资人合法持有并依法可以转让；(二)出资的股权无权利瑕疵或者权利负担；(三)出资人已履行关于股权转让的法定手续；(四)出资的股权已依法进行了价值评估。"

这条规定还参考了《市场主体登记管理条例实施细则》第十三条对于股权、债权是否可用作出资及其相应条件的规定："申请人申请登记的市场主体注册资本（出资额）应当符合章程或者协议约定。市场主体注册资本（出资额）以人民币表示。**外商投资企业的注册资本（出资额）可以用可自由兑换的货币表示**。依法以境内公司股权或者债权出资的，应当权属清楚、权能完整，依法可以评估、转让，符合公司章程规定。"

✓ 实操指南

股权、债权满足什么条件时才能作为出资方式？

股权出资需要满足以下条件：
（1）必须由出资人合法持有并且是可以转让的股权。
（2）股权不存在任何权利瑕疵或权利负担，如该股权不得被质押等。
（3）出资人已经完成了关于股权转让的法定手续。
（4）股权已经按照法律规定完成了价值评估。

债权出资需要满足以下条件：
（1）合法有效的债权。
（2）权属清楚、权能完整。
（3）可进行价值评估且转让，根据债权性质不得转让、当事人约定不得转让、依照法律规定不得转让的都不可以。

满足这些条件后，在后续操作上，需要把以债权出资的债权人变更为公司股东。

[修订] 强化股东未足额缴纳出资的赔偿责任

➡ 法条对比

股东未按期足额缴纳出资的，2018年版《公司法》只是规定需要承担"违约责任"，而新《公司法》则明确规定需要承担"赔偿责任"。本条修订强化了**股东的出资义务**，降低了不负责任的投资人对公司和债权人所造成的系统性风险。

2018年版《公司法》	新《公司法》	内容变化
第二十八条　股东应当按期足额缴纳公司章程中规定的各自所认缴的出资额。 　　股东以货币出资的，应当将货币出资足额存入有限责任公司在银行开设的账户；以非货币财产出资的，应当依法办理其财产权的转移手续。 　　股东不按照前款规定缴纳出资的，除应当向公司足额缴纳外，还应当向已按期足额缴纳出资的股东承担违约责任。	第四十九条　股东应当按期足额缴纳公司章程规定的各自所认缴的出资额。 　　股东以货币出资的，应当将货币出资足额存入有限责任公司在银行开设的账户；以非货币财产出资的，应当依法办理其财产权的转移手续。 　　股东未按期足额缴纳出资的，除应当向公司足额缴纳外，还应当对给公司造成的损失承担赔偿责任。	35. 变"违约责任"为"赔偿责任"。

📝 溯源解读

本条规定回应了《公司法司法解释（三）(2020修正)》第十三条规定："股东未履行或者未全面履行出资义务，公司或者其他股东请求其向公司依法全面履行出资义务的，人民法院应予支持。

公司债权人请求未履行或者未全面履行出资义务的股东在未出资本息范围内对公司债务不能清偿的部分承担补充赔偿责任的，人民法院应予支持；未履行或者未全面履行出资义务的股东已经承担上述责任，其他债权人提出相同请求的，人民法院不予支持。

股东在公司设立时未履行或者未全面履行出资义务，依照本条第一款或者第二款提起诉讼的原告，请求公司的发起人与被告股东承担连带责任的，人民法院应予支持；公司的发起人承担责任后，可以向被告股东追偿。公司可以向其他发起人请求其承担出资责任。

股东在公司增资时未履行或者未全面履行出资义务，依照本条第一款或者第二款提起诉讼的原告，请求未尽公司法第一百四十八条第一款规定的义务而使出资未缴足的董事、高级管理人员承担相应责任的，人民法院应予支持；董事、高级管理人员承担责任后，可以向被告股东追偿。"

✅ 实操指南

股东未履行出资义务，公司该怎么做？

对于没有履行出资义务的不诚信股东，公司可以依法采取以下行动：
（1）要求补足出资。

（2）要求承担违约责任。

（3）要求人民法院责令其对在未出资的本息范围内承担补充赔偿责任。

（4）依据公司章程或者股东会决议对其利润分配权、新股优先认购权、剩余财产分配权等股东权利进行合理的限制。

（5）解除其股东资格。

（6）对于虚假出资、抽逃出资的数额巨大、后果严重或者有其他严重情节的，可立案追述。

修订 公司设立时股东出资连带责任

法条对比

新《公司法》第五十条是在2018年版《公司法》第三十条的基础上做的修订。修订主要是考虑到股东出资形式具有货币形式和非货币形式两种，前者因货币本身具有确定性而不存在差额问题，但设立期间同样可能会因"未按章程规定足额缴纳"的问题而影响公司的成立基础，增加相应的"出资不足情形"可以有效保证公司在成立期间注册资本的实有性和充实性。

另外，发起人对公司的资本充实责任的法理基础较为特殊，其作为公司设立责任人具有防止公司设立程序与目的具有不法性的特殊作用及地位，因此在责任承担方面强调了发起人在"出资不足的范围内"的连带责任。这一规定旨在确保公司资本的真实性和充实性，保护公司及其债权人的利益。

2018年版《公司法》	新《公司法》	内容变化
第三十条 有限责任公司成立后，发现作为设立公司出资的非货币财产的实际价额显著低于公司章程所定价额的，应当由交付该出资的股东补足其差额；公司设立时的其他股东承担连带责任。	第五十条 有限责任公司设立时，股东未按照公司章程规定实际缴纳出资，或者实际出资的非货币财产的实际价额显著低于所认缴的出资额的，设立时的其他股东与该股东在出资不足的范围内承担连带责任。	36.增加了"未按公司章程规定足额缴纳"的情形； 37.强调"出资不足的范围内"的连带责任。

溯源解读

本条进一步回应了《公司法司法解释（三）(2020修正)》第十三条第三款："股东在公司设立时未履行或者未全面履行出资义务，依照本条第一款或者第二款提起诉讼的原告，请求公司的发起人与被告股东承担连带责任的，人民法院应予支持；公司的发起人承担责任后，可以向被告股东追偿。"

通俗地讲，就是在公司设立时，如果有股东虚假出资或抽逃出资，那么设立时的全体股东都要对其虚假出资、抽逃出资部分承担连带清偿责任。

☑ 实操指南

如何要求虚假出资和抽逃出资合伙人补充清偿？

（1）通过查看公司的财务报表、银行账户流水，以及其他相关的财务记录来确认事实。

（2）确认合伙人真的存在虚假出资和抽逃出资后，收集所有相关的证据，如银行转账记录、会计凭证、公司内部文件等。

（3）向当地公安机关或者市场监管部门进行举报。举报时需要提交证据和一份详细的报告，说明怀疑虚假出资、抽逃出资的情况。

（4）聘请一位专业的律师，准备必要的法律文件，通过诉讼来追讨补偿。

（5）如果可能的话，也可以尝试与合伙人进行协商，以期达成和解。

[新增] 董事会资本充实责任规定

📢 法条对比

本条为新增条款，明确了董事会对于公司**资本充实的责任**：应当适时核查股东出资情况；一旦发现股东未按期足额缴纳出资的，应当及时催缴；如果董事会未尽到前述义务，负有责任的董事应当向公司承担损失赔偿责任。

本条强调董事要为公司的最大利益尽到勤勉义务。

2018年版《公司法》	新《公司法》	内容变化
无。	第五十一条 有限责任公司成立后，董事会应当对股东的出资情况进行核查，发现股东未按期足额缴纳公司章程规定的出资的，应当由公司向该股东发出书面催缴书，催缴出资。 未及时履行前款规定的义务，给公司造成损失的，负有责任的董事应当承担赔偿责任。	38.新增董事会资本充实责任规定。

📝 溯源解读

资本充实责任，是一个重要法律术语，是为了确保公司实收资本与章程所定资本一致。资本充实责任包括：

（1）**认购担保责任**，针对股份有限公司，是指履行认购新增股权的责任。

（2）**缴纳担保责任**，如果股东未按照公司章程的规定缴足出资且未能补缴，董事会应担负追索责任。

（3）**差额填补责任**，是指出资的非货币财产的实际价额显著低于章程所定价额，可向出资不实的股东行使求偿权。

根据《公司法司法解释（三）（2020修正）》第十三条明确规定："股东未履行或者未全面履行出资义务，公司或者其他股东请求其向公司依法全面履行出资义务的，人民法院应予支持。"新《公司法》据此新增法条，目的是增强董事会对公司的**资本话语权**。

公司作为法人，具有催缴出资的主体资格，但作为抽象的主体无法具体实施对未完全履行出资义务的股东的催缴行为，**让董事会作为公司决策机构，代表公司实施催缴**，这样就提升了解决出资认缴难题的有效性，从而确保实收资本与章程所定资本一致。

✅ 实操指南

本身未全面履行出资义务的董事可行使催缴权吗？

现实中有这样一种情况，即董事会里面的股东本人也没有全面履行出资义务，那么，他有权行使催缴权吗？

根据本条法律，即使董事自身为未全面履行出资义务的股东，依然有权履行催缴权。至于他未全面履行的出资义务，则由董事会的其他董事负责催缴。

[新增] 股东失权制度

📑 法条对比

第五十二条为新增条款，明确规定了：（1）股东补缴出资部分的宽限期——六十日；（2）通知股东丧失股权的程序："书面催缴"—"董事会决议"—"通知失权"；（3）股东失权后的处理方案："依法转让""减资注销""其他股东按照其出资比例足额缴纳相应出资"；（4）股东对失权有异议的诉讼时限——三十日。

修订此内容的主要目的是确保股东能够按时完成出资义务，维护公司的资本充实和交易安全。如果股东未能在规定的时间内完成出资，那么公司将可以通过董事会决议对该股东进行失权处理，即剥夺其在公司中相应的股权。这一规定，通过加强对股东出资行为的规范来帮助维护公司的正常运营和发展。

2018 年版《公司法》	新《公司法》	内容变化
无。	第五十二条　股东未按照公司章程规定的出资日期缴纳出资，公司依照前条第一款规定发出书面催缴书催缴出资的，可以载明缴纳出资的宽限期；宽限期自公司发出催缴书之日起，不得少于六十日。宽限期届满，股东仍未履行出资义务的，公司经董事会决议可以向该股东发出失权通知，通知应当以书面形式发出。自通知发出之日起，该股东丧失其未缴纳出资的股权。 依照前款规定丧失的股权应当依法转让，或者相应减少注册资本并注销该股权；六个月内未转让或者注销的，由公司其他股东按照其出资比例足额缴纳相应出资。 股东对失权有异议的，应当自接到失权通知之日起三十日内，向人民法院提起诉讼。	39.新增股东催缴失权制度。

✏️ 溯源解读

股东失权制度是新《公司法》修订中的一项重要内容。股东失权在制度设计上主要运用民法的合同解除原理。在出资维度上，股东与公司之间本质上是合同关系：从公司契约理论的角度来看，股东与公司之间存在以缴纳出资与接受出资为内容的合同关系，不依法履行出资义务会危及公司资本充实及正常经营，公司需要"解除合同"，使股东丧失未缴纳出资部分的股权。

《公司法司法解释（三）（2020 修正）》早就引入了股东除名规则，经过十年司法实践，此次修订进一步引入了股东失权制度。股东失权制度的引入，为公司提供了一种迅速解决股东未按期出资问题的途径，有助于公司尽快实化其资本，并保护诚信守约股东及债权人的利益。

该制度的核心内容包括股东失权的条件与程序、失主股权的后续处理，以及失权股东的权利救济。同时，该制度也强调了董事的责任，要求董事会对股东的出资情况进行核查，并在发现股东未按期足额缴纳出资时，及时发出催缴通知，否则负有责任的董事应当承担赔偿责任。

实操指南

被失权后，股东该如何维护自己权益呢？

股东在接到失权通知后，如果对该失权决定有异议，可以采取以下几种方式进行权利救济：

（1）根据本条法律规定，股东在接到失权通知之日起三十日内，可以向人民法院提起诉讼。

（2）股东可以请求撤销股东会决议，争取协商机会。

（3）股东可以与公司协商，寻求和解解决问题。

（4）如果股东因为公司的行为遭受了损失，可以要求公司进行赔偿。

（5）在某些特殊情况下，股东甚至可以申请法院解散公司。

[修订] 补充抽逃出资责任

法条对比

2018年版《公司法》第三十五条对于抽逃出资的规定过于笼统，新《公司法》第五十三条则明确禁止股东在公司成立后抽逃其出资，从而确保公司能够拥有足够的资本进行运营和偿还债务。在此基础上增设的规定：（1）对于违反不得抽逃出资原则的股东，必须返还其抽逃的资金，并对公司因此造成的损失承担赔偿责任；（2）负有责任的董事、监事、高级管理人员在此情况下也需要承担连带赔偿责任。

2018年版《公司法》	新《公司法》	内容变化
第三十五条 公司成立后，股东不得抽逃出资。	第五十三条 公司成立后，股东不得抽逃出资。违反前款规定的，股东应当返还抽逃的出资；给公司造成损失的，负有责任的董事、监事、高级管理人员应当与该股东承担连带赔偿责任。	40.增加"返还抽逃的出资"； 41.增加"董监高人员的连带责任"。

溯源解读

本条吸收了《公司法司法解释（三）(2020修正)》第十二条、第十四条的规定。

第十二条 公司成立后，公司、股东或者公司债权人以相关股东的行为符合下列情形之一且损害公司权益为由，请求认定该股东抽逃出资的，人民法院应予支持：(一)制作虚假财务会计报表虚增利润进行分配；(二)通过虚构债权债务关系将其出资转出；(三)利用关联交易将出资转出；(四)其他未经法定程序将出资抽回的行为。

第十四条 股东抽逃出资，公司或者其他股东请求其向公司返还出资本息、协助抽逃出资的其他股东、董事、高级管理人员或者实际控制人对此承担连带责任的，人民法院应予支持。公司债权人请求抽逃出资的股东在抽逃出资本息范围内对公司债务不能清偿的部分承担补充赔偿责任、协助抽逃出资的其他股东、董事、高级管理人员或者实际控制人对此承担连带责任的，人民法院应予支持；抽逃出资的股东已经承担上述责任，其他债权人提出相同请求的，人民法院不予支持。

实操指南

股东在催缴通知后转移了资产，公司能要求其补缴出资吗？

（1）**如果股东在催缴通知后转移了资产**，公司依然有权要求其补缴出资。如果股东未按照规定缴纳出资，除了应当向公司足额缴纳外，还应当向已按期足额缴纳出资的股东承担违约责任。

（2）**如果股东在未完全履行出资义务的情况下转让股权**，受让人对此知道或者应当知道，公司可以请求该股东履行出资义务，受让人对此承担连带责任。

（3）**如果股东转移资产以逃避出资义务**，公司要求其补缴出资，对方不配合，公司可以向法院提起诉讼，法院会根据具体情况作出判决。

〔新增〕 要求股东提前缴纳出资制度

法条对比

第五十四条是新增内容。鉴于出资期限设定较长、而股东未及时补缴出资会影响到公司的正常经营，**新《公司法》特别做了此修订，要求股东提前缴纳出资**，用于弥补公司经营的资产缺口，以保障公司的正常运营。

2018年版《公司法》	新《公司法》	内容变化
无。	第五十四条　公司不能清偿到期债务的，公司或者已到期债权的债权人有权要求已认缴出资但未届出资期限的股东提前缴纳出资。	42.新增股东提前缴纳出资制度。

溯源解读

本条新规定吸收了《全国法院民商事审判工作会议纪要》第六条内容："在注册资本认缴制下，股东依法享有期限利益。债权人以公司不能清偿到期债务为由，请求未届出资期限的股东在未出资范围内对公司不能清偿的债务承担补充赔偿责任的，人民法院不予支持。但是，下列情形除外：（1）公司作为被执行人的案件，人民法院穷尽执行措施无财产可供执行，已具备破产原因，但不申请破产的；（2）在公司债务产生后，公司股东（大）会决议或以其他方式延长股东出资期限的。"

本条新规定还吸收了《最高人民法院关于民事执行中变更、追加当事人若干问题的规定》（2020修正）第十七条内容："作为被执行人的营利法人，财产不足以清偿生效法律文书确定的债务，申请执行人申请变更、追加未缴纳或未足额缴纳出资的股东、出资人或依公司法规定对该出资承担连带责任的发起人为被执行人，在尚未缴纳出资的范围内依法承担责任的，人民法院应予支持。"

本条中除了规定"债权人"要求加速到期外，新增规定了"公司"也有权主动要求提前加速到期。

实操指南

如何要求股东提前缴纳出资？

（1）发出催缴通知，明确指出股东需要提前缴纳出资的原因和金额。

（2）双方可以通过协商来解决提前缴纳出资的问题，包括确定具体的金额、时间等。

（3）如果协商不成，可以选择通过法律途径来解决，具体操作最好咨询专业的律师。

【修订】 补充股东名册具体事项

法条对比

第五十六条是对2018年版《公司法》第三十二条第一、二款的修订，要求有限责任公司必须建立股东名册，并对股东的基本信息、出资情况和持股情况进行详细记录。这一规定旨在确保公司股权结构的透明性和股东权利的明确性，同时为公司及其股东、债权人等相关方提供法律依据和查询便利。

在之前规定的基础上增加：(1) 股东"认缴""实缴""出资方式""出资日期"等事项，这些都有利于公司债权人、投资者了解公司资产情况；(2) 明确了股东名册中应当包含"股东取得和丧失股东资格的具体日期"，这对于确认股东身份、保护股东权益以及处理股权转让等相关事宜具有重要意义。通过明确记录股东资格的变更日期，可以确保股权结构的清晰和透明，同时也为公司内部管理和外部交易提供了法律依据。

2018年版《公司法》	新《公司法》	内容变化
第三十二条第一、二款 有限责任公司应当置备股东名册，记载下列事项： （一）股东的姓名或者名称及住所； （二）股东的出资额； （三）出资证明书编号。 记载于股东名册的股东，可以依股东名册主张行使股东权利。	第五十六条 有限责任公司应当置备股东名册，记载下列事项： （一）股东的姓名或者名称及住所； （二）股东认缴和实缴的出资额、出资方式和出资日期； （三）出资证明书编号； （四）取得和丧失股东资格的日期。 记载于股东名册的股东，可以依股东名册主张行使股东权利。	43.对出资额做了详细规定； 44.增加了出资方式、出资日期、取得和丧失股东资格的日期。

溯源解读

过去，股东名册的重要性一直没有得到公司的重视。此次修订再次强化了股东名册设置的重要性。股东名册的重要性体现在如下几个方面：

（1）**确认股东身份**：股东名册是确认谁拥有公司股份以及股东持股情况的重要文件。通过股东名册，可以明确知道每位股东的关键信息。

（2）**行使股东权利的依据**：股东名册是股东主张行使权利的法律依据，包括但不限于参加股东大会、投票表决、查阅公司账簿等权利。

（3）**股权转让的记录**：股东名册记录了股东取得和丧失股东资格的日期，这对于股权转让的法律效力和程序具有重要意义。股权转让完成后，股东名册的更新可以反映最新的股权结构，为股权的进一步转让或交易提供准确的信息。

（4）**公司治理的基础**：股东名册为公司提供了一个管理和监督股东出资的有效工具。公司可以通过股东名册确保股东履行其出资义务，并对未按期缴纳出资的股东采取相应的法律行动。

（5）**保护债权人利益**：股东名册的存在有助于保护公司债权人的利益。债权人可以通过查询股东名册了解公司的资本结构和股东出资情况，从而评估公司的偿债能力和信用状况。

（6）**法律诉讼的证据**：在涉及公司股权的法律诉讼中，股东名册可以作为重要证据使用。它可以证明股东的股权状态、出资情况以及股权变动的历史记录，对于解决股权纠纷具有关键作用。

✅ 实操指南

股东花名册登记簿样表

股东名字	身份证号	通信地址	持股比例	认缴金额	实缴金额	认缴期限	实缴期限	出资方式	证明编号	资格确认	资格丧失

[修订] 增加股东查阅权的范围与方式

📑 法条对比

第五十七条是对 2018 年版《公司法》第三十三条的修订，将股东查阅权的查阅对象范围增添了"股东名册"与"会计凭证"。同时在查阅方法中，赋予了股东委托第三方"中介机构"的权利。从股东的查阅对象到股东的查阅方式的增加，都强调并保护了股东的查阅权及其权利实现。

2018 年版《公司法》	新《公司法》	内容变化
第三十三条　股东有权查阅、复制公司章程、股东会会议记录、董事会会议决议、监事会会议决议和财务会计报告。 股东可以要求查阅公司会计账簿。股东要求查阅公司会计账簿的，应当向公司提出书面请求，说明目的。公司有合理根据认为股东查阅会计账簿有不正当目的，可能损害公司合法利益的，	第五十七条　股东有权查阅、复制公司章程、股东名册、股东会会议记录、董事会会议决议、监事会会议决议和财务会计报告。 股东可以要求查阅公司会计账簿、会计凭证。股东要求查阅公司会计账簿、会计凭证的，应当向公司提出书面请求，说明目的。公司有合理根据认为股东查阅会计账簿、会计凭证有不正当目的，可能损害公司合法利益的，可以拒绝提供查阅，并应当自股东提出书面请求之日起十五日内书面答复股东并说明理由。公司拒绝提供查阅的，股东可以向人民法院提起诉讼。	45. 增添了"股东名册""会计凭证"这两个可供股东查阅的内容。

续表

2018年版《公司法》	新《公司法》	内容变化
可以拒绝提供查阅，并应当自股东提出书面请求之日起十五日内书面答复股东并说明理由。公司拒绝提供查阅的，股东可以请求人民法院要求公司提供查阅。	股东查阅前款规定的材料，可以委托会计师事务所、律师事务所等中介机构进行。股东及其委托的会计师事务所、律师事务所等中介机构查阅、复制有关材料，应当遵守有关保护国家秘密、商业秘密、个人隐私、个人信息等法律、行政法规的规定。股东要求查阅、复制公司全资子公司相关材料的，适用前四款的规定。	

溯源解读

股东名册是公司的重要文件之一，它记录了股东的基本信息和持股情况，增加股东名册查阅权不难理解。而关于股东能否查阅会计凭证，则一直存在巨大争议。

会计凭证是公司财务会计系统中的基础性文件，包括原始凭证和记账凭证，它们是编制会计账簿的依据。过去一些法院支持股东在特定情况下查阅会计凭证，而更多法院则不支持这么做。本条明确回答了司法实务的这一争议，规定**股东有权查阅会计凭证**。这些修改为股东全面了解公司及下属子公司的财务信息提供了基本的路径，有利于进一步保护中小股东的权益。

实操指南

股东如何向公司提出查阅会计凭证的请求？

（1）向公司提出书面请求，并且需要在请求中说明查阅的目的。

（2）公司收到书面请求后，如果有合理的根据认为股东查阅会计账簿和会计凭证可能有不正当的目的，可能会损害公司的合法利益，那么公司可以拒绝提供查阅。但是，公司必须在股东提出书面请求之日起十五日内，书面答复股东并说明理由。

（3）如果公司拒绝提供查阅，股东可以向人民法院提起诉讼，请求公司提供查阅。

修订 减少股东会公司治理职权

法条对比

第五十九条是对2018年版《公司法》第三十七条的修订，删除了"决定公

第三章 有限责任公司的设立和组织机构修订内容

司的经营方针和投资计划"和"审议批准公司的年度财务预算方案、决算方案"的两项管理事项，将公司实际经营的职权从股东会转移到董事会职权中。

增加"股东会可以授权董事会对发行公司债券作出决议"，进一步保障董事会在公司经营中的独立地位，强化董事会的主观能动性与决策能力。

2018年版《公司法》	新《公司法》	内容变化
第三十七条　股东会行使下列职权： （一）决定公司的经营方针和投资计划； （二）选举和更换非由职工代表担任的董事、监事，决定有关董事、监事的报酬事项； （三）审议批准董事会的报告； （四）审议批准监事会或者监事的报告； （五）审议批准公司的年度财务预算方案、决算方案； （六）审议批准公司的利润分配方案和弥补亏损方案； （七）对公司增加或者减少注册资本作出决议； （八）对发行公司债券作出决议； （九）对公司合并、分立、解散、清算或者变更公司形式作出决议； （十）修改公司章程； （十一）公司章程规定的其他职权。 对前款所列事项股东以书面形式一致表示同意的，可以不召开股东会会议，直接作出决定，并由全体股东在决定文件上签名、盖章。	第五十九条　股东会行使下列职权： （一）选举和更换董事、监事，决定有关董事、监事的报酬事项； （二）审议批准董事会的报告； （三）审议批准监事会的报告； （四）审议批准公司的利润分配方案和弥补亏损方案； （五）对公司增加或者减少注册资本作出决议； （六）对发行公司债券作出决议； （七）对公司合并、分立、解散、清算或者变更公司形式作出决议； （八）修改公司章程； （九）公司章程规定的其他职权。 股东会可以授权董事会对发行公司债券作出决议。 对本条第一款所列事项股东以书面形式一致表示同意的，可以不召开股东会会议，直接作出决定，并由全体股东在决定文件上签名或者盖章。	46. 删除了第（一）和第（五）款规定； 47. 增加"股东会可以授权董事会对发行公司债券作出决议"。

📝 溯源解读

本条修订对公司决策产生了显著影响：**取消了股东会对于公司经营方针和投资计划的决策权，并将这些权力转移给了董事会。**

这意味着董事会现在可以直接决定公司的经营方针和投资计划，而不需要经过股东会的批准；"股东以书面形式一致表示同意的，可以不召开股东会会议，直接作出决定"，给予了公司更灵活的内部治理权限空间，减少了决策流程的复杂性，从而提高决策效率和响应速度。

这一修订也有助于减少董事会与股东会之间的冲突。在过去，股东会有权决定公司的重大事项，而现在，这些权力转移到了董事会，减少了双方在决策上的分歧和争执。

☑ 实操指南

董事会决议的投资计划，股东会可以否定吗？

尽管新《公司法》把"公司的经营方针和投资计划"决议权转移给了董事会，但是董事会行使这些职权是在股东会的指导和监督之下进行的。

股东会有权对董事会的工作进行审查，并要求董事会对其工作进行报告。此外，股东会也有权对董事会成员进行选举和罢免。因此，尽管董事会拥有一定的独立性和自主性，但其最终还是受到股东会的制约和监督。如果股东会认定董事会制订的投资计划不合理，还是可以否决的。

[修订] 增加股东会一般事项的通过比例

⮕ 法条对比

第六十六条基本保留了2018年版《公司法》第四十三条的内容，**在此基础上新增了"股东会作出决议，应当经代表过半数表决权的股东通过"**。也就是说，相对于第三款的特殊决议："修改公司章程、增加或者减少注册资本的决议，以及公司合并、分立、解散或者变更公司形式的决议"，其他一般事项只需要过半数表决权即可通过。

2018年版《公司法》	新《公司法》	内容变化
第四十三条 股东会的议事方式和表决程序，除本法有规定的外，由公司章程规定。 股东会会议作出修改公司章程、增加或者减少注册资本的决议，以及公司合并、分立、解散或者变更公司形式的决议，必须经代表三分之二以上表决权的股东通过。	第六十六条 股东会的议事方式和表决程序，除本法有规定的外，由公司章程规定。 股东会作出决议，应当经代表过半数表决权的股东通过。 股东会作出修改公司章程、增加或者减少注册资本的决议，以及公司合并、分立、解散或者变更公司形式的决议，应当经代表三分之二以上表决权的股东通过。	48.增加"股东会作出决议，应当经代表过半数表决权的股东通过"。

第三章　有限责任公司的设立和组织机构修订内容

📝 溯源解读

一般事项过半数表决权的规定虽然在之前的《公司法》中没有明确规定，但是在实践中，基本上都在采取这种表决方式。此次修订将"过半数表决权"明确加入《公司法》中，再次体现了立法的严谨性。

☑ 实操指南

哪些事项需要股东会全票通过？

本条规定了两种通过比例：过半数表决权和三分之二以上表决权。但事实上，还有需要全票通过的事项。

（1）规模较小或者股东人数较少的有限责任公司，如果不设监事，需要全体股东一致同意。

（2）公司弥补亏损和提取公积金后所余税后利润，有限责任公司按照股东实缴的出资比例分配利润，如果想不按照出资比例分配利润的，需要全体股东一致同意。

（3）公司减少注册资本，不按照股东出资或者持有股份的比例相应减少的，需要全体股东一致同意。

（4）增加注册资本时，不按照股东出资或者持有股份的比例，需要全体股东一致同意。

[修订] 董事会职权调整

↪ 法条对比

第六十七条沿袭了2018年版《公司法》第四十六条对于董事会职权的规定，删除了有关"董事会对股东会负责"和"制订公司的年度财务预算方案、决算方案"的条文，增加了"股东会授予的其他职权"和"公司章程对董事会职权的限制不得对抗善意相对人"的规定。

2018年版《公司法》	新《公司法》	内容变化
第四十六条　董事会对股东会负责，行使下列职权： （一）召集股东会会议，并向股东会报告工作； （二）执行股东会的决议；	第六十七条　有限责任公司设董事会，本法第七十五条另有规定的除外。 董事会行使下列职权： （一）召集股东会会议，并向股	49.删除了"董事会对股东会负责"； 50.删除了"制订公司的年度财务预算方案、决算

续表

2018年版《公司法》	新《公司法》	内容变化
（三）决定公司的经营计划和投资方案； （四）制订公司的年度财务预算方案、决算方案； （五）制订公司的利润分配方案和弥补亏损方案； （六）制订公司增加或者减少注册资本以及发行公司债券的方案； （七）制订公司合并、分立、解散或者变更公司形式的方案； （八）决定公司内部管理机构的设置； （九）决定聘任或者解聘公司经理及其报酬事项，并根据经理的提名决定聘任或者解聘公司副经理、财务负责人及其报酬事项； （十）制定公司的基本管理制度； （十一）公司章程规定的其他职权。	东会报告工作； （二）执行股东会的决议； （三）决定公司的经营计划和投资方案； （四）制订公司的利润分配方案和弥补亏损方案； （五）制订公司增加或者减少注册资本以及发行公司债券的方案； （六）制订公司合并、分立、解散或者变更公司形式的方案； （七）决定公司内部管理机构的设置； （八）决定聘任或者解聘公司经理及其报酬事项，并根据经理的提名决定聘任或者解聘公司副经理、财务负责人及其报酬事项； （九）制定公司的基本管理制度； （十）公司章程规定或者股东会授予的其他职权。 公司章程对董事会职权的限制不得对抗善意相对人。	方案"； 51. 增加了"股东会授予的其他职权"； 52. 增加了"公司章程对董事会职权的限制不得对抗善意相对人"。

📝 溯源解读

本条删除了"制订公司的年度财务预算方案、决算方案"，这意味着董事会不再负责制定公司的年度财务预算和决算方案，而是将这部分职权交给了其他管理层级或者特定的职能部门，意味着要么接手部门承担更多的责任，要么公司需要重新设计决策流程以适应新的职权分配。

删除"董事会对股东会负责"，新增"股东会授予的其他职权"，进一步强化了董事会在公司治理中的独立地位。过去股东会能否授权董事会行使职权一直存在争议，此次修订特意加上了"股东会授予的其他职权"，再次**体现了股东会中心主义向董事会中心主义治理理念的转变**。

本条最后也明确了"公司章程对董事会职权的限制不得对抗善意相对人"，这意味着即使公司章程中对董事会职权有限制，这些限制也不能对那些不知情的、善意的第三方产生效力。通俗地讲,如果第三方在与公司交易时不知道这些限制,那么他们仍然可以期待董事会履行通常的职责,包括但不限于签署合同、作出决策等。这一规定旨在<u>保护善意第三方的合法权益</u>,确保交易的公平性和稳定性。

> ☑ **实操指南**

删除"董事会对股东会负责",就意味着董事会不必听从股东会吗?

删除了"董事会对股东会负责"这一表述,不是说"董事会不再对股东会负责",因为董事会是代表股东和职工利益的机构,所以董事会不能只对股东会负责,这句表述本身不够严谨。<u>删除这一表述,意味着董事会的责任主体范围扩大了</u>。

董事会的职权和责任仍然受到公司章程和新《公司法》的约束。公司章程作为公司依法制定的基本文件,为公司的基本法律文件,对于董事会的职权和责任有着详细的规定,而这些限制规定通常是通过股东会的决议进行的。

因此,虽然新《公司法》中删除了"董事会对股东会负责"的表述,但这并不意味着董事会不再听命于股东会。

修订 董事会成员中职工代表的新要求

> ➤ **法条对比**

第六十八条对2018年版《公司法》第四十四条规定做了较大调整:

(1)取消了董事会最多十三人的人数限制。

(2)"董事会成员<u>可以有</u>公司职工代表"的适用范围,扩展至所有"董事会成员为三人以上"的有限责任公司。

(3)<u>"董事会成员中应当有公司职工代表"的适用范围</u>,从"两个以上的国有企业或者两个以上的其他国有投资主体投资设立的有限责任公司"扩大到了"三百人以上的全部有限责任公司"。

2018年版《公司法》	新《公司法》	内容变化
第四十四条 有限责任公司设董事会,其成员为三人至十三人;但是,本法第五十条另有规定的除外。	第六十八条 有限责任公司董事会成员为三人以上,其成员中可以有公司职工代表。	53.取消了董事会最多十三人的人数限制; 54."董事会成员中可以有公司职工代表"的适用

2018年版《公司法》	新《公司法》	内容变化
两个以上的国有企业或者两个以上的其他国有投资主体投资设立的有限责任公司，其董事会成员中应当有公司职工代表；其他有限责任公司董事会成员中可以有公司职工代表。董事会中的职工代表由公司职工通过职工代表大会、职工大会或者其他形式民主选举产生。 董事会设董事长一人，可以设副董事长。董事长、副董事长的产生办法由公司章程规定。	职工人数三百人以上的有限责任公司，除依法设监事会并有公司职工代表的外，其董事会成员中应当有公司职工代表。董事会中的职工代表由公司职工通过职工代表大会、职工大会或者其他形式民主选举产生。 董事会设董事长一人，可以设副董事长。董事长、副董事长的产生办法由公司章程规定。	范围，扩展至所有"董事会成员为三人以上"的有限责任公司； 55."董事会成员中应当有公司职工代表"的适用范围，从"两个以上的国有企业或者两个以上的其他国有投资主体投资设立的有限责任公司"扩大到了"三百人以上的全部有限责任公司"。

📝 溯源解读

本条修订不再按照企业所有权的性质，而是按照职工人数的多少确定是否董事会成员中应当有公司职工代表。本条进一步强化了职工在公司治理中的参与权，特别是对于三百人以上规模较大的公司，通过确保职工代表在董事会中的存在，有助于平衡管理层与普通职工间的利益关系，促进公司和谐稳定发展。同时，这也符合国际上公司治理的普遍趋势，即增强利益相关者的参与度，提高公司透明度和社会责任。

✅ 实操指南

大公司的职工代表进入董事会后，可以起到什么作用？

新《公司法》建议三百人以上的大公司的董事会成员中要有职工代表，那么这些职工代表具体承担什么职责呢？

（1）**代表职工利益**：职工代表需要经常或定期地深入到职工中去，听取他们的意见和建议，并在董事会讨论决定涉及职工切身利益的重大问题时，如工资、奖金、福利、劳动安全卫生、社会保险、变更劳动关系、裁员等，如实反映职工的合理要求，代表和维护职工的合法权益。

（2）**参与公司决策**：职工代表在董事会中应充分发表意见，特别是在涉及职工切身利益的重大问题和事项上，如公司高级管理人员的聘任、解聘等，职工代表需要如实反映职工（代表）大会民主评议公司管理人员的情况。

（3）**监督公司运作**：职工代表还需要参与对公司运作的监督，包括对公司对涉及职工切身利益的法律法规和公司规章制度的贯彻执行情况进行检查。

[新增] 审计委员会行使监事会的职权

▶ 法条对比

第六十九条为新增条款，引入审计委员会制度。本条明确可以由审计委员会行使监事会职权，**意在加强公司的财务监督机制**。同时明确允许职工董事也可以成为审计委员会委员，完善了职工董事制度，加强了职工董事的职能和地位。

2018年版《公司法》	新《公司法》	内容变化
无。	第六十九条　有限责任公司可以按照公司章程的规定在董事会中设置由董事组成的审计委员会，行使本法规定的监事会的职权，不设监事会或者监事。公司董事会成员中的职工代表可以成为审计委员会成员。	56. 新增审计委员会相关制度。

▶ 溯源解读

在董事会中设置由董事组成的审计委员会，有利于董事对公司财务的实际监督，进一步避免部分大股东利用控制地位转移公司财产对公司与小股东造成的损失。

审计委员会作为董事会下设组织且成员由董事组成，再次强调了以董事会为中心的治理结构理念。不过，本条只是建议设立审计委员会行使监事会的职权，决定权在于公司。也就是说，审计委员会制度并没有取代监事会制度。根据后面第七十八条至第八十二条的规定，可以看到监事会制度还存在很大价值。

▶ 实操指南

审计委员会主要承担哪些职责？

（1）审查公司的财务报表和其他财务信息，以确保其真实性、完整性和合规性。

（2）对外部审计机构进行评估，包括其独立性和专业性，以及提供的非审计服务可能对其独立性的影响。

（3）监督内部审计部门的工作，确保其有效性和效率。

（4）评估公司内部控制系统的设计和运行效果，以防止欺诈和错误，保护资产，提高运营效率，确保信息的可靠性，遵守适用的法律法规。

（5）协调管理层、内部审计部门与外部审计机构的沟通，确保信息的顺畅流通和及时反馈。

（6）负责处理董事会授权的其他事务，以及在相关法律法规中涉及的其他事项。

[修订] 新增董事辞任规则

▶ 法条对比

第七十条承继2018年版《公司法》第四十五条的相关规定，增加了董事辞任规则。2018年版《公司法》第四十五条虽然提到了董事辞任问题，但是对于辞任细节没有做具体的规定。**本条补足了这一环，明确董事辞任的具体程序（应当以书面形式送达公司）和生效条件（公司自收到通知后生效），解决了董事辞任是发出还是送达生效的问题。**这一补充规定是为了防止出现部分董事已经卸任但还对外行使权利给公司造成损害，以及老董事不愿卸任、新董事无法选出而造成公司治理混乱的问题。

2018年版《公司法》	新《公司法》	内容变化
第四十五条 董事任期由公司章程规定，但每届任期不得超过三年。董事任期届满，连选可以连任。 董事任期届满未及时改选，或者董事在任期内辞职导致董事会成员低于法定人数的，在改选出的董事就任前，原董事仍应当依照法律、行政法规和公司章程的规定，履行董事职务。	第七十条 董事任期由公司章程规定，但每届任期不得超过三年。董事任期届满，连选可以连任。 董事任期届满未及时改选，或者董事在任期内辞任导致董事会成员低于法定人数的，在改选出的董事就任前，原董事仍应当依照法律、行政法规和公司章程的规定，履行董事职务。 董事辞任的，应当以书面形式通知公司，公司收到通知之日辞任生效，但存在前款规定情形的，董事应当继续履行职务。	57.对董事辞任细节作出了详细规定。

✏ 溯源解读

董事向公司董事会书面提出辞呈，辞去董事、董事长及专门委员会职务后，董事会召开会议，通过该议案，选举新董事。这种情况一般会导致董事不够公司章程规定人数。所以接下来，有提名资格的股东推荐董事候选人，公司召开股东大会，补选董事。期间原董事继续履行董事职责，直到新任董事的任职资格被确认后，董事才算彻底辞任。这就是**董事辞任的一般流程，其中间存在一段新旧交替的混乱期，这条规定就是为了专门解决这个问题。**

董事提交的书面辞任通知应当包括以下内容：
（1）辞任人的姓名和职务。
（2）辞任的日期。
（3）辞任的原因。
（4）对公司未来发展的期望或建议（可以不要）。

✅ 实操指南

公司不同意董事辞任，该怎么办？

现实中，大部分法定代表人实际由公司的董事长、执行董事担任。如果公司不同意董事辞去法定代表人职务，董事该怎么办？

（1）根据本条的规定，辞去董事或总经理职务应正式向公司董事会发出辞任通知，并留下已经发出辞任通知的证据。

（2）如果是由股东会任命的董事，需要向公司董事会发出辞任通知的同时，向股东会各股东发出辞任通知。

（3）按照《公司法》规定，公司应当在**三十日内**确定新的法定代表人。满三十日后，董事可以书面要求公司完成变更登记。

（4）公司如果拒绝变更登记，董事可诉诸法律，起诉公司。董事辞任是受法律保护的。

[新增] **无因解除董事**

📙 法条对比

第七十一条为新增条款，明确规定股东会可以无因决议解任董事。"股东会可以决议解任董事，决议作出之日解任生效"意味着，公司可以根据其内部决策程序，随时解除董事的职务，不管董事的任期是否届满，这是为了确保董事对公司造成损害时可以保护公司利益。

与此同时，本条也规定了**离职补偿**，明确董事对"**无正当理由**"**解任保留要求**"**予以赔偿**"的权利，平衡公司与董事之间的关系，保护董事的合法权益。

2018年版《公司法》	新《公司法》	内容变化
无。	第七十一条　股东会可以决议解任董事，决议作出之日解任生效。 　　无正当理由，在任期届满前解任董事的，该董事可以要求公司予以赔偿。	58. 新增无因解除董事规定。

📝 溯源解读

1993年版《公司法》（已废止）第四十七条第二款早就有规定："董事在任期届满前，股东会不得无故解除其职务。" 2005年版《公司法》修订时删除了这条规定，之后的公司法以及相关司法解释未对董事解除事项作出规定。

直到《公司法司法解释（五）(2020修正)》第三条作出了这样的规定："董事任期届满前被股东会或者股东大会有效决议解除职务，其主张解除不发生法律效力的，人民法院不予支持。

董事职务被解除后，因补偿与公司发生纠纷提起诉讼的，人民法院应当依据法律、行政法规、公司章程的规定或者合同的约定，综合考虑解除的原因、剩余任期、董事薪酬等因素，确定是否补偿以及补偿的合理数额。"

本次修订吸收了《公司法司法解释（五）(2020修正)》第三条规定，作出了"无因解除董事"的规定。但区别在于，本条将"董事解任后与公司之间发生的补偿事宜"调整为"董事可以要求公司予以赔偿"。

✅ 实操指南

被无因解除董事职务，该如何要求补偿？

（1）**经济补偿**：根据本条规定，如果董事在任期届满前被解任，且无正当理由，董事可以要求公司予以经济补偿。而根据《公司法司法解释（五）(2020修正)》第三条规定，经济补偿的标准是"综合考虑解除的原因、剩余任期、董事薪酬等因素，确定补偿的合理数额"。

（2）如果因为公司的无因解除，给董事带来了名誉损害，董事有权要求公司对此进行**名誉补偿**。

（3）如果董事持有公司的股份，并且因为被无因解除董事职务而导致股权价值受损，董事有权要求公司对此进行**股份补偿**。

第三章 有限责任公司的设立和组织机构修订内容

这些补偿的具体金额和支付方式需要双方协商；协商不了，则需要通过法律途径来解决。

【修订】经理职权不再法定

📢 法条对比

经理在公司的治理中发挥着重要的作用，2018年版《公司法》第四十九条对经理职权作了详细的规定，但新《公司法》对此做了较大改动，不再以列举方式规定经理职权，而是**将经理职权完全下放给董事会和公司章程**，即"根据公司章程的规定或者董事会的授权行使职权"。这一调整体现了法律对公司自治的尊重。

2018年版《公司法》	新《公司法》	内容变化
第四十九条 有限责任公司可以设经理，由董事会决定聘任或者解聘。经理对董事会负责，行使下列职权： （一）主持公司的生产经营管理工作，组织实施董事会决议； （二）组织实施公司年度经营计划和投资方案； （三）拟订公司内部管理机构设置方案； （四）拟订公司的基本管理制度； （五）制定公司的具体规章； （六）提请聘任或者解聘公司副经理、财务负责人； （七）决定聘任或者解聘除应由董事会决定聘任或者解聘以外的负责管理人员； （八）董事会授予的其他职权。 公司章程对经理职权另有规定的，从其规定。 经理列席董事会会议。	第七十四条 有限责任公司可以设经理，由董事会决定聘任或者解聘。 经理对董事会负责，根据公司章程的规定或者董事会的授权行使职权。经理列席董事会会议。	59.不再对经理职权作详细规定，只强调经理应该根据公司章程的规定或者董事的授权行使职权。

📝 溯源解读

根据本条修订，经理的权限可以总结如下：（1）经理对董事会负责。因为经理的职位是由董事会决定的，因此经理需要对董事会负责；（2）经理的职权范围和行使方式应根据公司章程的规定或者董事会的授权来确定；（3）经理有权参加董事会会议，但并不具有投票权。

将经理的权限交给公司章程和董事会决定，意味着董事会将承担更多的决策和监督职责，总经理的职权将受到董事会的限制和监督。这种修订有助于强化董事会对公司经营管理的责任。

☑ 实操指南

经理不遵守董事会的决议，会面临什么后果？

（1）**法律责任**：经理不遵守董事会的决议，可能会导致公司运营混乱，进而影响公司的业务和业绩，给公司带来损失，所以可能需要对公司进行赔偿。

（2）**职业后果**：经理的不服从可能导致其在公司内部的职位受到影响，可能会失去晋升的机会，甚至可能被解雇。经理不遵守董事会决议可能会影响其在业界的声誉。这可能会影响到他们未来的就业机会或其他商业机会。

[修订] 监事会可以要求董高人员移交执行职务的报告

▶ 法条对比

第八十条在2018年版《公司法》第一百五十条第二款的基础上增加了"监事会可以要求董事、高级管理人员提交执行职务的报告"的新规定，进一步扩大了监事会的权限范围。

2018年版《公司法》	新《公司法》	内容变化
第一百五十条第二款 董事、高级管理人员应当如实向监事会或者不设监事会的有限责任公司的监事提供有关情况和资料，不得妨碍监事会或者监事行使职权。	第八十条 监事会可以要求董事、高级管理人员提交执行职务的报告。 董事、高级管理人员应当如实向监事会提供有关情况和资料，不得妨碍监事会或者监事行使职权。	60.增加了"监事会可以要求董事、高级管理人员提交执行职务的报告"。

✏ 溯源解读

本条之所以增加"监事会可以要求董事、高级管理人员提交执行职务的报告"，是因为作为公司内部监督机构，监事会的主要职责就是对公司的高级管理人员进行监督，确保他们遵守法律法规，按照公司章程，勤勉尽责地开展工作。通过要求董事和高级管理人员就他们的职务执行情况进行报告，监事会可以了解他们的

第三章　有限责任公司的设立和组织机构修订内容

工作进度，随时监督检查其是否存在违反法律法规、公司章程或损害公司利益的行为，从而更有效地行使监督权，更好地保护公司和广大股东们的利益。

☑ 实操指南

发现高管存在失职违法行为，监事会应该怎么办？

如果监事会发现董事或高级管理人员在执行职务时存在不当行为，可以采取相应的措施：

（1）**要求高管人员提交关于职务执行的报告，尽可能找到其漏洞，作为纠正其不当行为的"依据"。**

（2）**如果高级管理人员的行为违反了法律法规或公司章程，监事会可以向法院提起诉讼，要求高级管理人员赔偿因不当行为造成的损失。**

（3）**如果高级管理人员的行为涉嫌犯罪，监事会应及时把情况报告给司法机关，让司法机关介入调查。**

[修订] 增加监事表决一人一票原则

📣 法条对比

第八十一条关于监事表决的规定在2018年版《公司法》第五十五条规定的基础上，**增加了"监事会决议的表决，应当一人一票"的规定，以确保监事表决的民主性。**

2018年版《公司法》	新《公司法》	内容变化
第五十五条　监事会每年度至少召开一次会议，监事可以提议召开临时监事会会议。 监事会的议事方式和表决程序，除本法有规定的外，由公司章程规定。 监事会决议应当经<u>半数以上</u>监事通过。	第八十一条　监事会每年度至少召开一次会议，监事可以提议召开临时监事会会议。 监事会的议事方式和表决程序，除本法有规定的外，由公司章程规定。 监事会决议应当经全体监事的<u>过半数</u>通过。 <u>监事会决议的表决，应当一人一票。</u>	61.将"半数以上"改述为"过半数"； 62.增加"监事会决议的表决，应当一人一票"。

续表

2018年版《公司法》	新《公司法》	内容变化
监事会应当对所议事项的决定作成会议记录，出席会议的监事应当在会议记录上签名。	监事会应当对所议事项的决定作成会议记录，出席会议的监事应当在会议记录上签名。	

溯源解读

监事会是公司治理结构中的一个重要组成部分，其主要职责是对公司的财务状况、经营活动等进行监督，以保护公司和股东的利益。**监事会决议的表决采取"一人一票"的方式，意味着监事会中的每一位监事在表决过程中拥有相等的投票权。**

换句话说，无论监事在公司中的地位如何，他们在监事会的投票权都具有相同的效力。"一人一票"的表决制，旨在保障监事会成员之间的平等权利，以及监事会决策的民主性和公正性。

实操指南

监事会决议可以弃权吗？

监事会的决议对于公司的运营和发展具有重要的影响，因此监事会在作出决议时应该谨慎行事，充分考虑各种因素，以确保决议的科学性和合理性。**弃权是一种表达态度的方式。**

如果监事会成员对某个议题有疑虑或不同意，理论上讲，他们是可以选择弃权的，但现实中这样的行为是否被允许，需要看公司章程或者股东讨论结果。

「修订」 增加不设监事的条件

法条对比

第八十三条保留了2018年版《公司法》第五十一条第一款对于有限公司不设监事会的条件规定——股东人数较少或者公司规模较小的有限责任公司，并在此基础上，**新增了关于全体股东一致同意的情况下可以不设监事的规定。**

第三章 有限责任公司的设立和组织机构修订内容

2018年版《公司法》	新《公司法》	内容变化
第五十一条第一款 有限责任公司设监事会，其成员不得少于三人。股东人数较少或者规模较小的有限责任公司，可以设一至二名监事，不设监事会。	第八十三条 规模较小或者股东人数较少的有限责任公司，可以不设监事会，设一名监事，行使本法规定的监事会的职权；经全体股东一致同意，也可以不设监事。	63.将不设监事会的监事人数从"一至二名"明确为"一名"，允许这名监事"行使监事会的职权"； 64.增加"经全体股东一致同意，也可以不设监事"。

溯源解读

本条修订允许有限责任公司在某些特定条件下可以不设立监事会，而是由一名监事来行使其职权。此外，如果所有股东达成一致同意，有限责任公司甚至可以不设立监事。这一规定是允许小型或者股东人数较少的公司根据自身的实际情况和需要，灵活制定公司治理结构，通过组织简化来减少管理成本，提高决策效率。

不过，虽然法律允许不设立监事，但公司内部监督机制又是少不了的，所以如果公司选择不设立监事或监事会，应当在公司章程中明确规定相应的监督和制衡机制。

实操指南

不设立监事，后期想恢复监事会，该怎么办？

（1）需要先召开股东会，讨论并决定是否要恢复设置监事会。通常需要得到半数以上的股东的同意与支持。

（2）进一步形成决议，明确监事会的职责、人选、任期等信息。

（3）按照决议的内容去执行，包括任命监事、确定监事会的职责等。

（4）公司需要将决议的相关内容向原公司登记机关备案。

[修订] 删除"一人有限责任公司的特别规定"

法条对比

2018年版《公司法》第二章第三节对于一人有限责任公司的概念、设立、登记注意事项、章程、股东决议、财会报告、债务承担等内容进行了特别规定，新《公司法》对此进行整体删除。

2018年版《公司法》	新《公司法》	内容变化
第三节 一人有限责任公司的特别规定 第五十七条 一人有限责任公司的设立和组织机构，适用本节规定；本节没有规定的，适用本章第一节、第二节的规定。 本法所称一人有限责任公司，是指只有一个自然人股东或者一个法人股东的有限责任公司。 第五十八条 一个自然人只能投资设立一个一人有限责任公司。该一人有限责任公司不能投资设立新的一人有限责任公司。 第五十九条 一人有限责任公司应当在公司登记中注明自然人独资或者法人独资，并在公司营业执照中载明。 第六十条 一人有限责任公司章程由股东制定。 第六十一条 一人有限责任公司不设股东会。股东作出本法第三十七条第一款所列决定时，应当采用书面形式，并由股东签名后置备于公司。 第六十二条 一人有限责任公司应当在每一会计年度终了时编制财务会计报告，并经会计师事务所审计。 第六十三条 一人有限责任公司的股东不能证明公司财产独立于股东自己的财产的，应当对公司债务承担连带责任。	无。	65.删除"一人有限责任公司的特别规定"。

溯源解读

对"一人有限责任公司的特别规定"整体删除，并不意味着今后不再存在"一人公司"，而是国家从此将"一人公司"常态化。

删除一人公司相关规定的原因很简单：2018年版《公司法》关于一人有限公司设立和转投资的限制，旨在防范自然人通过设立一人公司来逃废债务。不过，实践表明，此项规定不仅极易被规避，而且不当抑制了市场主体的投资热情。

在修订之后，一个人可以设立多个一人公司，该一人公司也可以继续设立多个一人公司，这样有利于鼓励市场主体进行投资，激发市场活力。

另外，本节中的部分条文已经并入到有限公司的具体规定中。如，新《公司法》第四十二条"有限责任公司由一个以上五十个以下股东出资设立"和第九十二条"设立股份有限公司，应当有一人以上二百人以下为发起人，其中应当有半数以上的发起人在中华人民共和国境内有住所"的规定，有限责任公司和股份有限公司都可以由"一人"独家出资设立。

根据新《公司法》第六十条、第七十五条、第八十三条、第一百一十二条第二款和第一百三十三条规定，只有一个股东的"一人公司"不设股东会，也可以不设董事会和监事会，有限责任公司的"一人公司"甚至可以不设监事。当然反过来，"一人公司"也可以设董事会和监事会，董事、监事由股东任命。这符合公司制度所有权与经营权分离的模式，股东可以选择专业的、信得过的经营人员担任董事或者监事，甚或董事长、总经理也可以由非股东担任，股东无需亲力亲为或者事必躬亲。

☑ 实操指南

"一人公司"股东对公司债务要承担无限连带责任吗？

一人有限公司容易给股东滥用公司独立人格去从事不当交易提供机会，所以《公司法》规定一人有限公司股东自证清白，即由股东举证证明个人财产独立于公司财产，否则就要对公司债务承担连带责任。

"公司股东滥用公司法人独立地位和股东有限责任，逃避债务，严重损害公司债权人利益的，应当对公司债务承担连带责任。"（新《公司法》第二十三条）

"一人有限责任公司的股东不能证明公司财产独立于股东自己的财产的，应当对公司债务承担连带责任。"（2018年版《公司法》第六十三条）

举个例子：某公司合伙人王某私下开了另外一家小公司，且为这家小公司的唯一股东。小公司欠债后，王某虽然不在这个小公司任职，但无法提供证据证明小公司财产独立于自己的财产，因此必须承担连带清偿责任。

第四章　有限责任公司的股权转让修订内容

「修订」 股权转让不需要任何人同意

法条对比

根据2018年版《公司法》规定，股东之间可以相互转让股权，不需要任何人同意，但是股东向股东以外的人转让股权，应当经其他股东过半数同意。

新《公司法》明确规定，对外转让股权不需要其他股东同意，简化了股东对外转让股权的程序规则，强调了股东的转股自由，并且明确了转让股东对外转让股权时书面通知的具体事项，包括股东转让的数量、价格、支付方式和期限等。清晰的规定能更好地保障其他股东的优先购买权。

2018年版《公司法》	新《公司法》	内容变化
第七十一条　有限责任公司的股东之间可以相互转让其全部或者部分股权。 股东向股东以外的人转让股权，应当经其他股东过半数同意。股东应就其股权转让事项书面通知其他股东征求同意，其他股东自接到书面通知之日起满三十日未答复的，视为同意转让。其他股东半数以上不同意转让的，不同意的股东应当购买该转让的股权；不购买的，视为同意转让。 经股东同意转让的股权，在同等条件下，其他股东有优先购买权。两个以上股东主张行使优先购买权的，协商确定各自的购买比例；协商不成的，按照转让时各自的出资比例行使优先购买权。 公司章程对股权转让另有规定的，从其规定。	第八十四条　有限责任公司的股东之间可以相互转让其全部或者部分股权。 股东向股东以外的人转让股权的，应当将股权转让的数量、价格、支付方式和期限等事项书面通知其他股东，其他股东在同等条件下有优先购买权。股东自接到书面通知之日起三十日内未答复的，视为放弃优先购买权。两个以上股东行使优先购买权的，协商确定各自的购买比例；协商不成的，按照转让时各自的出资比例行使优先购买权。 公司章程对股权转让另有规定的，从其规定。	66.删除了"应当经其他股东过半数同意"； 67.把"视为同意转让"改为"视为放弃优先购买权"； 68."股权转让事项"进一步明确为"股权转让的数量、价格、支付方式和期限等事项"。

溯源解读

"需要其他股东过半数同意"是多此一举的程序，因为老股东本来就有优先受让股权的权利，其他股东同意不同意，没有太大意义，因此新《公司法》务实地将其取消了。

新《公司法》借鉴了《公司法司法解释（四）（2020 修正）》第十八条关于有限公司股权转让同等条件的规定，**明确了转让股东对外转让股权时书面通知的具体事项**，包括股东转让的数量、价格、支付方式和期限等，这一点则进一步保障了其他股东的优先购买权。

实操指南

股东如何对外转让股权？

首先，要通知其他老股东你要转让股权的消息。尽管新《公司法》规定不需要通过其他股东同意了，但是还应当尽到通知责任。

接着，正式告知老股东你要转让的数量和价格、付款期限的信息，并询问他们是否行使优先受让权。若有股东行使优先受让权，就转给他们；无人行使，才可以转给外人。

在保障其他股东权益的前提下，再将剩余的股权转让给股东以外的人。

[新增] 股权转让程序

法条对比

本条为新增条款。对于股权转让中的受让股东通知公司的义务和请求公司变更登记的权利进行了规定，同时也明确了公司的登记义务，并赋予了转让人和受让人寻求司法救济的权利。

2018 年版《公司法》	新《公司法》	内容变化
无。	第八十六条　股东转让股权的，**应当书面通知公司**，请求变更股东名册；需要办理变更登记的，并请求公司向公司登记机关办理变更登记。公司拒绝或者在合理期限内不予答复的，转让人、受让人可以依法向人民法院提起诉讼。**股权转让的，受让人自记载于股东名册时**起可以向公司主张行使股东权利。	69. 新增股权转让程序。

第四章 有限责任公司的股权转让修订内容

📝 溯源解读

现实中，股权变更很麻烦，需要双方先签订股权转让协议，然后准备各种资料办理工商变更登记、税务变更登记及银行对公账户变更登记，时间周期较长。如果股权转让合同生效后，一方不配合办理股东变更登记，就更加麻烦。变更手续办不下来，账户被银行冻结，部分业务不能正常开展，则会影响到公司的正常经营。

本条新增内容就是要解决股权转让之后变更登记难的棘手问题。明确规定"公司拒绝或者在合理期限内不予答复的，转让人、受让人可以依法向人民法院提起诉讼"，就是强化公司进行配合登记的义务。

另外，关于股权转让时股权变动效力发生的时点，2018年版《公司法》并未作出明确规定。所以本条新增的第二款，明确规定受让人可以自记载于股东名册时向公司主张权利，进而**明确在对内关系上以股东名册作为股东资格的确认依据**。

✓ 实操指南

办理股权转让后如何办理工商变更登记？

股份的转让不是单靠一纸协议就能保障的，必须进行**公示登记**。一般情况下，有限责任公司变更股东的，应当自变更之日起三十日内申请变更登记。

如果股东死亡，合法继承人可以请求公司完成变更登记。

在去办理变更登记之前，需要准备好以下资料：

（1）变更前股东身份证原件、电子邮箱、电话。

（2）变更后股东身份证原件、电子邮箱、电话。

（3）变更的股权比例。

（4）变更前后的法人、股东、个人数字证书或银行账号。

如果公司拒绝配合，诉诸法律手段要求登记，需要保留以下这些材料：

（1）《股权转让协议》、判决书等证据证明股权转让事实。

（2）通知函等证据证明优先权等问题已经解决。

（3）股权转让的公司股东会决议，证明公司内部形成股东会决议事项。

（4）要求公司变更登记的通知、公司的回复等材料。

[新增] 瑕疵股权转让的责任承担

法条对比

本条为新增条文，分两款分别规定未届出资期限的股权转让和已届出资期限的股权转让之责任事项。

本条第一款规定，在认缴期限届满前，在受让人未按期足额缴纳出资的情况下，**转让人要对受让人的出资责任兜底，承担补充责任**。

本条第二款规定，股东未尽出资义务即转让股权，转让股东的出资义务不得因股权转让而消除，仍然应当承担出资义务。由于受让人在受让股权时应当查证该股权所对应的出资义务是否履行，具有较公司其他股东更高的注意义务，因此在受让人明知或应知转让股东未尽出资义务仍受让股权时，其更应对转让股东未尽的出资义务承担**连带责任**。

2018年版《公司法》	新《公司法》	内容变化
无。	第八十八条　股东转让已认缴出资但未届出资期限的股权的，由受让人承担缴纳该出资的义务；受让人未按期足额缴纳出资的，转让人对受让人未按期缴纳的出资承担补充责任。 未按照公司章程规定的出资日期缴纳出资或者作为出资的非货币财产的实际价额显著低于所认缴的出资额的股东转让股权的，转让人与受让人在出资不足的范围内承担连带责任；受让人不知道且不应当知道存在上述情形的，由转让人承担责任。	70.新增瑕疵股权转让的责任承担规定。

溯源解读

瑕疵出资股权转让的责任承担在《公司法司法解释（三）(2020修正)》第十八条中其实有规定："有限责任公司的股东未履行或者未全面履行出资义务即转让股权，受让人对此知道或者应当知道，公司请求该股东履行出资义务、受让人对此承担连带责任的，人民法院应予支持；公司债权人依照本规定第十三条第二款向该股东提起诉讼，同时请求前述受让人对此承担连带责任的，人民法院应予支持。"

新《公司法》在吸收此条规定的基础上，补充了新的瑕疵出资情形：**受让人不知道且不应当知道的情形，规定责任由转让人承担**，并且规定转让未届出资期限股权的，由受让人承担出资义务。这些规定都是加强对于公司和债权人的权益保护。

实操指南

未届出资期限的股权转让要承担债务吗？

某公司成立时注册资本为200万元，股东甲和乙各实缴出资100万元。后公司壮大，将注册资本由200万元增加至600万元，甲和乙各增加认缴出资200万元。公司章程载明，认缴出资时间为2034年4月29日之前。2021年，甲和乙将其名下50%的股权作价1元转让给他人。该公司后与下游原材料公司产生买卖合同纠纷后，法院作出裁判结果：因为该公司确定拖欠下游公司1000万元债务，所以甲和乙对债务承担在未出资的200万元范围内的赔偿责任。

在这个案例中，股东甲和乙在出资期限届满前转让股权，并不构成对出资义务的违反，虽然转让股权合法、正当，但是1元对价出让股权，主观恶意出逃废债务，因此法院判定他们需要承担债务赔偿责任。

修订 控股股东滥权时其他股东的回购请求权

法条对比

为了加强保护中小股东权利，新《公司法》补充了异议股东回购请求权的情形，即控股股东滥用股东权利，严重损害公司或者其他股东利益的，中小股东有权请求公司按照合理的价格收购其股权，并且明确规定了公司须配合回购，及时完成转让或者注销，期限为六个月。

2018年版《公司法》	新《公司法》	内容变化
第七十四条 有下列情形之一的，对股东会该项决议投反对票的股东可以请求公司按照合理的价格收购其股权： （一）公司连续五年不向股东分配利润，而公司该五年连续盈利，并且符合本法规定的分配利润条件的； （二）公司合并、分立、转让主要财产的； （三）公司章程规定的	第八十九条 有下列情形之一的，对股东会该项决议投反对票的股东可以请求公司按照合理的价格收购其股权： （一）公司连续五年不向股东分配利润，而公司该五年连续盈利，并且符合本法规定的分配利润条件的； （二）公司合并、分立、转让主要财产的； （三）公司章程规定的营业期限届满或者章程规定的其他解散事由出现，股东会通过决议修改章程使公司存续。 自股东会决议作出之日起六十日	71."股东会会议决议通过之日"简述为"股东会决议作出之日"； 72.增加其他股东有权回购内容； 73.增加公司配合回购内容。

续表

2018年版《公司法》	新《公司法》	内容变化
营业期限届满或者章程规定的其他解散事由出现，股东会会议通过决议修改章程使公司存续的。 自股东会会议决议通过之日起六十日内，股东与公司不能达成股权收购协议的，股东可以自股东会会议决议通过之日起九十日内向人民法院提起诉讼。	内，股东与公司不能达成股权收购协议的，股东可以自股东会决议作出之日起九十日内向人民法院提起诉讼。 公司的控股股东滥用股东权利，严重损害公司或者其他股东利益的，其他股东有权请求公司按照合理的价格收购其股权。 公司因本条第一款、第三款规定的情形收购的本公司股权，应当在六个月内依法转让或者注销。	

📝 溯源解读

　　这里的**股权回购请求权，是指处于弱势地位的中小股东**，在与控股股东关系破裂并遭控股股东严重排挤而不能以其他方式正常转让股份后，可拥有并行使强行向公司或控股股东转让股权的权利。

　　现实中控股大股东滥用权利的现象时有发生，中小股东权益受到侵害，之前只能采取两种方式：要么转让自己的股权，要么等着公司解散清算后收回剩余财产。但这种止损方式的权力也不在中小股东的掌控之中，因为这都需要全体股东过半数同意。为了减少其对其他股东利益的损害，帮助其走出"经济牢笼"，**新《公司法》借鉴国外股东压制经验，新增规定在大股东滥权的情形下中小股东可行使回购权。**

　　同时，新《公司法》还明确规定了回购股权的处置方式，要求公司对于回购的股权要在六个月内转让或注销，确保回购股权落到实处。

✅ 实操指南

中小股东如何行使股权回购请求权？

　　（1）**做好证据保存**：在股东会决议中，对可能侵害中小股东自身权益的决议及时提出明确反对意见，并要求记录在股东会决议中或记录在股东会会议纪要中。

　　（2）**回购综合评估**：针对需要提出要求公司收购的股权，找专家进行综合评估、探讨收购价格。

（3）**签订书面协议**：与异议股东协商回购事宜，协商成功的双方签订书面协议。

（4）**依法进行回购**：在法律规定的时限内，要求公司依法按照合理的价格收购其股权。

（5）**诉讼强制执行**：如果公司不予执行，可诉诸法律手段，由法院作出裁定。

第五章　股份有限公司的设立和组织机构修订内容

[修订] 设立股份有限公司的条件

📑 法条对比

2018年版《公司法》第七十六条规定了股份有限公司设立的条件，但是由于新《公司法》第三十二条对于包括名称、住所等在内的公司登记事项进行了规定，第九十二条规定了股份公司的人数限制，第九十八条规定了股份公司的注册资本，因此出于体系协调、避免重复的考虑，不再保留关于股份公司设立条件的规定。

2018年版《公司法》	新《公司法》	内容变化
第七十六条　设立股份有限公司，应当具备下列条件： （一）发起人符合法定人数； （二）有符合公司章程规定的全体发起人认购的股本总额或者募集的实收股本总额； （三）股份发行、筹办事项符合法律规定； （四）发起人制订公司章程，采用募集方式设立的经创立大会通过； （五）有公司名称，建立符合股份有限公司要求的组织机构； （六）有公司住所。	无。	74.删除设立股份有限公司的条件。

📝 溯源解读

新旧《公司法》对股份有限公司的成立都作出一定的限制，主要是基于以下几个方面的考虑：

（1）**保护投资者利益**：通过设定注册资本的最低限额、规定发起人的资格和人数等要求，可以确保公司具有一定的经济实力和责任承担能力，从而保护投资者的利益不受损害。

（2）**维护市场秩序**：合理的设立条件有助于维护市场经济秩序，防止不具备条件的主体进入市场，减少市场中的不公平竞争和风险。

（3）促进公司健康发展：通过规定公司章程的制定、组织机构的建立等要求，促使公司建立规范的运营机制和内部管理体系，为公司的长期稳定发展打下基础。

（4）规范公司行为：确保公司在设立之初就遵循法律法规，明确公司的权利和义务，规范公司的行为，减少违法违规的可能性。

（5）保障债权人利益：公司以其全部资产对公司债务承担责任，通过设定一定的条件，如股东认股和出资要求，确保公司有足够的资产来承担潜在的债务，保护债权人的合法权益。

（6）促进监管有效性：明确的设立条件和程序有助于政府和监管机构对公司进行有效监管，及时发现和纠正问题，确保公司合法合规经营。

综上所述，对股份有限公司的成立进行限制，是为了确保公司的合法性、稳定性和可持续发展，同时也是为了保护投资者、债权人以及其他市场主体的合法权益，维护市场经济秩序和社会公共利益。

☑ 实操指南

股份有限公司的注册流程是怎样的？

主要分为两步：一是申请名称预先核准登记，二是进行工商登记。

1. 申请名称预先核准登记

全体股东（发起人）指定代表或共同委托的代理人向工商局提交申请名称预先核准，需提交以下材料：

（1）全体股东（发起人）签署的公司名称预先核准申请书。

（2）全体股东指定代表人或共同委托代理人证明。

（3）工商局规定的其他材料。

2. 工商登记

由董事会向工商局申请设立登记，需提交以下材料：

（1）公司法定代表人签署的登记申请书。

（2）董事会指定代表或者共同委托人证明。

（3）公司章程。

（4）依法设立的验资机构出具的验资证明。

（5）发起人首次出资是非货币财产的，提交已办理其财产转移手续的证明文件。

（6）发起人主体资格证明或者自然人身份证明。

（7）公司董事、监事、经理姓名、住所等文件以及有关委派、选举、聘用的证明。

（8）公司法定代表人任职文件和身份证明。

（9）企业名称预先核准通知书。

（10）公司住所证明。

（11）工商局规定的其他材料。

以募集方式注册股份公司的，还应当提交**公司设立大会的会议记录**；公开发行股票的，还应当提交**国务院证券监督管理机构的核准文件**；法律、行政法规或国务院决定规定的注册股份有限公司必须报经审批的，还需提交批准文件。

[修订] 发起人完成股份认购的时间

📢 法条对比

新《公司法》对发起人认购股份的时间节点做了明确限定，即在公司正式设立的时刻。这意味着发起人必须在公司成立之初就完成对股份的认购。也就是说，股份有限公司应当在发起人实缴后成立，确保公司能够按照预定的资本结构和计划开始运营。

2018 年版《公司法》	新《公司法》	内容变化
第七十七条　股份有限公司的设立，可以采取发起设立或者募集设立的方式。 发起设立，是指由发起人认购公司应发行的全部股份而设立公司。 募集设立，是指由发起人认购公司应发行股份的一部分，其余股份向社会公开募集或者向特定对象募集而设立公司。	第九十一条　设立股份有限公司，可以采取发起设立或者募集设立的方式。 发起设立，是指由发起人认购**设立公司时**应发行的全部股份而设立公司。 募集设立，是指由发起人认购**设立公司时**应发行股份的一部分，其余股份向特定对象募集或者向社会公开募集而设立公司。	75. 限定时间节点，明确发起人在公司设立过程中应承担的法律义务。

✏️ 溯源解读

这个条款变动特别强调了认购股份的时间点，方便我们更好地理解股东和发起人的权责划分。

发起人是指那些参与公司设立过程、签订发起人协议、认购公司设立时应发行的全部或部分股份，并负责公司筹办事务的个体。发起人通常在公司成立之前就参与到公司的筹备工作中，包括起草公司章程、筹集资本、确定公司名称和住所等（新《公司法》第九十二条、第九十三条）。

股东是指那些持有公司股份的个体或实体。股东通过购买公司的股票成为公司的所有者之一，享有相应的股东权利，如参与股东大会、对公司事务进行表决、分享公司利润等（新《公司法》第一百一十条）。

发起人在公司设立阶段承担特定的法律责任和义务，如确保公司章程的制定和通过、股份的认购与缴纳、公司设立登记的申请等。发起人的行为直接关系到公司是否能够合法有效地成立。

股东的权利和义务主要体现在公司成立后。股东通过持有股份参与公司的收益分配，并在股东大会上对公司的重大决策行使表决权。股东的责任通常限于其投资额，即所持有的股份价值。

一般来说，一旦公司成功设立并完成注册登记，发起人的角色即转变为股东。股东则是在公司成立后，通过购买公司股份成为公司的所有者。在募集设立方式中，股东不仅包括发起人，还包括后来通过公开募集或其他方式认购公司股份的投资者。

总结来说，发起人是公司设立过程中的关键角色，负责推动公司从无到有的过程；而股东是公司成立后，通过持有股份参与公司管理和享有公司权益的个体或实体。发起人可能成为公司成立后的股东，但股东的概念在公司设立完成后才真正形成。

☑ **实操指南**

发起人如何转让手中持有的股份？

根据《公司法》的相关规定，发起人在公司成立后如果想要退出，他们持有的股份可以通过以下方式进行转让：

1. 内部转让

发起人可以将股份转让给公司内部的其他股东或者公司职工。这种转让通常需要遵守公司章程中关于股份转让的规定，可能需要获得董事会或股东大会的同意。

2. 外部转让

发起人也可以将股份转让给公司外部的第三方。在这种情况下，股份转让可

第五章　股份有限公司的设立和组织机构修订内容

能受到公司章程的限制，如规定了优先购买权或其他转让条件。如果公司章程允许，发起人可以向非公司成员出售其股份。

3. 通过证券交易场所转让

如果公司是上市公司，发起人持有的股份可以在证券交易所通过公开市场进行买卖。这种情况下的股份转让需要遵守证券法律法规和交易所的规则。

发起人在转让股份时，需要遵循一定的程序，包括但不限于：**书面通知公司和其他股东、签订股份转让协议、办理股份过户手续、在必要时进行公告等**。

不过，**根据《公司法》的规定，发起人在公司成立后的一定期限内（通常为一年）不得转让其股份**。这是为了确保公司在成立初期的稳定性和发起人对公司的责任。只有在满足法律规定的期限后，发起人才能自由转让其股份。

[修订] 股份公司章程应载明的事项

法条对比

新《公司法》对于股份公司章程载明事项进行了补充完善，区分了注册资本、已发行的股份数和设立时发行股份数的概念，考虑到了发行无面额股、类别股的情况。其中，**全面引入类别股制度，是我国公司法股权结构的重大制度变革**。

另外，本条增加了法定代表人的产生、变更办法，此举有利于消弭公司实践中因为法定代表人确定方式存在争议而引发的纠纷。

2018年版《公司法》	新《公司法》	内容变化
第八十一条　股份有限公司章程应当载明下列事项： （一）公司名称和住所； （二）公司经营范围； （三）公司设立方式； （四）公司股份总数、每股金额和注册资本； （五）发起人的姓名或者名称、认购的股份数、出资方式和出资时间； （六）董事会的组成、职权和议事规则；	第九十五条　股份有限公司章程应当载明下列事项： （一）公司名称与住所； （二）公司经营的范围； （三）公司设立方式； （四）公司注册资本、已发行的股份数和设立时发行的股份数，面额股的每股金额； （五）发行类别股的，每一类别股的股份数及其权利和义务； （六）发起人的姓名或者名称、认购的股份数、出资方式；	76. 区分了注册资本、已发行的股份数和设立时发行股份数的概念，从而更好与授权资本制相匹配； 77. 明确了发行无面额股场景的记载事项； 78. 增加了类别股股东的股份数及其权利和义务； 79. 增加了法定代表人的产生、变更办法。

续表

2018 年版《公司法》	新《公司法》	内容变化
（七）公司法定代表人； （八）监事会的组成、职权和议事规则； （九）公司利润分配办法； （十）公司的解散事由与清算办法； （十一）公司的通知和公告办法； （十二）股东大会会议认为需要规定的其他事项。	（七）董事会的组成、职权和议事规则； （八）公司法定代表人的产生、变更办法； （九）监事会的组成、职权和议事规则； （十）公司利润分配办法； （十一）公司的解散事由与清算办法； （十二）公司的通知和公告办法； （十三）股东会认为需要规定的其他事项。	

溯源解读

无面额股（No-par Value Shares）是指在股票发行时不设定固定面额的股份。与传统的面额股（Par Value Shares）不同，面额股在发行时会为每一股股票设定一个固定的面值（如 1 元人民币），而无面额股则没有这样的固定面额，其价值完全取决于股票发行时的市场条件和公司的具体情况。

面额股的股东权益通常是基于其所持股份的面额来计算的。例如，在分配股息时，可能会按照每股面额的比例进行分配。无面额股的股东权益是基于其所持股份的比例来计算的，而不是基于一个固定的面额。因此，股息和其他权益的分配可能完全依赖于股东大会的决定和公司的利润分配政策。两种形式中股东的基本权利通常是相同的，包括但不限于参与股东大会、对公司事务进行表决、分享利润分配、优先购买新发行的股份等。

公司可能发行优先股来吸引特定的投资者群体，或者发行具有特殊权利的股票来激励管理层或员工。这种股票就是类别股，根据公司章程的规定，持有类别股的股东具有不同权利和特权，如分配利润优先权、公司事务表决权、剩余财产分配权等。

类别股可以作为激励和约束公司管理层的工具。例如，通过发行具有特定权利的股票给管理层或员工，可以激励他们为公司的长期发展作出贡献，同时也可能对他们的行为施加一定的约束。不过，类别股的设置可能导致公司内部不同股东群体之间的利益失衡。在决策过程中，公司需要考虑到不同股东的利益和诉求，以确保各方权益的平衡和公司的长期稳定。

> ✅ 实操指南

如何设计类别股？

下面是常见的类别股类型及其特点。在实际工作中，公司可以根据需要设计类别股。

1. 优先股

优先股股东通常在利润分配和公司清算时享有优先权。在分配股息时，优先股股东先于普通股股东获得固定股息。在公司清算时，优先股股东也先于普通股股东获得剩余资产的分配。

优先股可能不具备表决权，或者其表决权受到限制。

2. 可转换优先股

可转换优先股允许股东在特定条件下将优先股转换为公司的普通股。这种类型的股份为投资者提供了一种灵活性，使他们能够根据公司业绩和市场情况选择持有优先股或转换为普通股。

3. 累积投票权优先股

累积投票权优先股允许股东在未获得股息的年份累积其投票权。这种类型的股份有助于保护股东在公司连续未分配利润时的权益。

4. 无投票权优先股

无投票权优先股股东通常不享有表决权，但可能享有优先股息和清算优先权。这种类型的股份适合那些对公司控制权不感兴趣的投资者。

5. 参与优先股

参与优先股股东除了获得固定股息外，还有权参与超出固定股息部分的利润分配。这种类型的股份结合了优先股和普通股的特点，为股东提供了额外的收益潜力。

6. 可赎回优先股

可赎回优先股允许公司在特定条件下以预定价格回购股份。这种类型的股份为公司提供了灵活性，以便在未来调整其资本结构。

7. 永久股

永久股通常指没有到期日的股票，股东无权要求公司赎回其股份。这种类型的股份类似于永续债券，可能提供固定或浮动的股息。

8. 限制性股票

限制性股票的转让可能受到限制，需要满足特定条件或获得公司的同意。这种类型的股份通常用于员工激励计划，以确保员工长期留在公司并为公司的发展作出贡献。

在设计类别股时，公司需要考虑各类别股对公司治理、股东权益和融资成本的影响。同时，应确保类别股的设置符合法律法规的要求，并在公司章程和发行文件中对各类别股的特性进行清晰、详细的说明。此外，公司还应考虑类别股对市场投资者的吸引力，以及其对公司长期战略的支持。

修订 删除了无记名股票的相关规定

法条对比

随着互联网时代的推进，以电子计算机登录、存储的电子形式的股票使用率越来越高，新《公司法》中就把纸面形式的股票和其他形式的股票做了特别区分。

另外，新《公司法》第一百四十七条规定："公司的股份采取股票的形式。股票是公司签发的证明股东所持股份的凭证。**公司发行的股票，应当为记名股票。**" **此规定正式取消了无记名股票。**

由此可见，立法在与时俱进的基础上，通过这种调整力求实现所有持股情况全面记录的规范目的。

2018年版《公司法》	新《公司法》	内容变化
第一百三十条 公司<u>发行记名股票的</u>，<u>应当置备股东名册</u>，记载下列事项： （一）股东的姓名或者名称及住所； （二）各股东所持股份数； （三）各股东所持股票的编号； （四）各股东取得股份的日期。 <u>发行无记名股票的</u>，公司应当记载其股票数量、编号及发行日期。	第一百零二条 股份有限公司应当制作股东名册并置备于公司。股东名册应当记载下列事项： （一）股东的姓名或者名称和住所； （二）各股东<u>所认购</u>的股份种类及股份数； （三）发行<u>纸面形式的</u>股票的，股票的编号； （四）各股东取得股份的日期。	80.删除无记名股票的相关规定； 81.对股票是纸面形式还是国务院证券监督管理机构规定的其他形式做了强调和区分。

溯源解读

1. 纸面形式股票和其他形式股票

1993年4月26日，广东省深圳市第一届人民代表大会第五次会议通过并公布的《深圳经济特区股份有限公司条例》**首先提出了股票在"书面形式"之外的其他形式。**

该条例第四十七条第一款规定："股票可以采用书面形式或者证券主管机关认可的其他形式。"接下来，该条例的第二款规定了书面形式的股票，第三款的规定则具有重要意义。该款规定："由法定的证券登记机构或证券集中代保管机构以电子计算机登录、存储的前款事项，与书面载明的股票事项具有同等效力。"这里虽然没有明确提出电子形式股票的概念，但书面形式与电子形式已然成为股票的两种主要形式。

2. 无记名股票

无记名股票指的是在股票票面和股份公司股东名册上均不记载股东姓名的股票。

2018年版《公司法》第一百零二条规定："发行无记名股票的，应当于会议召开三十日前公告会议召开的时间、地点和审议事项。""无记名股票持有人出席股东大会会议的，应当于会议召开五日前至股东大会闭会时将股票交存于公司。"也就是说，持有无记名股票的股东需要随时留心股东大会的消息，行使股东权益时需向公司提示股票。

无记名股票的好处是发行手续简单，易于购买和转让；坏处是公司对股东情况难以控制，可能导致经营风险较大。这种股票现在已经退出了历史舞台。

☑ 实操指南

如何购买非上市公司的股票？

上市公司的股票买卖在公开的证券交易所进行，购买流程比较简单。想要购买非上市公司的股票，流程则要复杂得多，一般要遵循如下步骤：

1. 寻找投资机会

确定你感兴趣的非上市公司。这些信息可能通过私人网络、投资银行、私募股权基金或直接由公司发布。

2. 尽职调查

对公司进行全面的尽职调查，包括但不限于公司的财务状况、业务模式、市场地位、管理团队、法律合规性以及未来的增长潜力。

3. 协商条款

与公司或其股东协商购买条款，包括股份价格、支付方式、股权比例、股东权利、退出机制等。

4. 签订股份转让协议

在双方同意的基础上，签订股份转让协议或增资扩股协议，明确交易的具体条款和条件。

5. 资金安排
安排资金支付方式，可能包括银行转账、支票或其他双方同意的支付手段。

6. 公司登记
完成股份转让后，公司需要在股东名册上登记新股东的信息，并可能需要修改公司章程。

7. 股票发行
公司发行股票给新股东，股票应由公司法定代表人签名并加盖公司印章。

8. 税务处理
根据交易情况，可能需要处理相关的税务申报和缴纳事宜。

9. 持续监管
股东有权了解公司的经营状况，并可能需要参与公司的重大决策。

10. 退出策略
考虑未来的退出策略，如IPO、并购或私下出售股份等。

由于交易流程的特殊性，购买非上市公司的股票通常需要专业顾问的协助来确保交易的合法性和顺利进行。

[修改] 召开公司成立大会

法条对比

新《公司法》将原本的"创立大会"改成了"成立大会"，增加了"成立大会按公司章程或者发起人协议召开"，这种说法的改变强调了大会召开的前提是**确认了公司发起行为的正当性后，强调了发起行为所产生的权利及义务由成立后的股份公司承担**。也就是说，该大会可以视作公司股东大会的前身。

2018年版《公司法》	新《公司法》	内容变化
第八十九条 发行股份的股款缴足后，必须经依法设立的验资机构验资并出具证明。发起人应当自股款缴足之日起三十日内主持召开 创立 大会。创立 大会由发起人、认股人组成。	第一百零三条 募集设立股份有限公司的发起人应当自公司设立时应发行股份的股款缴足之日起三十日内召开公司 成立 大会。发起人	82. 调整"创立大会"为"成立大会"； 83. 明确发起设立的股份有

续表

2018年版《公司法》	新《公司法》	内容变化
发行的股份超过招股说明书规定的截止期限尚未募足的，或者发行股份的股款缴足后，发起人在三十日内未召开创立大会的，认股人可以按照所缴股款并加算银行同期存款利息，要求发起人返还。 第九十条　发起人应当在创立大会召开十五日前将会议日期通知各认股人或者予以公告。创立大会应有代表股份总数过半数的发起人、认股人出席，方可举行。	应当在成立大会召开十五日前将会议日期通知各认股人或者予以公告。成立大会应当有持有表决权过半数的认股人出席，方可举行。 以发起设立方式设立股份有限公司成立大会的召开和表决程序由公司章程或者发起人协议规定。	限公司成立大会按公司章程或者发起人协议召开。

✎ 溯源解读

股份公司的发起人协议是指在公司设立过程中，由所有发起人签订的一份法律文件，该协议规定了发起人在公司筹办、设立以及运营过程中的权利、义务和责任。

发起人协议是公司设立过程中的关键文件，它有助于明确发起人之间的关系，保护公司及其股东的利益，确保公司设立的顺利进行，并为公司未来的运营和管理提供法律基础。

发起人协议通常包含以下内容：

（1）**发起人信息**：包括发起人的姓名或名称、住所、联系方式等基本信息。

（2）**公司设立目的和经营范围**：明确公司的宗旨、目标和经营范围，为公司的未来发展提供指导。

（3）**股份认购**：规定发起人认购股份的数量、价格、支付方式和时间表等。

（4）**资本出资**：详细说明发起人出资的方式（货币、实物、知识产权等）、出资额和出资时间。

（5）**公司治理结构**：包括董事会、监事会等机构的设置、职权和议事规则。

（6）**权利与义务**：明确发起人在公司设立过程中的权利和义务，如参与公司管理、提供必要的支持等。

（7）**利润分配和风险承担**：规定公司盈利时的利润分配方式以及亏损时的风险承担。

（8）**违约责任**：规定发起人违反协议时应承担的责任，如未按时出资、未履行约定义务等。

（9）争议解决：确定解决发起人之间或发起人与公司之间可能出现的争议的方式和途径。

（10）其他条款：包括协议的生效、变更、终止条件，以及法律适用、附件等其他相关事项。

在实际操作中，发起人应咨询法律专业人士，确保发起人协议的内容合法、合规，并充分保护自己的权益。

☑ 实操指南

在公司成立大会上，小股东发言内容方向?

即使是小股东，也有权利参与公司治理，对公司的决策和运营提出自己的见解。在公司成立大会上，小股东的发言可以帮助公司更好地理解股东的需求和期望，促进公司的健康发展。同时，小股东的积极参与也有助于提升公司治理的透明度和公正性。

所以在公司成立大会上，小股东应该积极发言，发表自己的观点和提出建议，具体可以围绕下面几个方面展开：

（1）**对公司章程的意见**：小股东可以对公司章程提出自己的理解和看法，包括对公司治理结构、股东权益保护等条款的建议。

（2）**对公司未来发展的关注**：提出对公司的未来发展方向、战略规划、市场定位等方面的问题或建议，表达对公司长期发展的关心。

（3）**对管理层的质询**：对公司的管理层决策、执行情况提出疑问，要求管理层就某些决策提供更多的信息和解释。

（4）**股东权益的保护**：强调小股东权益的保护，包括信息披露的透明度、股东大会的召开频率和程序、股利分配政策等。

（5）**风险和机遇的关注**：表达对公司可能面临的风险和机遇的关注，要求公司提供相应的风险管理和应对措施。

（6）**公司治理的建议**：提出改善公司治理、提高公司透明度和责任感的建议，如设立独立董事、加强内部控制等。

（7）**对公司社会责任的期望**：强调公司应承担的社会责任，包括环境保护、员工福利、社区发展等方面。

（8）**提案和动议**：如果小股东有具体的提案或动议，可以在大会上提出，并争取其他股东的支持。

第五章 股份有限公司的设立和组织机构修订内容

[修改] 明确非货币财产出资的提法

新《公司法》以"非货币财产出资"替代了之前的"用于抵作股款的财产",这种提法更正式和法律化,明确指出了出资的形式不仅仅包括货币,还包括其他形式的资产。随着商业实践的发展,公司可能需要接受多种形式的资产出资,这一术语的调整有助于适应这种多样化的需求。

2018年版《公司法》	新《公司法》	内容变化
第九十条 创立大会行使下列职权: (一)审议发起人关于公司筹办情况的报告; (二)通过公司章程; (三)选举董事会成员; (四)选举监事会成员; (五)对公司的设立费用进行审核; (六)对发起人用于抵作股款的财产的作价进行审核; (七)发生不可抗力或者经营条件发生重大变化直接影响公司设立的,可以作出不设立公司的决议。 创立大会对前款所列事项作出决议,必须经出席会议的认股人所持表决权过半数通过。	第一百零四条 公司成立大会行使下列职权: (一)审议发起人关于公司筹办情况的报告; (二)通过公司章程; (三)选举董事、监事; (四)对公司的设立费用进行审核; (五)对发起人非货币财产出资的作价进行审核; (六)发生不可抗力或者经营条件发生重大变化直接影响公司设立的,可以作出不设立公司的决议。 成立大会对前款所列事项作出决议,应当经出席会议的认股人所持表决权过半数通过。	84.明确了"非货币财产出资"的概念。

溯源解读

新《公司法》明确"非货币财产出资"的提法,这是与多种出资形式相匹配的。一般来说,发起人可以用以下几种形式出资:

(1)**货币出资**:最常见的出资形式,即发起人以其合法拥有的现金投入公司。

(2)**实物出资**:发起人可以用其合法拥有的实物资产出资,如机器设备、房屋、车辆等有形资产。

(3)**知识产权出资**:发起人可以用专利权、商标权、著作权、技术秘密等无形资产进行出资。

(4)**土地使用权出资**:发起人可以用国有土地使用权作为出资,但需符合相关法律规定。

（5）**股权出资**：发起人可以用其持有的其他公司的股权进行出资。

（6）**债权出资**：在某些情况下，发起人可以将对第三人的债权转为对公司的出资。

（7）**其他非货币财产出资**：包括长期投资、不打算在一年内出售的金融资产等。

> 实操指南

非货币财产出资怎么评估作价？

为确保所有股东在出资时都能得到公正的对待，非货币财产出资需要经过专业评估以确定其价值，让投资者和其他利益相关者都能清楚地了解公司的资本结构。

第一，**需要考查财产必须是发起人合法拥有的，且权属无争议**，也就是做到权属清晰。

第二，**由评估机构对非货币财产进行详细的调查和分析**，包括财产的物理状况、法律状态、市场状况等，之后根据非货币财产的类型选择合适的评估方法进行评估。

常见的评估方法包括市场法、成本法和收益法等。

（1）市场法：通过比较类似资产的市场价格来确定资产价值。

（2）成本法：计算替换或重建该资产的成本，并扣除折旧和损耗。

（3）收益法：基于资产未来预期收益的现值来评估资产价值。

第三，**评估机构会出具详细的评估报告**，报告中应包括评估目的、评估方法、评估过程、评估结果和可能影响评估结果的因素等。根据评估报告的结果，确定非货币财产的价值，不得高估或者低估，这个价值将作为出资的依据。

第四，**在评估价值确定后，需要确保非货币财产办理了财产权转移手续，保证财产的所有权全部转移给公司**。期间涉及的税务问题，如资产转让税、增值税等，也全部依法处理妥当，确保交易的合法性和合规性。

[新增] 明确股东资本充实责任

> 法条对比

股份公司的发起人在公司成立后不能随意撤资或者随意减少资本投入，而应

第五章 股份有限公司的设立和组织机构修订内容

遵守公司法、公司章程和合同义务，通过合法途径退出公司。对此，新《公司法》新增条款明示了在股份有限公司的情形下可以直接适用有限责任公司关于设立中公司的责任承担、公司资本充实的相关规定。

2018年版《公司法》	新《公司法》	内容变化
无	第一百零七条 本法第四十四条、第四十九条第三款、第五十一条、第五十二条、第五十三条的规定，适用于股份有限公司。	85.明确公司设立中的相关民事责任、股东未出资和瑕疵出资的赔偿责任、其他股东的连带责任、催缴失权制度、股东抽逃出资的责任及董监高的连带责任适用于股份有限公司。

溯源解读

如果发起人没有兑现其承诺投入公司的资金，可能会对公司、其他股东以及公司的债权人产生一系列负面影响，具体包括：

（1）资本不足：公司可能会面临资金短缺的问题，影响日常运营和发展计划。

（2）信誉受损：股东的不履行承诺可能会损害公司的信誉和市场形象，影响公司的业务合作和融资能力。

（3）股权结构变动：如果股东未能按时出资，可能需要重新调整股权结构，影响公司的治理和决策。

（4）财务困难：资金不足可能导致公司无法支付员工工资、供应商货款或偿还债务，进而引发财务危机。

（5）项目延误：公司可能无法按计划推进项目，导致项目延期或失败。

（6）银行贷款受限：银行和其他金融机构可能会因为公司资金不足而收紧贷款条件，甚至提前收回贷款。

（7）经营重组：公司可能不得不进行经营重组，包括裁员、出售资产或寻求外部投资者的帮助。

（8）破产风险：在极端情况下，股东未能兑现资金承诺可能会导致公司资不抵债，面临破产的风险。

（9）内部矛盾：股东未能履行出资承诺可能会引发公司内部矛盾，影响团队的凝聚力和工作效率。

（10）市场信心下降：投资者、客户和合作伙伴可能会因为公司资金问题而对公司的长期前景失去信心。

因此，遵守出资承诺是股东的基本责任，也是维护公司利益和市场秩序的重要保障。

✅ 实操指南

股东未能兑现出资承诺，怎么办？

如果股东未能兑现其承诺投入公司的资金，公司应当采取一切必要措施，保护公司的利益，维护公司的稳定运营，可从以下几方面入手：

首先，**与未履行出资承诺的股东进行沟通，了解原因，寻求解决方案**。尽可能敦促该股东尽快履行其出资义务，补齐承诺的资金。

其次，**如果股东拒绝履行出资义务**，应该根据公司章程和相关法律法规，采取公司内部的治理措施，如限制其股东权利。随后，包括但不限于向法院提起诉讼，要求其履行出资义务或赔偿损失。

再次，**如果股东确实无法履行出资义务**，可以考虑调整股权结构，引入新的投资者或由其他股东增资。

最后，**为了避免损失，应对公司的资金状况进行全面评估**，制定应对资金短缺的计划，如削减开支、延期投资、寻求外部融资等。还应与公司的债权人沟通，说明情况，争取理解和支持，避免因资金问题引发债务危机。

需要注意的是，出现危机情况时，不要试图遮掩，应保持高度透明，向所有股东、投资者和相关方充分披露情况，避免产生猜疑和恐慌。

「修改」 强调股份有限公司股东查阅权

➡️ 法条对比

商业实践中，公司的财务会计报告只是笼统、大概地反映公司的经营管理情况，股东要想获取更充分的公司经营管理信息就必须查阅公司的会计账簿。新**《公司法》明确了股份有限公司股东查阅会计账簿、会计凭证的权利**。司法实践中已有部分法院通过扩张解释对股东的相应权利予以支持，本次公司法修订后相关裁判可得到成文法的依据。

2018年版《公司法》	新《公司法》	内容变化
第九十七条　股东有权查阅公司章程、股东名册、公司债券存根、	第一百一十条　股东有权查阅、复制公司章程、股东名册、股东会会议记录、董事会会议决议、监事会会议决议、	86.明确股份有限公司的股东享有复制公司章程、股东名册、股东

续表

2018年版《公司法》	新《公司法》	内容变化
股东大会会议记录、董事会会议决议、监事会会议决议、财务会计报告，对公司的经营提出建议或者质询。	财务会计报告，对公司的经营提出建议或者质询。 连续一百八十日以上单独或者合计持有公司百分之三以上股份的股东要求查阅公司的会计账簿、会计凭证的，适用本法第五十七条第二款、第三款、第四款的规定。公司章程对持股比例有较低规定的，从其规定。 股东要求查阅、复制公司全资子公司相关材料的，适用前两款的规定。 上市公司股东查阅、复制相关材料的，应当遵守《中华人民共和国证券法》等法律、行政法规的规定。	会会议记录、董事会会议决议、监事会会议决议、财务会计报告的权利； 87. 新增股份有限公司股东查阅公司会计账簿、会计凭证的准用规则及其条件； 88. 新增股份有限公司股东对全资子公司相关材料享有查阅、复制权的规定； 89. 新增上市公司股东查阅、复制权的引致条款。

📝 溯源解读

我国股东查阅权的法律渊源有两方面，一是证券法中关于上市公司强制信息披露的相关规定，二是公司法中有关股东知情权的相关规定。

上市公司的股东奉行"用脚投票"，不会过多干预公司事务，而是特别关注与股价有关的信息。为此，证券法中的强制信息披露制度的，关注点在与市场股价有关联的信息上，如公司投资变化、经营方向变动、所有权和人事变动等。

而对于非上市公司，公司经营状况的好坏与股东利益息息相关，股东会更加关注公司的事务，公司法强调了股东在查阅公司章程、股东大会会议记录和财务会计报告，对公司的经营提出建议或质询等方面的权利。

按照之前的公司法，人们对股东能否查阅规定之外的账簿记录存在疑问。在一次案件中，有股东要求查阅公司的库管账册，遭到了公司的拒绝，法院的判决表明了这样的态度：股东的知情权是完整的、持续性权利，股东知情权的范围包括但不限于公司法中的规定。新《公司法》关于股东查阅权的规定就是对这一裁定的立法肯定。

📖 实操指南

股东怎么主张自己的查阅权？

股东查阅权是股东监督公司运营和维护自身权益的重要手段。以下是股东主张查阅权的一般步骤：

1. 提出申请

股东应向公司提出书面申请，明确列出希望查阅的文件和信息，并说明查阅的目的，如进行投资决策、了解公司运营状况等。还要作出承诺，即所查阅的信息将仅用于合法目的，不用于损害公司利益或泄露给第三方。

这个过程中，股东应遵守公司章程规定的查阅程序，包括提交申请的方式、时间等。

2. 公司答复

公司应在收到申请后的合理时间内答复股东，不得无故拒绝。

3. 安排查阅

如果公司同意，应安排股东在公司指定的时间和地点查阅相关文件。根据公司法规定，股东不仅可以查阅，还可以复制或摘录相关文件，但需遵守公司的相关规定。

这个过程中，股东可能需要承担因复制、摘录文件产生的合理费用。

4. 合理维权

如果公司无正当理由拒绝股东的查阅请求，股东可以向法院提起诉讼，要求法院强制公司允许查阅。股东也可以向相关监管机构投诉，请求监管机构介入调查。

股东查阅权是股东的一项重要权利，但行使时应遵守相关法律法规和公司章程的规定，不得滥用。同时，公司也应尊重股东的查阅权，不得无故拒绝或限制。

[修改] 股东会会议的召开程序

法条对比

2018年版《公司法》对于股东会会议召开程序有具体规定，新《公司法》主要针对临时提案权制度进行了规范，在股东权利保护和公司利益维持之间找到平衡。

2018年版《公司法》	新《公司法》	内容变化
第一百零二条　召开股东大会会议，应当将会议召开的时间、地点和审议的事项于会议召开二十日前通知各股东；临时股东大会应当于会议召	第一百一十五条　召开股东大会会议，应当将会议召开的时间、地点和审议的事项于会议召开二十日前通知各股东；临时股东会会议应	90. 降低提出临时提案股东的持股比例要求；

续表

2018年版《公司法》	新《公司法》	内容变化
开十五日前通知各股东；发行无记名股票的，应当于会议召开三十日前公告会议召开的时间、地点和审议事项。 单独或者合计持有公司百分之三以上股份的股东，可以在股东大会召开十日前提出临时提案并书面提交董事会；董事会应当在收到提案后二日内通知其他股东，并将该临时提案提交股东大会审议。临时提案的内容应当属于股东大会职权范围，并有明确议题和具体决议事项。 股东大会不得对前两款通知中未列明的事项作出决议。 无记名股票持有人出席股东大会会议的，应当于会议召开五日前至股东大会闭会时将股票交存于公司。	当于会议召开十五日前通知各股东。 单独或者合计持有公司百分之一以上股份的股东，可以在股东会会议召开十日前提出临时提案并书面提交董事会。临时提案应当有明确议题和具体决议事项。董事会应当在收到提案后二日内通知其他股东，并将该临时提案提交股东会审议；但临时提案违反法律、行政法规或者公司章程的规定，或者不属于股东会职权范围的除外。公司不得提高提出临时提案股东的持股比例。公开发行股份的公司，应当以公告方式作出前两款规定的通知。 股东会不得对通知中未列明的事项作出决议。	91. 新增临时提案的内容限制，且公司不得提高提出临时提案股东的持股比例； 92. 新增公开发行股份公司公告通知的要求。

溯源解读

《上市公司股东大会规则》（2022年修订版）第九条规定：

"单独或者合计持有公司百分之十以上股份的普通股股东（含表决权恢复的优先股股东）有权向董事会请求召开临时股东大会，并应当以书面形式向董事会提出。董事会应当根据法律、行政法规和公司章程的规定，在收到请求后十日内提出同意或不同意召开临时股东大会的书面反馈意见。"

新增内容借鉴了《上市公司股东大会规则》的相关规定，**增加了临时提案不得"违反法律、行政法规或者公司章程的规定"的限制**。这些限制性规定避免了进入股东会审议的临时提案的数量泛滥，规范了股东临时提案权的行使，也进一步优化了公司治理。

实操指南

召集临时股东大会的书面申请怎么写？

召集临时股东大会的书面申请应该包含以下几个关键要素：

（1）**标题**：明确写出"召集临时股东大会的书面申请"或类似的标题。

（2）**申请人信息**：包括申请人的姓名或名称、联系地址、持股数量、股份比例等信息。

（3）**请求理由**：详细说明召集临时股东大会的理由，如公司亏损达到一定程度、董事人数不足、重要决策需要紧急讨论等。

（4）**会议议程**：列出希望在临时股东大会上讨论的议题，如选举董事、修改公司章程、重大资产交易等。

（5）**会议时间与地点**：提议会议的预期时间（至少提前通知期限）和地点，以便公司和其他股东做好准备。

（6）**法律依据**：引用《公司法》或其他相关法律法规中关于召集临时股东大会的条款，以证明申请的合法性。

（7）**签名或盖章**：申请人签名或盖章，如果是法人股东，则需加盖公司公章。

（8）**附件**：如果有必要，请附上支持申请的相关文件或证据。

以下是一个简单的模板示例，供参考：

召集临时股东大会的书面申请

尊敬的 [公司名称] 董事会：

本人 / 本公司作为 [公司名称] 的股东，根据《中华人民共和国公司法》的相关规定，现正式提出召集临时股东大会的申请。

一、请求理由：

[详细说明召集临时股东大会的具体理由。例如，公司未弥补的亏损达股本总额三分之一等]。

二、会议议程：

1. 讨论并决定关于 [议题 1] 的事宜。
2. 讨论并决定关于 [议题 2] 的事宜。
3. 其他需要股东大会讨论的事项。

三、建议会议时间与地点：

建议会议时间为 [具体日期]，地点为 [具体地点]。

本申请符合《中华人民共和国公司法》第 [具体条款] 条的规定，特此申请。

　　此致

敬礼！

申请人：[股东姓名或公司名称]

联系地址：[联系地址]

持股数量：[持股数量]

股份比例：[股份比例]

签名/盖章：[签名或盖章]

日期：[申请日期]

[如果有附件，请列明附件名称及内容简述]

新增 审计委员会的相关规定

法条对比

考虑到监事会制度于公司治理过程中严重失位的情况，新《公司法》将审计委员会职权扩大至"**监事会的职权**"，并要求审计委员会过半数成员需同时具备两个条件：

其一，不得在公司担任除董事以外的其他职务；

其二，不得与公司存在任何可能影响其独立客观判断的关系。

2018年版《公司法》	新《公司法》	内容变化
无。	第一百二十一条　股份有限公司可以按照公司章程的规定在董事会中设置由董事组成的审计委员会，行使本法规定的监事会的职权，不设监事会或者监事。 审计委员会成员为三名以上，过半数成员不得在公司担任除董事以外的其他职务，且不得与公司存在任何可能影响其独立客观判断的关系。公司董事会成员中的职工代表可以成为审计委员会成员。 审计委员会作出决议，应当经审计委员会成员的过半数通过。 审计委员会决议的表决，应当一人一票。 审计委员会的议事方式和表决程序，除本法有规定的外，由公司章程规定。 公司可以按照公司章程的规定在董事会中设置其他委员会。	93. 新增股份有限公司可以选设单层制的治理结构，并明确审计委员会的人数要求、成员组成、表决机制等规则； 94. 新增允许公司按照章程在董事会中设置其他委员会的规定。

溯源解读

1992年，英国公司治理财务方面委员会（CFACG）提出了著名的Cadbury（卡德伯利）报告，认为审计委员会在保证公司财务报表的真实性方面具有重要作用，上市公司应建立审计委员会。

进入20世纪90年代以后，特别是21世纪以来，美国上市公司爆发了一系列震惊全球的会计丑闻，在全球范围内掀起了审计委员会制度的改革浪潮。2002年，美国《萨班斯－奥克斯利法案》（*Sarbanes-Oxley Act*）通过，要求所有上市公司必须设立审计委员会，并且对其职责和运作方式进行了详细规定。

近几年来，随着公司规模的扩大和所有权与经营权的分离，投资者和监管机构越来越关注公司管理层的透明度和财务报告的准确性，因此**审计委员会成为国际上公认的公司治理最佳实践之一**。

2017年公布的《国务院办公厅关于进一步完善国有企业法人治理结构的指导意见》中就明确指出："董事会应当设立提名委员会、薪酬与考核委员会、审计委员会等专门委员会，为董事会决策提供咨询，其中薪酬与考核委员会、审计委员会应由外部董事组成。"

审计委员会的主要职责通常包括监督财务报告过程、选择和监督外部审计师、协调内部审计功能以及处理公司内部控制和风险管理等。它能有效提高公司治理透明度，增强投资者信心，防止财务舞弊，增强内部控制以及保护股东和其他利益相关者的利益。

实操指南

审计委员会的人员构成是怎样的？

一个健全的审计委员会，一般包括以下几个关键人员：

（1）**主席**：审计委员会通常设有一名主席，负责领导委员会的工作和协调委员会与董事会、管理层之间的沟通。

（2）**职工代表**：在一些公司中，审计委员会可能包括职工代表，他们通过职工代表大会或其他形式民主选举产生。

（3）**财务专家**：至少有一名审计委员会成员应被认定为财务专家，具备评估公司财务报告、内部控制和审计工作的能力。

审计委员会通常与公司的内部审计部门紧密合作，内部审计部门负责日常的内部审计工作，并直接向审计委员会报告。

审计委员会成员最基本的要求是**具有独立性**，不受公司管理层的影响。在许多司法管辖区，特别是上市公司，独立性是强制性要求。

新增 可以不设董事会的规定

法条对比

为实现股份有限公司组织机构规范的差序配置，进一步简化公司组织机构设置，**新《公司法》将针对有限责任公司的规范扩大至股份有限公司，增加了"股东人数较少"的情况，并取消了两名董事的规定**。规定可以不设董事会，设一名董事，董事还可兼任公司经理。

2018年版《公司法》	新《公司法》	内容变化
无。	第一百二十八条 规模较小或者股东人数较少的股份有限公司，可以不设董事会，设一名董事，行使本法规定的董事会的职权。**该董事可以兼任公司经理。**	95. 新增规模较小或股东人数较少的股份有限公司可不设董事会而设一名董事的规定； 96. 明确该董事可以兼任公司经理。

溯源解读

1993年12月28日，全国人大常委会关于《中华人民共和国公司法（草案）审议结果的报告》指出："对于部分有限责任公司，考虑到其股东较少，有些规模较小，其内部组织机构可以更精干些，可以不设董事会，设一名执行董事；可以设监事，也可以不设监事。"

此前，该项法定权利仅属于有限责任公司。**新《公司法》推行后，规模较小或者股东人数较少的股份有限公司同样可以不设董事会，只设一名董事，行使董事会的职权**。这样的规定将有助于以制度的方式帮助较小规模的股份有限公司节约管理成本，提高决策效率，更好地实现公司自治。

实操指南

执行董事应承担哪些权责？

执行董事（Executive Director）是指在公司中既担任董事会成员，又参与公司日常经营管理的高级管理人员。与非执行董事不同，执行董事通常在公司中担任高级职位，如首席执行官（CEO）、总裁、财务总监（CFO）等。

执行董事在公司中扮演着决策者和执行者的双重角色，在董事会和公司管理层之间起到沟通桥梁的作用。他既要参与公司的日常经营管理，负责公司的特定业务领域或管理职能，领导公司的管理团队，确保公司目标的实现；还要向董事会提供公司运营的详细信息，帮助其他董事作出明智的决策，参与制定公司的战略决策和公司政策。

执行董事在公司治理中扮演着关键角色，其职责和影响力通常大于非执行董事。然而，执行董事也可能面临潜在的利益冲突，因此需要具备强大的专业能力和丰富的管理经验，还需要建立健全的公司治理机制来平衡不同的利益关系。

「修改」 监事会表决应当一人一票

法条对比

2018年版《公司法》中规定"监事会决议应当经半数以上监事通过"，此处的"监事"应当理解为全体监事还是出席会议的监事是存在疑问的，新《公司法》将其修改为"全体监事的过半数通过"更为严谨。

另外，本条还增加了"监事会决议的表决，应当一人一票"的规定，落实监事会的民主管理。

2018年版《公司法》	新《公司法》	内容变化
第一百一十九条　监事会每六个月至少召开一次会议。监事可以提议召开临时监事会会议。 监事会的议事方式和表决程序，除本法有规定的外，由公司章程规定。 监事会决议应当经半数以上监事通过。 监事会应当对所议事项的决定作成会议记录，出席会议的监事应当在会议记录上签名。	第一百三十二条　监事会每六个月至少召开一次会议。监事可以提议召开临时监事会会议。 监事会的议事方式和表决程序，除本法有规定的外，由公司章程规定。 监事会决议应经全体监事的过半数通过。 监事会决议的表决，应一人一票。 监事会应当对所议事项的决定作成会议记录，出席会议的监事应当在会议记录上签名。	97. 明确监事会表决应采用一人一票的表决机制。

溯源解读

监事会的概念最早起源于欧洲，尤其是德国和荷兰。在19世纪，随着股份

第五章　股份有限公司的设立和组织机构修订内容

有限公司的兴起，需要一种机制来监督管理层并保护股东利益。监事会也就应需而生。

在中国，随着1993年版《公司法》的颁布，监事会作为公司治理结构的一部分被引入。2005年修订的《公司法》进一步加强了监事会的职能和作用。最新的《公司法》则对监事会的职能有了更全面、更严谨的规定。

监事会的职权包括检查公司财务，对董事、高级管理人员执行公司职务的行为进行监督并提出罢免建议，要求董事、高级管理人员予以纠正、提议召开临时股东会会议、向股东会会议提出提案以及公司章程规定的其他职权。

监事会决议的表决遵行两个原则：一是"一人一票"原则，即每个监事享有一人表决权；二是多数通过原则，即监事会决议需经半数以上监事表决通过。

一人一票机制可以防止任何单一监事或监事群体在决策过程中占据主导地位，过半数表决则有助于确保监事会中的小股东代表和职工代表的意见得到充分考虑。这样的设计有助于提高监事会决策的合法性和公信力。

☑ 实操指南

监事会决议有哪些关键内容？

监事会决议是监事会成员在会议上对公司财务、业务活动、内部控制、董事及高级管理人员履职情况等事项进行讨论后形成的正式决定。它是公司治理的重要组成部分，监事会决议应当详细记录，并根据需要向董事会、股东大会或公众披露。一份完善的监事会决议通常包括但不限于以下几个方面：

1. **会议基本情况**：包括会议时间、地点、参会监事人数及姓名、会议主持人等。

2. **会议议程**：列出会议讨论的各个议题，如公司财务报告审查、内部控制评估、董事及高级管理人员履职情况等。

（1）**财务报告审查**：对公司财务报告的审查意见，包括对外部审计意见的评估和对公司财务状况的监督。

（2）**内部控制评价**：对公司内部控制系统的评价，包括发现的问题和改进建议。

（3）**董事及高级管理人员履职监督**：对董事和高级管理人员履职情况的监督结果，包括是否存在违反法律法规或公司章程的行为。

（4）**风险管理**：对公司风险管理情况的监督，包括识别、评估和应对风险的机制。

（5）**合规性检查**：对公司遵守法律法规和行业标准情况的检查。

（6）**问题及建议**：在监督过程中发现的问题及提出的改进建议或措施。

（7）**表决结果**：每个议题的表决结果，包括同意、反对和弃权的票数。

（8）**监事意见**：监事会对相关议题的意见和立场。

（9）**后续行动**：针对发现的问题和风险，监事会建议的后续行动计划。

（10）**会议记录**：会议记录的确认，包括会议记录的保存和分发。

（11）**签字确认**：出席会议的监事在会议记录上签字确认。

（12）**公告或报告**：如果需要，监事会决议可能需要向股东大会报告或对外公告。

（13）**法律遵循**：确保监事会决议遵循相关法律法规的要求。

新增 审计委员会过半数通过的事项

法条对比

审计委员会作为公司治理财务层面沟通、监督、核查内外部审计的重要机构，也是引导证券市场健康发展的重要角色。这一条款为新增条款，列举了审计委员会过半数通过的事项，对涉及审计、财务等相关的事项进一步作出了明确和规范化的规定。

2018年版《公司法》	新《公司法》	内容变化
无。	第一百三十七条 上市公司在董事会中设置审计委员会的，董事会对下列事项作出决议前应当经审计委员会全体成员过半数通过： （一）聘用、解聘承办公司审计业务的会计师事务所； （二）聘任、解聘财务负责人； （三）披露财务会计报告； （四）国务院证券监督管理机构规定的其他事项。	98.新增上市公司审计委员会有权对有关财务和审计工作等四类决议事项作出前置性批准的规定。

溯源解读

2023年，中国证券监督管理委员会颁布的《上市公司独立董事管理办法》第二十六条第一款规定：

"上市公司董事会审计委员会负责审核公司财务信息及其披露、监督及评估内外部审计工作和内部控制，下列事项应当经审计委员会全体成员过半数同意后，提交董事会审议：

（一）披露财务会计报告及定期报告中的财务信息、内部控制评价报告；

（二）聘用或者解聘承办上市公司审计业务的会计师事务所；

（三）聘任或者解聘上市公司财务负责人；

（四）因会计准则变更以外的原因作出会计政策、会计估计变更或者重大会计差错更正；

（五）法律、行政法规、中国证监会规定和公司章程规定的其他事项。"

本新增条款与这一规定保持了相承性。

✅ 实操指南

审计委员会决议有哪些关键内容？

审计委员会决议是一份正式文件，记录了审计委员会在会议中讨论和决定的事项。审计委员会决议应按照规定分发给所有董事会成员、监事会成员、高级管理人员和必要的内部部门。决议文件应妥善存档，以备将来查阅。**决议应当清晰、准确，并且遵循一定的格式**。以下是撰写审计委员会决议的一般步骤和要点：

（1）**标题**：明确写出"审计委员会决议"或类似标题。

（2）**会议信息**：包括会议的日期、时间、地点和会议的主持者。

（3）**出席人员**：列出出席会议的审计委员会成员名单，以及可能列席的董事会成员、高级管理人员或外部审计师。

（4）**会议议程**：简要概述会议的议程或讨论的主要事项。

（5）**议题讨论**：对每个议题进行简要描述，并说明讨论的结果。

（6）**表决结果**：记录每个议题的表决情况，包括同意、反对和弃权的票数。

（7）**决议内容**：针对每个议题，详细列出审计委员会作出的具体决议。例如，关于财务报告的审查意见、对内部控制的评价、对外部审计师的评价等。

（8）**执行事项**：如果决议需要后续执行，应明确执行的责任人、执行的步骤和时间表。

（9）**附件**：如果决议中提到了相关的文件或报告，应在决议末尾列出附件清单。

（10）**签字**：所有出席会议的审计委员会成员应在决议文件上签字。

（11）**日期**：决议文件上应注明会议的日期和决议被采纳的日期。

以下是一个简单的审计委员会决议模板示例：

[公司名称] 审计委员会决议

会议日期：[日期]

会议时间：[时间]

会议地点：[地点]

会议主持：[主持者姓名]

出席人员：[成员名单]

会议议程：

1. 审查 [报告名称]。

2. 讨论并决定关于 [议题] 的事宜。

表决结果：

- 议题 1：同意 [票数]，反对 0，弃权 0。

- 议题 2：同意 [票数]，反对 0，弃权 0。

决议内容：

1. 审计委员会决议接受 [报告名称]，并建议董事会批准该报告。

2. 审计委员会决议要求管理层在 [时间] 内解决 [具体问题]，并在下次会议中报告进展情况。

附件：[报告名称] 等。

签字：

[成员签名]

日期：[决议通过日期]

「新增」禁止代持上市公司股票的规定

▶ 法条对比

这条为新增条款，旨在规避实际控制人实施不当关联交易损害公司及债权人利益，破坏证券市场交易规范。

2018年版《公司法》	新《公司法》	内容变化
无。	第一百四十条　上市公司应当依法披露股东、实际控制人的信息，相关信息应当真实、准确、完整。 禁止违反法律、行政法规的规定代持上市公司股票。	99. 新增上市公司披露股东和实际控制人信息的义务； 100. 新增禁止违反法律、行政法规代持上市公司股票的规定。

溯源解读

中国证券监督管理委员会公布的《首次公开发行股票并上市管理办法》第十三条规定："发行人的股权清晰，控股股东和受控股股东、实际控制人支配的股东持有的发行人股份不存在重大权属纠纷。"第二十五条规定："发行人应完整披露关联方关系并按重要性原则恰当披露关联交易。关联交易价格公允，不存在通过关联交易操纵利润的情形。"

《上市公司信息披露管理办法》第二十七条规定："涉及上市公司的收购、合并、分立、发行股份、回购股份等行为导致上市公司股本总额、股东、实际控制人等发生重大变化的，信息披露义务人应当依法履行报告、公告义务，披露权益变动情况。"《证券法》第七十八条第二款规定："信息披露义务人披露的信息，应当真实、准确、完整，简明清晰，通俗易懂，不得有虚假记载、误导性陈述或者重大遗漏。"

上述有关规定是新《公司法》中这条法规立法的重要参照。

代持上市公司股票，也就是一方（代持人）在名义上持有上市公司的股票，而另一方（实际受益人）则是股票的真实所有者和利益受益者，这种做法可能是出于隐私、税务、规避持股限制或其他原因，但我们还需看到它背后涉及的一系列法律和监管风险，比如代持协议可能不具有法律效力，因而导致实际受益人在法律上难以证明其对股票的所有权；代持人可能与实际受益人存在利益冲突，代持人可能滥用其名义上的控制权；实际受益人可能无法直接行使股东权利，如参加股东大会、投票等；在许多司法管辖区，代持上市公司股票可能违反证券法律法规，尤其是涉及信息披露和内幕交易的规定；如果代持涉及隐匿资金来源，可能违反反洗钱法规。

建议投资者应始终确保其投资活动遵守适用的法律法规，并保持高度的透明度和诚信。

☑ 实操指南

如何发现代持股票的问题？

要想发现代持股票的问题，通常需要对公司的股权结构、股东行为和相关交易进行深入的调查和分析。以下是一些可能揭示代持股票问题的方法：

（1）**股权结构分析**：检查公司的股东名册，分析股权分布情况，寻找异常集中或分散的持股模式。

（2）**交易行为监测**：监测股东的交易行为，包括交易频率、交易时间和交易价格，以发现可能的代持迹象。

（3）**信息披露审查**：仔细审查公司及其股东的信息披露，包括持股变动公告、权益变动报告等。

（4）**监管机构报告**：查看监管机构的报告和公告，了解是否有关于代持问题的调查或处罚。

（5）**市场传闻和新闻**：关注市场传闻和新闻报道，了解是否有关于公司股东代持的讨论。

（6）**法律诉讼**：检查是否有涉及公司股东的法律诉讼，特别是与股权代持相关的案件。

（7）**内部审计**：通过内部审计，检查公司内部控制和合规性，发现潜在的代持问题。

（8）**股东调查**：对股东进行背景调查，包括其财务状况、投资历史和与其他股东的关系。

（9）**税务申报**：分析股东的税务申报，寻找与代持股票相关的税收规避迹象。

（10）**合同审查**：审查股东之间的合同，寻找可能表明代持安排的条款。

（11）**资金流向**：追踪资金流向，检查是否有与代持股票相关的资金转移。

（12）**举报和投诉**：注意任何来自公司内部或外部的举报和投诉，这些可能是发现代持问题的线索。

（13）**专业咨询**：咨询法律和财务顾问，利用他们的专业知识和经验来识别代持问题。

（14）**监管要求**：遵守监管机构的要求，如定期报告和披露，以帮助发现代持问题。

（15）**技术工具**：使用数据分析和监测工具，帮助识别异常的持股和交易模式。

第五章　股份有限公司的设立和组织机构修订内容

发现代持股票的问题可能需要多方面的努力，包括法律、财务和合规专家的协助。一旦发现代持股票问题，应采取适当的法律行动，并报告给相关监管机构。同时，公司应加强内部控制和合规性，以防止未来代持股票问题的发生。

「新增」 子公司交叉持股的限制

法条对比

这条为新增条款，旨在规制上市公司经营管理层利用交叉持股架空公司股东权利导致内部绝对控制的行为，保障公司内外部有效治理。

2018年版《公司法》	新《公司法》	内容变化
无。	第一百四十一条　上市公司控股子公司不得取得该上市公司的股份。 上市公司控股子公司因公司合并、质权行使等原因持有上市公司股份的，不得行使所持股份对应的表决权，并应当及时处分相关上市公司股份。	101. 新增上市公司控股子公司不得取得该上市公司股份的限制，及控股子公司因特定原因持股的处置规则。

溯源解读

《北京证券交易所股票上市规则（试行）》第4.1.12条第3款：

"上市公司控股子公司不得取得该上市公司的股份。确因特殊原因持有股份的，应当在1年内依法消除该情形。前述情形消除前，**相关子公司不得行使所持股份对应的表决权，且该部分股份不计入出席股东大会有表决权的股份总数。**"

这一规定具有以下重要作用：

（1）**防止市场操控**：避免上市公司通过其控股子公司持有自己的股份来操控股票价格和市场。

（2）**维护股东利益**：保护小股东的利益，防止上市公司通过内部交易损害小股东权益。

（3）**增强透明度**：提高公司治理的透明度，确保所有股东都能基于相同的信息作出投资决策。

（4）**防止利益冲突**：避免上市公司与其控股子公司之间出现潜在的利益冲突。

（5）**保持独立性**：确保上市公司的控股子公司保持一定的独立性，避免过度集中的股权结构。

（6）**符合监管要求**：满足证券监管机构对上市公司及其子公司持股行为的监管要求。

（7）**避免自我交易**：防止上市公司通过其子公司进行自我交易，这可能违反公平交易的原则。

（8）**维护市场秩序**：维护证券市场的正常秩序，促进公平、公正的市场环境。

☑ 实操指南

控股子公司如何处置上市公司股份？

控股子公司处置上市公司股份是一个敏感且复杂的过程，需要谨慎处理，以保护上市公司及其所有股东的利益，并维护证券市场的公平性和透明度。处置过程应注意以下几点：

（1）按照法律法规或公司章程要求，控股子公司处置手中上市公司股份可能需要得到上市公司股东大会的批准。

（2）处置股份的过程应公开透明，确保所有股东都能获得同等的信息。过程中，要注意避免任何可能被视为市场操控的行为，如通过集中交易或大宗交易方式影响股价；要按照规定及时披露股份处置的相关信息，包括处置的原因、数量、价格等。

（3）股份的买卖应在合法的证券交易场所进行，遵守交易所的规则。股份的出售应基于合理的市场定价，避免低价转让给关联方。有时可能需要第三方评估机构对股份的价值进行评估，以确保交易的公允性，还要注意处理好与股份处置相关的税务问题，包括但不限于资本利得税等。

第六章　股份有限公司的股权转让修订内容

[修订] 无面额股的规定

法条对比

这一条款系统地规定了无面额股的内容：公司章程可以自行决定发行面额股还是无面额股，可以决定面额股与无面额股的自由转换，发行无面额股时应将所得的一半以上股款计入注册资本。

2018年版《公司法》	新《公司法》	内容变化
第一百二十五条　股份有限公司的资本划分为股份，每一股的金额相等。	第一百四十二条　公司的资本划分为股份。公司的全部股份，根据公司章程的规定择一采用面额股或者无面额股。采用面额股的，每一股的金额相等。 公司可以根据公司章程的规定将已发行的面额股全部转换为无面额股或者将无面额股全部转换为面额股。 采用无面额股的，应当将发行股份所得股款的二分之一以上计入注册资本。	102.新增无面额股制度。

溯源解读

2018年版《公司法》第一百二十五条第一款规定："股份有限公司的资本划分为股份，每一股的金额相等。"这就确立了强制性的面额股制度，言下之意，股份有限公司只能发行面额股。

传统观点认为，面额股具有保护债权人、维护股东平等、吸引投资者等积极功能，但实践表明这些观点已经开始与现实脱节。在公司经营不佳又缺少流动资金的情况下，股票的价值早就已经低于票面价值，如果允许折价发行，也很少有人主动购买公司的股票。这就限制了公司筹资的弹性和空间，致使公司资金运作僵化，无法满足实际需求。

相较而言，无面额股制度具有便利公司融资、资本重组和改善公司财务状况的功能，因此无面额股合法化也就提上了日程。

实操指南

股份公司在什么情况下可以考虑发行无面额股？

无面额股通常与公司的特定需求、市场条件、法律环境以及战略规划有关。以下是一些可能需要发行无面额股的情况：

（1）**吸引投资者**：某些投资者可能更偏好无面额股，因为它们没有固定面额的限制，公司可能会选择发行无面额股来吸引这类投资者。

（2）**公司重组**：在公司重组或并购过程中，可能会发行无面额股以适应新的资本结构。

（3）**股权激励计划**：公司可能会发行无面额股作为员工股权激励计划的一部分。

（4）**避免低面额股的负面影响**：低面额股可能会给投资者留下公司价值不高的印象，发行无面额股可以避免这种情况。

（5）**市场定价机制**：当公司希望其股票价格完全由市场供需关系决定时，可能会选择发行无面额股。

（6）**国际市场上市**：如果公司计划在国际市场上上市，可能会选择发行无面额股以符合国际市场的惯例。

（7）**战略投资引入**：为了引入战略投资者，公司可能会选择发行无面额股，以提供更高的灵活性和吸引力。

（8）**简化资本结构**：因为无面额股不涉及设定每股的固定面值，所以可以简化公司的资本结构。公司有此需求时，可以考虑发行无面额股。

（9）**股票分割和合并**：因为不需要考虑每股的面额，无面额股在进行股票分割或合并时提供了更高的灵活性。公司有灵活需求时，可以考虑发行无面额股。

[修订] 类别股发行规则

法条对比

2018年版《公司法》第一百三十一条笼统地规定："国务院可以对公司发行本法规定以外的其他种类的股份，另行作出规定。"新《公司法》第一百四十四条、一百四十五条和一百四十六条对此作了明确的规定，新增了类别股发行规则。

第六章 股份有限公司的股权转让修订内容

2018年版《公司法》	新《公司法》	内容变化
第一百三十一条 国务院可以对公司发行本法规定以外的其他种类的股份，另行作出规定。	第一百四十四条 公司可以按照公司章程的规定发行下列与普通股权利不同的类别股： （一）优先或者劣后分配利润或者剩余财产的股份； （二）每一股的表决权数多于或者少于普通股的股份； （三）转让须经公司同意等转让受限的股份； （四）国务院规定的其他类别股。 公开发行股份的公司不得发行前款第二项、第三项规定的类别股；公开发行前已发行的除外。 公司发行本条第一款第二项规定的类别股的，对于监事或者审计委员会成员的选举和更换，类别股与普通股每一股的表决权数相同。 第一百四十五条 发行类别股的公司，应当在公司章程中载明以下事项： （一）类别股分配利润或者剩余财产的顺序； （二）类别股的表决权数； （三）类别股的转让限制； （四）保护中小股东权益的措施； （五）股东会认为需要规定的其他事项。 第一百四十六条 发行类别股的公司，有本法第一百一十六条第三款规定的事项等可能影响类别股股东权利的，除应当依照第一百一十六条第三款的规定经股东会决议外，还应当经出席类别股股东会议的股东所持表决权的三分之二以上通过。 公司章程可以对需经类别股股东会议决议的其他事项作出规定。	103. 新增类别股制度； 104. 新增股份有限公司发行类别股时公司章程应当记载的相关事项； 105. 新增类别股股东的分类表决制度。

📝 溯源解读

新《公司法》吸收了 2013 年《国务院关于开展优先股试点的指导意见》和《优先股试点管理办法》的相关规则，正式引入类别股的发行规则，明确了类别股最典型的三种类别：财产分配型类别股、表决权型类别股、限制转让型类别股，以及国务院规定的其他类别股。

新《公司法》进一步规定了公司发行表决权型类别股时，享有此类股份的股东在监事和审计委员会的选任上无法行使其特权。发行类别股的公司有修改公司章程、增加或者减少注册资本、公司合并、分立、解散或者变更公司形式等可能损害类别股股东的决议事项时的特别决议规则。

此举意在明确类别表决权适用的典型情形。需要注意的是，此条规范并非公司法上的强制性规定。

☑ **实操指南**

公司中哪些人会参与类别股的决策？

参与类别股讨论和决策的人员通常包括但不限于以下几类：

（1）董事会成员：董事会负责公司的战略决策和监督管理，因此董事会成员通常会参与类别股的讨论。

（2）高级管理人员：如首席执行官、首席财务官等，他们负责公司的运营管理，对公司的财务状况和未来发展有深刻的理解。

（3）股东代表：特别是大股东或具有特定权益的股东，他们可能会参与讨论以保护自己的利益。

（4）法律顾问：在讨论类别股时，法律顾问提供关于法律法规遵守、合同条款和潜在法律风险的专业意见。

（5）财务顾问：财务顾问可能参与讨论以提供关于公司财务状况、市场趋势和融资需求的专业建议。

（6）审计委员会：如果公司设有审计委员会，其成员可能会参与讨论，特别是当类别股涉及公司的财务报告和内部控制时。

（7）投资者关系部门：该部门负责与投资者沟通，因此可能会参与讨论以确保投资者关系不受影响。

（8）风险管理团队：该团队评估类别股可能带来的风险，并提出相应的风险管理策略。

（9）公司秘书：公司秘书负责确保公司治理和合规性，可能会参与讨论以确保类别股的设置符合公司章程和法律法规要求。

（10）监事会成员：在一些公司中，监事会成员也可能参与讨论，以确保类别股的设置不会损害公司及其股东的长期利益。

（11）外部投资者：在某些情况下，外部投资者或潜在投资者可能会参与讨论，特别是当他们对类别股的设置有直接的利益时。

（12）咨询顾问：在需要外部专业意见时，公司可能会聘请咨询顾问参与讨论。

类别股的讨论和决策过程通常涉及多个利益相关方，需要综合考虑公司的战略目标、财务状况、市场环境、法律法规要求以及股东利益等因素。因此，参与讨论的人员需要具备相应的专业知识和决策能力，以确保类别股的设置能够为公司带来正面效益，同时保护所有股东的权益。

新增 发行股份的相关规定

法条对比

新《公司法》授权董事会自行决定发行股份，不需经股东会决议并变更公司章程，简化了公司增资程序，避免了资金的冻结、闲置，提高了投资效率，同时公司成立之初不必一次发行全部资本、股份，这也减轻了公司设立的难度，降低了股份公司成立的门槛。

2018年版《公司法》	新《公司法》	内容变化
无。	第一百五十二条　公司章程或者股东会可以授权董事会在三年内决定发行不超过已发行股份百分之五十的股份。但以非货币财产作价出资的应当经股东会决议。 　　董事会依照前款规定决定发行股份导致公司注册资本、已发行股份数发生变化的，对公司章程该项记载事项的修改不需再由股东会表决。 　　第一百五十三条　公司章程或者股东会授权董事会决定发行新股的，董事会决议应当经全体董事三分之二以上通过。	106.新增发行新股的相关规定。

溯源解读

授权资本制是西方国家规定的股份公司在认足并交足一定比例法定资本后企业即可成立的法律规定。具体是指公司设立时，虽然要在公司章程中确定注册资本总额，但发起人只需认购部分股份，公司就可正式成立，其余的股份由授权董事会根据公司生产经营情况和证券市场行情再随时发行的公司资本制度。

我国之前一直实行的是注册资本制，新《公司法》的这条法规正式引入了授权资本制，允许公司章程或股东会授权董事会在三年内决定发行不超过已发行股份百分之五十的股份，但以非货币财产作价出资的应当经股东会决议。这标志着中国公司法在资本制度上的重大发展，既保持了对公司资本的一定控制，又为公司提供了更大的灵活性。

授权资本制的引入可以起到简化公司设立程序、避免资本闲置和浪费等好处，不过这种制度也有可能滋生公司设立中的欺诈和投机行为，不利于保护债权人的利益。因此，在实际应用中，要有相应的监督、约束机制。

☑ 实操指南

股份公司会在什么情况下发行新股？

股份公司发行新股是一个重要的融资手段，当股份公司有以下需求时，可以考虑发行新股。

（1）**资金需求**：为了筹集资金以扩大生产规模、进行项目投资、增加研发投入或改善财务结构，公司可能会选择发行新股。

（2）**优化股本结构**：公司可能通过发行新股来优化其股本结构，比如引入战略投资者或提高公众持股比例。

（3）**并购重组**：在进行并购重组时，公司可能会发行新股来换取其他公司的股份，以此实现公司扩张或整合资源。

（4）**提高市值**：为了提高公司市值和市场影响力，公司可能会通过发行新股来增加其在市场中的股份。

（5）**增强市场竞争力**：通过发行新股，公司可以增强自身的资本实力，从而在市场上获得更强的竞争力。

（6）**回报股东**：如果公司盈利状况良好，可能会通过发行新股来回报股东，增加股东价值。

（7）**增强风险抵御能力**：面对市场不确定性，公司可能会通过发行新股来增强自身的风险抵御能力。

（8）**市场条件成熟**：在市场条件有利，如股市行情好、投资者信心足时，公司可能会选择发行新股以获得更好的融资条件。

需要注意的是，发行新股需要严格遵守相关法律法规，并考虑到市场环境、公司战略以及股东利益等多方面因素。

修订 股份转让的原则性规定

➤ 法条对比

新《公司法》进一步细化了 2018 年版《公司法》中股份有限公司股份转让

的原则性规定，令其不仅可以对内转让，也可以对外转让；还明确了公司章程可以规定限制股权转让条款。

2018 年版《公司法》	新《公司法》	内容变化
第一百三十七条　股东持有的股份可以依法转让。	第一百五十七条　股份有限公司的股东持有的股份可以向其他股东转让，也可以向股东以外的人转让；公司章程对股份转让有限制的，其转让按照公司章程的规定进行。	107. 明确股份有限公司章程可对股份转让作出限制。

溯源解读

新《公司法》强调了股份转让应该遵循公司章程的规定，股份转让的自由度限制是以保护公司和其他股东的利益为最大宗旨的，它为股东提供了灵活性和流动性，同时也对公司的资本运作和公司治理结构产生重要影响。

按照这一规定，股东当对公司的未来发展不再抱有信心时可以通过转让股份退出公司，这就标志着股东可以通过"用脚投票"的方式对公司管理层形成资本市场的外部压力，促使公司经营管理水平的提高。

另外，股份的自由流通还可以吸引更多的投资者，因为他们知道投资是可逆的，这有助于公司筹集资金。除此之外，股东可以通过出售其股份给潜在的改革派股东来对公司治理结构施加影响。

股份自由转让是现代市场经济的一个重要特征，它对促进公司发展、维护股东利益和推动资本市场的健康发展具有重要作用。

实操指南

发起人想转让手中股权应该怎么做？

公司发起人转让股份通常需要遵循《公司法》的相关规定，具体步骤和注意事项如下：

（1）**确保满足转让条件**：发起人在公司成立满一年后，若要转让股份，需要满足公司法和公司章程规定的其他条件。

（2）**书面通知其他股东**：发起人向股东以外的人转让股份时，应当书面通知其他股东，并征求他们的同意。

（3）**股东过半数同意**：转让股份需要得到其他股东过半数的同意。如果其他股东在接到书面通知后 30 日内未答复，视为同意转让。

（4）**优先购买权**：其他股东在同等条件下有优先购买权。如果有多个股东主张优先购买权，应协商确定购买比例，协商不成的，按照各自的出资比例行使优先购买权。

（5）**公司章程规定**：如果公司章程对股权转让有特别规定，发起人转让股份还需遵守公司章程的具体要求。

（6）**办理变更登记**：股权转让完成后，公司应当注销原股东的出资证明书，向新股东签发出资证明书，并修改公司章程和股东名册中的相关记载。

（7）**披露相关信息**：对于上市公司，发起人转让股份还需依照《证券法》等法律、行政法规的规定，履行相应的信息披露义务。

（8）**纳税义务**：发起人转让股份可能涉及税务问题，需要按照税法规定缴纳相关税费。

（9）**法律风险**：发起人在转让股份时，应考虑可能的法律风险，必要时可以咨询法律专业人士。

综上所述，公司发起人在转让股份时，需要遵循一定的法律程序和公司内部规定，确保股权转让的合法性和合规性。在转让股份时，还应避免出现利益冲突，确保转让行为不会损害公司和其他股东的利益。

[修订] 股份转让的限制原则

法条对比

2018年版《公司法》规定了发起人、董事、监事、高级管理人员手中持有股份的转让限制规则。新《公司法》则进一步限制控股股东和实际控制人的股份转让，并新设一款"质押股份的限制转让"规则。

2018年版《公司法》	新《公司法》	内容变化
第一百四十一条　发起人持有的本公司股份，自公司成立之日起一年内不得转让。公司公开发行股份前已发行的股份，自公司股票在证券交易所上市交易之日起一年内不得转让。	第一百六十条　公司公开发行股份前已发行的股份，自公司股票在证券交易所上市交易之日起一年内不得转让。法律、行政法规或者国务院证券监督管理机构对上市公司的股东、实际控制人转让其所持有的本公司股份另有规定的，从其规定。	108. 新增"法律、行政法规或者国务院证券监督管理机构"可对上市公司的股东、实际控制人限售本公司股份另行规定的规则；

第六章 股份有限公司的股权转让修订内容

续表

2018年版《公司法》	新《公司法》	内容变化
公司董事、监事、高级管理人员应当向公司申报所持有的本公司的股份及其变动情况，在任职期间每年转让的股份不得超过其所持有本公司股份总数的百分之二十五；所持本公司股份自公司股票上市交易之日起一年内不得转让。上述人员离职后半年内，不得转让其所持有的本公司股份。公司章程可以对公司董事、监事、高级管理人员转让其所持有的本公司股份作出其他限制性规定。	公司董事、监事、高级管理人员应当向公司申报所持有的本公司的股份及其变动情况，在就任时确定的任职期间每年转让的股份不得超过其所持有本公司股份总数的百分之二十五；所持本公司股份自公司股票上市交易之日起一年内不得转让。上述人员离职后半年内，不得转让其所持有的本公司股份。公司章程可以对公司董事、监事、高级管理人员转让其所持有的本公司股份作出其他限制性规定。 股份在法律、行政法规规定的限制转让期限内出质的，质权人不得在限制转让期限内行使质权。	109. 新增股份在限售期内出质时质权人不得行使质权的规则。

📝 溯源解读

上市公司内部治理问题多半与控股股东和实际控制人，也就是我们俗称的"双控人"有关。比如，通过股权转让的方式向特定个人或实体输送利益，损害公司或其他股东的利益；或者通过虚假转让股权的方式来牟取不正当利益，这种行为可能涉及欺诈或其他违法行为。

新《公司法》的修订旨在堵住这些漏洞，在原有规则的基础上进一步规定增设"双控人"的股份转让限制规则，加强对股权转让的监管，保护公司和其他股东的合法权益，以保证公司健康稳定发展。

✅ 实操指南

如何防范"双控人"的股权舞弊？

防范"双控人"的股权舞弊，需要采取一系列综合性的措施，这些措施包括但不限于：

（1）加强法律法规的遵守：确保公司及其股东严格遵守《公司法》等相关法律法规的规定，防止通过不公平关联交易、违规关联方担保等方式损害公司和债权人利益。

（2）**完善公司治理结构**：建立和完善公司内部的监督机制，如独立董事制度和审计委员会，以提高公司治理的透明度和公正性。

（3）**增强信息披露**：根据《公司法》和证券监管机构的要求，上市公司应依法披露股东、实际控制人的信息，确保信息的真实、准确和完整。

（4）**股东权利保护**：允许少数股东在双控滥权的情况下，使用**异议股东评估权**请求公司按照合理的价格收购其股权，以保护自身权益。

（5）**强化内部控制**：公司应建立严格的内部控制体系，包括资金资产管理、收入确认、投资活动、关联交易等方面的控制。

（6）**独立第三方审计**：定期由独立第三方进行审计，以识别和防范潜在的舞弊风险。

（7）**建立举报机制**：设立匿名举报热线或邮箱，鼓励内部员工和外部人士举报可疑行为。

通过上述措施，可以在一定程度上防范"双控人"的股权舞弊行为，保护公司和其他股东的合法权益。

新增 异议股东的股份回购请求权

法条对比

2018年版《公司法》第七十四条规定了有限公司的异议股东的股份回购请求权，新《公司法》将该条款也适用于股份公司之中，但与2018年版《公司法》中关于有限公司的规定相比，该条款删除了公司合并、分立的情形，并要求公司应当在六个月内依法转让或者注销。

2018年版《公司法》	新《公司法》	内容变化
无。	第一百六十一条 有下列情形之一的，对股东会该项决议投反对票的股东可以请求公司按照合理的价格收购其股份，公开发行股份的公司除外： （一）公司连续五年不向股东分配利润，而公司五年连续盈利，并且符合本法规定的分配利润条件； （二）公司转让主要财产；	110. 新增了股份有限公司的异议股东的股份回购请求权。

第六章　股份有限公司的股权转让修订内容

续表

2018年版《公司法》	新《公司法》	内容变化
	（三）公司章程规定的营业期限届满或章程规定的其他解散事由出现，股东会通过决议修改章程使公司存续。 　　自股东会决议作出之日起六十日内，股东与公司不能达成股份收购协议的，股东可以自股东会决议作出之日起九十日内向人民法院提起诉讼。 　　公司因本条第一款规定的情形收购的本公司股份，应当在六个月内依法转让或者注销。	

溯源解读

我国股份公司中有相当一部分公司属于封闭性股份公司，该类公司的投资人数较少，且其股份转让未能像上市公司那般自由，现实中还存在**股东压迫**等情况。为了保护这部分股东的利益，新《公司法》增加了对异议股东回购请求权的规定。

按规定，股东可以在下面几种情况下请求公司收回股份：

（1）**连续盈利不分红**：公司连续五年盈利但不向股东分配利润，且符合分配利润的法定条件。

（2）**重大资产转让**：公司决定转让其主要财产。

（3）**修改章程使公司存续**：公司章程规定的营业期限届满或其他解散事由出现，股东会通过决议修改章程使公司存续。

在这些情况下，对股东会决议投反对票的股东可以要求公司按照合理的价格回购其股份。如果股东与公司在一定期限内（通常为六十日）无法达成回购协议，股东可以在决议作出之日起九十日内向人民法院提起诉讼。

这一新增规定赋予了小股东在特定情况下要求公司回购其股份的权利，从而保护了小股东的利益，避免因公司决策导致的不利影响。

实操指南

股东如何主张自己的回购请求权？

股东想主张自己的回购请求权，可以按下面的步骤进行：

（1）**确保符合条件**：股东需要确认自己符合《公司法》规定的回购请求权的条件，如公司连续五年不分配利润但盈利、公司合并分立转让主要财产或延长公司存续等。

（2）**投反对票**：在股东会上对触发回购请求权的决议投出反对票，这是行使回购请求权的前提条件。

（3）**提出书面申请**：在股东会决议通过之日起六十日内向公司提出书面的股权回购申请。

（4）**协商回购价格**：与公司协商回购股权的合理价格。如果协商不成，股东需要在决议通过之日起九十日内向人民法院提起诉讼。

（5）**注意时效限制**：股东需要注意时效限制，超过规定时间未提出申请或提起诉讼，可能会丧失回购请求权。

（6）**法院诉讼**：如果股东与公司无法就回购条件达成一致，股东可以在规定时间内向法院提起诉讼，请求法院判决公司按照合理的价格收购其股权。

（7）**准备证据材料**：股东需要准备并提交相关证据材料，如股东会决议、财务报表、公司章程等，以证明其满足回购请求权的条件。

特别提醒，股东在主张回购请求权时，应严格按照法律规定的程序进行，**并保留好所有相关的文件和证据**，以备在后期可能的法律诉讼中使用。

[新增] 禁止财务资助制度及例外规则

法条对比

新《公司法》构建了"原则禁止－附条件例外－一般例外－法律责任"的体系，对财务资助行为有了更体系化和具体化的规制。

2018年版《公司法》	新《公司法》	内容变化
无。	第一百六十三条　公司不得为他人取得本公司或者其母公司的股份提供赠与、借款、担保以及其他财务资助，公司实施员工持股计划的除外。 为公司利益，经股东会决议，或者董事会按照公司章程或者股东会的授权作出决议，公司可以为他人取得本公司或者其母公司的股份提供财务资助，但财务资助的累计总额不得超过已发行股本总额的百分之十。董事会作出决议应当经全体董事的三分之二以上通过。	111. 新增禁止财务资助制度及其例外规则。

第六章　股份有限公司的股权转让修订内容

续表

2018年版《公司法》	新《公司法》	内容变化
	违反前两款规定，给公司造成损失的，负有责任的董事、监事、高级管理人员应当承担赔偿责任。	

溯源解读

实际经营中，股份公司为了长期战略利益，有可能需要对其他公司进行财务资助，以建立或巩固业务关系。比如，对关键客户提供财务资助，以保持其业务正常推进并确保双方可以持续交易；或者通过财务资助帮助供应商度过难关，确保供应链的稳定性；或者通过提供贷款或垫款，增加财务收益。

但同时，**财务资助过程中存在很多隐患**，比如公司控制权人滥用权限，使用公司资产进行不当的利益输送等。所以，原则上是禁止财务资助，但新《公司法》也考虑到经济下行压力，规定了一些例外情况，以适应不同公司的实际情况和需求。

实操指南

如何避免财务资助中的潜在风险？

股份公司需要采取一系列措施来确保财务资助行为的合规性、安全性和透明性。以下是一些关键的步骤：

（1）**制定明确的财务资助政策**：根据《公司法》等相关法律法规，制定详细的财务资助管理制度，明确资助的对象、条件、程序和限额等。

（2）**严格审批流程**：确保所有财务资助事项均须提交公司董事会审批，并根据资助金额的大小和性质，可能需要提交股东大会审议。

（3）**全面评估资助对象**：在提供财务资助前，对被资助对象的资产质量、经营情况、偿债能力、信用状况等进行综合评估。

（4）**信息披露**：及时、准确地向股东及市场披露财务资助的相关信息，包括资助金额、期限、利率及可能存在的风险等。

（5）**风险管理**：建立风险管理机制，对财务资助的风险进行识别、评估和监控，制定相应的风险防控措施。

（6）**内控监督**：加强内部控制，确保财务资助行为符合公司的内控制度，避免违规操作。

（7）**独立董事和监事会的作用**：独立董事和监事会应积极参与财务资助事项的审议，提供独立意见，发挥监督作用。

（8）**关联交易管理**：特别注意关联方的财务资助，确保关联交易公允、透明，并遵守相关法律法规的要求。

（9）**后续跟踪**：对已提供的财务资助进行持续的后续跟踪和管理，及时发现问题并采取措施。

通过上述措施，公司可以有效避免或降低财务资助中的潜在风险，保护公司及其股东的利益。

第七章　增设专章（2）：国家出资公司组织机构的特别规定

[修订] 创设"国家出资公司"的法律概念

法条对比

随着**股权多元化改革和混合所有制改革的发展**，一些大型集团公司也不再是纯粹的国有独资公司形式。各种"央地合作"的集团公司、整体股改上市的国有企业纷纷出现，之前关于国有独资公司的特别规定就不再适用了。新《公司法》的修订创设了"国家出资公司"这一概念。

从"国有"到"国家出资"的表述转变，不是"文字游戏"，而是扩大了国企的范围。比起国有独资企业，国家出资企业是一个更大范围的概念，涵盖的企业类型更多。国有独资公司不过是国家出资公司的一种类型。

2018年版《公司法》	新《公司法》	内容变化
第六十四条　**国有独资公司的设立**和组织机构，适用本节规定；本节没有规定的，适用本章第一节、第二节的规定。 本法所称**国有独资公司**，是指国家单独出资、由国务院或者地方人民政府授权本级人民政府国有资产监督管理机构履行出资人职责的有限责任公司。	第一百六十八条　**国家出资公司**的组织机构，适用本章规定；本章没有规定的，适用本法其他规定。 本法所称国家出资公司，是指国家出资的国有独资公司、国有资本控股公司，包括国家出资的有限责任公司、股份有限公司。	112. 创设了"国家出资公司"的概念，并作出了界定； 113. 把"国有资本控股公司、国有资本参股公司"改为"国有资本控股公司，包括国家出资的有限责任公司、股份有限公司"。

溯源解读

"国家出资公司"这一概念其实在《中华人民共和国企业国有资产法》（简称《企业国有资产法》）中早就已经提出，并作出了界定：

"第五条　本法所称国家出资企业，是指国家出资的国有独资企业、国有独资公司，以及国有资本控股公司、国有资本参股公司。"

按照本条新规定，国有独资公司不再是唯一的国有公司。除国有独资公司外，还有国有资本控股公司。即便有私人资本参与或者职工参股，只要国有资本控股，仍然属于国有公司性质。国有公司不再限于有限责任公司一种类型，也可以是股份有限公司。

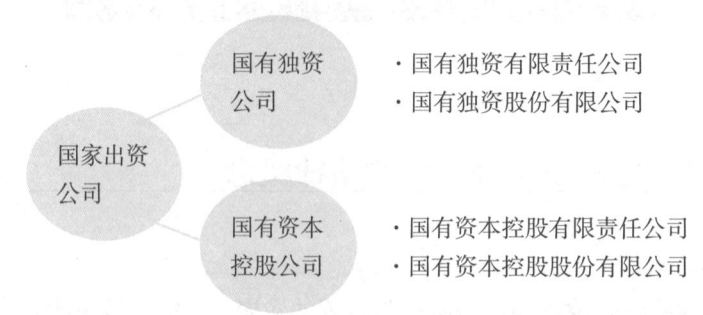

```
                  ┌─ 国有独资 ──  · 国有独资有限责任公司
                  │    公司      · 国有独资股份有限公司
      国家出资 ───┤
        公司      │
                  └─ 国有资本 ──  · 国有资本控股有限责任公司
                       控股公司   · 国有资本控股股份有限公司
```

什么是国有独资公司？ 新《公司法》虽然删掉了国有独资公司的定义，但国有独资公司的概念内涵基本不变，需将股份公司纳入其中。国有独资公司是指国家单独出资、由国务院或者地方人民政府授权本级人民政府国有资产监督管理机构履行出资人职责的有限责任公司和股份有限公司。

什么是国有资本控股公司？ 新《公司法》未对国有资本控股公司给出定义，但《企业国有资产法》中已经有这个概念了，该法第五条所规定的国家出资企业包括了"国家出资的国有独资企业、国有独资公司，以及国有资本控股公司、国有资本参股公司"。国有资本控股公司可以理解为根据《公司法》成立，国有资本占控股地位，各级国资监管机构代表本级人民政府履行出资人职责的公司。

☑ 实操指南

如何申请设立国家出资企业？

《中华人民共和国公司登记管理条例》第六条作出规定："国家工商行政管理总局负责下列公司的登记：（一）国务院国有资产监督管理机构履行出资人职责的公司以及该公司投资设立并持有50%以上股份的公司。"也就是说，国有独资企业登记应到国家工商行政管理总局申请，一般遵循这样的注册流程：

（1）向公司登记机关提交履行出资人职责的机构获得授权的证明。

（2）领取并填写《名称（变更）预先核准申请书》，同时准备相关材料。

（3）递交《名称（变更）预先核准申请书》及其相关材料，等待名称核准结果。

（4）领取《企业名称预先核准通知书》，同时领取《企业设立登记申请书》等有关表格。

（5）以货币出资的，到经工商局确认的入资银行开立入资专户，办理入资及验资手续。

（6）以非货币方式出资的，办理资产评估手续及财产转移手续。

（7）递交申请材料，材料齐全，符合法定形式的，等候领取《准予设立登记通知书》。

（8）按照《准予设立登记通知书》确定的日期到工商局交费并领取营业执照。

[新增] 明确国家出资公司为一级企业

法条对比

第一百六十九条对国家出资公司的性质作了补充规定，明确了国家出资公司的出资人及履行出资人职责的机构资格。这一规定其实强调的是，国家出资公司特指政府履行出资人职责的一级公司，不包括其下属公司。

2018年版《公司法》	新《公司法》	内容变化
无。	第一百六十九条 国家出资公司，由国务院或者地方人民政府分别代表国家依法履行出资人职责，享有出资人权益。国务院或者地方人民政府可以授权国有资产监督管理机构或者其他部门、机构代表本级人民政府对国家出资公司履行出资人职责。 代表本级人民政府履行出资人职责的机构、部门，以下统称为履行出资人职责的机构。	114. 新增关于国家出资公司的相关规定。

溯源解读

关于"国家出资企业"如何定义的问题咨询，2023年9月5日，国资委官网给出过明确答复："根据《中华人民共和国企业国有资产法》有关规定，国家出资企业是指国家出资的国有独资企业、国有独资公司，以及国有资本控股、国有资本参股公司。《企业国有资产交易监督管理办法》（国资委 财政部令第32号）中的国家出资企业的规定与《中华人民共和国企业国有资产法》一致，是指各级国资监管机构代表本级人民政府履行出资人职责的企业，即一级企业，不包含子企业。"

实操指南

国家出资企业的子企业一定是国有企业？

国家出资企业的子企业并不一定都是国有企业。如果子企业的国有资产投资比例达到100%，那么它是国有企业；如果国有资产投资比例超过50%，那么它是国有资本控股企业；如果国有资产投资比例低于50%，那么它是国有参股企业。

国家出资企业的子企业与母公司之间的关系通常是：子企业作为独立的法人实体，具有法人资格，拥有独立的名称、公司章程和组织机构，对外以自己的名义从事经营活动。而母公司则通过任免子公司董事会成员、作出投资决策等方式影响子公司的生产经营活动。

[新增] 明确党对国家出资公司的领导

法条对比

第一百七十条为新增条款，特别规定了党组织在国家出资公司中的作用，规定国家出资公司要坚持党的领导。坚持党的领导，是国有企业的本质特征和独特优势，是完善中国特色现代企业制度的根本要求。将党的领导融入公司治理的框架内，可以确保对国家出资公司经营管理人员的有效监督，增强国家出资公司公益性的必要保证。

2018年版《公司法》	新《公司法》	内容变化
无。	第一百七十条 国家出资公司中中国共产党的组织，按照中国共产党章程的规定发挥领导作用，研究讨论公司重大经营管理事项，支持公司的组织机构依法行使职权。	115.新增党对国家出资公司领导的相关规定。

溯源解读

《中国共产党章程》第三十三条第二款明确规定："国有企业党委（党组）发挥领导作用，把方向、管大局、保落实，依照规定讨论和决定企业重大事项。国有企业和集体企业中党的基层组织，围绕企业生产经营开展工作。保证监督党和国家的方针、政策在本企业的贯彻执行；支持股东会、董事会、监事会和经理（厂长）依法行使职权；全心全意依靠职工群众，支持职工代表大会开展工作；参与企业重大问题的决策；加强党组织的自身建设，领导思想政治工作、精神文明建设、统一战线工作和工会、共青团、妇女组织等群团组织。"

本次《公司法》修订根据党章的规定，明确了党对国家出资公司的领导，保证党组织把方向、管大局、保落实的领导作用，也是深化国有企业改革的要求。过去，改革的焦点在于国有独资企业，忽视了对国有控股企业的治理，此次修订则明确了党组织对所有"国家出资公司"的领导作用,强调党组织支持董监高(董事、监事和高级管理人员)的工作。

实操指南

国家出资公司中的党组织如何发挥领导作用?

在实际操作中,国家出资公司中的党组织发挥领导作用,需要参与到公司的重大决策过程中,如企业发展战略、重大投资决策、重要人事任命等。但是,这并不意味着党组织可以直接干预公司的商业决策,而是通过参与重大决策的研究和讨论,以及对公司组织机构的监督和支持,来实现对公司的领导。

具体来说,党组织可以通过以下几种方式参与公司的重大决策:

(1)就公司的重大经营管理事项提供意见和建议,帮助公司领导层作出更为科学合理的决策。

(2)对于一些重大的经营决策,如并购、重组、投资计划等,党组织可以进行审核,确保这些决策符合国家的方针政策和法律法规。

(3)在一些情况下,党组织也可以直接参与到决策的执行过程中。比如,在某些关键岗位安排党员担任职务,以保证决策的贯彻执行。

(4)对公司的重大决策执行情况进行监督,确保决策得到有效实施,并对可能出现的问题及时纠正。

(5)及时将公司决策的执行及效果反馈给上级党组织,为党和政府制定相关政策提供依据。

[修订] 明确"履行出资人职责的机构"的权责

法条对比

2018版《公司法》中,只使用了"国有资产监督管理机构"的概念,但实践中,国有资本投资、运营公司已经在推进实施。2018年的《国务院关于推进国有资本投资、运营公司改革试点的实施意见》规定:"国有资本投资、运营公司均为在国家授权范围内履行国有资本出资人职责的国有独资公司"。

本次修法从第一百六十九条开始均使用"履行出资人职责的机构"这个概念,随后的第一百七十一条、第一百七十二条、第一百七十四条、第一百七十五条把"国有资产监督管理机构"的表述一律替换成"履行出资人职责的机构",明确了履行出资人职责的机构的权利与职责。

2018年版《公司法》	新《公司法》	内容变化
第六十五条 国有独资公司章程由国有资产监督管理机构制定，或者由董事会制订报国有资产监督管理机构批准。 第六十六条 国有独资公司不设股东会，由国有资产监督管理机构行使股东会职权。国有资产监督管理机构可以授权公司董事会行使股东会的部分职权，决定公司的重大事项，但公司的合并、分立、解散、增加或者减少注册资本和发行公司债券，必须由国有资产监督管理机构决定；其中，重要的国有独资公司合并、分立、解散、申请破产的，应当由国有资产监督管理机构审核后，报本级人民政府批准。 前款所称重要的国有独资公司，按照国务院的规定确定。 第六十八条 国有独资公司设经理，由董事会聘任或者解聘。经理依照本法第四十九条规定行使职权。 经国有资产监督管理机构同意，董事会成员可以兼任经理。 第六十九条 国有独资公司的董事长、副董事长、董事、高级管理人员，未经国有资产监督管理机构同意，不得在其他有限责任公司、股份有限公司或者其他经济组织兼职。	第一百七十一条 国有独资公司章程由履行出资人职责的机构制定。 第一百七十二条 国有独资公司不设股东会，由履行出资人职责的机构行使股东会职权。履行出资人职责的机构可以授权公司董事会行使股东会的部分职权，但公司章程的制定和修改，公司的合并、分立、解散、申请破产，增加或者减少注册资本，分配利润，应当由履行出资人职责的机构决定。 第一百七十四条 国有独资公司的经理由董事会聘任或者解聘。 经履行出资人职责的机构同意，董事会成员可以兼任经理。 第一百七十五条 国有独资公司的董事、高级管理人员，未经履行出资人职责的机构同意，不得在其他有限责任公司、股份有限公司或者其他经济组织兼职。	116.把"国有资产监督管理机构"的表述一律替换成"履行出资人职责的机构"。

溯源解读

国有资产监督管理组织主要包括以下几种类型：

（1）**国有重点大型企业监事会**。这是国资委的重要组成部分，负责监督检查国有重点大型企业的财务活动和负责人的经营管理行为，确保国有资产的保值增值。

（2）**中央企业专职外部董事**。这是国资委选派到各中央企业的非执行董事，负责监督企业的重大决策和风险管理，并参与企业的战略规划、经营管理、班子建设等重大事项。

（3）**中央企业职工监事**。这是国资委选派到各中央企业的监事会成员，负责监督检查企业的财务活动和负责人的经营管理行为，并代表职工行使监督检查权和参与企业民主管理。

（4）**国有资产监督专员办公室**。这是国资委派驻各地的国有资产监督机构，负责监督检查地方国有企业的财务活动和负责人的经营管理行为，确保国有资产的保值增值。

（5）**国务院国资委研究中心**。这是国资委直属的研究机构，负责研究国有企业改革发展中的重大问题，推动国有企业的改革和发展。

（6）**还包括办公厅（党委办公厅）、综合研究局、政策法规局、规划发展局、财务监管与运行评价局、产权管理局、企业改革局、考核分配局等**。这些机构共同构成了国有资产监督管理的主要体系，负责国有资产的监督管理、改革发展研究、财务监管、产权管理等多方面工作。

履行出资人职责的机构主要包括以下几种类型：

（1）**国务院国有资产监督管理机构**，即国务院国有资产监督管理委员会。代表国务院对国家出资企业履行出资人职责。

（2）**地方人民政府设立的国有资产监督管理机构**。根据地方人民政府的授权，代表地方人民政府对国家出资企业履行出资人职责。

（3）**财政部**。国务院和地方人民政府根据需要，可以授权财政部或其他部门机构履行出资人职责。例如，国务院授权财政部对中央文化企业、中国铁路、中国烟草以及中国邮政集团等公司履行出资人职责。

☑ 实操指南

履行出资人职责的机构可以任免哪些人员？

根据《中华人民共和国企业国有资产法》（简称《企业国有资产法》）第二十二条相关规定，履行出资人职责的机构具有如下任免权利：

（一）任免国有独资企业的经理、副经理、财务负责人和其他高级管理人员；

（二）任免国有独资公司的董事长、副董事长、董事、监事会主席和监事；

（三）向国有资本控股公司、国有资本参股公司的股东会、股东大会提出董事、监事人选。

国家出资企业中应当由职工代表出任的董事、监事，依照有关法律、行政法规的规定由职工民主选举产生。

[修订] 新增国有独资公司中外部董事过半的规定

法条对比

本条是在 2018 年版《公司法》第六十七条的基础上，新增了"国有独资公司的董事会成员中，应当过半数为外部董事"的规定。**如此修订的重要原因是，个别国企内部管理层存在"花别人的钱办自己的事"的现象，导致国有资产"隐性"或"显性"流失。**虽然国企依法建立了董事会，引入了外部董事，可是因为没有明确的法律保障，这些外部董事根本就没有实际影响力。**"过半数"规定，可以有效改善这一现象，保护国有资产。**

2018 年版《公司法》	新《公司法》	内容变化
第六十七条　国有独资公司设董事会，依照本法第四十六条、第六十六条的规定行使职权。董事每届任期不得超过三年。董事会成员中应当有公司职工代表。 董事会成员由国有资产监督管理机构委派；但是，董事会成员中的职工代表由公司职工代表大会选举产生。 董事会设董事长一人，可以设副董事长。董事长、副董事长由国有资产监督管理机构从董事会成员中指定。	第一百七十三条　国有独资公司的董事会依照本法规定行使职权。 国有独资公司的董事会成员中，应当过半数为外部董事，并应当有公司职工代表。 董事会成员由履行出资人职责的机构委派；但是，董事会成员中的职工代表由公司职工代表大会选举产生。 董事会设董事长一人，可以设副董事长。董事长、副董事长由履行出资人职责的机构从董事会成员中指定。	117. 删除"董事每届任期不得超过三年"； 118. 增加"应当过半数为外部董事"。

溯源解读

经过二十多年的精心设计与实施，党的领导与董事会建设"齐头并进"已经铸就了国企治理的现代框架。《公司法》修订在借鉴英美国家的独立董事、外部董事制度基础上，形成了国企特色的外部董事制度。**外部董事"过半数"是这一制度的核心。**

国有出资企业的主要问题是产权不清晰、授权不明确。近年来常常曝出国有资产流失案，促使法律法规对此要有所约束，通过强化监管国有出资企业，以保证国有资产增值保值和不流失。

国企法人治理的内在结构经历了从"董事会"到"外部董事"再到外部董事

"过半数",表明国企董事会制度日渐成熟。

1978年至1992年是国企的"经理中心主义"时期。在此阶段,作为"一把手"的厂长(经理)们出现了独断专行、滥用职权等严重异化现象,使得全民所有制下的"经理中心主义"治理模式被抛弃。

1993年至2003年是国企的"弱董事会"时期。"董事会中心主义"停留在文本上,实践中经理层依然通过经营和财务信息以及人员等渠道形成了"内部控制"。由于"强经理层",而导致"弱董事会"。

2007年国资委下辖169家国有企业开始进行董事会制度改革,截至2021年年底,中央企业在集团层面实现了"董事会应建尽建",将近80%的子企业实现了外部董事占多数。**本次修订基于这一现实,正式将"董事会成员中应当过半数为外部董事"纳入了第一百七十三条规定。**

☑ 实操指南

"过半数"规定会导致外部董事掌控国有企业吗?

国有企业董事会成员分为内部董事集团与外部董事集团。外部董事"过半数",即外部董事集团表决权大于内部董事集团。**"过半数"的实质是"外部董事控制"。**外部董事集团对董事会的控制本质上是"股东控制"的体现。外部董事控制优于内部董事控制,因为外部董事作为股东之代表,既通过董事会监督了经理层,又在董事会内部利用表决权监督了内部董事集团。

外部董事"过半数"是国企特色的外部董事制度的核心。在地方国资委推行的外部董事制度实践中,出现外部董事不得不"懂事"、不得不成为"花瓶董事"等现象,其原因是内部董事不仅数量占多数,而且内部董事担任董事长和总经理等主要职务,形成了内部董事集团对董事会的控制。未过半数的外部董事制度是没有力量的。因此,**"过半数"才是外部董事制度的价值所在。**

[新增] 国有独资公司设置审计委员会

➡ 法条对比

新《公司法》第一百七十六条新增规定,国有独资公司应在董事会下设立独立的审计委员会,以完善公司治理结构和内部控制机制。董事会下设有审计委员会的话,监事会就可以取消,甚至不设监事。**设置审计委员会,目的在于**

加强内部监督和风险控制,确保企业财务管理、会计核算和生产经营符合国家法律法规要求。

2018 年版《公司法》	新《公司法》	内容变化
无。	第一百七十六条 国有独资公司在董事会中设置由董事组成的审计委员会行使本法规定的监事会职权的,不设监事会或者监事。	119.新增国有独资公司设置审计委员会的规定。

溯源解读

国有企业建立审计委员会制度其实早有规定。2004 年发布的《中央企业内部审计管理暂行办法》规定:"国有控股公司和国有独资公司,应当依据完善公司治理结构和完备内部控制机制的要求,在董事会下设立独立的审计委员会。企业审计委员会成员,应当由熟悉企业财务、会计和审计等方面专业知识并具备相应业务能力的董事组成,其中主任委员应当由外部董事担任。"

2017 年公布的《国务院办公厅关于进一步完善国有企业法人治理结构的指导意见》规定:"董事会应当设立提名委员会、薪酬与考核委员会、审计委员会等专门委员会,为董事会决策提供咨询,其中薪酬与考核委员会、审计委员会应由外部董事组成。"

此次《公司法》修订中,吸收了这些规定,建议国有独资公司在董事会中积极设置审计委员会。但是这个决定权交给企业,所以并非从此用"审计委员会"完全替代监事会。

实操指南

审计委员会具体需要担负什么责任?

(1)对公司的财务报表和财务活动进行审查,确保其真实、完整、合法。

(2)对公司的内部控制体系进行评估,提出改进建议。

(3)对公司的重大投资、融资、资产处置等活动进行审核。

(4)对公司的关联交易进行监督,防止利益输送和资源浪费。

(5)对公司的合规性进行监督,确保公司遵守相关法律法规和政策。

新增 国家出资公司的监管与风控规定

法条对比

第一百七十七条是新增条款,规定了国家出资公司应当建立健全内部监督管理和风险控制制度,加强内部合规管理,从公司法层面为国家出资公司设置了合规建设条款。**依法经营、合规管理,是防范风险、建设世界一流企业的要求**。本条规定实际上是在倡导建立内部控制 + 风险管理 + 合规管理的"三位一体"大监督体系。

2018 年版《公司法》	新《公司法》	内容变化
无。	第一百七十七条 国家出资公司应当依法建立健全内部监督管理和风险控制制度,加强内部合规管理。	120. 新增国家出资公司的监管与风控规定。

溯源解读

由于近年来国有企业资产下沉,业务与人员也下沉,国有资本存在"穿透式"管理的特点,即打破传统的管理层级,在管理者与员工之间建立一种平等和协作的关系,让员工在组织中发挥更大的作用。相应地,国有企业纷纷采取了党组织前置程序、设置职工董事、外部董事过半数、董事长与总经理原则上分设等治理模式。这是这些年国有企业改革、国有企业加强公司治理、加强内部监管、风险控制的成果。

此次《公司法》修改,及时完善补充了这部分内容,将防范风险上升为法律规定,为国企"强内控、防风险、促合规"提供法律支撑,旨在将国有企业打造成"百年老店"。

实操指南

合规管理部门具体需要担负什么责任?

2022 年 8 月 23 日,国务院国资委发布《中央企业合规管理办法》,其中第十四条明确规定,中央企业合规管理部门牵头负责本企业合规管理工作,主要履行以下职责:

(一)组织起草合规管理基本制度、具体制度、年度计划和工作报告等。

(二)负责规章制度、经济合同、重大决策合规审查。

（三）组织开展合规风险识别、预警和应对处置，根据董事会授权开展合规管理体系有效性评价。

（四）受理职责范围内的违规举报，提出分类处置意见，组织或者参与对违规行为的调查。

（五）组织或者协助业务及职能部门开展合规培训，受理合规咨询，推进合规管理信息化建设。

第八章 董监高人员的资格和义务修订内容

[修订] 完善董监高人员的准入禁入条件

法条对比

新《公司法》一个鲜明的特点是扩张了董事会权力，虚化了经理职责，相应地也详细规定了董事的责任。新《公司法》第一百七十八条在2018年版《公司法》第一百四十六条的基础上，对董事、监事、高级管理人员的担任资格做了如下修订：（1）增加了两种"禁止担任董监高的情形"，即"缓刑考验期届满未逾二年"和"被列为失信被执行人"；（2）把第四款"自该公司、企业被吊销营业执照之日起未逾三年"改为"自该公司、企业被吊销营业执照、责令关闭之日起未逾三年"。

2018年版《公司法》	新《公司法》	内容变化
第一百四十六条 有下列情形之一的，不得担任公司的董事、监事、高级管理人员： （一）无民事行为能力或者限制民事行为能力； （二）因贪污、贿赂、侵占财产、挪用财产或者破坏社会主义市场经济秩序，被判处刑罚，执行期满未逾五年，或者因犯罪被剥夺政治权利，执行期满未逾五年； （三）担任破产清算的公司、企业的董事或者厂长、经理，对该公司、企业的破产负有个人责任的，自该公司、企业破产清算完结之日起未逾三年； （四）担任因违法被吊销营业执照、责令关闭的公司、企业的法定代表人，并负有个人责任	第一百七十八条 有下列情形之一的，不得担任公司的董事、监事、高级管理人员： （一）无民事行为能力或者限制民事行为能力； （二）因贪污、贿赂、侵占财产、挪用财产或者破坏社会主义市场经济秩序，被判处刑罚，或者因犯罪被剥夺政治权利，执行期满未逾五年，被宣告缓刑的，自缓刑考验期满之日起未逾二年； （三）担任破产清算的公司、企业的董事或者厂长、经理，对该公司、企业的破产负有个人责任的，自该公司、企业破产清算完结之日起未逾三年； （四）担任因违法被吊销营业执照、责令关闭的公司、企业的法定代表人，并负有个人责任的，自	121. 增加"被宣告缓刑的，自缓刑考验期满之日起未逾二年"； 122. 把"自该公司、企业被吊销营业执照之日起未逾三年"改为"自该公司、企业被吊销营业执照、责令关闭之日起未逾三年"； 123. 增加了"被人民法院列为失信被执行人"的限定条件。

续表

2018年版《公司法》	新《公司法》	内容变化
的，自该公司、企业被吊销营业执照之日起未逾三年； （五）个人所负数额较大的债务到期未清偿。 公司违反前款规定选举、委派董事、监事或者聘任高级管理人员的，该选举、委派或者聘任无效。 董事、监事、高级管理人员在任职期间出现本条第一款所列情形的，公司应当解除其职务。	该公司、企业被吊销营业执照、责令关闭之日起未逾三年； （五）个人因所负数额较大债务到期未清偿被人民法院列为失信被执行人。 违反前款规定选举、委派董事、监事或者聘任高级管理人员的，该选举、委派或者聘任无效。 董事、监事、高级管理人员在任职期间出现本条第一款所列情形的，公司应当解除其职务。	

溯源解读

本条的亮点是增加了"缓刑考验期届满未逾二年"和"被人民法院列为失信被执行人"两种禁止担任董监高的情形。这也意味着，现有董监高人员在任职期间不能出现此类情况，否则将被解除职务。

缓刑是指法院对被判处刑罚的人，在判决生效后，给予一定的考验期，在考验期内如果没有再犯新的罪行，且符合法律规定的条件，可以不执行原判的刑罚。如果在缓刑考验期内表现良好，按照法律规定，原判刑罚可以不再执行。本条规定在缓刑考验期届满之日起未逾二年的期间内，不得担任公司的董事、监事、高级管理人员，旨在确保公司管理层具有良好的法律意识和诚信记录，同时也保护了公司股东和其他利益相关者的利益。

失信被执行人（俗称"老赖"），是指因为欠债不还且债务金额较大，经过法院判决后仍然未履行还款义务的人。近年来，"老赖"频繁被网络曝光，引发全民痛恨，如果这样的人继续担任董监高人员，会引起更大的社会情绪，所以此次修订明确规定"老赖"不可以担任董监高。

实操指南

失信董事、监事、高级管理人员如何修复信用记录？

失信被执行人积极履行义务或主动纠正失信行为，人民法院是可以提前删除其失信信息的。所以，董事、监事、高级管理人员被列入失信被执行人之后，可以采取以下措施：

第八章　董监高人员的资格和义务修订内容

（1）如果被错误地纳入失信被执行人名单，可以申请让人民法院在三个工作日内更正失信信息。

（2）如果对列入失信被执行人无异议，需积极履行生效法律文书确定的义务。

（3）遵守财产报告制度、限制消费令，并积极配合人民法院处置现有财产。

（4）已经履行了义务，则开始向人民法院或有关机构提出信用修复申请。

（5）准备好身份证明书、信用修复申请表、行政处罚决定履行完毕的证明材料等资料。

（6）通过信用中国网站提交信用修复申请，等待审核。

（7）审核通过，相关机构将其移出严重失信主体名单。

[修订] 忠实义务和勤勉义务更加清晰

法条对比

新《公司法》第一百八十条在2018年版《公司法》第一百四十七条的基础上，做了以下修订：

（1）明确界定忠实义务与勤勉义务的内涵与具体内容——**忠实义务的核心是"不得利用职权牟取不正当利益"，勤勉义务的核心是"执行职务应当为公司的最大利益尽到管理者通常应有的合理注意"**。

（2）新增事实董事的认定规则："不担任公司董事但实际执行公司事务"，明确事实董事也应当对公司负有**忠实义务与勤勉义务**。

2018年版《公司法》	新《公司法》	内容变化
第一百四十七条　董事、监事、高级管理人员应当遵守法律、行政法规和公司章程，对公司负有忠实义务和勤勉义务。 董事、监事、高级管理人员不得利用职权收受贿赂或者其他非法收入，不得侵占公司的财产。	第一百八十条　董事、监事、高级管理人员对公司负有忠实义务，应当采取措施避免自身利益与公司利益冲突，不得利用职权牟取不正当利益。 董事、监事、高级管理人员对负有勤勉义务，执行职务应当为公司的最大利益尽到管理者通常应有的合理注意。 公司的控股股东、实际控制人不担任公司董事但实际执行公司事务的，适用前两款规定。	124.明确界定忠实义务与勤勉义务的内涵与具体内容； 125.新增事实董事的认定规则。

溯源解读

2018年版《公司法》第一百四十七条只是作出了"董监高"对公司负有忠实义务和勤勉义务的原则性规定，并没有明确该义务定义以及具体的表现方式，这导致的结果就是司法界对"董监高"违反忠实勤勉义务的行为出现差异化解读，不利于解决类似的案件纠纷，于是新《公司法》对此进行了明确定义。

同时新《公司法》还明确不担任公司董事但实际执行公司事务的控股股东、实际控制人也需要遵守前述忠实勤勉义务，这就为"影子董事"遵守忠实勤勉义务提供了法律依据。

忠实义务和勤勉义务从过去的抽象走向具体的行为界定，这意味着"董监高"人员一旦违反忠实义务和勤勉义务，将要承担无可争议的法律后果，轻则承担民事赔偿，重则面临刑事处罚。

实操指南

股东如何防止管理层违反忠实勤勉义务？

公司股东可以通过以下法律途径保护自身权益，防止管理层违反忠实勤勉义务：

（1）通过股东代表诉讼制度，对损害公司利益的行为提起诉讼，要求违反忠实勤勉义务的董事、高级管理人员对公司或股东造成的损失承担赔偿责任。

（2）通过提案权参与公司治理，提出改善公司管理层行为的提案，以防止管理层滥用职权。

（3）利用股东大会，通过投票表决对管理层的行为进行监督和制约，确保管理层的行为符合公司和股东的最佳利益。当发现管理层可能违反忠实勤勉义务时，股东可以请求召开临时股东会，以便及时处理相关问题。

（4）可以行使知情权，要求公司提供相关信息，以监督管理层的行为是否合法合规。

（5）通过监督公司的薪酬政策，确保高管薪酬与公司利益和业绩相匹配，防止管理层因个人利益而损害公司利益。

（6）修改公司章程，确保章程中包含对管理层忠实勤勉义务的具体要求和违反后的法律后果。

第八章　董监高人员的资格和义务修订内容

[修订] 扩大关联交易限制对象和适用范围

📖 法条对比

2018年版《公司法》第一百四十八条第四款明确规定："(董事、高级管理人员不得)违反公司章程的规定或者未经股东会、股东大会同意，与本公司订立合同或者进行交易。"新《公司法》第一百八十二条针对此款规定做了专门的修订：

（1）**增加了"监事"作为关联交易限制或禁止的对象。**

（2）与本公司订立合同或者进行交易，需要向董事会或者股东会报告，并需要董事会或者股东会决议通过。也就是说，增加了董监高的报告义务，董事会或者股东会作为批准机关。

（3）关联方从"董事、高级管理人员"扩大到"董事、监事、高级管理人员及其近亲属，以及近亲属的公司"。

（4）将直接交易行为扩大到"直接或者间接"交易。

2018年版《公司法》	新《公司法》	内容变化
第一百四十八条　董事、高级管理人员不得有下列行为： （一）挪用公司资金； （二）将公司资金以其个人名义或者以其他个人名义开立账户存储； （三）违反公司章程的规定，未经股东会、股东大会或者董事会同意，将公司资金借贷给他人或者以公司财产为他人提供担保； **（四）违反公司章程的规定或者未经股东会、股东大会同意，与本公司订立合同或者进行交易；** （五）未经股东会或者股东大会同意，利用职务便利为自己或者他人谋取属于公司的商业机会，自营或者为他人经营与所任职公司同类的业务； （六）接受他人与公司交易的佣金归为己有； （七）擅自披露公司秘密； （八）违反对公司忠实义务的其他行为。 董事、高级管理人员违反前款规定所得的收入应当归公司所有。	第一百八十二条　董事、监事、高级管理人员，直接或者间接与本公司订立合同或者进行交易，应当就与订立合同或者进行交易有关的事项**向董事会或者股东会报告，并按照公司章程的规定经董事会或者股东会决议通过。** 董事、监事、高级管理人员的近亲属，董事、监事、高级管理人员或者其近亲属直接或者间接控制的企业，以及与董事、监事、高级管理人员有其他关联关系的关联人，与公司订立合同或者进行交易，适用前款规定。	126.增加了"监事"作为关联交易限制或禁止的对象； 127.增加了董监高的报告义务，董事会或者股东会作为批准机关； 128.关联方从"董事、高级管理人员"扩大到"董事、监事、高级管理人员及其近亲属，以及近亲属的公司"； 129.将直接交易行为扩大到"直接或者间接"交易。

📝 溯源解读

《上市公司信息披露管理办法》第六十二条第四款规定："上市公司的关联交易，是指上市公司或者其控股子公司与上市公司关联人之间发生的转移资源或者义务的事项。

关联人包括关联法人（或者其他组织）和关联自然人。

具有以下情形之一的法人（或者其他组织），为上市公司的关联法人（或者其他组织）：

1. 直接或者间接地控制上市公司的法人（或者其他组织）；

2. 由前项所述法人（或者其他组织）直接或者间接控制的除上市公司及其控股子公司以外的法人（或者其他组织）；

3. 关联自然人直接或者间接控制的、或者担任董事、高级管理人员的，除上市公司及其控股子公司以外的法人（或者其他组织）；

4. 持有上市公司百分之五以上股份的法人（或者其他组织）及其一致行动人；

5. 在过去十二个月内或者根据相关协议安排在未来十二月内，存在上述情形之一的；

6. 中国证监会、证券交易所或者上市公司根据实质重于形式的原则认定的其他与上市公司有特殊关系，可能或者已经造成上市公司对其利益倾斜的法人（或者其他组织）。

具有以下情形之一的自然人，为上市公司的关联自然人：

1. 直接或者间接持有上市公司百分之五以上股份的自然人；

2. 上市公司董事、监事及高级管理人员；

3. 直接或者间接地控制上市公司的法人的董事、监事及高级管理人员；

4. 上述第1、2项所述人士的关系密切的家庭成员，包括配偶、父母、年满十八周岁的子女及其配偶、兄弟姐妹及其配偶、配偶的父母、兄弟姐妹，子女配偶的父母；

5. 在过去十二个月内或者根据相关协议安排在未来十二个月内，存在上述情形之一的；

6. 中国证监会、证券交易所或者上市公司根据实质重于形式的原则认定的其他与上市公司有特殊关系，可能或者已经造成上市公司对其利益倾斜的自然人。"

新《公司法》修订关联交易规范的时候，明显吸收了"关联人包括关联法人和关联自然人"规定,从而将关联交易的适用主体从"**董事、高级管理人员**"扩大到"**董事、监事、高级管理人员及其近亲属,以及近亲属的公司**"。

✅ 实操指南

公司如何规避关联交易?

(1)在《公司章程》中明确规定关联交易政策,包括定义关联方、关联交易类型、审批流程、披露要求等。

(2)建立人际关系档案,并适时监控公司主要股东、董事、监事、高级管理人员及其近亲属,以及其他可能构成关联方的个体或实体。

(3)对于关联交易,要严格审批,决策过程中关联董事和关联股东要回避。

(4)关联交易信息要披露真实、准确、完整和及时,对于重大关联交易,公司应在公告中详细披露交易的性质、金额、条件等关键信息,方便接受监督。

(5)建立内部审计和监督机制,对关联交易进行定期审查。

(6)利用信息技术系统来支持关联交易的监控和管理。

修订 新增正当利用公司机会的例外情形

➦ 法条对比

2018年版《公司法》第一百四十八条第五款明确规定:"(董事、高级管理人员不得)未经股东会或者股东大会同意,利用职务便利为自己或者他人谋取属于公司的商业机会,自营或者为他人经营与所任职公司同类的业务。"新《公司法》第一百八十三条针对此款规定做了专门修订:

(1)**明确公司董监高负有不得篡夺公司机会的义务**。

(2)将例外情形从"经股东会或股东大会的同意"延伸规定为"向董事会或者股东会报告,并经董事会或者股东会决议通过"和"根据法律、行政法规或者公司章程的规定,公司不能利用该商业机会"。

(3)将公司机会合理利用的审批机关由"股东会"扩大到"董事会或股东会"。

2018年版《公司法》	新《公司法》	内容变化
第一百四十八条 董事、高级管理人员不得有下列行为: (一)挪用公司资金;	第一百八十三条 董事、监事、高级管理人员,不得利用职	130.明确公司高层不得篡夺公司机会;

续表

2018年版《公司法》	新《公司法》	内容变化
（二）将公司资金以其个人名义或者以其他个人名义开立账户存储； （三）违反公司章程的规定，未经股东会、股东大会或者董事会同意，将公司资金借贷给他人或者以公司财产为他人提供担保； （四）违反公司章程的规定或者未经股东会、股东大会同意，与本公司订立合同或者进行交易； （五）未经股东会或者股东大会同意，利用职务便利为自己或者他人谋取属于公司的商业机会，自营或者为他人经营与所任职公司同类的业务； （六）接受他人与公司交易的佣金归为己有； （七）擅自披露公司秘密； （八）违反对公司忠实义务的其他行为。 董事、高级管理人员违反前款规定所得的收入应当归公司所有。	务便利为自己或者他人谋取属于公司的商业机会。但是，有下列情形之一的除外： （一）向董事会或者股东会报告，并按照公司章程的规定经董事会或者股东会决议通过； （二）根据法律、行政法规或者公司章程的规定，公司不能利用该商业机会。	131. 明确两种情况例外，一是经董事会或者股东会决议通过可以利用公司机会，二是利用公司机会的事项不在法律、行政法规或者公司章程的规定范围内； 132. 将公司机会合理利用的审批机关由"股东会"扩大到"董事会或股东会"。

📝 溯源解读

2006年修订的《公司法》首次以立法的形式引入英美国家公司机会规则，第一百四十九条第四款规定："董事、高级管理人员不得有下列行为：……**未经股东会或者股东大会同意，利用职务便利为自己或者他人谋取属于公司的商业机会**，……违反对公司忠实义务的其他行为。董事、高级管理人员违反前款规定所得的收入应当归公司。"

2018年版《公司法》沿袭了这样的笼统规定，没有对认定公司商业机会的标准进行明确规定，导致实践中存在很大争议。所以此次修订明确了可以合理利用公司机会的两种情形：（1）公司决策机构（董事会或股东会）同意或批准的；（2）公司不能依法利用的商业机会。

✅ 实操指南

董监高人员如何正当利用公司机会？

尽管新《公司法》增加了正当利用公司机会的情形，但是实践中如何识别和利用，依然很考验董事、监事、高级管理人员。正当利用公司机会，至少要遵循以下四个步骤：

第八章　董监高人员的资格和义务修订内容

第一步，明确该商业机会不属于公司业务经营范畴，或者公司没有能力、无法利用该商业机会，或者国家不允许公司利用的商业机会。

第二步，核实公司已经明确表示放弃该商业机会。

第三步，核实第三方明确表示反对公司获得该商业机会。

第四步，在确定可以利用这些机会的时候，要获得董事会或股东会的批准；期间必须遵守透明度原则，充分披露所有相关信息，确保决策过程的公正性和合理性。

[修订] 完善董监高人员的竞业禁止义务

法条对比

新《公司法》第一百八十四条是对2018年版《公司法》第一百四十八条第五款的进一步修订，针对董事、监事、高级管理人员的竞业禁止义务做了详细规定：（1）自营或到同业公司就职，必须向董事会或者股东会报告，并按照公司章程的规定经董事会或者股东会决议通过；（2）将决议权从"股东会"扩大到"董事会或者股东会"；（3）**将竞业禁止义务的法定主体从"董事、高级管理人员"扩张至"董事、监事、高级管理人员"。**

2018年版《公司法》	新《公司法》	内容变化
第一百四十八条　董事、高级管理人员不得有下列行为： （一）挪用公司资金； （二）将公司资金以其个人名义或者以其他个人名义开立账户存储； （三）违反公司章程的规定，未经股东会、股东大会或者董事会同意，将公司资金借贷给他人或者以公司财产为他人提供担保； （四）违反公司章程的规定或者未经股东会、股东大会同意，与本公司订立合同或者进行交易； （五）未经股东会或者股东大会同意，利用职务便利为自己或者他人谋取属于公司的商业机会，自营或者为他人经营与所任职公司同类的业务； （六）接受他人与公司交易的佣金归为己有； （七）擅自披露公司秘密； （八）违反对公司忠实义务的其他行为。 董事、高级管理人员违反前款规定所得的收入应当归公司所有。	第一百八十四条　董事、监事、高级管理人员未向董事会或者股东会报告，并按照公司章程的规定经董事会或者股东会决议通过，不得自营或者为他人经营与其任职公司同类的业务。	133. 增加了报告义务； 134. 将决议权从"股东会"扩大到"董事会或者股东会"； 135. 将"监事"纳入竞业禁止义务的法定主体。

溯源解读

竞业禁止制度是保护企业商业秘密的重要手段,《中华人民共和国刑法》(简称《刑法》)规定了国有公司企业的董事、经理违反竞业禁止义务所应承担的刑事责任,将其认定为"非法经营同类营业罪"。《反不正当竞争法》也规定经营者"不得违反约定或违反权利人有关保守商业秘密的要求,披露、使用或允许他人使用其所掌握的商业秘密。"

此次《公司法》修订,将董事、监事、高级管理人员的竞业禁止义务单列出来规定,体现了对保护公司商业秘密和正当竞争的重视,也符合当下信息发展和商业竞争的现实需求。

实操指南

公司如何防范和惩治董监高人员违反竞业禁止义务?

1. 预防措施

(1)约法三章:在公司章程或内部管理规章中明确规定董监高的竞业禁止义务,包括禁止的具体业务范围、时间和地域范围等,确保董监高明确知晓其职责和限制。

(2)签订协议:与董监高签订劳动合同或专门的竞业禁止协议,明确约定竞业禁止的条款和违约责任,增强法律约束力。

(3)法律培训:定期对董监高进行法律培训,强化其对忠实义务和竞业禁止义务的认识,提高其遵守法律法规的自觉性。

(4)定期报告:要求董监高定期报告个人可能涉及的竞业活动情况,以便公司及时了解并采取相应措施。

(5)惩一儆百:对于违反竞业禁止义务的行为,公司应当严格追究责任,通过内部处理或法律途径维护公司权益,形成有效的威慑力。

(6)审计检查:内部审计或者借助外部审计机构,对董监高的行为进行定期审查。

2. 惩治措施

(1)要求立即停止其竞业行为。

(2)将董监高因违反竞业禁止义务而获得的收入,归公司所有。

(3)要求董监高赔偿相应的经济损失。

(4)予以内部处分,如警告、罚款、解职等。

(5)收集和保留相关证据,公司向法院提起诉讼。

(6)严重涉嫌违法的,向相关的监管机构报告,由监管机构进行调查和处理。

新增 关联董事表决回避规则

法条对比

新《公司法》第一百八十五条为新增条款，明确在关联交易、公司机会和竞业禁止的场合，关联董事需回避表决。本条还规定出席董事会的无关联关系董事人数不足三人的，应当将该事项提交股东会审议，加强了对关联董事回避表决的管控。

2018年版《公司法》	新《公司法》	内容变化
无。	第一百八十五条 董事会对本法第一百八十二条至第一百八十四条规定的事项决议时，关联董事不得参与表决，其表决权不计入表决权总数。出席董事会会议的无关联关系董事人数不足三人的，应当将该事项提交股东会审议。	136.新增关联董事表决回避规则。

溯源解读

关联董事表决回避规则原本只是上市公司采用的一种商业行为处理原则，它的设立是为了确保公司决策的公正性和透明度，减少因为利益冲突而让中小股东利益受损的情况发生。2018年版《公司法》第一百二十四条规定："上市公司董事与董事会会议决议事项所涉及的企业有关联关系的，不得对该项决议行使表决权，也不得代理其他董事行使表决权。"

新《公司法》借鉴了这一规则，在此基础上明确规定与关联方有任何利害关系的董事在董事会对该事项进行表决时，应当予以回避。也就是说，这一原则不再只对上市公司有效，对非上市公司也有效。

实操指南

关联董事不遵守回避规则，会面临什么后果？

（1）可能会导致相关决议的效力被法院否决。

（2）对公司或其他股东因此遭受的损失，关联董事将承担赔偿责任。

（3）可能会损害公司的声誉和市场信任度，影响公司的长期发展和股东的投资信心。

（4）可能会面临监管处罚，如罚款、市场禁入等。

（5）不遵循规矩难以服众，可能会引发内部矛盾，影响公司决策。

[修订] 增加双重股东代表诉讼制度

法条对比

股东代表诉讼制度，是追究董监高人员责任的最有力武器，是小股东对于董监高人员的最强制约措施。新《公司法》第一百八十九条在 2018 年版《公司法》第一百五十一条的基础上新增第四款，将"股东代表诉讼"的被告范围扩张至"全资子公司的董事、监事、高级管理人员"，以此构建双重股东代表诉讼制度。这与前面第五十七条关于"母公司股东有权对全资子公司行使知情权"的规定相得益彰。

2018 年版《公司法》	新《公司法》	内容变化
第一百五十一条　董事、高级管理人员有本法第一百四十九条规定的情形的，有限责任公司的股东、股份有限公司连续一百八十日以上单独或者合计持有公司百分之一以上股份的股东，可以书面请求监事会或者不设监事会的有限责任公司的监事向人民法院提起诉讼；监事有本法第一百四十九条规定的情形的，前述股东可以书面请求董事会或者不设董事会的有限责任公司的执行董事向人民法院提起诉讼。 　　监事会、不设监事会的有限责任公司的监事，或者董事会、执行董事收到前款规定的股东书面请求后拒绝提起诉讼，或者自收到请求之日起三十日内未提起诉讼，或者情况紧急、不立即提起诉讼将会使公司利益受到难以弥补的损害的，前款规定的股东有权为了公司的利益以自己的名义直接向人民法院提起诉讼。	第一百八十九条　董事、高级管理人员有前条规定的情形的，有限责任公司的股东、股份有限公司连续一百八十日以上单独或者合计持有公司百分之一以上股份的股东，可以书面请求监事会向人民法院提起诉讼；监事有前条规定的情形的，前述股东可以书面请求董事会向人民法院提起诉讼。 　　监事会或者董事会收到前款规定的股东书面请求后拒绝提起诉讼，或者自收到请求之日起三十日内未提起诉讼，或者情况紧急、不立即提起诉讼将会使公司利益受到难以弥补的损害的，前款规定的股东有权为公司利益以自己的名义直接向人民法院提起诉讼。 　　他人侵犯公司合法权益，给公司造成损失的，本条第一款规定的股东可以依照前两款的规定向人民法院提起诉讼。 　　公司全资子公司的董事、监事、高级管理人员有前条规定情形，或者他人侵犯公司全资子公司合法权益造成损失的，有限责任公司的股东、股份有限公司连续一百八十日以上单独或者合计持有公司百分之	137. 将"或者不设监事会"的部分删除，与前述修订保持一致； 138. 增加了双重股东代表诉讼制度相关规定。

第八章 董监高人员的资格和义务修订内容

续表

2018 年版《公司法》	新《公司法》	内容变化
他人侵犯公司合法权益，给公司造成损失的，本条第一款规定的股东可以依照前两款的规定向人民法院提起诉讼。	以上单独或者合计持有公司百分之一以上股份的股东，可以依照前三款规定书面请求全资子公司的监事会、董事会向人民法院提起诉讼或者以自己的名义直接向人民法院提起诉讼。	

溯源解读

构建双重股东代表诉讼制度的主要目的，是解决公司股东与管理者之间以及公司控股股东与小股东之间的利益冲突。

2016 年 12 月发布的《公司法司法解释（四）（征求意见稿）》第三十一条和第三十五条，已经被建议将股东代表诉讼的被告扩展到全资子公司。"公司法第一百五十一条第一款、第二款所称的'董事、高级管理人员''监事会''监事'包括全资子公司的董事、高级管理人员、监事会、监事。公司法第一百五十一条第三款所称的'他人'，是指除公司或者全资子公司的董事、监事、高级管理人员以外的其他人。"（第三十一条）"股东因公司的全资子公司利益受到损害，依据公司法第一百五十一条提起诉讼，请求被告向全资子公司承担民事责任的，应予支持；请求被告向公司承担民事责任的，不予支持。"（第三十五条）但因为争议太大，直到此次《公司法》修订才正式采纳。

现实中，不少控股股东、实际控制人通过下设子公司来转移资产、开展关联业务，作出损害公司利益的行为，而其他股东却拿他们没有办法。例如，A 和 B 一起投资一个公司，后 B 联合 C 另设新公司，转移原公司资产并让渡原公司项目，因为这些事情都是 C 在经手，而 C 是新公司的高管，A 在过去是无能为力的。现在新《公司法》新增的第四款规定，让母公司的股东有法律依据，对付母公司和全资子公司董监高的沆瀣一气，避免被架空，从而维护自己和公司的合法利益。

实操指南

股东代表诉讼，需要什么资格？

（1）股东拥有起诉资格的前提是拥有股东权。在诉讼过程中失去股东资格或者被公司除名的，就没有起诉资格。如果发现股东权被架空，可以通过行使股东知情权查看公司账目，搜集证据等方式维权，然后进行起诉。

（2）股东必须与案涉不法行为没有牵连，才有资格提起股东代表诉讼。

（3）隐名股东需要变更为显名股东，才有起诉资格。隐名股东代表公司提起诉讼前应当先变更为显名股东，股东对内不隐名且实际拥有股东权利的，可以直接申请变更为显名股东。

新增 董事、高管对第三人的赔偿责任

法条对比

2018年版《公司法》第一百四十九条规定了董监高人员执行职务时对公司造成损失的赔偿责任，但对于给第三人造成损害的赔偿责任并未作规定。为解决实践中已经大量发生的公司董事侵害第三人权益，而受害人无法得到有效救济的现象，新《公司法》增加了董事、高管对第三人承担赔偿责任的条款。

2018年版《公司法》	新《公司法》	内容变化
无。	第一百九十一条　董事、高级管理人员执行职务，给他人造成损害的，公司应当承担赔偿责任；董事、高级管理人员存在故意或者重大过失的，也应当承担赔偿责任。	139.增加了董事、高管对第三人造成伤害时，应承担相应责任的条款。

溯源解读

本条规定的是董事、高管对他人（第三人）造成损害的赔偿责任。事实上，新《公司法》修订过程中，此条一直是备受关注的条款。因为设置董事对第三人承担民事责任，争议很大，毕竟董事不属于法人机关，其对第三人承担民事责任，缺乏法理基础。考虑到董事对第三人承担民事责任，有利于公司治理优化和交易安全，本次修订最终作了本条新增规定。立法依据是从行为而非身份来决定董事、高管对第三人的赔偿责任。

本条规定了董高人员对第三人承担责任的要件：
（1）主体是董事和高级管理人员，但第三人的范围未得到明确。
（2）行为是董高执行职务的行为，而非个人原因。
（3）过错限定为故意或重大过失。
（4）损害包含直接损害和间接损害。

✅ 实操指南

董监高如何规避执行过错赔偿风险？

（1）牢记使命，多学习并牢牢掌握忠实勤勉义务规定。

（2）熟悉流程，多学习并牢牢掌握关联交易的回避和报备程序。

（3）保留证据，对于获准进行的关联交易，要保留交易记录。

（4）兢兢业业，积极履行召集和主持股东会、董事会会议义务。

（5）履职留痕，对自己参与的决议会议保留好会议纪要。

（6）勤于沟通，及时向股东汇报并听取其意见。

（7）爱惜羽毛，不做违背担任资格的事情。

（8）多想一环，执行职务时，不仅应当考虑公司利益，还应该考虑该职务行为是否可能对外部第三人造成损失。

新增 "影子董事"与"名义董事"承担连带责任

📢 法条对比

新《公司法》第一百九十二条为新增条款，引入了"影子董事"制度。本条明确公司的控股股东、实际控制人指示董事、高级管理人员从事损害公司或者股东利益的行为的，两者承担连带责任。尽可能多地追讨赔偿，是为了更大程度地保护中小股东与债权人的利益。

2018 年版《公司法》	新《公司法》	内容变化
无。	第一百九十二条 公司的控股股东、实际控制人指示董事、高级管理人员从事损害公司或者股东利益的行为的，与该董事、高级管理人员承担连带责任。	140.新增董事、高级管理人员连带责任的规定。

📝 溯源解读

"影子董事"起源于英国公司法。公司董事决策时，总习惯于听从某些股东的指令，英国公司法把发出指令的人称为"影子董事"。

现实中，控股人虽然请来了董事、高级管理人员来打理公司，但实际上董事、高级管理人员没有任何实权，只是控股股东或者实际控制人的"傀儡"，控股股东或者实际控制人要求做什么，董事、高级管理人员只能照做。比如，明明知道控股股东或者实际控制人在指示自己做损害公司的事情,却不得已而为之。

对于此现象,新《公司法》借鉴西方"影子董事"制度并吸收了《民法典》第一千一百六十九条的规定,即"教唆、帮助他人实施侵权行为的,应与行为人承担连带责任。"**特别规定,董事、高级管理人员背后的指示者——控股股东或者实际控制人,必须承担连带责任。**

✓ 实操指南

"影子董事"要承担哪些法律责任?

"影子董事",直白地说,就是幕后掌控公司大权、左右公司重要决策的人,他的名字可能隐秘地出现在股东名册上,也可能根本就不在其中。"影子董事"可以是个人,也可能是家族团体。

根据新《公司法》的规定,除了本条之外,"影子董事"要承担的法律责任包括:

(1)忠实义务和勤勉义务:即使实际控制人未担任公司董事,但实际执行公司事务的,也应当负有忠实义务和勤勉义务。这意味着其必须避免自身利益与公司利益冲突,不得利用职权牟取不正当利益。

(2)连带责任:也就是本条所规定的指示董事、高级管理人员从事损害公司或者股东利益的行为,与该董事、高级管理人员承担连带责任。

(3)利用关联关系损害公司利益的责任:不得利用关联关系损害公司利益,否则应当承担赔偿责任。

(4)信息披露义务:上市公司应当依法披露股东、实际控制人的信息,相关信息应当真实、准确、完整。这要求实际控制人配合公司履行信息披露义务,否则可能面临法律责任。新《公司法》对实际控制人的责任进行了明确和加强,加大了其法律责任和风险。因此,实际控制人需要更加谨慎地行使控制权。

[新增] 董事可向公司要求投保责任保险

➔ 法条对比

为了鼓励董事履行义务、降低董事的履职风险,新《公司法》在强化董事责任与义务的同时,新增了关于董事责任保险的规定。第一百九十三条明确规定公司可以给董事投保责任保险。但是**需要提醒的是,本条只是提倡性条款,并不是强制性规定。**

2018年版《公司法》	新《公司法》	内容变化
无。	第一百九十三条　公司可以在董事任职期间为董事因执行公司职务承担的**赔偿责任投保责任保险**。 公司为董事投保责任保险或者续保后，董事会应当向股东会报告责任保险的投保金额、承保范围及保险费率等内容。	141.新增投保责任险的相关规定。

溯源解读

为了最大限度地激励优秀董事大胆从事工商业活动，为股东谋取最大的盈利，西方国家的公司法早就规定了公司给董事投保责任保险。此次修订的《公司法》，便积极引入了董事责任保险制度。

而且，**此次《公司法》修订，一个重点就是强化董事责任**。但是责任要与权利对等，才能显示出法律的公平性。近年来，董事在履行公司管理职责的过程中，压力和风险越来越大，"过劳死"现象时有发生，鼓励由保险公司负责赔偿董事任职过错导致的民事赔偿责任，既显示了法律的"温度"，也能确保董事个人无力作出赔偿的时候，其他股东和债权人的利益可以得到维护。

实操指南

董事履职责任险保什么？不保什么？

现实中，已有不少企业为自己的董事购买了履职责任险，作为一种新型福利，鼓励他们更好地为公司作出贡献。

董事履职责任险不是"万能险"，并不承保董事所有的赔偿责任。它只承保董事履职过程中因不当行为遭遇到第三方提出的赔偿：

（1）民事赔偿责任。

（2）经保险公司认可的庭外和解金。

（3）法律抗辩费用。

（4）应对官方调查产生的直接费用。

（5）保单扩展的其他费用。

它不承保的有：

（1）故意行为，包括欺诈、不诚信经营等行为。

（2）保险生效之前及未判决的索赔。

（3）罚金、罚款及违法所得。

（4）董事之间的赔偿请求。

（5）内幕交易、操作市场等行为引发的赔偿。

第九章　关于公司债券的修订内容

[修订] 新增公司债券可以非公开发行

法条对比

新《公司法》第一百九十四条在 2018 年版《公司法》第一百五十三条的基础上，新增了"公司债券可以公开发行，也可以非公开发行"的规定，**明确了公司可以非公开发行公司债券**。

2018 年版《公司法》	新《公司法》	内容变化
第一百五十三条　本法所称公司债券，是指公司依照法定程序发行、约定在一定期限还本付息的有价证券。 公司发行公司债券应当符合《中华人民共和国证券法》规定的发行条件。	第一百九十四条　本法所称公司债券，是指公司发行的约定按期还本付息的有价证券。 公司债券可以公开发行，也可以非公开发行。 公司债券的发行和交易应当符合《中华人民共和国证券法》等法律、行政法规的规定。	142. 增加"公司债券可以公开发行，也可以非公开发行"。

溯源解读

公开发行公司债券是指在证券交易所、全国中小企业股份转让系统等公开市场进行的发行，而非公开发行则是指向特定的投资者群体发行，不通过公开市场。这两种发行方式各有特点，适用于不同的发行条件和投资者需求。

中国债券市场规模不断扩大，非公开发行公司债券越来越流行，已成为公司融资的重要模式。因此，新《公司法》在修订时加入了关于非公开发行公司债券的规定。本条修订吸收了《公司债券发行与交易管理办法》第三条规定："公司债券可以公开发行，也可以非公开发行。"

实操指南

非公开发行公司债券会面临什么风险？

（1）非公开发行公司债券一般不在公开市场交易，因此它们的流动性较差。投资者可能在短期内难以找到买家，从而在需要变现时遭受损失。

（2）非公开发行公司债券的法律和监管框架不如公开发行债券成熟，这可能会带来额外的法律风险。

（3）非公开发行公司债券的投资者通常是专业的机构投资者，他们对债券发行者的信用评级和还款能力有更高的要求。如果发行者无法按时偿还本金和利息，可能会引发信用风险。

（4）非公开发行公司债券面对的是特定的投资者群体，因此市场风险很大，这些特定群体非常敏感，所以市场波动会比较大，公司面临的市场风险也很大。

（5）相比于公开发行的公司债券，非公开发行公司债券的信息披露要求通常较低，这可能导致投资者难以获取足够的信息来进行充分的尽职调查。

「修订」变债券核准制为注册制

法条对比

自新《证券法》实施后，公司债券发行全面实施注册制，市场对此反应积极。此次新《公司法》修订就将注册制列入了第一百九十五条，并且规定公开发行公司债券统一由国务院证券监督管理机构注册。

2018年版《公司法》	新《公司法》	内容变化
第一百五十四条　发行公司债券的申请经国务院授权的部门核准后，应当公告公司债券募集办法。 公司债券募集办法中应当载明下列主要事项： （一）公司名称； （二）债券募集资金的用途； （三）债券总额和债券的票面金额； （四）债券利率的确定方式； （五）还本付息的期限和方式； （六）债券担保情况； （七）债券的发行价格、发行的起止日期； （八）公司净资产额； （九）已发行的尚未到期的公司债券总额； （十）公司债券的承销机构。	第一百九十五条　公开发行公司债券，应当经国务院证券监督管理机构注册，公告公司债券募集办法。 公司债券募集办法应当载明下列主要事项： （一）公司名称； （二）债券募集资金的用途； （三）债券总额和债券的票面金额； （四）债券利率的确定方式； （五）还本付息的期限和方式； （六）债券担保情况； （七）债券的发行价格、发行的起止日期； （八）公司净资产额； （九）已发行的尚未到期的公司债券总额； （十）公司债券的承销机构。	143.将公司债券核准制更新为注册制； 144.调整公开发行公司债券统一由国务院证券监督管理机构注册。

第九章　关于公司债券的修订内容

📝 溯源解读

在核准制下，债券发行需要经过严格的审查和批准流程，这往往会导致发行周期较长，增加了发行人的成本和难度。而在注册制下，债券发行只需向监管机构登记注册，无需经过复杂的审查程序，这样可以显著减少发行时间和成本，使得更多的企业和机构能够参与到债券市场中。债券核准制向注册制的转变，强化了信息披露要求，让投资者能够基于充分信息作出投资决策，使得债券交易可以得到提升。同时，**注册制还强化了中介机构的责任，要求它们在债券发行过程中发挥更大的作用，确保信息披露的质量和合规性**。总之，债券核准制向注册制的转变是我国资本市场深化改革、提升服务实体经济能力、实现市场监管转型的重要举措。

本条修订吸收了《证券法》(2020年版)第九条规定："公开发行证券，必须符合法律、行政法规规定的条件，并依法报经国务院证券监督管理机构或者国务院授权的部门注册。未经依法注册，任何单位和个人不得公开发行证券。证券发行注册制的具体范围、实施步骤，由国务院规定。"**区别是，本条删除了"国务院授权的部门"的注册审批权，统一交给了国务院证券监督管理机构。**

✅ 实操指南

在债券注册制下，如何规避风险？

（1）更加详细和准确地披露其财务状况、经营情况、债券用途等信息，以便投资者能更好地了解发行人的偿债能力和债券的风险。

（2）完善监管制度，确保市场的公平、公正和透明。

（3）加强投资者教育，教育其根据自身的风险承受能力选择合适的债券产品。

（4）建立健全风险管理体系，包括但不限于制定科学合理的财务规划、加强内部控制、优化资产负债结构等。

（5）压实中介机构的"看门人"责任。

（6）强化债券存续期管理，健全市场化、法治化、多元化的债券违约风险化解机制。

[修订] 取消无记名债券

📢 法条对比

公司债券，原本既可以为记名债券，也可以为无记名债券。新《公司法》在修订的时候，取消了无记名债券。**取消无记名债券后，所有的债券都需要进行实名登记**，如此一来，可以防止债券的非法交易和欺诈行为，还可以更好地保护投资者的权益。

2018年版《公司法》	新《公司法》	内容变化
第一百五十六条　公司债券，可以为记名债券，也可以为无记名债券。	第一百九十七条　公司债券应当为记名债券。	145. 删除"也可以为无记名债券"。

📝 溯源解读

在公司债券上记载债权人姓名或名称的，即为记名债券；反之，则为无记名债券。无记名债券是一种易于转让的匿名债务工具，相对于记名债券，具有某些优势。无记名债券的转让，以公司债券的交付而发生法律效力；记名债券的转让，除交付债券外，还必须将受让人的有关事项记载于公司债券存根簿上，其转让才发生法律效力。无记名债券发行手续简单，便于流通，曾经很受市场欢迎。

不过，无记名的方式易导致投资人信息缺失，给非法洗钱带来便利。因此，2017年8月29日，国务院办公厅发布《国务院办公厅关于完善反洗钱、反恐怖融资、反逃税监管体制机制的意见》，明确反洗钱行政主管部门与海关监管分工，推动对跨境携带无记名可转让有价债券的监管及通报制度尽快出台。新《公司法》的修订响应了这一号令，取消了无记名股票和债券。

☑ 实操指南

个人手中持有的无记名债券怎么处理？

（1）确认无记名债券的具体信息，包括债券的面值、发行时间、到期时间等。确定面值可观、到期时间还长，有转换为记名债券的必要与余地。

（2）联系债券的发行机构，了解关于无记名债券转换为记名债券的具体流程和所需材料。

（3）了解转换债券过程中可能产生的税务影响，并采取适当的措施。

「修订」 改"债券存根簿"为"债券持有人名册"

↪ 法条对比

对于记名方式，新《公司法》在公司债券发行过程中取消了关于"置备公司债券存根簿"的规定，改为"置备公司债券持有人名册"，以适应公司债券无纸化实践发展需要。毕竟，随着无纸化时代的到来，纸质版的存根簿用处已经不大。

2018年版《公司法》	新《公司法》	内容变化
第一百五十七条　公司发行公司债券应当置备公司债券存根簿。 发行记名公司债券的，应当在公司债券存根簿上载明下列事项： （一）债券持有人的姓名或者名称及住所； （二）债券持有人取得债券的日期及债券的编号； （三）债券总额，债券的票面金额、利率、还本付息的期限和方式； （四）债券的发行日期。 发行无记名公司债券的，应当在公司债券存根簿上载明债券总额、利率、偿还期限和方式、发行日期及债券的编号。	第一百九十八条　公司发行公司债券应当置备公司债券持有人名册。 发行公司债券的，应当在公司债券持有人名册上载明下列事项： （一）债券持有人的姓名或者名称及住所； （二）债券持有人取得债券的日期及债券的编号； （三）债券总额，债券的票面金额、利率、还本付息的期限和方式； （四）债券的发行日期。	146. 改"债券存根簿"为"债券持有人名册"； 147. 删除了无记名债券的规定，与上一条保持一致。

溯源解读

目前，许多国家的债券管理已经采用电子化名册系统，因此为了与国际接轨，**本次《公司法》修订作了债券持有人名册的新规定。**本条要求公司发行公司债券应当置备公司债券持有人名册，并在债券上记录、债券持有人的姓名或者名称及住所、债券持有人取得债券的日期及债券的编号等信息，这些与2018年版《公司法》保持了一致。

将原先的"债券存根簿"改为了"债券持有人名册"，通过电子化的名册系统，可以更高效地管理债券持有人的信息，便于快速查询、更新和维护。债券持有人名册的建立，也有助于提高债券交易的透明度，使得监管机构能够更有效地监管市场，同时也便于在必要时追踪债券的流转情况。

实操指南

如何查到某家公司的全部债券持有人名册？

（1）最常见的途径是查询债券发行机构的官方网站。债券发行机构通常会在其官方网站上公布债券持有人名册的相关信息。这些信息可能包括债券持有人的姓名或名称、居所或住所、债券总额、票面额、利率、偿还方法及期限等。

（2）也可以通过债券托管机构查询。某些债券托管机构提供的债券持有人名册信息可能更详细。

（3）如果想查询更详尽的信息，可以付费从一些金融市场数据库查询。

[新增] 债券持有人会议具体规定

法条对比

最近这些年，随着信用债市场的超级快速发展，违约事件也时有发生。债券违约无疑会使债券持有人的利益受到损害。作为公司债务融资的重要工具，公司债券的持有人会议在公司治理结构中扮演着重要的角色。

持有人会议的决议是影响公司债券持有人利益的关键决定，也是维护债券市场稳定和公平的重要保障。然而，原有法律规章对于公司债券持有人会议制度在实践中遇到的一些问题一直没有明确规定，客观上给债券持有人权益保护工作带来了很大挑战。**于是新《公司法》增加了债券持有人会议决议效力的规定**，力求使债券持有人的合法权益得到更好的保护，从而为债券市场提供良好的发展环境，推动债券市场高质量发展。

2018年版《公司法》	新《公司法》	内容变化
无。	第二百零四条　公开发行公司债券的，应当为**同期债券持有人设立债券持有人会议**，并在债券募集办法中对债券持有人会议的召集程序、会议规则和其他重要事项作出规定。债券持有人会议可以对与债券持有人有利害关系的事项作出决议。 除公司债券募集办法另有约定外，债券持有人会议决议对同期全体债券持有人发生效力。	148.新增债券持有人会议具体规定。

溯源解读

本条新增内容，吸收了《证券法》《关于公司信用类债券违约处置有关事宜的通知》和《全国法院审理债券纠纷案件座谈会纪要》的相关规定，**在《公司法》层面正式确认了债券持有人会议的地位。**

《证券法》（2020年版）第九十二条规定："公开发行公司债券的，应当设立债券持有人会议，并应当在募集说明书中说明债券持有人会议的召集程序、会议规则和其他重要事项。"

《关于公司信用类债券违约处置有关事宜的通知》（人民银行、发改委和证监会 2020 年联合发布）规定："完善债券持有人会议制度。发行人应当在债券募集文件中约定债券持有人会议的表决事项、召集、召开、决议生效条件与决策程序、决议效力范围等事项。债券持有人会议可以通过非现场形式召开。**鼓励按照债券持有人会议议案对债券持有人权益的影响程度，建立分层次表决机制，提高债券持有人会议决策效率。**"

《全国法院审理债券纠纷案件座谈会纪要》（法〔2020〕185 号）规定："债券持有人会议以受托管理人怠于行使职责为由作出自行主张权利的有效决议后，债券持有人根据决议单独、共同或者代表其他债券持有人向人民法院提起诉讼、申请发行人破产重整或者破产清算的，人民法院应当依法予以受理。"

实操指南

债券持有人会议决议生效的相关规定？

（1）**债券持有人会议决议需要一定比例的债券持有人同意才能生效**。通常需要超过二分之一或三分之二的持有人同意。

（2）受托管理人在债券持有人会议中扮演重要角色，负责召集会议、组织表决、落实决议等。债券持有人会议的召开和决议结果需要进行公告，以确保透明度和信息披露，如此才有效。

（3）一旦决议通过，发行人应当遵守，如果发行人不遵守债券持有人会议的决议，债券持有人可以通过法律途径维护自己的权益。

（4）如果债券持有人会议在程序或决议内容上存在瑕疵，可能会影响决议的效力，但具体情况需要依据法律和相关规则进行判断。

「新增」聘请债券受托管理人规定

法条对比

新《公司法》第二百零五条为新增条款，明确要求公开发行公司债券的，发行人应当聘请债券**受托管理人**。

2018年版《公司法》	新《公司法》	内容变化
无。	第二百零五条　公开发行公司债券的，发行人应当为债券持有人聘请债券受托管理人，由其为债券持有人办理受领清偿、债权保全、与债券相关的诉讼以及参与债务人破产程序等事项。	149. 新增聘请债券受托管理人的规定。

溯源解读

债券受托管理人制度源自 2004 年证监会发布的《证券公司债券管理暂行办法》（已废止）第十三条规定："发行人应当为债券持有人聘请债权代理人。聘请债权代理人应当订立债权代理协议，明确发行人、债券持有人及债权代理人之间的权利义务及违约责任。发行人应当在募集说明书中明确约定，投资者认购本期债券视作同意债权代理协议。发行人可聘请信托投资公司、基金管理公司、证券公司、律师事务所、证券投资咨询机构等机构担任债权代理人。"

2007 年 5 月发布的《公司债券发行试点办法》将"债权代理人"修改为"债券受托管理人"，在第二十三条中明确规定："公司应当为债券持有人聘请债券受托管理人，并订立债券受托管理协议；在债券存续期限内，由债券受托管理人依照协议的约定维护债券持有人的利益。公司应当在债券募集说明书中约定，投资者认购本期债券视作同意债券受托管理协议。"

2020 年《证券法》第九十二条第二款在法律层面对债券受托管理人进行了规定："公开发行公司债券的，发行人应当为债券持有人聘请债券受托管理人，并订立债券受托管理协议。受托管理人应当由本次发行的承销机构或者其他经国务院证券监督管理机构认可的机构担任，债券持有人会议可以决议变更债券受托管理人。"

2021 年公布的《公司债券发行与交易管理办法》第五十七条也明确规定："公开发行公司债券的，发行人应当为债券持有人聘请债券受托管理人，并订立债券受托管理协议；非公开发行公司债券的，发行人应当在募集说明书中约定债券受托管理事项。在债券存续期限内，由债券受托管理人按照规定或协议的约定维护债券持有人的利益。发行人应当在债券募集说明书中约定，投资者认购或持有本期公司债券视作同意债券受托管理协议、债券持有人会议规则及债券募集说明书中其他有关发行人、债券持有人权利义务的相关约定。"

本次新《公司法》吸收以上实践经验，通过第二百零五条、第二百零六条明确了债券受托管理人制度。

实操指南

债券受托管理人具体担任什么职责？

（1）持续关注公司和保证人的资信状况，当出现可能影响债券持有人重大权益的事项时，召集债券持有人会议。

（2）公司为债券设定担保的，债券受托管理协议应当约定担保财产为信托财产，债券受托管理人应在债券发行前或债券募集说明书约定的时间内取得担保的权利证明或其他有关文件，并在增信措施有效期内妥善保管。

（3）在债券持续期内勤勉处理债券持有人与公司之间的谈判或者诉讼事务。

（4）预计公司不能偿还债务时，要求公司追加担保，或者依法申请法定机关采取财产保全措施。

（5）公司不能偿还债务时，受托参与整顿、和解、重组或者破产的法律程序。

（6）在债券存续期内勤勉处理债券持有人与发行人之间的谈判或者诉讼事务。

（7）发行人不能按期兑付债券本息或出现募集说明书约定的其他违约事件的，可以接受全部或部分债券持有人的委托，以自己的名义代表债券持有人提起、参加民事诉讼或者破产等法律程序，或者代表债券持有人申请处置抵质押物。

[新增] 债券受托管理人的义务规定

法条对比

债券受托管理人应当为债券持有人的最大利益行事，不得与债券持有人存在利益冲突。如果两者发生冲突，或者债券持有人需要更换受托管理人，应该怎么办呢？新《公司法》第二百零六条回答了这个问题，**明确了债券受托管理人的勤勉义务以及违反后果**。

2018年版《公司法》	新《公司法》	内容变化
无。	第二百零六条　债券受托管理人应当勤勉尽责，公正履行受托管理职责，不得损害债券持有人利益。 受托管理人与债券持有人存在利益冲突可能损害债券持有人利益的，债券持有人会议可以决议变更债券受托管理人。	150.新增债券受托管理人的义务规定。

续表

2018年版《公司法》	新《公司法》	内容变化
	债券受托管理人违反法律、行政法规或者债券持有人会议决议，损害债券持有人利益的，应当承担赔偿责任。	

📝 溯源解读

本条修订吸收了《证券法》（2020年版）和《公司债券发行与交易管理办法》（2021年版）的相关规定。

《证券法》（2020年版）第九十二条第三款规定："债券受托管理人应当勤勉尽责，公正履行受托管理职责，不得损害债券持有人利益。债券发行人未能按期兑付债券本息的，债券受托管理人可以接受全部或者部分债券持有人的委托，以自己名义代表债券持有人提起、参加民事诉讼或者清算程序。"

《公司债券发行与交易管理办法》（2021年版）第六条规定："为公司债券发行提供服务的承销机构、受托管理人，以及资信评级机构、会计师事务所、资产评估机构、律师事务所等专业机构和人员应当勤勉尽责，严格遵守执业规范和监管规则，按规定和约定履行义务。"

第五十八条进一步规定："债券受托管理人应当勤勉尽责，公正履行受托管理职责，不得损害债券持有人利益。对于债券受托管理人在履行受托管理职责时可能存在的利益冲突情形及相关风险防范、解决机制，发行人应当在债券募集说明书及债券存续期间的信息披露文件中予以充分披露，并同时在债券受托管理协议中载明。"

第七十三条再度规定："发行人及其控股股东、实际控制人、债券受托管理人等违反本办法规定，损害债券持有人权益的，中国证监会可以对发行人、发行人的控股股东和实际控制人、受托管理人及其直接负责的主管人员和其他直接责任人员采取本办法第六十八条规定的相关监管措施；情节严重的，处以警告、罚款。"

✅ 实操指南

公司破产时，债券受托管理人如何保护债券持有人的利益？

（1）在采取措施前，债券受托管理人需要召集债券持有人会议，讨论债券发行人的财务状况和可能的违约情况，以及债券持有人应采取的行动。

（2）如果发行公司违约，债券受托管理人可以代表债券持有人采取法律行动，包括提起诉讼、申请仲裁或请求法院采取强制措施，以确保债券持有人能够收回欠款。

（3）债券受托管理人可以协助债券持有人追索债券发行人的资产，包括但不限于银行存款、房产、车辆和其他有价值的资产。

（4）走破产程序时，债券受托管理人需要参与企业的重组或破产程序，以保护债券持有人的权益。

（5）**在整个处理过程中，债券受托管理人有责任向债券持有人提供准确和及时的信息，包括债券发行人的财务状况、违约的具体情况和采取的行动。**

第十章　关于公司财务、会计的修订内容

新增 公司违法分配利润的责任规定

📙 法条对比

新《公司法》第二百一十一条为新增条款，规定了公司违法分配利润需要承担的法律责任，即股东应当退还利润、股东与董监高应当承担连带赔偿责任。

2018年版《公司法》	新《公司法》	内容变化
无。	第二百一十一条　公司违反本法规定向股东分配利润的，股东应当将违反规定分配的利润退还公司；给公司造成损失的，股东及负有责任的董事、监事、高级管理人员应当承担赔偿责任。	151.新增公司违法分配利润的责任规定。

📙 溯源解读

2018年版《公司法》第一百六十六条第五款有过这样的规定："股东会、股东大会或者董事会违反前款规定，在公司弥补亏损和提取法定公积金之前向股东分配利润的，股东必须将违反规定分配的利润退还公司。"

本条吸收了该内容，但将公司违反规定分配利润的情形扩大了，未弥补亏损和提取法定公积金之前向股东分配利润只是其中的一种情形。**本条没有采取列举式具体规定，目的就是防止遗漏违法分配利润的情形。**

"给公司造成损失的，董事、监事、高级管理人员应当承担赔偿责任"属于全新的补充内容，是给董事、监事、高级管理人员上的新约束。

📙 实操指南

发现公司违规分配利润，要怎么办？

（1）确认违规分配利润属实。需要详细了解公司的利润分配情况和相关的法律法规，并查阅公司的财务报表、股东大会记录以及其他公开披露的信息，以确认是否存在违规行为。最好能从内部人士那里获得确切消息。

（2）确认属实后，可以尝试与公司进行沟通，如果公司能够提供合理的解释

并给予一定的补偿，那最好不过。

（3）如果沟通协商行不通，可以选择通过法律途径来解决争议。向法院提起诉讼，要求赔偿因违规分配利润给自己造成的损失。

如果最终需要走上起诉路线，以下是需要准备的资料：

（1）公司章程：公司章程中通常包含了关于利润分配的相关规定，可以作为判断公司是否违规分配利润的重要依据。

（2）财务报表：公司的财务报表，特别是资产负债表和利润表，可以显示公司的财务状况和利润分配情况。

（3）股东会议记录：股东会议记录可以显示有关利润分配的讨论和决策过程，以及股东对于利润分配的态度和投票结果。

（4）其他任何能够证明公司违规分配利润的证据，如内部邮件、通信记录、证人证言等。

新增 公司分配利润的时间限定规定

法条对比

第二百一十二条新增规定了公司分配利润的时间限定，即**股东会决议作出之日起六个月内进行分配**。明确分配利润的时间上限，可以减少公司迟迟不分红的现象，从而保护中小股东的利益。

2018 年版《公司法》	新《公司法》	内容变化
无。	第二百一十二条　股东会作出分配利润的决议的，董事会应当在股东会决议作出之日起**六个月内**进行分配。	152. 新增公司分配利润的时间限定规定。

溯源解读

本条修订内容吸收了《公司法司法解释（五）（2020 修正）》第四条规定："分配利润的股东会或者股东大会决议作出后，公司应当在决议载明的时间内完成利润分配。决议没有载明时间的，以公司章程规定的为准。决议、章程中均未规定时间或者时间超过一年的，**公司应当自决议作出之日起一年内完成利润分配**。决议中载明的利润分配完成时间超过公司章程规定时间的，股东可以依据公司法第二十二条第二款规定请求人民法院撤销决议中关于该时间的规定。"区别是，本条将上述"一年期限"缩短为"半年期限"。

✓ 实操指南

如果公司总是不分红，股东该怎么办？

（1）**要求公司提供文件证明其不分红的合法合规性**。

（2）要求公司回购股权，及时止损。

（3）以公司违反利润分配的规定，向法院提起诉讼，要求强制公司分配利润或者赔偿损失。

（4）**要求召开临时股东会，重新讨论公司的利润分配政策；或者要求换掉法定代表人**。

（5）将股权转让给其他股东或第三方，退出公司。

[修订] 新增无面额股列入资本公积金的部分

▶ 法条对比

第二百一十三条新增规定，"**发行无面额股所得股款未计入注册资本的金额列入资本公积金**"。2018年版《公司法》规定，公司可以选择发行无面额股，并且应当将发行股份所得股款的二分之一以上计入注册资本。新《公司法》第一百四十二条保留了这一内容，本条则补充规定了未计入注册资本部分的财务处理方式。这一补充规定确保了公司资本的充实，有助于公司在资本市场中的健康运作。

2018年版《公司法》	新《公司法》	内容变化
第一百六十七条　股份有限公司以超过股票票面金额的发行价格发行股份所得的溢价款以及国务院财政部门规定列入资本公积金的其他收入，应当列为公司资本公积金。	第二百一十三条　公司以超过股票票面金额的发行价格发行股份所得的溢价款、发行无面额股所得股款未计入注册资本的金额以及国务院财政部门规定列入资本公积金的其他项目，应当列为公司资本公积金。	153.新增"发行无面额股所得股款未计入注册资本的金额列入资本公积金"。

✎ 溯源解读

资本公积金是公司在筹备资本过程中累计的公积金，通常会直接导致企业净资产的增加，因此，它对于投资者、债权人等来说十分重要。资本公积金主要来自股票发行、接受现金捐赠、拨款转入、外币资本折算差额和其他增值收入。其中，股票发行是最常见的路径。

新《公司法》回应实践需要，规定发行无面额股所得股款未计入注册资本的金额应当列为公司资本公积金，鼓励公司将这部分金额用于未来发展，这是一种应对潜在经营风险的积极措施，也是一种与国际接轨的尝试。

实操指南

无面额股所得股款可以全部计入注册资本吗？

虽然本条规定了发行无面额股所得股款未计入注册资本的金额要列入资本公积金，但是这并不意味着发行无面额股的公司一定要保留不计入注册资本的金额。**《公司法》只规定，采用无面额股的，应当将发行股份所得股款的二分之一以上计入注册资本**。如果公司愿意，可以将全部股款都计入注册资本。

这个自主权在公司，公司可以在公司章程中明确规定，应当将发行无面额股所得股款的二分之一以上列入注册资本，余者纳入资本公积金；也可以在公司章程中明确规定，将发行无面额股所得股款全部计入注册资本。

[修订] 取消资本公积金不得用于弥补公司亏损

法条对比

第二百一十四条对 2018 年版《公司法》第一百六十八条做了较大改动，一是**取消资本公积金不得用于弥补公司亏损的法定限制**；二是明确了公司公积金的使用范围和顺序，即首先用于弥补亏损，其次是扩大生产经营，最后可以转为增加注册资本。同时，对于法定公积金转增注册资本时，还规定了留存的公积金比例不得低于转增前公司注册资本的百分之二十五。这些修订有助于确保公司在资本运作中的稳定性和合规性。

2018 年版《公司法》	新《公司法》	内容变化
第一百六十八条　公司的公积金用于弥补公司的亏损、扩大公司生产经营或者转为增加公司资本。但是，资本公积金不得用于弥补公司的亏损。	第二百一十四条　公司的公积金用于弥补公司的亏损、扩大公司生产经营或者转为增加公司注册资本。公积金弥补公司亏损，应当先使用任意公积金和法定公积金；仍不能弥	154.取消"资本公积金不得用于弥补公司亏损"的法定限制；155.新增公积金弥

续表

2018年版《公司法》	新《公司法》	内容变化
法定公积金转为资本时，所留存的该项公积金不得少于转增前公司注册资本的百分之二十五。	补的，可以按照规定使用资本公积金。 法定公积金转为增加注册资本时，所留存的该项公积金不得少于转增前公司注册资本的百分之二十五。	补亏损的范围和顺序规则。

溯源解读

资本公积金弥补亏损在之前很流行，不过近年来，由于上市公司用资本公积金补亏现象越来越严重，2005年修改《公司法》时，明确规定"资本公积金不得补亏"，之后就一直被执行。本次《公司法》取消了"**资本公积金不得用于弥补公司亏损**"的法定限制。

这一修订，旨在为公司提供更多的灵活性来应对财务困境，有助于企业在遵守法规的基础上积极寻求转型升级和持续发展。但是这也为企业带来潜在风险：

（1）**公司资本结构不稳定**：如果公司可以使用资本公积金来弥补亏损，可能会导致公司的资本结构变得不稳定。资本公积金是公司的一种重要资金来源，如果这部分资金被用于弥补亏损，可能会影响到公司的正常运营和发展。

（2）**股东权益受损**：资本公积金通常来源于股东的出资，如果这部分资金被用于弥补亏损，可能会导致股东权益受损。此外，这也可能会影响到公司的股价和市值。

（3）**公司财务状况恶化**：如果公司经常需要使用资本公积金来弥补亏损，这可能意味着公司的财务状况正在恶化。这种情况下，公司的债务负担可能会加重，从而影响到公司的偿债能力和信用评级。

（4）**引发法律纠纷**：取消资本公积金不得用于弥补公司亏损的限制可能会引发一些法律纠纷。例如，如果公司使用了资本公积金来弥补亏损，但没有事先征得股东同意，可能会引发股东与公司之间的法律纠纷。

因此，公司在作出这样的决定时需要谨慎考虑，并尽可能优先采取其他方式来解决亏损问题。

实操指南

如何正确地使用公司公积金？

根据《公司法》的相关规定，使用公司公积金要遵循这样的规则：

（1）**弥补亏损**：当公司出现亏损时，首先使用公司利润来弥补亏损。如果法定公积金不足以弥补亏损，那么在提取法定公积金之前，应当先用当年利润弥补亏损，也可以用资本公积金来弥补亏损，但非必要时谨慎使用。

（2）**提取任意公积金**：在提取法定公积金后，公司可以根据股东会或股东大会的决议，从税后利润中提取任意公积金。任意公积金的提取比例没有法律限制，由公司自行决定。

（3）**扩大生产经营**：公司可以使用公积金来扩大公司的生产经营活动。

（4）**转为增加公司注册资本**：公积金可以转为增加公司注册资本，但法定公积金转为增加注册资本时，所留存的该项公积金不得少于转增前公司注册资本的百分之二十五。

（5）**特殊情况下分配股利**：在特殊情况下，如公司当年无利润，但为维护股票信誉，在用盈余公积金弥补亏损后，经股东会特别决议，可按不超过股票面值百分之六的比率用盈余公积金分配股利，但分配股利后，公司法定盈余公积金不得低于注册资本的百分之二十五。

[修订] 新增监事会为会计师事务所的决定主体

法条对比

第二百一十五条基本上沿用了 2018 年版《公司法》第一百六十九条规定，**唯一的变动是，新增监事会为聘用、解聘承办公司审计业务的会计师事务所的决定主体**。这意味着监事会在公司治理中的作用得到了加强，使其能够更直接地参与到公司财务审计的监督中，从而提高了公司治理的透明度和效率。同时，这也意味着监事会作为公司内部监督机构，其职能得到了进一步的明确和强化。

2018 年版《公司法》	新《公司法》	内容变化
第一百六十九条　公司聘用、解聘承办公司审计业务的会计师事务所，依照公司章程的规定，由股东会、股东大会或者董事会决定。 公司股东会、股东大会或者董事会就解聘会计师事务所进行表决时，应当允许会计师事务所陈述意见。	第二百一十五条　公司聘用、解聘承办公司审计业务的会计师事务所，按照公司章程的规定，由股东会、董事会或者监事会决定。 公司股东会、董事会或者监事会就解聘会计师事务所进行表决时，应当允许会计师事务所陈述意见。	156. 新增监事会为聘用、解聘承办公司审计业务的会计师事务所的决定主体。

第十章 关于公司财务、会计的修订内容

📝 溯源解读

监事会与会计师事务所之间的互动是公司治理和财务监督的重要组成部分。过去，监事会负责与会计师事务所保持沟通，以确保审计工作的独立性和客观性，并有权审核由会计师事务所出具的审计报告。根据本条修订，监事会将有权聘用或解聘承办公司审计业务的会计师事务所。

监事会权限的增加，可以确保会计师事务所的审计工作遵循相关法律法规和职业道德标准。同时，其也为确保监事会在公司财务透明度、审计质量以及维护股东利益方面发挥着关键作用。

✅ 实操指南

监事会具体如何聘用、解聘会计师事务所？

监事会聘用会计师事务所的一般流程：

（1）**评估公司的财务状况和审计需求**，确定是否有必要聘用会计师事务所来进行财务审计或专项审计。

（2）根据公司的规模、业务复杂程度以及预算等因素，选择具有相应资质和经验的多家会计师事务所，从中确定目标。

（3）**制定详细的聘用方案**，包括聘用会计师事务所的具体条款、服务范围、费用支付、责任义务等。

（4）将聘用会计师事务所的方案提交给相应的决策机构，如董事会或股东会，进行审批。按照新《公司法》规定，监事会可以直接决定聘用会计师事务所，但在某些公司，还是需要经过董事会或股东会的同意。

（5）**与选定的会计师事务所签订服务合同，明确双方的权利和义务**。

监事会解聘会计师事务所的一般流程：

（1）基于对会计师事务所工作表现的评估，提出解聘会计师事务所的提议。

（2）对提议进行评估和审核，考虑解聘的原因、影响以及对公司的长远发展是否有利。同时，也需要评估潜在的新会计师事务所的能力和信誉。

（3）**通过投票等方式作出是否解聘会计师事务所的决策**。这个决策通常需要在监事会的会议上进行，并且需要满足一定的法定人数要求。

（4）一旦决定解聘现有的会计师事务所，就需要在决议后及时通知会计师事务所。

（5）向公司内部和外部进行公布，以便所有利益相关者都能了解这一变动。

需要注意的是，具体的聘用、解聘流程可能会因公司和地区的不同而有所差异。

第十一章 公司合并、分立、增资、减资修订内容

新增 简易合并与小规模合并可以不经股东同意

法条对比

新《公司法》第二百一十九条新增了两类特殊的合并情形：简易合并（"公司与其持股百分之九十以上的公司合并"）、小规模合并（"公司合并支付的价款不超过本公司净资产百分之十的"）。该条文简化了合并中的议决程序（"可以不经股东会决议"），旨在消除无意义的程序，加速推动合并。本条还特别规定，这两种公司合并虽然不需要股东会决议，但应当经董事会决议，是董事会中心主义的又一体现。

2018年版《公司法》	新《公司法》	内容变化
无。	第二百一十九条　公司与其持股百分之九十以上的公司合并，被合并的公司不需经股东会决议，但应当通知其他股东，其他股东有权请求公司按照合理的价格收购其股权或者股份。 公司合并支付的价款不超过本公司净资产百分之十的，可以不经股东会决议；但是，公司章程另有规定的除外。 公司依照前两款规定合并不经股东会决议的，应当经董事会决议。	157. 新增简易合并与小规模合并两种特殊合并情形的相关规定。

溯源解读

公司之间进行合并会涉及股东的利益，一般需要股东会决议，须经代表2/3以上表决权的股东通过。本条新增的这两类公司合并，前者持股百分之九十以上，后者合并金额不超本公司净资产百分之十，其实对股东的利益并未造成多大影响，即使让股东会决议，也不过是一种形式主义，所以新法简化了此程序。

需要指出的是，新《公司法》对这两种特殊的合并情形的规定是不太一样的：公司与其持股百分之九十以上的公司合并，是强制性简易合并规定（"不需"经股东会决议）；公司合并支付的价款不超过本公司净资产百分之十的，是选择性简易合并规定（"可以不经"股东会决议）。

实操指南

如何防止合并不经过股东会决议?

虽然是小规模并购,但还是会有"操作空间"。不参与公司具体经营事务的股东,为了做到完全放心,可以根据本条中"公司章程另有规定的除外"的规定,在公司章程中明确规定公司所有合并行为须经股东会决议。

[修订] 按照出资比例减资

法条对比

新《公司法》第二百二十四条规定了公司普通减资的程序(编制资产负债表和财产清单——权力机构作出减资决议——通知公告债权人)、债权人的权利(获得分立通知的权利和要求公司清偿债务或提供相应担保的权利)和减资方式(按照股东出资或者持有股份的比例同步减资)。

本条在2018年版《公司法》第一百七十七条的基础上,新增了公司减资中的同比减资要求,即"公司减少注册资本,应当按照股东出资或者持有股份的比例相应减少出资额或者股份"。

在对待编制资产负债表及财产清单的态度上,**新《公司法》从强制性"必须"改为了选择性"应当"**。减资公告在"报纸"外增加了"在国家企业信用信息公示系统公告"这一途径。

2018年版《公司法》	新《公司法》	内容变化
第一百七十七条 公司需要减少注册资本时,**必须编制资产负债表及财产清单。** 公司应当自作出减少注册资本决议之日起十日内通知债权人,并于三十日内在报纸上公告。债权人自接到通知书之日起三十日内,未接到通知书的自公告之日起四十五日内,有权要求公司清偿债务或者提供相应的担保。	第二百二十四条 公司减少注册资本,应当编制资产负债表及财产清单。 公司应当自股东会作出减少注册资本决议之日起十日内通知债权人,并于三十日内在报纸上或者国家企业信用信息公示系统公告。债权人自接到通知之日起三十日内,未接到通知的自公告之日起四十五日内,有权要求公司清偿债务或者提供相应的担保。 公司减少注册资本,应当按照股东出资或者持有股份的比例相应减少出资额或者股份,法律另有规定、有限责任公司全体股东另有约定或者股份有限公司章程另有规定的除外。	158. 改"必须"为"应当"; 159. 补充"在国家企业信用信息公示系统公告"; 160. 新增"公司减少注册资本,应当按照股东出资或者持有股份的比例相应减少出资额或者股份,法律另有规定、有限责任公司全体股东另有约定或者股份有限公司章程另有规定的除外"。

溯源解读

对公司减少注册资本作出决议属于权力机构的职权，所以新《公司法》增加了"股东会"字眼。

本条文明确了公司减资时"按照股东出资或者持有股份的比例相应减少出资额或者股份"，即各股东以各自的出资额为基数等比例减资，确保各个股东在减资前后的出资比例保持不变。

但新《公司法》也为公司自治留下充分的空间，"法律另有规定、有限责任公司全体股东另有约定或者股份有限公司章程另有规定例外"，就是说特定情况下允许公司作出非同比减资的决定。

实操指南

如果公司不想同比例减资，该怎么办？

假如公司注册资本1000万元，合伙人甲认缴600万元，合伙人乙认缴400万元。如今公司减资至100万元，那么合伙人甲认缴金额变为60万元，合伙人乙认缴金额变为40万元，就是同比例减资。如果公司减资至100万元，合伙人甲、乙各认缴50万元，就是非同比减资。

同比例减资有利于实现股东平等，所以新《公司法》增加了"按照股东出资或者持有股份的比例相应减少出资额或者股份"的规定。但是现实中，为了争夺控制权，减资是重要途径，如果控股股东不想同比例减资，该怎么办呢？

根据"有限责任公司全体股东另有约定的除外"的规定，有限责任公司的股东可以商量约定，要么某个或某几个股东减少出资额、而其他股东不减少出资额，要么各个股东按照不同的比例减少出资额。**大家一致同意并保留证据后，就可以不按照同比例减资执行。**

根据"股份有限公司章程另有规定的除外"的规定，股份有限公司可以在公司章程中作出"每次减资或在特定条件下减资时不按照股东持有股份的比例相应减少股份"的规定。

[新增] 减资弥补亏损的特别规定

法条对比

2018年版《公司法》只是规定了普通减资的要求，新《公司法》新增了减资弥补亏损的特别规定。第二百二十五条详细规定了这种简易减资制度的适用**条件**（公司依照《公司法》第二百一十四条第二款的规定弥补亏损后仍有亏损）、适用的选择性（可以而非强制）、减资应遵守的要求（公司不得向股东分配，也不得免除股东缴纳出资或者股款的义务，无须通知债权人但须公告）和利润分配的限制等事项。

2018年版《公司法》	新《公司法》	内容变化
无。	第二百二十五条 公司依照本法第二百一十四条第二款的规定弥补亏损后，仍有亏损的，可以减少注册资本弥补亏损。减少注册资本弥补亏损的，公司不得向股东分配，也不得免除股东缴纳出资或者股款的义务。 依照前款规定减少注册资本的，不适用前条第二款的规定，但应当自股东会作出减少注册资本决议之日起三十日内在报纸上或者国家企业信用信息公示系统公告。 公司依照前两款的规定减少注册资本后，在法定公积金和任意公积金累计额达到公司注册资本百分之五十前，不得分配利润。	161.新增了减资弥补亏空的适用规定。

✎ 溯源解读

本条所说的"公司依照本法第二百一十四条第二款的规定弥补亏损后，仍有亏损"意味着：

（1）公司存在亏损；（2）公司的法定公积金、任意公积金都用完了，没有可以用于弥补亏损的金额。"可以减少注册资本弥补亏损"的表述则意味着，公司具有选择权，有权自主决定是否进行简易减资。

一旦公司作出简易减资的决议，应当遵守以下要求：（1）不得向任何股东分配任何财产、不得向股东支付任何减资对价（这主要适用于已经实缴出资的股东）；（2）不得免除股东缴纳出资或者股款的义务；（3）应当自股东会作出减少注册资本决议之日起三十日内在报纸上或者国家企业信用信息公示系统公告（无须逐一通知债权人）。

"公司依照前两款的规定减少注册资本后，在法定公积金和任意公积金累计额达到公司注册资本百分之五十前，不得分配利润"的表述，则是对公司简易减资后的利润分配行为作出的明确限制。

实操指南

新《公司法》下如何弥补亏损？

与 2018 年版《公司法》相比，新《公司法》放宽了公司弥补亏损的限制。公司弥补亏损可遵循以下顺序：

1. 先用本年利润弥补以前年度亏损，如果弥补后尚有盈余，可依法提取法定公积金及任意公积金，再向股东分配利润。

2. 如果本年利润不足以弥补以前年度亏损，对于剩余的亏损额，按如下方式处理：

（1）当法定公积金足以弥补以前年度亏损时，则仅以法定公积金弥补亏损。

（2）当法定公积金不足以弥补以前年度亏损时，遵循如下补亏顺序：任意公积金—资本公积金—减资。

在减资程序方面，为弥补亏损而进行的减资属于形式减资，对于债权人没有影响，因此适用简易减资程序，无须履行编制资产负债表及财产清单、通知或公告债权人（通知已知债权人、公告未知债权人）等程序。

[新增] 违法减资的民事责任

法条对比

新《公司法》第二百二十六条系新增条款，补充违法减资的民事责任：

（1）股东退还收到的资金（这主要适用于实缴出资的股东）；因违法减资被减免（减轻或免除）出资义务的股东，仍然负有向公司足额缴纳原公司章程规定的出资额的义务（这主要适用于未实缴出资的股东）。

（2）违法减资的股东及负有责任的董事、监事、高级管理人员应当就公司因违法减资受到的损失向公司承担赔偿责任。前者属于"恢复原状"，后者属于"赔偿责任"。

2018年版《公司法》	新《公司法》	内容变化
无。	第二百二十六条　违反本法规定减少注册资本的，股东应当退还其收到的资金，减免股东出资的**应当恢复原状**；给公司造成损失的，股东及负有责任的董事、监事、高级管理人员**应当承担赔偿责任**。	162.新增违法减资的民事责任。

溯源解读

本条吸收了《公司法司法解释（三）（2020修正）》第十四条规定："股东抽逃出资，公司或者其他股东请求其向公司**返还出资本息**、协助抽逃出资的其他股东、董事、高级管理人员或者实际控制人对此**承担连带责任**的，人民法院应予支持。

公司债权人请求抽逃出资的股东在抽逃出资本息范围内对公司债务不能清偿的部分承担补充赔偿责任、协助抽逃出资的其他股东、董事、高级管理人员或者实际控制人对此承担连带责任的，人民法院应予支持；抽逃出资的股东已经承担上述责任，其他债权人提出相同请求的，人民法院不予支持。"

本条在抽逃出资责任的基础上，补充了违法减资的民事责任。**本条规定的本质，是把违法减资行为按无效的民事法律行为对待，旨在为公司提供相应的救济，以恢复到违法减资前的状态。**

本条不涉及违法减资情形下公司债权人的权利问题，因为前面第五十四条已经明确规定："公司不能清偿到期债务的，公司或者已到期债权的债权人有权要求已认缴出资但未届出资期限的股东提前缴纳出资。"

实操指南

公司减少注册资本的正确流程是什么？

根据本条规定，企业老板要明确一个概念：公司注册资本不能随意减少，更不能违法减少。公司减少注册资本，必须按照法定程序去做：

（1）股东会应对减资作出决议，减资决议必须经代表三分之二以上股份的股东通过。

（2）修改公司章程。

（3）必须编制资产负债表及财产清单。

（4）自作出减少注册资本决议之日起十日内通知债权人，并于三十日内在报纸或者国家企业信用信息公示系统公告。

（5）债权人在接到通知后的三十内，或未接到通知的自公告之日起四十五日内，有权要求公司清偿债务或提供相应的担保。

（6）在作出减少注册资本的决议或者决定九十日后，向当地公司登记机关提出申请工商变更登记，并同时提交相关材料，包括公司登记（备案）申请书、修改后的公司章程或章程修正案、债务清偿或担保情况说明等。

第十二章 关于公司解散和清算的修订内容

[修订] 增加"限期公示"公司的解散事由

法条对比

2018年版《公司法》第一百八十条规定了公司的解散事由,新《公司法》第二百二十九条除删除"股东大会"表述、修改司法解散的法条依据等非实质性变动外,主要补充了公司解散事由的公示规则,即"**应当在十日内将解散事由通过国家企业信用信息公示系统予以公示**"。

修改的目的就是将"公司的解散事由"纳入新《公司法》第四十条第(四)项"法律、行政法规规定的其他信息"的范畴,**顺应了电子化和信息化的时代要求,尽可能让企业经营者少跑腿,并能够在网络上关注进度**。

2018年版《公司法》	新《公司法》	内容变化
第一百八十条 公司因下列原因解散: (一)公司章程规定的营业期限届满或者公司章程规定的其他解散事由出现; (二)**股东会或者股东大会决议解散**; (三)因公司合并或者分立需要解散; (四)依法被吊销营业执照、责令关闭或者被撤销; (五)人民法院依照本法第一百八十二条的规定予以解散。	第二百二十九条 公司因下列原因解散: (一)公司章程规定的营业期限届满或者公司章程规定的其他解散事由出现; (二)**股东会决议解散**; (三)因公司合并或者分立需要解散; (四)依法被吊销营业执照、责令关闭或者被撤销; (五)人民法院依照本法第二百三十一条的规定予以解散。 **公司出现前款规定的解散事由,应当在十日内将解散事由通过国家企业信用信息公示系统予以公示。**	163.将"股东会或者股东大会决议解散"简述为"股东会决议解散"; 164.补充公司解散事由的公示规则,即"应当在十日内将解散事由通过国家企业信用信息公示系统予以公示"。

溯源解读

过去《公司法》规定，公司应当在解散事由出现之日起十五日内成立清算组，清算组应当于六十日内在报纸上公告。现在有了便捷化的国家企业信用信息公示系统后，新《公司法》就将公示期限缩短在十日之内。

现实中，在公司解散时，有些股东很难取得联系，这导致他们对解散事由不太了解，可能会额外产生不少官司。新《公司法》要求解散事由"上系统"，既是对于信息化平台的充分利用，也是对公司利益相关人的一种保护，可以大幅度缩小信息差。

实操指南

如何通过公示系统查询公司解散事由？

国家企业信用信息公示系统是在企查查、爱企查等查询企业系统没有出现之前，查询企业情况的主要路径之一。新《公司法》多次提到国家企业信用信息公示系统，表明企业相关人员从此要学会好好利用该系统。查询步骤如下：

（1）在网页上输入"国家企业信用信息公示系统"，找到其官方网站以后点击进入。

（2）页面跳转以后进入该网站，点击左上角的"导航"，选择企业所在地进入。

（3）页面跳转以后进入该省级区域的系统，点击底部的"信息公告"进入。

（4）在进入信息公告界面以后，找到市场主体登记注册公示公告下的简易注销公告进入。

（5）在出现的页面中输入需要查询的企业名称，点击"查询"按钮。

[修订] 将清算责任从股东转移给董事

法条对比

新《公司法》第二百三十二条对2018年版《公司法》第一百八十三条做了较大修订：（1）不再区分有限责任公司和股份有限公司，规定所有公司的清算义务人"由董事组成"；（2）规定"公司章程另有规定或者股东会决议另选他人"为例外，允许章程和股东会决议另选他人作为清算义务人；（3）补充规定清算义务人未及时履行清算义务，给公司或者债权人造成损失的，应当承担赔偿责任；（4）将逾期不成立清算组进行清算的规定，单列为下一条。

第十二章 关于公司解散和清算的修订内容

2018年版《公司法》	新《公司法》	内容变化
第一百八十三条 公司因本法第一百八十条第（一）项、第（二）项、第（四）项、第（五）项规定而解散的，应当在解散事由出现之日起十五日内成立清算组，开始清算。有限责任公司的清算组由股东组成，股份有限公司的清算组由董事或者股东大会确定的人员组成。<u>逾期不成立清算组进行清算的，债权人可以申请人民法院指定有关人员组成清算组进行清算。人民法院应当受理该申请，并及时组织清算组进行清算。</u>	第二百三十二条 公司因本法第二百二十九条第一款第一项、第二项、第四项、第五项规定而解散的，应当清算。董事为公司清算义务人，应当在解散事由出现之日起十五日内组成清算组进行清算。 清算组由董事组成，但是公司章程另有规定或者股东会决议另选他人的除外。 清算义务人未及时履行清算义务，给公司或者债权人造成损失的，应当承担赔偿责任。	165.公司清算义务人统一为董事； 166.允许章程和股东会决议另选他人作为清算义务人； 167.补充未及时履行清算义务的应当承担赔偿责任； 168.将逾期不成立清算组进行清算的规定，单列为下一条。

溯源解读

本条最大的亮点，就是将清算责任从股东转移给了董事。公司解散后董事应当及时负责清算，否则董事应当承担赔偿责任。此番修订符合董事会中心主义的治理理念。

该修订吸收了《民法典》第七十条规定："法人解散的，除合并或者分立的情形外，清算义务人应当及时组成清算组进行清算。法人的董事、理事等执行机构或者决策机构的成员为清算义务人。"

股东会是公司的权力和决策机构，并不参与具体执行事务；董事会是公司的执行机构，负责公司的管理和经营业务。公司解散，董事负直接责任，所以让董事成为清算义务人，符合权利与义务统一的原则。而且，董事对公司具体经营最熟悉，管控着公司的财产、账册、机密文件等，让董事成为清算义务人，清算工作会顺畅很多。

实操指南

董事该如何善始善终？

清算义务人要对公司的债权债务担负起清理责任。董事被任命为清算义务人，这意味着肩上的担子更加重了。

董事为了避免清算窘况发生，必须保证合法合规经营，确保财务凭证完整。作为公司的"看门人"，董事要对公司的财产、账册、重要文件了如指掌，并保存完整，这样才能降低被清算的概率，即使走到了清算那天，有了这些财务凭证，也会方便很多。

另外，新《公司法》允许章程和股东会决议另选他人作为清算义务人，董事可以充分利用这一点，试着修改公司章程变更清算义务人为股东，以减轻自己的责任。

[修订] 申请指定清算组的规定

▶ 法条对比

新《公司法》第二百三十三条将 2018 年版《公司法》第一百八十三条"逾期不成立清算组进行清算的"部分单列成条，增加了"成立清算组后不清算的"情况。

条文将申请人从"债权人"扩大到"利害关系人"，还补充了公司依法依规解散时，作出决定的部门或公司登记机关也可作为申请人，尽快清理违法企业。

2018 年版《公司法》	新《公司法》	内容变化
第一百八十三条　公司因本法第一百八十条第（一）项、第（二）项、第（四）项、第（五）项规定而解散的，应当在解散事由出现之日起十五日内成立清算组，开始清算。有限责任公司的清算组由股东组成，股份有限公司的清算组由董事或者股东大会确定的人员组成。逾期不成立清算组进行清算的，债权人可以申请人民法院指定有关人员组成清算组进行清算。人民法院应当受理该申请，并及时组织清算组进行清算。	第二百三十三条　公司依照前条第一款的规定应当清算，逾期不成立清算组进行清算或者成立清算组后不清算的，利害关系人可以申请人民法院指定有关人员组成清算组进行清算。人民法院应当受理该申请，并及时组织清算组进行清算。 公司因本法第二百二十九条第一款第四项的规定而解散的，作出吊销营业执照、责令关闭或者撤销决定的部门或者公司登记机关，可以申请人民法院指定有关人员组成清算组进行清算。	169.增加了"成立清算组后不清算"时的适用规定。

✎ 溯源解读

本条吸收了《公司法司法解释（二）（2020 修正）》第七条规定，补充清算义务人未及时履行清算义务的情形，**既包括"逾期不成立清算组进行清算的"，还包括"成立清算组后不清算的"**。

《公司法司法解释（二）(2020修正)》第七条："公司应当依照公司法第一百八十三条（2018年修订版）的规定，在解散事由出现之日起十五日内成立清算组，开始自行清算。有下列情形之一，债权人申请人民法院指定清算组进行清算的，人民法院应予受理：

（一）公司解散逾期不成立清算组进行清算的；

（二）虽然成立清算组但故意拖延清算的；

（三）违法清算可能严重损害债权人或者股东利益的。

具有本条第二款所列情形，而债权人未提起清算申请，公司股东申请人民法院指定清算组对公司进行清算的，人民法院应予受理。"

实操指南

公司清算期间摊上的官司，由谁应诉？

根据《公司法司法解释（二）(2020修正)》第十条规定：

"**公司依法清算结束并办理注销登记前，有关公司的民事诉讼，应当以公司的名义进行。**

公司成立清算组的，由清算组负责人代表公司参加诉讼；尚未成立清算组的，由原法定代表人代表公司参加诉讼。"

[新增] 简易注销规定

法条对比

新《公司法》第二百四十条为新增条款，规定了简易注销的要件、程序和责任：（1）简易注销的前提条件：没有债务，或者已经清偿全部债务，且获得股东确认与同意；（2）通过国家企业信用信息公示系统予以公告；（3）对公告没有异议可以在二十日内申请注销。

该制度主要源于《关于全面推进简易注销登记改革的指导意见》《关于开展进一步完善企业简易注销登记改革试点工作的通知》《市场主体登记管理条例》，**有利于提升市场主体的退出效率，降低退出成本，减少僵尸企业数量，提高社会资源利用效率。**

2018年版《公司法》	新《公司法》	内容变化
无。	第二百四十条　公司在存续期间未产生债务，或者已清偿全部债务的，经全体股东承诺，可以按照规定通过简易程序注销公司登记。 　　通过简易程序注销公司登记，应当通过国家企业信用信息公示系统予以公告，公告期限不少于二十日。公告期限届满后，未有异议的，公司可以在二十日内向公司登记机关申请注销公司登记。 　　公司通过简易程序注销公司登记，股东对本条第一款规定的内容承诺不实的，应当对注销登记前的债务承担连带责任。	170. 新增简易注销的要件、程序和责任。

溯源解读

近年来，受自然灾害、疫情、金融危机、国际经济下行等宏观因素的影响，很多公司经营困难，要么"半死不活"，要么长期停业，要么负债累累。国家工商总局对2000年以来全国新设立企业、注吊销企业生存时间进行综合分析后，发布的《全国内资企业生存时间分析报告》显示：小公司死亡率特别高，存活五年以上的企业不到7%，十年以上的企业不到2%，应标注相关数据来源。

针对加快完善应破产企业，尤其是中小微企业退出配套政策，相关部门先后出台过不少完善中小微企业简易注销制度、建立企业破产和退出状态公示制度等举措。**此次修改《公司法》，特意增加了简易注销内容，目的就是让企业"办得简单，退得容易"**，帮助经营者实现退出自由。

实操指南

企业如何实施简易注销？

（1）确认是否具备注销条件，这通常涉及检查是否有未完成的业务、未清的费用或者其他相关的限制。

（2）准备好所有必要的信息，包括账户详情、个人信息、交易记录等。

（3）根据指引提交注销申请，包括填写表格、发送电子邮件或拨打热线电话等方式。

（4）等待获得确认，在这期间，可能需要提供额外的信息或澄清某些疑问。

（5）收到注销成功的确认后，所有的业务关系将被正式终止。

第十二章 关于公司解散和清算的修订内容

[新增] 强制注销制度

📣 法条对比

新《公司法》第二百四十一条新增"强制注销制度"条款，详细规定了公司强制注销制度：（1）强制注销的前提条件包括公司被吊销营业执照、责令关闭或者被撤销；满三年未向公司登记机关申请注销公司登记。（2）执行单位：公司登记机关。（3）公告不少于六十日。（4）公告期限届满后，公司没有异议即注销登记。

2018年版《公司法》	新《公司法》	内容变化
无。	第二百四十一条　公司被吊销营业执照、责令关闭或者被撤销，满三年未向公司登记机关申请注销公司登记的，公司登记机关可以通过国家企业信用信息公示系统予以公告，公告期限不少于六十日。公告期限届满后，未有异议的，公司登记机关可以注销公司登记。 依照前款规定注销公司登记的，原公司股东、清算义务人的责任不受影响。	171. 新增强制注销制度。

📝 溯源解读

强制注销制度源于我国市场主体退出制度改革，借鉴部分省份强制注销试点经验，主要依据为《中华人民共和国行政许可法》（简称《行政许可法》）第七十条规定：

"有下列情形之一的，行政机关应当依法办理有关行政许可的注销手续：

（一）行政许可有效期届满未延续的；

（二）赋予公民特定资格的行政许可，该公民死亡或者丧失行为能力的；

（三）法人或者其他组织依法终止的；

（四）行政许可依法被撤销、撤回，或者行政许可证件依法被吊销的；

（五）因不可抗力导致行政许可事项无法实施的；

（六）法律、法规规定的应当注销行政许可的其他情形。"

该规定完善了我国的公司注销制度，为公司登记机关履行注销职责提供民事法律依据，**有助于清理市场上大量已不具备经营资格的"名存实亡"企业**，也有利于划清债权债务边界，及时追究股东或者清算义务人的法律责任。

☑ 实操指南

如果公司无法继续经营，如何强制注销？

"近两年来没少咨询，也没少跑路，可就因为总公司已经好多年没有经营，找不到负责人，导致分公司一直无法注销，**注销不了就得月月想着报税，年初还得按时进行年报，我太难了！**"按原来的政策规定，某分公司的这种情况就无法注销。但是按照新的简易注销政策，该公司就可以主动申请注销了。

在实际运营中，如果一个公司无法继续经营，根据上述强制注销制度，可以通过法律程序进行强制注销。具体应该怎么做呢？

（1）向工商行政管理部门申请注销，并提交支持文件和资料。这些文件包括公司注销申请书、法定代表人身份证明、公司章程、财务报告和清算报告等。其中，清算报告是非常关键的，它包括公司债务清算、资产清算和股东清算等内容。

（2）等待工商行政管理部门对提交资料进行审核。如果审核通过，会发布公告，征求意见。在公告期限内，如果没有出现异议，工商行政管理部门会进行注销登记，并颁发注销证明。

（3）进行税务注销。税务注销需要到税务机关办理，提交公司注销申请书、营业执照、税务登记证、章程等资料。税务机关会在收到申请后，对公司进行核实，同时进行账务和税务处理，最终颁发税务注销证明和完税证明。

（4）进行银行账户注销。在税务注销完成后，需要到银行注销企业账户。需要注意的是，注销前需要清算公司所有的财务往来，包括贷款、存款、股权投资等。

需要说明的是，不同地区对于注销程序可能会有所不同，所以在具体操作时，需要参照当地的实际情况进行处理。

第十三章 关于法律责任的修订内容

[修订] 虚假登记的法律责任

法条对比

本条将虚假登记的罚款上限从五十万元调整为二百万元,删除"情节严重时撤销公司登记的后果"改为**"处以罚款并吊销营业执照"**。同时新增"对直接负责任的主管人员和其他直接责任人员处以三万元以上三十万元以下的罚款"的规定。

2018年版《公司法》	新《公司法》	内容变化
第一百九十八条 违反本法规定,虚报注册资本、提交虚假材料或者采取其他欺诈手段隐瞒重要事实取得公司登记的,由公司登记机关责令改正,对虚报注册资本的公司,处以虚报注册资本金额百分之五以上百分之十五以下的罚款;对提交虚假材料或者采取其他欺诈手段隐瞒重要事实的公司,处以五万元以上五十万元以下的罚款;情节严重的,撤销公司登记或者吊销营业执照。	第二百五十条 违反本法规定,虚报注册资本、提交虚假材料或者采取其他欺诈手段隐瞒重要事实取得公司登记的,由公司登记机关责令改正,对虚报注册资本的公司,处以虚报注册资本金额百分之五以上百分之十五以下的罚款;对提交虚假材料或者采取其他欺诈手段隐瞒重要事实的公司,处以五万元以上二百万元以下的罚款;情节严重的,吊销营业执照;对直接负责的主管人员和其他直接责任人员处以三万元以上三十万元以下的罚款。	172. 将虚假登记的罚款上限从五十万元调整为二百万元; 173. 删除"情节严重时撤销公司登记的后果"; 174. 新增"对直接负责的主管人员和其他直接责任人员处以三万元以上三十万元以下的罚款"。

溯源解读

对于提交虚假材料或者采取其他欺诈手段隐瞒重要事实、情节严重时能否吊销营业执照并处以罚款,一直存在着争议。为此,本条吸收了《市场主体登记管理条例》第四十四条的规定:"提交虚假材料或者采取其他欺诈手段隐瞒重要事实取得市场主体登记的,由登记机关责令改正,没收违法所得,并处5万元以上20万元以下的罚款;情节严重的,处20万元以上100万元以下的罚款,吊销营业执照。"明确规定情节严重是可以吊销营业执照并处以罚款的,新《公司法》

甚至将这条规定的罚款上限从五十万元提到二百万元。

至于**为什么要删除"撤销公司登记"**，是因为：第一，新《公司法》第三十九条已经对"撤销公司登记"作出单独规定；第二，"撤销公司登记"是对违法行为的纠正，本条是对"法律责任"的规定，用在这里不适宜。删除"撤销公司登记"体现了此次修订的严谨性。

公司虚假登记实际是由公司内部人员主导实施的，在处罚公司时也要强调行为人的个人责任，因此**本条新增了对虚假登记直接责任人的处罚**。情节严重的，给直接负责的主管人员和其他直接责任人员予以罚款，远比给公司予以罚款，警醒力度更大。所以本条将罚款的对象对准了"直接负责的主管人员和其他直接责任人员"。具体到人，也有利于打击冒用他人身份信息进行虚假登记的恶劣行为。

☑ 实操指南

企业发现被假冒登记，该怎么办？

根据新《公司法》和最新版《防范和查处假冒企业登记违法行为规定》，企业发现被假冒登记的，可以采取以下措施：

（1）向该假冒登记公司所在登记机关提出调查申请，并提供相关证据材料，申请人对申请事项和证据材料的真实性负责。

（2）登记机关收到调查申请后，会在 3 个工作日内作出是否受理的决定，并书面通知申请人。

（3）登记机关受理申请后，在 3 个月内完成调查，并最终作出撤销或者不予撤销登记的决定。情形复杂的，经登记机关负责人批准，可以延长 3 个月。

（4）调查期间，对方无法联系或者拒不配合的，登记机关可以将涉嫌假冒登记企业的登记时间、登记事项等信息通过国家企业信用信息公示系统向社会公示，公示期 45 日。

（5）**对方在公示期内没有提出异议的，登记机关依法撤销其企业登记**。撤销设立登记的，会标注"已撤销设立登记"，公示被撤销登记日期和原因、作出撤销决定的机关等信息，其电子营业执照与纸质营业执照同步作废。

（6）被撤销登记的企业有对外投资设立企业的，该企业负责人将受到罚款处理，情节严重的，处 20 万元以上 200 万元以下的罚款。

（7）假冒企业登记违法行为的直接责任人，自该登记被撤销之日起 3 年内不得再次申请企业登记；受到市场监督管理部门较重行政处罚的，依法被列入市场监督管理严重违法失信名单。登记机关通过国家企业信用信息公示系统予以公示。

[新增] 公司未公示或不如实公示信息最高罚 20 万元

📱 法条对比

本条为新增条文，新设未公示或者不如实公示相关企业信息的法律责任。违法情节轻微的，处以数额较低的罚款；情节严重的，处以高额罚款；同时，直接的责任人（主要是自然人）也会被处以罚款。

2018年版《公司法》	新《公司法》	内容变化
无。	第二百五十一条　公司未依照本法第四十条规定公示有关信息或者不如实公示有关信息的，由公司登记机关责令改正，可以处以一万元以上五万元以下的罚款。**情节严重的，处以五万元以上二十万元以下的罚款**；对直接负责的主管人员和其他直接责任人员处以一万元以上十万元以下的罚款。	175. 新增未公示或者不如实公示相关企业信息的法律责任。

✏️ 溯源解读

新《公司法》第四十条规定："公司应当按照规定通过国家企业信用信息公示系统公示下列事项：（一）有限责任公司股东认缴和实缴的出资额、出资方式和出资日期，股份有限公司发起人认购的股份数；（二）有限责任公司股东、股份有限公司发起人的股权、股份变更信息；（三）行政许可取得、变更、注销等信息；（四）法律、行政法规规定的其他信息。公司应当确保前款公示信息真实、准确、完整。"

这里只是指出了公司"应当"公示的内容，但没有明确"不这么做"的法律后果。本条就是补充第四十条规定，让企业信息公示制度长出锋利的牙齿，进而保障该制度得到有效落实。有了对公司未公示或者不如实公示相关企业信息的法律责任的明确规定，尤其是具体的罚款数额，企业信息公示制度就会得以有效执行，这样可以快速替代过去的年检制度。

☑️ 实操指南

公司不如实公示信息，会被列入政府黑名单吗？

未公示或者不如实公示信息，包括即时信息和年报信息两种情况，最主要的是年报信息。最新《企业信息公示暂行条例》第九条列出了年报信息的七项内容：

（一）企业通信地址、邮政编码、联系电话、电子邮箱等信息；

（二）企业开业、歇业、清算等存续状态信息；

（三）企业投资设立企业、购买股权信息；

（四）企业为有限责任公司或者股份有限公司的，其股东或者发起人认缴和实缴的出资额、出资时间、出资方式等信息；

（五）有限责任公司股东股权转让等股权变更信息；

（六）企业网站以及从事网络经营的网店的名称、网址等信息；

（七）企业从业人数、资产总额、负债总额、对外提供保证担保、所有者权益合计、营业总收入、主营业务收入、利润总额、净利润、纳税总额信息。

企业应当于每年 1 月 1 日至 6 月 30 日，通过国家企业信用信息公示系统向市场监督管理部门报送上一年度年度报告，并向社会公示。

未公示或者不如实公示信息，首先会被工商行政管理部门列入经营异常名录，情节严重的，会被处以五万元以上二十万元以下的罚款；对直接负责的主管人员和其他直接责任人员处以一万元以上十万元以下的罚款。

企业对被列入经营异常名录有异议的，可以自公示之日起三十日内向作出决定的工商部门提出书面申请并提交相关证明材料。

满三年未履行公示义务的，会被列入严重违法企业名单，并通过企业信用信息公示系统向社会公示。被列入严重违法企业名单的企业的法定代表人、负责人，三年内不得担任其他企业的法定代表人、负责人。企业五年内彻底改正，才会被移出严重违法企业名单。

「修订」 对虚假出资予以阶梯式罚款

➡ 法条对比

本条对 2018 年版《公司法》的虚假出资责任规定进行了更精细化的设计。2018 年版《公司法》对于虚假出资的罚款数额，统一处以虚假出资金额百分之五以上百分之十五以下的罚款，但事实上，公司出资金额有时会过亿，如果按照这一比例罚款，会显得过于严重。于是新《公司法》进行了梯度设计，即情节不严重的，处以五万元以上二十万元以下的罚款；情节严重的，处以虚假出资或者未出资金额百分之五以上百分之十五以下的罚款；另外增加了对直接负责的主管人员和其他直接责任人员处以一万元以上十万元以下的罚款。

2018年版《公司法》	新《公司法》	内容变化
第一百九十九条 公司的发起人、股东虚假出资，未交付或未按期交付作为出资的货币或者非货币财产的，由公司登记机关责令改正，处以虚假出资金额百分之五以上百分之十五以下的罚款。	第二百五十二条 公司的发起人、股东虚假出资，未交付或者未按期交付作为出资的货币或者非货币财产的，由公司登记机关责令改正，可以处以五万元以上二十万元以下的罚款；情节严重的，处以虚假出资或者未出资金额百分之五以上百分之十五以下的罚款；对直接负责的主管人员和其他直接责任人员处以一万元以上十万元以下的罚款。	176. 对虚假出资责任规定进行了更精细化的设计。

溯源解读

虚假出资是指公司发起人、股东违反《公司法》的规定未交付货币、实物或未转移财产权，主要目的是吸引其他发起人或股东的投资，即欺骗的是其他发起人和股东。 其常见形式有：利用估价不当的方法虚假出资；利用虚假验资的方式虚假出资；利用向他人借贷、租赁的财产和设备等方式，出齐注册资本；公司成立之后，以各种名义抽走资金，使公司成为买空卖空的皮包公司。

虚假出资在道德和法律上都是不允许的，因此新《公司法》在对单位细化罚款的同时，还规定了对直接负责的主管人员和其他直接责任人员处以一万元以上十万元以下的罚款。罚款连带到负责人，目的是更加有效地抵制虚假出资。

实操指南

虚假出资，只会被罚款吗？

按照新《公司法》规定，虚假出资罚款分级，似乎"风险"降低了。事实上并非如此，情节严重的，罚款不仅会和过去一样没有降低，而且会面临牢狱之灾。

对于严重虚假出资，除了《公司法》，《刑法》还有进一步的规定。《刑法》明确规定："公司发起人、股东违反公司法的规定未交付货币、实物或者未转移财产权，虚假出资，或者在公司成立后又抽逃出资，数额巨大、后果严重或者有其他严重情节的，处五年以下有期徒刑或者拘役，并处或者单处虚假出资金额或者抽逃出资金额百分之二以上百分之十以下罚金。"

虚假出资涉嫌下列情形之一的，应予立案追诉：

（一）超过法定出资期限，有限责任公司股东虚假出资数额在三十万元以上并占其应缴出资数额百分之六十以上的，股份有限公司发起人、股东虚假出资数额在三百万元以上并占其应缴出资数额百分之三十以上的；

（二）有限责任公司股东抽逃出资数额在三十万元以上并占其实缴出资数额百分之六十以上的，股份有限公司发起人、股东抽逃出资数额在三百万元以上并占其实缴出资数额百分之三十以上的；

（三）造成公司、股东、债权人的直接经济损失累计数额在十万元以上的；

（四）虽未达到上述数额标准，但具有下列情形之一的：

1）致使公司资不抵债或者无法正常经营的；

2）公司发起人、股东合谋虚假出资、抽逃出资的；

3）两年内因虚假出资、抽逃出资受过行政处罚两次以上，又虚假出资、抽逃出资的；

4）利用虚假出资、抽逃出资所得资金进行违法活动的。

（五）其他后果严重或者有其他严重情节的情形。

同时，**虚假出资的行为还有可能会构成犯罪**，虚假出资的金额达到一定的数额则符合立案标准，相关行为人会承担刑事责任。而对于利用虚假出资从事一些违法活动的行为，法律会对行为人从重处罚。

修订 抽逃出资直接负责人员最高罚款 30 万元

法条对比

2018 年版《公司法》对抽逃出资的法律责任，仅限于对公司的罚款。新《公司法》对此进一步做了补充规定，新增对直接负责的主管人员和其他直接责任人员处以 3 万 ~30 万元的罚款。

2018 年版《公司法》	新《公司法》	内容变化
第二百条 公司的发起人、股东在公司成立后，抽逃其出资的，由公司登记机关责令改正，处以所抽逃出资金额百分之五以上百分之十五以下的罚款。	第二百五十三条 公司的发起人、股东在公司成立后，抽逃其出资的，由公司登记机关责令改正，处以所抽逃出资金额百分之五以上百分之十五以下的罚款；对直接负责的主管人员和其他直接责任人员处以三万元以上三十万元以下的罚款。	177. 对抽逃出资的法律责任做了补充规定。

第十三章 关于法律责任的修订内容

> 📝 **溯源解读**

本条修订内容源于《公司法司法解释（三）（2020修正）》关于股东抽逃出资责任的细化规定。《公司法司法解释（三）（2020修正）》第十四条明确规定：

"股东抽逃出资，公司或者其他股东请求其向公司返还出资本息、协助抽逃出资的其他股东、董事、高级管理人员或者实际控制人对此承担连带责任的，人民法院应予支持。

公司债权人请求抽逃出资的股东在抽逃出资本息范围内对公司债务不能清偿的部分承担补充赔偿责任、协助抽逃出资的其他股东、董事、高级管理人员或者实际控制人对此承担连带责任的，人民法院应予支持；抽逃出资的股东已经承担上述责任，其他债权人提出相同请求的，人民法院不予支持。"

《公司法司法解释（三）（2020修正）》的这条规定，已经将责任主体从公司扩展至有过错的其他股东、董事、高级管理人员和实际控制人，但是对他们的惩罚没有具体化。**新《公司法》则在修订时明确了具体的罚款数额，便于司法裁定。**

> ✅ **实操指南**

抽逃出资如何界定？

抽逃出资是指在公司成立或验资后，股东将其已经转移到公司名下的出资财产暗中抽回，且仍保留股东身份和原有出资数额的行为。那么，它该如何具体界定呢？对此，《公司法司法解释（三）（2020修正）》第十二条有明确的规定：

（1）将出资款项转入公司账户验资后又转出；
（2）通过虚构债权债务关系将其出资转出；
（3）制作虚假财务会计报表虚增利润进行分配；
（4）利用关联交易将出资转出；
（5）其他未经法定程序将出资抽回的行为。

［修订］ 另立会计账簿、财务会计报告失真的法律责任

> 📑 **法条对比**

本条将2018年版《公司法》第二百零一条和二百零二条的规定合二为一，同时统一规定，将处罚权交由县级以上人民政府财政部门，并允许其依照《中华人民共和国会计法》（简称《会计法》）等法律、行政法规的规定处罚，而没有作出具体的数额规定。

2018 年版《公司法》	新《公司法》	内容变化
第二百零一条　公司违反本法规定，在法定的会计账簿以外另立会计账簿的，由县级以上人民政府财政部门责令改正，处以五万元以上五十万元以下的罚款。 第二百零二条　公司在依法向有关主管部门提供的财务会计报告等材料上作虚假记载或者隐瞒重要事实的，由有关主管部门对直接负责的主管人员和其他直接责任人员处以三万元以上三十万元以下的罚款。	第二百五十四条　有下列行为之一的，由县级以上人民政府财政部门依照《中华人民共和国会计法》等法律、行政法规的规定处罚： （一）在法定的会计账簿以外另立会计账簿； （二）提供存在虚假记载或者隐瞒重要事实的财务会计报告。	178. 将 2018 年版《公司法》的两条规定合二为一； 179. 处罚权统一交给县级以上人民政府财政部门； 180. 罚款上下限不再做规定。

✏️ 溯源解读

《会计法》（2017 年版）第六章专设法律责任规定。对另立会计账簿、虚假记载或者隐瞒重要事实的财务会计报告，第四十二条规定："违反本法规定，有下列行为之一的，由县级以上人民政府财政部门责令限期改正，可以对单位并处三千元以上五万元以下的罚款；对其直接负责的主管人员和其他直接责任人员，可以处二千元以上二万元以下的罚款；属于国家工作人员的，还应当由其所在单位或者有关单位依法给予行政处分：

（一）不依法设置会计帐簿的；

（二）**私设会计帐簿的；**

（三）未按照规定填制、取得原始凭证或者填制、取得的原始凭证不符合规定的；

（四）以未经审核的会计凭证为依据登记会计帐簿或者登记会计帐簿不符合规定的；

（五）随意变更会计处理方法的；

（六）**向不同的会计资料使用者提供的财务会计报告编制依据不一致的；**

（七）未按照规定使用会计记录文字或者记帐本位币的；

（八）未按照规定保管会计资料，致使会计资料毁损、灭失的；

（九）未按照规定建立并实施单位内部会计监督制度或者拒绝依法实施的监督或者不如实提供有关会计资料及有关情况的；

（十）任用会计人员不符合本法规定的。

有前款所列行为之一，构成犯罪的，依法追究刑事责任。

会计人员有第一款所列行为之一，情节严重的，五年内不得从事会计工作。

有关法律对第一款所列行为的处罚另有规定的，依照有关法律的规定办理。"

第四十三条规定："**伪造、变造会计凭证、会计帐簿，编制虚假财务会计报告，构成犯罪的，依法追究刑事责任。**

有前款行为，尚不构成犯罪的，由县级以上人民政府财政部门予以通报，可以对单位并处五千元以上十万元以下的罚款；对其直接负责的主管人员和其他直接责任人员，可以处三千元以上五万元以下的罚款；属于国家工作人员的，还应当由其所在单位或者有关单位依法给予撤职直至开除的行政处分；其中的会计人员，五年内不得从事会计工作。"

实操指南

公司"做假账"会被要求补税吗？

除了《公司法》《会计法》规定的罚款之外，公司另立会计账簿、提供存在虚假记载或者隐瞒重要事实的财务会计报告，还将面临税务方面的惩罚。

《中华人民共和国税收征收管理法》第六十三条规定："纳税人伪造、变造、隐匿、擅自销毁账簿、记账凭证，或者在账簿上多列支出或者不列、少列收入，或者经税务机关通知申报而拒不申报或者进行虚假的纳税申报，不缴或者少缴应纳税款的，是偷税。对纳税人偷税的，由税务机关追缴其不缴或者少缴的税款、滞纳金，并处不缴或者少缴的税款百分之五十以上五倍以下的罚款；构成犯罪的，依法追究刑事责任。

扣缴义务人采取前款所列手段，不缴或者少缴已扣、已收税款，由税务机关追缴其不缴或者少缴的税款、滞纳金，并处不缴或者少缴的税款百分之五十以上五倍以下的罚款；构成犯罪的，依法追究刑事责任。"

第六十四条规定："纳税人、扣缴义务人编造虚假计税依据的，由税务机关责令限期改正，并处五万元以下的罚款。

纳税人不进行纳税申报，不缴或者少缴应纳税款的，由税务机关追缴其不缴或者少缴的税款、滞纳金，并处不缴或者少缴的税款百分之五十以上五倍以下的罚款。"

第六十六条规定："以假报出口或者其他欺骗手段，骗取国家出口退税款的，由税务机关追缴其骗取的退税款，并处骗取税款一倍以上五倍以下的罚款；构成犯罪的，依法追究刑事责任。

对骗取国家出口退税款的，税务机关可以在规定期间内停止为其办理出口退税。"

「修订」机构提供重大遗漏报告的法律责任

法条对比

本条对 2018 年版《公司法》第二百零七条的第一款和第二款进行了整合，删除了具体惩罚内容，规定由有关部门依照《中华人民共和国资产评估法》（简称《资产评估法》）、《中华人民共和国注册会计》（简称《注册会计师法》）等法律、行政法规的规定，根据具体情况作出合适的处罚。

承担资产评估、验资或者验证的机构接受的业务多元化，对不同领域的公司，机构提供的服务不同，它们提供的虚假材料或者重大遗漏的报告也大有不同，造成的损害程度也不同，所以处罚标准理应有所不同。这些交由《资产评估法》《注册会计师法》等法律、行政法规处理，则会更加专业。

2018 年版《公司法》	新《公司法》	内容变化
第二百零七条　承担资产评估、验资或者验证的机构提供虚假材料的，由**公司登记机关**没收违法所得，处以违法所得一倍以上五倍以下的罚款，并可以由有关主管部门依法责令该机构停业、吊销直接责任人员的资格证书，吊销营业执照。 承担资产评估、验资或者验证的机构因过失提供有重大遗漏的报告的，由公司登记机关责令改正，情节较重的，处以所得收入一倍以上五倍以下的罚款，并可以由有关主管部门依法责令该机构停业、吊销直接责任人员的资格证书，吊销营业执照。 承担资产评估、验资或者验证的机构因其出具的评估结果、验资或者验证证明不实，给公司债权人造成损失的，除能够证明自己没有过错的，在其评估或者证明不实的金额范围内承担赔偿责任。	第二百五十七条　承担资产评估、验资或者验证的机构提供虚假材料或者提供有重大遗漏的报告的，由**有关部门**依照《中华人民共和国资产评估法》《中华人民共和国注册会计师法》等法律、行政法规的规定处罚。 承担资产评估、验资或者验证的机构因其出具的评估结果、验资或者验证证明不实，给公司债权人造成损失的，除能够证明自己没有过错的外，在其评估或者证明不实的金额范围内承担赔偿责任。	181. 将"公司登记机关"改为"有关部门"； 182. 将具体的处罚内容改为"依照《中华人民共和国资产评估法》《中华人民共和国注册会计师法》等法律、行政法规的规定处罚"。

第十三章 关于法律责任的修订内容

> 溯源解读

什么是重大遗漏评估报告？ 机构提供的评估报告可分为规范评估报告、不规范评估报告、重大遗漏评估报告、虚假评估报告四类。重大遗漏评估报告，是指评估专业人员、评估机构出具的评估报告，产生的影响程度超出了报告使用人可接受的范围。但是和虚假评估报告不一样的是，重大遗漏评估报告在出具过程中不存在故意、主观过错。

重大遗漏评估报告主要包括：

（1）由于评估假设条件错误，造成对评估结论产生重大影响；

（2）由于选用的价值类型不恰当，造成对评估结论产生重大影响；

（3）由于重大评估程序和核查程序没有履行，重大证据未获取或获取不充分，造成对评估结论产生重大影响；

（4）由于选用评估方法或重要评估参数不正确，造成对评估结论产生重大影响；

（5）由于上述（1）~（4）项中的两项或以上共同影响，造成对评估结论产生重大影响。

> 实操指南

机构究竟会接受什么样的惩罚？

机构提供虚假材料或者提供有重大遗漏的报告的，新《公司法》规定交由有关部门依照《资产评估法》《注册会计师法》等法律、行政法规的规定处罚。那么这两部法规对此究竟作了什么样的规定呢？机构究竟会受到什么样的惩罚呢？

《资产评估法》相关规定：

"**第四十五条** 评估专业人员违反本法规定，**签署虚假评估报告的**，由有关评估行政管理部门责令**停止从业两年以上五年以下**；有违法所得的，没收违法所得；情节严重的，责令停止从业五年以上十年以下；构成犯罪的，依法追究刑事责任，终身不得从事评估业务。

第四十七条 评估机构违反本法规定，有下列情形之一的，由有关评估行政管理部门予以警告，可以责令停业一个月以上六个月以下；**有违法所得的，没收违法所得，并处违法所得一倍以上五倍以下罚款**；情节严重的，由工商行政管理部门吊销营业执照；构成犯罪的，依法追究刑事责任：

（一）利用开展业务之便，谋取不正当利益的；

（二）允许其他机构以本机构名义开展业务，或者冒用其他机构名义开展业务的；

（三）以恶性压价、支付回扣、虚假宣传，或者贬损、诋毁其他评估机构等不正当手段招揽业务的；

（四）受理与自身有利害关系的业务的；

（五）分别接受利益冲突双方的委托，对同一评估对象进行评估的；

（六）**出具有重大遗漏的评估报告的**；

（七）未按本法规定的期限保存评估档案的；

（八）聘用或者指定不符合本法规定的人员从事评估业务的；

（九）对本机构的评估专业人员疏于管理，造成不良后果的。

评估机构未按本法规定备案或者不符合本法第十五条规定的条件的，由有关评估行政管理部门责令改正；拒不改正的，责令停业，可以并处一万元以上五万元以下罚款。

第四十八条 评估机构违反本法规定，**出具虚假评估报告的**，由有关评估行政管理部门**责令停业**六个月以上一年以下；有违法所得的，没收违法所得，**并处违法所得一倍以上五倍以下罚款**；情节严重的，由工商行政管理部门**吊销营业执照**；构成犯罪的，依法**追究刑事责任**。

第五十条 评估专业人员违反本法规定，给委托人或者其他相关当事人造成损失的，由其所在的评估机构**依法承担赔偿责任**。评估机构履行赔偿责任后，可以向有故意或者重大过失行为的评估专业人员追偿。"

《注册会计师法》相关规定：

"第二十条 注册会计师执行审计业务，遇有下列情形之一的，应当拒绝出具有关报告：

（一）委托人示意其作不实或者不当证明的；

（二）委托人故意不提供有关会计资料和文件的；

（三）因委托人有其他不合理要求，致使注册会计师出具的报告不能对财务会计的重要事项作出正确表述的。

第二十一条 注册会计师执行审计业务，必须按照执业准则、规则确定的工作程序出具报告。

注册会计师执行审计业务出具报告时，不得有下列行为：

（一）明知委托人对重要事项的财务会计处理与国家有关规定相抵触，而不予指明；

（二）明知委托人的财务会计处理会直接损害报告使用人或者其他利害关系

第十三章 关于法律责任的修订内容

人的利益，而予以隐瞒或者作不实的报告；

（三）明知委托人的财务会计处理会导致报告使用人或者其他利害关系人产生重大误解，而不予指明；

（四）明知委托人的会计报表的重要事项有其他不实的内容，而不予指明。

对委托人有前款所列行为，注册会计师按照执业准则、规则应当知道的，适用前款规定。

第三十九条 会计师事务所违反本法第二十条、第二十一条规定的，由省级以上人民政府财政部门给予警告，没收违法所得，可以并处违法所得一倍以上五倍以下的罚款；情节严重的，并可以由省级以上人民政府财政部门暂停其经营业务或者予以撤销。

注册会计师违反本法第二十条、第二十一条规定的，由省级以上人民政府财政部门给予警告；情节严重的，可以由省级以上人民政府财政部门暂停其执行业务或者吊销注册会计师证书。

会计师事务所、注册会计师违反本法第二十条、第二十一条的规定，**故意出具虚假的审计报告、验资报告，构成犯罪的，依法追究刑事责任。**

第四十二条 会计师事务所违反本法规定，给委托人、其他利害关系人造成损失的，应当依法**承担赔偿责任**。"

[修订] 公司登记机关违法行为的政务处分

📕 法条对比

本条将 2018 年版《公司法》第二百零八条与二百零九条的相关规定做了整合，将"不符合本法规定条件的登记申请予以登记、对符合本法规定条件的登记申请不予登记的、强令公司登记机关对不符合本法规定条件的登记申请予以登记、对违法登记进行包庇的"行为，统一为"公司登记机关违反法律、行政法规规定未履行职责或者履行职责不当的"行为；**对负有责任的领导人员和直接责任人员的处分从"行政处分"改为"政务处分"。**

2018 年版《公司法》	新《公司法》	内容变化
第二百零八条 公司登记机关对不符合本法规定条件的登记申请予以登记，或者对符合本法规定条件的登记申请不予登记的，对直接负责的主管人员和其他直接责任人	第二百五十八条 公司登记机关违反法律、行政法规规定未履行职责或者履行职	183.将公司登记机关的典型违法行为统一为"公司登记机关违反法律、

续表

2018年版《公司法》	新《公司法》	内容变化
员，依法给予行政处分。 第二百零九条 公司登记机关的上级部门强令公司登记机关对不符合本法规定条件的登记申请予以登记，或者对符合本法规定条件的登记申请不予登记的，或者对违法登记进行包庇的，对直接负责的主管人员和其他直接责任人员依法给予行政处分。	责不当的，对负有责任的领导人员和直接责任人员依法给予政务处分。	行政法规规定未履行职责或者履行职责不当的"行为； 184.改"行政处分"为"政务处分"。

溯源解读

2018年版《公司法》的规定虽然很具体，但是无法囊括现实中的违法行为。所以，新《公司法》放弃了细分规定，采用概括式规定，不给公司登记机关钻空子的机会。

处分部门也有讲究。政务处分和行政处分并不相同。作出行政处分的主体为县级以上人民政府的监察机关，而作出政务处分的主体为包括县级以上人民政府的监察机关和各级监察机关。行政处分的适用范围很广泛，而政务处分的范围主要是公务员或工作人员在工作中违反纪律的行为。本条的对象是针对直接负责的主管人员和其他直接责任人员，所以改用"政务处分"更为准确。

概括式归结公司登记机关的典型违法行为，改"行政处分"为"政务处分"，体现了此条修改的严谨性。

实操指南

公司登记机关滥用职权，会受到什么严厉的处分？

国家有关主管部门的国家机构工作人员，徇私舞弊，滥用职权，对不符合法律规定条件的公司设立、登记申请或者股票、债券发行、上市申请，予以批准或者登记，致使公共财产、国家和人民利益遭受重大损失的，处五年以下有期徒刑或者拘役。

[修订] 增加办理歇业的公司不承担法律责任

法条对比

本条在2018年版《公司法》第二百一十一条规定的基础上，增加"歇业登记"

作为公司逾期未开业、停业连续六个月以上或者不依法办理变更登记的法律责任的例外情形。

2018年版《公司法》	新《公司法》	内容变化
第二百一十一条　公司成立后无正当理由超过六个月未开业的，或者开业后自行停业连续六个月以上的，可以由公司登记机关吊销营业执照。 公司登记事项发生变更时，未依照本法规定办理有关变更登记的，由公司登记机关责令限期登记；逾期不登记的，处以一万元以上十万元以下的罚款。	第二百六十条　公司成立后无正当理由超过六个月未开业的，或者开业后自行停业连续六个月以上的，公司登记机关可以吊销营业执照，但公司依法办理歇业的除外。 公司登记事项发生变更时，未依照本法规定办理有关变更登记的，由公司登记机关责令限期登记；逾期不登记的，处以一万元以上十万元以下的罚款。	185.增加"公司依法办理歇业的除外"情形。

溯源解读

本条吸收了《市场主体登记管理条例》和《市场主体登记管理条例实施细则》的相关规定。

歇业登记是《市场主体登记管理条例》新增的制度，是指依法成立的公司，因为不可抗力或其他困难无法继续经营，但又不想彻底退出市场，因而向登记机关申请维持其企业法人的主体资格，不作为自行停业来进行处理，待情况好转后，再恢复营业的登记。

《市场主体登记管理条例》第三十条规定："因自然灾害、事故灾难、公共卫生事件、社会安全事件等原因造成经营困难的，市场主体可以自主决定在一定时期内歇业。法律、行政法规另有规定的除外。

市场主体应当在歇业前与职工依法协商劳动关系处理等有关事项。

市场主体应当在歇业前向登记机关办理备案。登记机关通过国家企业信用信息公示系统向社会公示歇业期限、法律文书送达地址等信息。

市场主体歇业的期限最长不得超过3年。市场主体在歇业期间开展经营活动的，视为恢复营业，市场主体应当通过国家企业信用信息公示系统向社会公示。

市场主体歇业期间，可以以法律文书送达地址代替住所或者主要经营场所。"

《市场主体登记管理条例实施细则》第六章专门对歇业作了更加详细的规定：

第四十条　因自然灾害、事故灾难、公共卫生事件、社会安全事件等原因造成经营困难的，市场主体可以自主决定在一定时期内歇业。法律、行政法规另有规定的除外。

第四十一条 市场主体决定歇业，应当在歇业前向登记机关办理备案。登记机关通过国家企业信用信息公示系统向社会公示歇业期限、法律文书送达地址等信息。以法律文书送达地址代替住所（主要经营场所、经营场所）的，应当提交法律文书送达地址确认书。市场主体延长歇业期限，应当于期限届满前30日内按规定办理。

第四十二条 市场主体办理歇业备案后，自主决定开展或者已实际开展经营活动的，应当于30日内在国家企业信用信息公示系统上公示终止歇业。市场主体恢复营业时，登记、备案事项发生变化的，应当及时办理变更登记或者备案。以法律文书送达地址代替住所（主要经营场所、经营场所）的，应当及时办理住所（主要经营场所、经营场所）变更登记。市场主体备案的歇业期限届满，或者累计歇业满3年，视为自动恢复经营，决定不再经营的，应当及时办理注销登记。

第四十三条 歇业期间，市场主体以法律文书送达地址代替原登记的住所（主要经营场所、经营场所）的，不改变歇业市场主体的登记管辖。

☑ 实操指南

公司如何办理歇业？

公司办理歇业通常需要走这些流程：

（1）**提出申请**。在营业执照核准的经营期内，向税务登记管理机关提出申请，并领取填写《停业登记表》。

（2）**等待审核**。税务登记管理机关会受理已填写完毕的表格及相关资料，并审阅这些资料是否符合要求。

（3）**停业处理**。有关部门确认申请停业的纳税人的税款已结清、发票已缴销，会给公司发放《核准停业通知书》。

（4）**准备办理资料**。需要提供的资料通常包括税务登记证副本、《发票领购簿》、尚未查验缴销的发票和收款收据、税务机关要求报送的其他有关证件资料，以及停业申请审批表。

（5）**正式办理手续**。到办税服务厅的发票发售窗口办理发票缴销手续，到申报征收窗口办理税款征收手续，并将停业申请审批表交由税务分局分管局长审签后，录入电脑并领取《核准停业通知书》。

（6）**复业处理**。如果按期复业，以核准停业期止日期作为复业日期；如果提前复业，则以提前复业的日期作为复业日期，并交还原封存的税务登记证件。对于未申请延期复业的企业，将主动实施复业处理，并视为正常营业纳税人管理。

此外，如果企业在歇业期间发生纳税义务，应及时向纳税部门申报并尽快补交税款。如果企业未申请延长营业或私自复业，税务部门将视为已恢复营业，并恢复正常的税收管理。

附录　中小企业须知的公司法相关法律法规和司法解释

附录1 《中华人民共和国公司法》（2024年版）

（1993年12月29日第八届全国人民代表大会常务委员会第五次会议通过　根据1999年12月25日第九届全国人民代表大会常务委员会第十三次会议《关于修改〈中华人民共和国公司法〉的决定》第一次修正　根据2004年8月28日第十届全国人民代表大会常务委员会第十一次会议《关于修改〈中华人民共和国公司法〉的决定》第二次修正　2005年10月27日第十届全国人民代表大会常务委员会第十八次会议第一次修订　根据2013年12月28日第十二届全国人民代表大会常务委员会第六次会议《关于修改〈中华人民共和国海洋环境保护法〉等七部法律的决定》第三次修正　根据2018年10月26日第十三届全国人民代表大会常务委员会第六次会议《关于修改〈中华人民共和国公司法〉的决定》第四次修正　2023年12月29日第十四届全国人民代表大会常务委员会第七次会议第二次修订）

第一章　总　则

第一条　为了规范公司的组织和行为，保护公司、股东、职工和债权人的合法权益，完善中国特色现代企业制度，弘扬企业家精神，维护社会经济秩序，促进社会主义市场经济的发展，根据宪法，制定本法。

第二条　本法所称公司，是指依照本法在中华人民共和国境内设立的有限责任公司和股份有限公司。

第三条　公司是企业法人，有独立的法人财产，享有法人财产权。公司以其全部财产对公司的债务承担责任。

公司的合法权益受法律保护，不受侵犯。

第四条　有限责任公司的股东以其认缴的出资额为限对公司承担责任；股份有限公司的股东以其认购的股份为限对公司承担责任。

公司股东对公司依法享有资产收益、参与重大决策和选择管理者等权利。

第五条　设立公司应当依法制定公司章程。公司章程对公司、股东、董事、监事、高级管理人员具有约束力。

第六条 公司应当有自己的名称。公司名称应当符合国家有关规定。

公司的名称权受法律保护。

第七条 依照本法设立的有限责任公司，应当在公司名称中标明有限责任公司或者有限公司字样。

依照本法设立的股份有限公司，应当在公司名称中标明股份有限公司或者股份公司字样。

第八条 公司以其主要办事机构所在地为住所。

第九条 公司的经营范围由公司章程规定。公司可以修改公司章程，变更经营范围。

公司的经营范围中属于法律、行政法规规定须经批准的项目，应当依法经过批准。

第十条 公司的法定代表人按照公司章程的规定，由代表公司执行公司事务的董事或者经理担任。

担任法定代表人的董事或者经理辞任的，视为同时辞去法定代表人。

法定代表人辞任的，公司应当在法定代表人辞任之日起三十日内确定新的法定代表人。

第十一条 法定代表人以公司名义从事的民事活动，其法律后果由公司承受。

公司章程或者股东会对法定代表人职权的限制，不得对抗善意相对人。

法定代表人因执行职务造成他人损害的，由公司承担民事责任。公司承担民事责任后，依照法律或者公司章程的规定，可以向有过错的法定代表人追偿。

第十二条 有限责任公司变更为股份有限公司，应当符合本法规定的股份有限公司的条件。股份有限公司变更为有限责任公司，应当符合本法规定的有限责任公司的条件。

有限责任公司变更为股份有限公司的，或者股份有限公司变更为有限责任公司的，公司变更前的债权、债务由变更后的公司承继。

第十三条 公司可以设立子公司。子公司具有法人资格，依法独立承担民事责任。

公司可以设立分公司。分公司不具有法人资格，其民事责任由公司承担。

第十四条 公司可以向其他企业投资。

法律规定公司不得成为对所投资企业的债务承担连带责任的出资人的，从其规定。

第十五条　公司向其他企业投资或者为他人提供担保，按照公司章程的规定，由董事会或者股东会决议；公司章程对投资或者担保的总额及单项投资或者担保的数额有限额规定的，不得超过规定的限额。

公司为公司股东或者实际控制人提供担保的，应当经股东会决议。

前款规定的股东或者受前款规定的实际控制人支配的股东，不得参加前款规定事项的表决。该项表决由出席会议的其他股东所持表决权的过半数通过。

第十六条　公司应当保护职工的合法权益，依法与职工签订劳动合同，参加社会保险，加强劳动保护，实现安全生产。

公司应当采用多种形式，加强公司职工的职业教育和岗位培训，提高职工素质。

第十七条　公司职工依照《中华人民共和国工会法》组织工会，开展工会活动，维护职工合法权益。公司应当为本公司工会提供必要的活动条件。公司工会代表职工就职工的劳动报酬、工作时间、休息休假、劳动安全卫生和保险福利等事项依法与公司签订集体合同。

公司依照宪法和有关法律的规定，建立健全以职工代表大会为基本形式的民主管理制度，通过职工代表大会或者其他形式，实行民主管理。

公司研究决定改制、解散、申请破产以及经营方面的重大问题、制定重要的规章制度时，应当听取公司工会的意见，并通过职工代表大会或者其他形式听取职工的意见和建议。

第十八条　在公司中，根据中国共产党章程的规定，设立中国共产党的组织，开展党的活动。公司应当为党组织的活动提供必要条件。

第十九条　公司从事经营活动，应当遵守法律法规，遵守社会公德、商业道德，诚实守信，接受政府和社会公众的监督。

第二十条　公司从事经营活动，应当充分考虑公司职工、消费者等利益相关者的利益以及生态环境保护等社会公共利益，承担社会责任。

国家鼓励公司参与社会公益活动，公布社会责任报告。

第二十一条　公司股东应当遵守法律、行政法规和公司章程，依法行使股东权利，不得滥用股东权利损害公司或者其他股东的利益。

公司股东滥用股东权利给公司或者其他股东造成损失的，应当承担赔偿责任。

第二十二条　公司的控股股东、实际控制人、董事、监事、高级管理人员不得利用关联关系损害公司利益。

违反前款规定，给公司造成损失的，应当承担赔偿责任。

第二十三条 公司股东滥用公司法人独立地位和股东有限责任，逃避债务，严重损害公司债权人利益的，应当对公司债务承担连带责任。

股东利用其控制的两个以上公司实施前款规定行为的，各公司应当对任一公司的债务承担连带责任。

只有一个股东的公司，股东不能证明公司财产独立于股东自己的财产的，应当对公司债务承担连带责任。

第二十四条 公司股东会、董事会、监事会召开会议和表决可以采用电子通信方式，公司章程另有规定的除外。

第二十五条 公司股东会、董事会的决议内容违反法律、行政法规的无效。

第二十六条 公司股东会、董事会的会议召集程序、表决方式违反法律、行政法规或者公司章程，或者决议内容违反公司章程的，股东自决议作出之日起六十日内，可以请求人民法院撤销。但是，股东会、董事会的会议召集程序或者表决方式仅有轻微瑕疵，对决议未产生实质影响的除外。

未被通知参加股东会会议的股东自知道或者应当知道股东会决议作出之日起六十日内，可以请求人民法院撤销；自决议作出之日起一年内没有行使撤销权的，撤销权消灭。

第二十七条 有下列情形之一的，公司股东会、董事会的决议不成立：

（一）未召开股东会、董事会会议作出决议；

（二）股东会、董事会会议未对决议事项进行表决；

（三）出席会议的人数或者所持表决权数未达到本法或者公司章程规定的人数或者所持表决权数；

（四）同意决议事项的人数或者所持表决权数未达到本法或者公司章程规定的人数或者所持表决权数。

第二十八条 公司股东会、董事会决议被人民法院宣告无效、撤销或者确认不成立的，公司应当向公司登记机关申请撤销根据该决议已办理的登记。

股东会、董事会决议被人民法院宣告无效、撤销或者确认不成立的，公司根据该决议与善意相对人形成的民事法律关系不受影响。

第二章 公司登记

第二十九条 设立公司，应当依法向公司登记机关申请设立登记。

法律、行政法规规定设立公司必须报经批准的，应当在公司登记前依法办理批准手续。

第三十条　申请设立公司，应当提交设立登记申请书、公司章程等文件，提交的相关材料应当真实、合法和有效。

申请材料不齐全或者不符合法定形式的，公司登记机关应当一次性告知需要补正的材料。

第三十一条　申请设立公司，符合本法规定的设立条件的，由公司登记机关分别登记为有限责任公司或者股份有限公司；不符合本法规定的设立条件的，不得登记为有限责任公司或者股份有限公司。

第三十二条　公司登记事项包括：

（一）名称；

（二）住所；

（三）注册资本；

（四）经营范围；

（五）法定代表人的姓名；

（六）有限责任公司股东、股份有限公司发起人的姓名或者名称。

公司登记机关应当将前款规定的公司登记事项通过国家企业信用信息公示系统向社会公示。

第三十三条　依法设立的公司，由公司登记机关发给公司营业执照。公司营业执照签发日期为公司成立日期。

公司营业执照应当载明公司的名称、住所、注册资本、经营范围、法定代表人姓名等事项。

公司登记机关可以发给电子营业执照。电子营业执照与纸质营业执照具有同等法律效力。

第三十四条　公司登记事项发生变更的，应当依法办理变更登记。

公司登记事项未经登记或者未经变更登记，不得对抗善意相对人。

第三十五条　公司申请变更登记，应当向公司登记机关提交公司法定代表人签署的变更登记申请书、依法作出的变更决议或者决定等文件。

公司变更登记事项涉及修改公司章程的，应当提交修改后的公司章程。

公司变更法定代表人的，变更登记申请书由变更后的法定代表人签署。

第三十六条　公司营业执照记载的事项发生变更的，公司办理变更登记后，由公司登记机关换发营业执照。

第三十七条 公司因解散、被宣告破产或者其他法定事由需要终止的，应当依法向公司登记机关申请注销登记，由公司登记机关公告公司终止。

第三十八条 公司设立分公司，应当向公司登记机关申请登记，领取营业执照。

第三十九条 虚报注册资本、提交虚假材料或者采取其他欺诈手段隐瞒重要事实取得公司设立登记的，公司登记机关应当依照法律、行政法规的规定予以撤销。

第四十条 公司应当按照规定通过国家企业信用信息公示系统公示下列事项：

（一）有限责任公司股东认缴和实缴的出资额、出资方式和出资日期，股份有限公司发起人认购的股份数；

（二）有限责任公司股东、股份有限公司发起人的股权、股份变更信息；

（三）行政许可取得、变更、注销等信息；

（四）法律、行政法规规定的其他信息。

公司应当确保前款公示信息真实、准确、完整。

第四十一条 公司登记机关应当优化公司登记办理流程，提高公司登记效率，加强信息化建设，推行网上办理等便捷方式，提升公司登记便利化水平。

国务院市场监督管理部门根据本法和有关法律、行政法规的规定，制定公司登记注册的具体办法。

第三章 有限责任公司的设立和组织机构

第一节 设立

第四十二条 有限责任公司由一个以上五十个以下股东出资设立。

第四十三条 有限责任公司设立时的股东可以签订设立协议，明确各自在公司设立过程中的权利和义务。

第四十四条 有限责任公司设立时的股东为设立公司从事的民事活动，其法律后果由公司承受。

公司未成立的，其法律后果由公司设立时的股东承受；设立时的股东为二人以上的，享有连带债权，承担连带债务。

设立时的股东为设立公司以自己的名义从事民事活动产生的民事责任，第三人有权选择请求公司或者公司设立时的股东承担。

设立时的股东因履行公司设立职责造成他人损害的，公司或者无过错的股东承担赔偿责任后,可以向有过错的股东追偿。

第四十五条 设立有限责任公司,应当由股东共同制定公司章程。

第四十六条 有限责任公司章程应当载明下列事项:

(一)公司名称和住所;

(二)公司经营范围;

(三)公司注册资本;

(四)股东的姓名或者名称;

(五)股东的出资额、出资方式和出资日期;

(六)公司的机构及其产生办法、职权、议事规则;

(七)公司法定代表人的产生、变更办法;

(八)股东会认为需要规定的其他事项。

股东应当在公司章程上签名或者盖章。

第四十七条 有限责任公司的注册资本为在公司登记机关登记的全体股东认缴的出资额。全体股东认缴的出资额由股东按照公司章程的规定自公司成立之日起五年内缴足。

法律、行政法规以及国务院决定对有限责任公司注册资本实缴、注册资本最低限额、股东出资期限另有规定的,从其规定。

第四十八条 股东可以用货币出资,也可以用实物、知识产权、土地使用权、股权、债权等可以用货币估价并可以依法转让的非货币财产作价出资;但是,法律、行政法规规定不得作为出资的财产除外。

对作为出资的非货币财产应当评估作价,核实财产,不得高估或者低估作价。法律、行政法规对评估作价有规定的,从其规定。

第四十九条 股东应当按期足额缴纳公司章程规定的各自所认缴的出资额。

股东以货币出资的,应当将货币出资足额存入有限责任公司在银行开设的账户;以非货币财产出资的,应当依法办理其财产权的转移手续。

股东未按期足额缴纳出资的,除应当向公司足额缴纳外,还应当对给公司造成的损失承担赔偿责任。

第五十条 有限责任公司设立时,股东未按照公司章程规定实际缴纳出资,或者实际出资的非货币财产的实际价额显著低于所认缴的出资额的,设立时的其他股东与该股东在出资不足的范围内承担连带责任。

第五十一条 有限责任公司成立后,董事会应当对股东的出资情况进行核查,发现股东未按期足额缴纳公司章程规定的出资的，应当由公司向该股东发出书面催缴书，催缴出资。

未及时履行前款规定的义务，给公司造成损失的，负有责任的董事应当承担赔偿责任。

第五十二条 股东未按照公司章程规定的出资日期缴纳出资，公司依照前条第一款规定发出书面催缴书催缴出资的，可以载明缴纳出资的宽限期；宽限期自公司发出催缴书之日起，不得少于六十日。宽限期届满，股东仍未履行出资义务的，公司经董事会决议可以向该股东发出失权通知，通知应当以书面形式发出。自通知发出之日起，该股东丧失其未缴纳出资的股权。

依照前款规定丧失的股权应当依法转让，或者相应减少注册资本并注销该股权；六个月内未转让或者注销的，由公司其他股东按照其出资比例足额缴纳相应出资。

股东对失权有异议的，应当自接到失权通知之日起三十日内，向人民法院提起诉讼。

第五十三条 公司成立后，股东不得抽逃出资。

违反前款规定的，股东应当返还抽逃的出资；给公司造成损失的，负有责任的董事、监事、高级管理人员应当与该股东承担连带赔偿责任。

第五十四条 公司不能清偿到期债务的，公司或者已到期债权的债权人有权要求已认缴出资但未届出资期限的股东提前缴纳出资。

第五十五条 有限责任公司成立后，应当向股东签发出资证明书，记载下列事项：

（一）公司名称；

（二）公司成立日期；

（三）公司注册的资本；

（四）股东的姓名或者名称、认缴和实缴的出资额、出资方式和出资日期；

（五）出资证明书的编号和核发日期。

出资证明书由法定代表人签名，并由公司盖章。

第五十六条 有限责任公司应当置备股东名册，记载下列事项：

（一）股东的姓名或者名称及住所；

（二）股东认缴和实缴的出资额、出资方式和出资日期；

（三）出资证明书编号；

（四）取得和丧失股东资格的日期。

记载于股东名册的股东，可以依股东名册主张行使股东权利。

第五十七条 股东有权查阅、复制公司章程、股东名册、股东会会议记录、董事会会议决议、监事会会议决议和财务会计报告。

股东可以要求查阅公司会计账簿、会计凭证。股东要求查阅公司会计账簿、会计凭证的，应当向公司提出书面请求，说明目的。公司有合理根据认为股东查阅会计账簿、会计凭证有不正当目的，可能损害公司合法利益的，可以拒绝提供查阅，并应当自股东提出书面请求之日起十五日内书面答复股东并说明理由。公司拒绝提供查阅的，股东可以向人民法院提起诉讼。

股东查阅前款规定的材料，可以委托会计师事务所、律师事务所等中介机构进行。

股东及其委托的会计师事务所、律师事务所等中介机构查阅、复制有关材料，应当遵守有关保护国家秘密、商业秘密、个人隐私、个人信息等法律、行政法规的规定。

股东要求查阅、复制公司全资子公司相关材料的，适用前四款的规定。

第二节 组织机构

第五十八条 有限责任公司股东会由全体股东组成。股东会是公司的权力机构，依照本法行使职权。

第五十九条 股东会行使下列职权：

（一）选举和更换董事、监事，决定有关董事、监事的报酬事项；

（二）审议批准董事会的报告；

（三）审议批准监事会的报告；

（四）审议批准公司的利润分配方案和弥补亏损方案；

（五）对公司增加或者减少注册资本作出决议；

（六）对发行公司债券作出决议；

（七）对公司合并、分立、解散、清算或者变更公司形式作出决议；

（八）修改公司章程；

（九）公司章程规定的其他职权。

股东会可以授权董事会对发行公司债券作出决议。

对本条第一款所列事项股东以书面形式一致表示同意的，可以不召开股东会会议，直接作出决定，并由全体股东在决定文件上签名或者盖章。

第六十条 只有一个股东的有限责任公司不设股东会。股东作出前条第一款所列事项的决定时，应当采用书面形式，并由股东签名或者盖章后置备于公司。

第六十一条 首次股东会会议由出资最多的股东召集和主持，依照本法规定行使职权。

第六十二条 股东会会议分为定期会议和临时会议。

定期会议应当按照公司章程的规定按时召开。代表十分之一以上表决权的股东、三分之一以上的董事或者监事会提议召开临时会议的，应当召开临时会议。

第六十三条 股东会会议由董事会召集，董事长主持；董事长不能履行职务或者不履行职务的，由副董事长主持；副董事长不能履行职务或者不履行职务的，由过半数的董事共同推举一名董事主持。

董事会不能履行或者不履行召集股东会会议职责的，由监事会召集和主持；监事会不召集和主持的，代表十分之一以上表决权的股东可以自行召集和主持。

第六十四条 召开股东会会议，应当于会议召开十五日前通知全体股东；但是，公司章程另有规定或者全体股东另有约定的除外。

股东会应当对所议事项的决定作成会议记录，出席会议的股东应当在会议记录上签名或者盖章。

第六十五条 股东会会议由股东按照出资比例行使表决权；但是，公司章程另有规定的除外。

第六十六条 股东会的议事方式和表决程序，除本法有规定的外，由公司章程规定。

股东会作出决议，应当经代表过半数表决权的股东通过。

股东会作出修改公司章程、增加或者减少注册资本的决议，以及公司合并、分立、解散或者变更公司形式的决议，应当经代表三分之二以上表决权的股东通过。

第六十七条 有限责任公司设董事会，本法第七十五条另有规定的除外。

董事会行使下列职权：

（一）召集股东会会议，并向股东会报告工作；

（二）执行股东会的决议；

（三）决定公司的经营计划和投资方案；

（四）制订公司的利润分配方案和弥补亏损方案；

（五）制订公司增加或者减少注册资本以及发行公司债券的方案；

（六）制订公司合并、分立、解散或者变更公司形式的方案；

（七）决定公司内部管理机构的设置；

（八）决定聘任或者解聘公司经理及其报酬事项，并根据经理的提名决定聘任或者解聘公司副经理、财务负责人及其报酬事项；

（九）制定公司的基本管理制度；

（十）公司章程规定或者股东会授予的其他职权。

公司章程对董事会职权的限制不得对抗善意相对人。

第六十八条 有限责任公司董事会成员为三人以上，其成员中可以有公司职工代表。职工人数三百人以上的有限责任公司，除依法设监事会并有公司职工代表的外，其董事会成员中应当有公司职工代表。董事会中的职工代表由公司职工通过职工代表大会、职工大会或者其他形式民主选举产生。

董事会设董事长一人，可以设副董事长。董事长、副董事长的产生办法由公司章程规定。

第六十九条 有限责任公司可以按照公司章程的规定在董事会中设置由董事组成的审计委员会，行使本法规定的监事会的职权，不设监事会或者监事。公司董事会成员中的职工代表可以成为审计委员会成员。

第七十条 董事任期由公司章程规定，但每届任期不得超过三年。董事任期届满，连选可以连任。

董事任期届满未及时改选，或者董事在任期内辞任导致董事会成员低于法定人数的，在改选出的董事就任前，原董事仍应当依照法律、行政法规和公司章程的规定，履行董事职务。

董事辞任的，应当以书面形式通知公司，公司收到通知之日辞任生效，但存在前款规定情形的，董事应当继续履行职务。

第七十一条 股东会可以决议解任董事，决议作出之日解任生效。

无正当理由，在任期届满前解任董事的，该董事可以要求公司予以赔偿。

第七十二条 董事会会议由董事长召集和主持；董事长不能履行职务或者不履行职务的，由副董事长召集和主持；副董事长不能履行职务或者不履行职务的，由过半数的董事共同推举一名董事召集和主持。

第七十三条 董事会的议事方式和表决程序，除本法有规定的外，由公司章程规定。

董事会会议应当有过半数的董事出席方可举行。董事会作出决议，应当经全体董事的过半数通过。

董事会决议的表决，应当一人一票。

董事会应当对所议事项的决定作成会议记录，出席会议的董事应当在会议记录上签名。

第七十四条 有限责任公司可以设经理，由董事会决定聘任或者解聘。

经理对董事会负责，根据公司章程的规定或者董事会的授权行使职权。经理列席董事会会议。

第七十五条 规模较小或者股东人数较少的有限责任公司，可以不设董事会，设一名董事，行使本法规定的董事会的职权。该董事可以兼任公司经理。

第七十六条 有限责任公司设监事会，本法第六十九条、第八十三条另有规定的除外。

监事会成员为三人以上。监事会成员应当包括股东代表和适当比例的公司职工代表，其中职工代表的比例不得低于三分之一，具体比例由公司章程规定。监事会中的职工代表由公司职工通过职工代表大会、职工大会或者其他形式民主选举产生。

监事会设主席一人，由全体监事过半数选举产生。监事会主席召集和主持监事会会议；监事会主席不能履行职务或者不履行职务的，由过半数的监事共同推举一名监事召集和主持监事会会议。

董事、高级管理人员不得兼任监事。

第七十七条 监事的任期每届为三年。监事任期届满，连选可以连任。

监事任期届满未及时改选，或者监事在任期内辞任导致监事会成员低于法定人数的，在改选出的监事就任前，原监事仍应当依照法律、行政法规和公司章程的规定，履行监事职务。

第七十八条 监事会行使下列职权：

（一）检查公司财务；

（二）对董事、高级管理人员执行职务的行为进行监督，对违反法律、行政法规、公司章程或者股东会决议的董事、高级管理人员提出解任的建议；

（三）当董事、高级管理人员的行为损害公司的利益时，要求董事、高级管理人员予以纠正；

（四）提议召开临时股东会会议，在董事会不履行本法规定的召集和主持股东会会议职责时召集和主持股东会会议；

（五）向股东会会议提出提案；

（六）依照本法第一百八十九条的规定，对董事、高级管理人员提起诉讼；

（七）公司章程规定的其他职权。

第七十九条 监事可以列席董事会会议，并对董事会决议事项提出质询或者建议。

监事会发现公司经营情况异常，可以进行调查；必要时，可以聘请会计师事务所等协助其工作，费用由公司承担。

第八十条 监事会可以要求董事、高级管理人员提交执行职务的报告。

董事、高级管理人员应当如实向监事会提供有关情况和资料，不得妨碍监事会或者监事行使职权。

第八十一条 监事会每年度至少召开一次会议，监事可以提议召开临时监事会会议。

监事会的议事方式和表决程序，除本法有规定的外，由公司章程规定。

监事会决议应当经全体监事的过半数通过。

监事会决议的表决，应当一人一票。

监事会应当对所议事项的决定作成会议记录，出席会议的监事应当在会议记录上签名。

第八十二条 监事会行使职权所必需的费用，由公司承担。

第八十三条 规模较小或者股东人数较少的有限责任公司，可以不设监事会，设一名监事，行使本法规定的监事会的职权；经全体股东一致同意，也可以不设监事。

第四章 有限责任公司的股权转让

第八十四条 有限责任公司的股东之间可以相互转让其全部或者部分股权。

股东向股东以外的人转让股权的，应当将股权转让的数量、价格、支付方式和期限等事项书面通知其他股东，其他股东在同等条件下有优先购买权。股东自接到书面通知之日起三十日内未答复的，视为放弃优先购买权。两个以上股东行使优先购买权的，协商确定各自的购买比例；协商不成的，按照转让时各自的出资比例行使优先购买权。

公司章程对股权转让另有规定的，从其规定。

第八十五条　人民法院依照法律规定的强制执行程序转让股东的股权时，应当通知公司及全体股东，其他股东在同等条件下有优先购买权。其他股东自人民法院通知之日起满二十日不行使优先购买权的，视为放弃优先购买权。

第八十六条　股东转让股权的，应当书面通知公司，请求变更股东名册；需要办理变更登记的，并请求公司向公司登记机关办理变更登记。公司拒绝或者在合理期限内不予答复的，转让人、受让人可以依法向人民法院提起诉讼。

股权转让的，受让人自记载于股东名册时起可以向公司主张行使股东权利。

第八十七条　依照本法转让股权后，公司应当及时注销原股东的出资证明书，向新股东签发出资证明书，并相应修改公司章程和股东名册中有关股东及其出资额的记载。对公司章程的该项修改不需再由股东会表决。

第八十八条　股东转让已认缴出资但未届出资期限的股权的，由受让人承担缴纳该出资的义务；受让人未按期足额缴纳出资的，转让人对受让人未按期缴纳的出资承担补充责任。

未按照公司章程规定的出资日期缴纳出资或者作为出资的非货币财产的实际价额显著低于所认缴的出资额的股东转让股权的，转让人与受让人在出资不足的范围内承担连带责任；受让人不知道且不应当知道存在上述情形的，由转让人承担责任。

第八十九条　有下列情形之一的，对股东会该项决议投反对票的股东可以请求公司按照合理的价格收购其股权：

（一）公司连续五年不向股东分配利润，而公司该五年连续盈利，并且符合本法规定的分配利润条件；

（二）公司合并、分立、转让主要财产；

（三）公司章程规定的营业期限届满或者章程规定的其他解散事由出现，股东会通过决议修改章程使公司存续。

自股东会决议作出之日起六十日内，股东与公司不能达成股权收购协议的，股东可以自股东会决议作出之日起九十日内向人民法院提起诉讼。

公司的控股股东滥用股东权利，严重损害公司或者其他股东利益的，其他股东有权请求公司按照合理的价格收购其股权。

公司因本条第一款、第三款规定的情形收购的本公司股权，应当在六个月内依法转让或者注销。

第九十条　自然人股东死亡后，其合法继承人可以继承股东资格；但是，公司章程另有规定的除外。

第五章 股份有限公司的设立和组织机构

第一节 设 立

第九十一条 设立股份有限公司，可以采取发起设立或者募集设立的方式。

发起设立，是指由发起人认购设立公司时应发行的全部股份而设立公司。

募集设立，是指由发起人认购设立公司时应发行股份的一部分，其余股份向特定对象募集或者向社会公开募集而设立公司。

第九十二条 设立股份有限公司，应当有一人以上二百人以下为发起人，其中应当有半数以上的发起人在中华人民共和国境内有住所。

第九十三条 股份有限公司发起人承担公司筹办事务。

发起人应当签订发起人协议，明确各自在公司设立过程中的权利和义务。

第九十四条 设立股份有限公司，应当由发起人共同制订公司章程。

第九十五条 股份有限公司章程应当载明下列事项：

（一）公司名称与住所；

（二）公司经营的范围；

（三）公司设立方式；

（四）公司注册资本、已发行的股份数和设立时发行的股份数，面额股的每股金额；

（五）发行类别股的，每一类别股的股份数及其权利和义务；

（六）发起人的姓名或者名称、认购的股份数、出资方式；

（七）董事会的组成、职权和议事规则；

（八）公司法定代表人的产生、变更办法；

（九）监事会的组成、职权和议事规则；

（十）公司利润分配办法；

（十一）公司的解散事由与清算办法；

（十二）公司的通知和公告办法；

（十三）股东会认为需要规定的其他事项。

第九十六条 股份有限公司的注册资本为在公司登记机关登记的已发行股份的股本总额。在发起人认购的股份缴足前，不得向他人募集股份。

法律、行政法规以及国务院决定对股份有限公司注册资本最低限额另有规定的，从其规定。

第九十七条　以发起设立方式设立股份有限公司的，发起人应当认足公司章程规定的公司设立时应发行的股份。

以募集设立方式设立股份有限公司的，发起人认购的股份不得少于公司章程规定的公司设立时应发行股份总数的百分之三十五；但是，法律、行政法规另有规定的，从其规定。

第九十八条　发起人应当在公司成立前按照其认购的股份全额缴纳股款。

发起人的出资，适用本法第四十八条、第四十九条第二款关于有限责任公司股东出资的规定。

第九十九条　发起人不按照其认购的股份缴纳股款，或者作为出资的非货币财产的实际价额显著低于所认购的股份的，其他发起人与该发起人在出资不足的范围内承担连带责任。

第一百条　发起人向社会公开募集股份，应当公告招股说明书，并制作认股书。认股书应当载明本法第一百五十四条第二款、第三款所列事项，由认股人填写认购的股份数、金额、住所，并签名或者盖章。认股人应当按照所认购股份足额缴纳股款。

第一百零一条　向社会公开募集股份的股款缴足后，应当经依法设立的验资机构验资并出具证明。

第一百零二条　股份有限公司应当制作股东名册并置备于公司。股东名册应当记载下列事项：

（一）股东的姓名或者名称和住所；

（二）各股东所认购的股份种类及股份数；

（三）发行纸面形式的股票的，股票的编号；

（四）各股东取得股份的日期。

第一百零三条　募集设立股份有限公司的发起人应当自公司设立时应发行股份的股款缴足之日起三十日内召开公司成立大会。发起人应当在成立大会召开十五日前将会议日期通知各认股人或者予以公告。成立大会应当有持有表决权过半数的认股人出席，方可举行。

以发起设立方式设立股份有限公司成立大会的召开和表决程序由公司章程或者发起人协议规定。

第一百零四条　公司成立大会行使下列职权：

（一）审议发起人关于公司筹办情况的报告；

（二）通过公司章程；

（三）选举董事、监事；

（四）对公司的设立费用进行审核；

（五）对发起人非货币财产出资的作价进行审核；

（六）发生不可抗力或者经营条件发生重大变化直接影响公司设立的，可以作出不设立公司的决议。

成立大会对前款所列事项作出决议，应当经出席会议的认股人所持表决权过半数通过。

第一百零五条 公司设立时应发行的股份未募足，或者发行股份的股款缴足后，发起人在三十日内未召开成立大会的，认股人可以按照所缴股款并加算银行同期存款利息，要求发起人返还。

发起人、认股人缴纳股款或者交付非货币财产出资后，除未按期募足股份、发起人未按期召开成立大会或者成立大会决议不设立公司的情形外，不得抽回其股本。

第一百零六条 董事会应当授权代表，于公司成立大会结束后三十日内向公司登记机关申请设立登记。

第一百零七条 本法第四十四条、第四十九条第三款、第五十一条、第五十二条、第五十三条的规定，适用于股份有限公司。

第一百零八条 有限责任公司变更为股份有限公司时，折合的实收股本总额不得高于公司净资产额。有限责任公司变更为股份有限公司，为增加注册资本公开发行股份时，应当依法办理。

第一百零九条 股份有限公司应当将公司章程、股东名册、股东会会议记录、董事会会议记录、监事会会议记录、财务会计报告、债券持有人名册置备于本公司。

第一百一十条 股东有权查阅、复制公司章程、股东名册、股东会会议记录、董事会会议决议、监事会会议决议、财务会计报告，对公司的经营提出建议或者质询。

连续一百八十日以上单独或者合计持有公司百分之三以上股份的股东要求查阅公司的会计账簿、会计凭证的，适用本法第五十七条第二款、第三款、第四款的规定。公司章程对持股比例有较低规定的，从其规定。

股东要求查阅、复制公司全资子公司相关材料的，适用前两款的规定。

上市公司股东查阅、复制相关材料的，应当遵守《中华人民共和国证券法》等法律、行政法规的规定。

第二节 股东会

第一百一十一条 股份有限公司股东会由全体股东组成。股东会是公司的权力机构，依照本法行使职权。

第一百一十二条 本法第五十九条第一款、第二款关于有限责任公司股东会职权的规定，适用于股份有限公司股东会。

本法第六十条关于只有一个股东的有限责任公司不设股东会的规定，适用于只有一个股东的股份有限公司。

第一百一十三条 股东会应当每年召开一次年会。有下列情形之一的，应当在两个月内召开临时股东会会议：

（一）董事人数不足本法规定人数或者公司章程所定人数的三分之二时；

（二）公司未弥补的亏损达股本总额三分之一时；

（三）单独或者合计持有公司百分之十以上股份的股东请求时；

（四）董事会认为必要时；

（五）监事会提议召开时；

（六）公司章程规定的其他情形。

第一百一十四条 股东会会议由董事会召集，董事长主持；董事长不能履行职务或者不履行职务的，由副董事长主持；副董事长不能履行职务或者不履行职务的，由过半数的董事共同推举一名董事主持。

董事会不能履行或者不履行召集股东会会议职责的，监事会应当及时召集和主持；监事会不召集和主持的，连续九十日以上单独或者合计持有公司百分之十以上股份的股东可以自行召集和主持。

单独或者合计持有公司百分之十以上股份的股东请求召开临时股东会会议的，董事会、监事会应当在收到请求之日起十日内作出是否召开临时股东会会议的决定，并书面答复股东。

第一百一十五条 召开股东会会议，应当将会议召开的时间、地点和审议的事项于会议召开二十日前通知各股东；临时股东会会议应当于会议召开十五日前通知各股东。

单独或者合计持有公司百分之一以上股份的股东，可以在股东会会议召开十日前提出临时提案并书面提交董事会。临时提案应当有明确议题和具体决议事项。董事会应当在收到提案后二日内通知其他股东，并将该临时提案提交股东会审议；但临时提案违反法律、行政法规或者公司章程的规定，或者不属于股东会职权范围的除外。公司不得提高提出临时提案股东的持股比例。

公开发行股份的公司，应当以公告方式作出前两款规定的通知。

股东会不得对通知中未列明的事项作出决议。

第一百一十六条 股东出席股东会会议，所持每一股份有一表决权，类别股股东除外。公司持有的本公司股份没有表决权。

股东会作出决议，应当经出席会议的股东所持表决权过半数通过。

股东会作出修改公司章程、增加或者减少注册资本的决议，以及公司合并、分立、解散或者变更公司形式的决议，应当经出席会议的股东所持表决权的三分之二以上通过。

第一百一十七条 股东会选举董事、监事，可以按照公司章程的规定或者股东会的决议，实行累积投票制。

本法所称累积投票制，是指股东会选举董事或者监事时，每一股份拥有与应选董事或者监事人数相同的表决权，股东拥有的表决权可以集中使用。

第一百一十八条 股东委托代理人出席股东会会议的，应当明确代理人代理的事项、权限和期限；代理人应当向公司提交股东授权委托书，并在授权范围内行使表决权。

第一百一十九条 股东会应当对所议事项的决定作成会议记录，主持人、出席会议的董事应当在会议记录上签名。会议记录应当与出席股东的签名册及代理出席的委托书一并保存。

第三节　董事会、经理

第一百二十条 股份有限公司设董事会，本法第一百二十八条另有规定的除外。

本法第六十七条、第六十八条第一款、第七十条、第七十一条的规定，适用于股份有限公司。

第一百二十一条 股份有限公司可以按照公司章程的规定在董事会中设置由董事组成的审计委员会，行使本法规定的监事会的职权，不设监事会或者监事。

审计委员会成员为三名以上，过半数成员不得在公司担任除董事以外的其他职务，且不得与公司存在任何可能影响其独立客观判断的关系。公司董事会成员中的职工代表可以成为审计委员会成员。

审计委员会作出决议，应当经审计委员会成员的过半数通过。

审计委员会决议的表决，应当一人一票。

审计委员会的议事方式和表决程序，除本法有规定的外，由公司章程规定。

公司可以按照公司章程的规定在董事会中设置其他委员会。

第一百二十二条 董事会设董事长一人，可以设副董事长。董事长和副董事长由董事会以全体董事的过半数选举产生。

董事长召集和主持董事会会议，检查董事会决议的实施情况。副董事长协助董事长工作，董事长不能履行职务或者不履行职务的，由副董事长履行职务；副董事长不能履行职务或者不履行职务的，由过半数的董事共同推举一名董事履行职务。

第一百二十三条 董事会每年度至少召开两次会议，每次会议应当于会议召开十日前通知全体董事和监事。

代表十分之一以上表决权的股东、三分之一以上董事或者监事会，可以提议召开临时董事会会议。董事长应当自接到提议后十日内，召集和主持董事会会议。

董事会召开临时会议，可以另定召集董事会的通知方式和通知时限。

第一百二十四条 董事会会议应当有过半数的董事出席方可举行。董事会作出决议，应当经全体董事的过半数通过。

董事会决议的表决，应一人一票。

董事会应对所议事项的决定作成会议记录，出席会议的董事应在会议记录上签名。

第一百二十五条 董事会会议，应当由董事本人出席；董事因故不能出席，可以书面委托其他董事代为出席，委托书应当载明授权范围。

董事应当对董事会的决议承担责任。董事会的决议违反法律、行政法规或者公司章程、股东会决议，给公司造成严重损失的，参与决议的董事对公司负赔偿责任；经证明在表决时曾表明异议并记载于会议记录的，该董事可以免除责任。

第一百二十六条 股份有限公司设经理，由董事会决定聘任或者解聘。

经理对董事会负责，根据公司章程规定或董事会的授权行使职权。经理列席董事会会议。

第一百二十七条 公司董事会可以决定由董事会成员兼任经理。

第一百二十八条 规模较小或者股东人数较少的股份有限公司，可以不设董事会，设一名董事，行使本法规定的董事会的职权。该董事可以兼任公司经理。

第一百二十九条 公司应当定期向股东披露董事、监事、高级管理人员从公司获得报酬的情况。

第四节 监事会

第一百三十条 股份有限公司设监事会，本法第一百二十一条第一款、第一百三十三条另有规定的除外。

监事会成员为三人以上。监事会成员应当包括股东代表和适当比例的公司职工代表，其中职工代表的比例不应低于三分之一，具体比例由公司章程规定。监事会中的职工代表由公司职工通过职工代表大会、职工大会或其他形式民主选举产生。

监事会设主席一人，可以设副主席。监事会主席和副主席由全体监事过半数选举产生。监事会主席召集和主持监事会会议；监事会主席不能履行职务或者不履行职务的，由监事会副主席召集和主持监事会会议；监事会副主席不能履行职务或者不履行职务的，由过半数的监事共同推举一名监事召集和主持监事会会议。

董事、高级管理人员不兼任监事。

本法第七十七条关于有限责任公司监事任期的规定，适用于股份有限公司监事。

第一百三十一条 本法第七十八条至第八十条的规定，适用于股份有限公司监事会。

监事会行使职权所必需的费用，由公司承担。

第一百三十二条 监事会每六个月至少召开一次会议。监事可以提议召开临时监事会会议。

监事会的议事方式和表决程序，除本法有规定外，由公司的章程规定。

监事会决议应经全体监事的过半数通过。

监事会决议的表决，应一人一票。

监事会应对所议事项的决定作成会议记录，出席会议的监事应在会议记录上签名。

第一百三十三条 规模较小或者股东人数较少的股份有限公司，可以不设监事会，设一名监事，行使本法规定的监事会的职权。

第五节 上市公司组织机构的特别规定

第一百三十四条 本法所称上市公司，是指其股票在证券交易所上市交易的股份有限公司。

第一百三十五条 上市公司在一年内购买、出售重大资产或者向他人提供担保的金额超过公司资产总额百分之三十的，应当由股东会作出决议，并经出席会议的股东所持表决权的三分之二以上通过。

第一百三十六条 上市公司设独立董事，具体管理办法由国务院证券监督管理机构规定。

上市公司的公司章程除载明本法第九十五条规定的事项外，还应当依照法律、行政法规的规定载明董事会专门委员会的组成、职权以及董事、监事、高级管理人员薪酬考核机制等事项。

第一百三十七条 上市公司在董事会中设置审计委员会的，董事会对下列事项作出决议前应当经审计委员会全体成员过半数通过：

（一）聘用、解聘承办公司审计业务的会计师事务所；

（二）聘任、解聘财务负责人；

（三）披露财务会计报告；

（四）国务院证券监督管理机构规定的其他事项。

第一百三十八条 上市公司设董事会秘书，负责公司股东会和董事会会议的筹备、文件保管以及公司股东资料的管理，办理信息披露事务等事宜。

第一百三十九条 上市公司董事与董事会会议决议事项所涉及的企业或者个人有关联关系的，该董事应当及时向董事会书面报告。有关联关系的董事不得对该项决议行使表决权，也不得代理其他董事行使表决权。该董事会会议由过半数的无关联关系董事出席即可举行，董事会会议所作决议须经无关联关系董事过半数通过。出席董事会会议的无关联关系董事人数不足三人的，应当将该事项提交上市公司股东会审议。

第一百四十条 上市公司应当依法披露股东、实际控制人的信息，相关信息应当真实、准确、完整。

禁止违反法律、行政法规的规定代持上市公司股票。

第一百四十一条 上市公司控股子公司不得取得该上市公司的股份。

上市公司控股子公司因公司合并、质权行使等原因持有上市公司股份的，不得行使所持股份对应的表决权，并应当及时处分相关上市公司股份。

第六章 股份有限公司的股份发行和转让

第一节 股份发行

第一百四十二条 公司的资本划分为股份。公司的全部股份，根据公司章程的规定择一采用面额股或者无面额股。采用面额股的，每一股的金额相等。

公司可以根据公司章程的规定将已发行的面额股全部转换为无面额股或者将无面额股全部转换为面额股。

采用无面额股的，应当将发行股份所得股款的二分之一以上计入注册资本。

第一百四十三条 股份的发行，实行公平、公正的原则，同类别的每一股份应当具有同等权利。

同次发行的同类别股份，每股的发行条件和价格应当相同；认购人所认购的股份，每股应当支付相同价额。

第一百四十四条 公司可以按照公司章程的规定发行下列与普通股权利不同的类别股：

（一）优先或者劣后分配利润或者剩余财产的股份；

（二）每一股的表决权数多于或者少于普通股的股份；

（三）转让须经公司同意等转让受限的股份；

（四）国务院规定的其他类别股。

公开发行股份的公司不得发行前款第二项、第三项规定的类别股；公开发行前已发行的除外。

公司发行本条第一款第二项规定的类别股的，对于监事或者审计委员会成员的选举和更换，类别股与普通股每一股的表决权数相同。

第一百四十五条 发行类别股的公司，应当在公司章程中载明以下事项：

（一）类别股分配利润或者剩余财产的顺序；

（二）类别股的表决权数；

（三）类别股的转让限制；

（四）保护中小股东权益的措施；

（五）股东会认为需要规定的其他事项。

第一百四十六条 发行类别股的公司，有本法第一百一十六条第三款规定的事项等可能影响类别股股东权利的，除应当依照第一百一十六条第三款的规定经股东会决议外，还应当经出席类别股股东会议的股东所持表决权的三分之二以上通过。

公司章程可以对需经类别股股东会议决议的其他事项作出规定。

第一百四十七条　公司的股份采取股票的形式。股票是公司签发的证明股东所持股份的凭证。

公司发行的股票，应当为记名股票。

第一百四十八条　面额股股票的发行价格可以按票面金额，也可以超过票面金额，但不得低于票面金额。

第一百四十九条　股票采用纸面形式或者国务院证券监督管理机构规定的其他形式。

股票采用纸面形式的，应当载明下列主要事项：

（一）公司名称；

（二）公司成立日期或者股票发行的时间；

（三）股票种类、票面金额及代表的股份数，发行无面额股的，股票代表的股份数。

股票采用纸面形式的，还应当载明股票的编号，由法定代表人签名，公司盖章。

发起人股票采用纸面形式的，应当标明发起人股票字样。

第一百五十条　股份有限公司成立后，即向股东正式交付股票。公司成立前不得向股东交付股票。

第一百五十一条　公司发行新股，股东会应当对下列事项作出决议：

（一）新股种类及数额；

（二）新股发行价格；

（三）新股发行的起止日期；

（四）向原有股东发行新股的种类及数额；

（五）发行无面额股的，新股发行所得股款计入注册资本的金额。

公司发行新股，可以根据公司经营情况和财务状况，确定其作价方案。

第一百五十二条　公司章程或者股东会可以授权董事会在三年内决定发行不超过已发行股份百分之五十的股份。但以非货币财产作价出资的应当经股东会决议。

董事会依照前款规定决定发行股份导致公司注册资本、已发行股份数发生变化的，对公司章程该项记载事项的修改不需再由股东会表决。

第一百五十三条　公司章程或者股东会授权董事会决定发行新股的，董事会决议应当经全体董事三分之二以上通过。

第一百五十四条　公司向社会公开募集股份，应当经国务院证券监督管理机构注册，公告招股说明书。

招股说明书应当附有公司章程，并载明下列事项：

（一）发行的股份总数；

（二）面额股的票面金额和发行价格或者无面额股的发行价格；

（三）募集资金的用途；

（四）认股人的权利和义务；

（五）股份种类及其权利和义务；

（六）本次募股的起止日期及逾期未募足时认股人可以撤回所认股份的说明。

公司设立时发行股份的，还应当载明发起人认购的股份数。

第一百五十五条　公司向社会公开募集股份，应当由依法设立的证券公司承销，签订承销协议。

第一百五十六条　公司向社会公开募集股份，应当同银行签订代收股款协议。

代收股款的银行应当按照协议代收和保存股款，向缴纳股款的认股人出具收款单据，并负有向有关部门出具收款证明的义务。

公司发行股份募足股款后，应予公告。

第二节　股份转让

第一百五十七条　股份有限公司的股东持有的股份可以向其他股东转让，也可以向股东以外的人转让；公司章程对股份转让有限制的，其转让按照公司章程的规定进行。

第一百五十八条　股东转让其股份，应当在依法设立的证券交易场所进行或者按照国务院规定的其他方式进行。

第一百五十九条　股票的转让，由股东以背书方式或者法律、行政法规规定的其他方式进行；转让后由公司将受让人的姓名或者名称及住所记载于股东名册。

股东会会议召开前二十日内或者公司决定分配股利的基准日前五日内，不得变更股东名册。法律、行政法规或者国务院证券监督管理机构对上市公司股东名册变更另有规定的，从其规定。

第一百六十条 公司公开发行股份前已发行的股份，自公司股票在证券交易所上市交易之日起一年内不得转让。法律、行政法规或者国务院证券监督管理机构对上市公司的股东、实际控制人转让其所持有的本公司股份另有规定的，从其规定。

公司董事、监事、高级管理人员应当向公司申报所持有的本公司的股份及其变动情况，在就任时确定的任职期间每年转让的股份不得超过其所持有本公司股份总数的百分之二十五；所持本公司股份自公司股票上市交易之日起一年内不得转让。上述人员离职后半年内，不得转让其所持有的本公司股份。公司章程可以对公司董事、监事、高级管理人员转让其所持有的本公司股份作出其他限制性规定。

股份在法律、行政法规规定的限制转让期限内出质的，质权人不得在限制转让期限内行使质权。

第一百六十一条 有下列情形之一的，对股东会该项决议投反对票的股东可以请求公司按照合理的价格收购其股份，公开发行股份的公司除外：

（一）公司连续五年不向股东分配利润，而公司五年连续盈利，并且符合本法规定的分配利润条件；

（二）公司转让主要财产；

（三）公司章程规定的营业期限届满或章程规定的其他解散事由出现，股东会通过决议修改章程使公司存续。

自股东会决议作出之日起六十日内，股东与公司不能达成股份收购协议的，股东可以自股东会决议作出之日起九十日内向人民法院提起诉讼。

公司因本条第一款规定的情形收购的本公司股份，应当在六个月内依法转让或者注销。

第一百六十二条 公司不得收购本公司股份。但是，有下列情形之一的除外：

（一）减少公司注册资本；

（二）与持有本公司股份的其他公司合并；

（三）将股份用于员工持股计划或者股权激励；

（四）股东因对股东会作出的公司合并、分立决议持异议，要求公司收购其股份；

（五）将股份用于转换公司发行的可转换为股票的公司债券；

（六）上市公司为维护公司价值及股东权益所必需。

公司因前款第一项、第二项规定的情形收购本公司股份的，应当经股东会决议；公司因前款第三项、第五项、第六项规定的情形收购本公司股份的，可以按照公司章程或者股东会的授权，经三分之二以上董事出席的董事会会议决议。

公司依照本条第一款规定收购本公司股份后，属于第一项情形的，应当自收购之日起十日内注销；属于第二项、第四项情形的，应当在六个月内转让或者注销；属于第三项、第五项、第六项情形的，公司合计持有的本公司股份数不得超过本公司已发行股份总数的百分之十，并应当在三年内转让或者注销。

上市公司收购本公司股份的，应当依照《中华人民共和国证券法》的规定履行信息披露义务。上市公司因本条第一款第三项、第五项、第六项规定的情形收购本公司股份的，应当通过公开的集中交易方式进行。

公司不得接受本公司的股份作为质权的标的。

第一百六十三条 公司不得为他人取得本公司或者其母公司的股份提供赠与、借款、担保以及其他财务资助，公司实施员工持股计划的除外。

为公司利益，经股东会决议，或者董事会按照公司章程或者股东会的授权作出决议，公司可以为他人取得本公司或者其母公司的股份提供财务资助，但财务资助的累计总额不得超过已发行股本总额的百分之十。董事会作出决议应当经全体董事的三分之二以上通过。

违反前两款规定，给公司造成损失的，负有责任的董事、监事、高级管理人员应当承担赔偿责任。

第一百六十四条 股票被盗、遗失或者灭失，股东可以依照《中华人民共和国民事诉讼法》规定的公示催告程序，请求人民法院宣告该股票失效。人民法院宣告该股票失效后，股东可以向公司申请补发股票。

第一百六十五条 上市公司的股票，依照有关法律、行政法规及证券交易所交易规则上市交易。

第一百六十六条 上市公司应当依照法律、行政法规的规定披露相关信息。

第一百六十七条 自然人股东死亡后，其合法继承人可以继承股东资格；但是，股份转让受限的股份有限公司的章程另有规定的除外。

第七章 国家出资公司组织机构的特别规定

第一百六十八条 国家出资公司的组织机构，适用本章规定；本章没有规定的，适用本法其他规定。

本法所称国家出资公司，是指国家出资的国有独资公司、国有资本控股公司，包括国家出资的有限责任公司、股份有限公司。

第一百六十九条 国家出资公司，由国务院或者地方人民政府分别代表国家依法履行出资人职责，享有出资人权益。国务院或者地方人民政府可以授权国有资产监督管理机构或者其他部门、机构代表本级人民政府对国家出资公司履行出资人职责。

代表本级人民政府履行出资人职责的机构、部门，以下统称为履行出资人职责的机构。

第一百七十条 国家出资公司中中国共产党的组织，按照中国共产党章程的规定发挥领导作用，研究讨论公司重大经营管理事项，支持公司的组织机构依法行使职权。

第一百七十一条 国有独资公司章程由履行出资人职责的机构制定。

第一百七十二条 国有独资公司不设股东会，由履行出资人职责的机构行使股东会职权。履行出资人职责的机构可以授权公司董事会行使股东会的部分职权，但公司章程的制定和修改，公司的合并、分立、解散、申请破产，增加或者减少注册资本，分配利润，应当由履行出资人职责的机构决定。

第一百七十三条 国有独资公司的董事会依照本法规定行使职权。

国有独资公司的董事会成员中，应当过半数为外部董事，并应当有公司职工代表。

董事会成员由履行出资人职责的机构委派；但是，董事会成员中的职工代表由公司职工代表大会选举产生。

董事会设董事长一人，可以设副董事长。董事长、副董事长由履行出资人职责的机构从董事会成员中指定。

第一百七十四条 国有独资公司的经理由董事会聘任或者解聘。

经履行出资人职责的机构同意，董事会成员可以兼任经理。

第一百七十五条 国有独资公司的董事、高级管理人员，未经履行出资人职责的机构同意，不得在其他有限责任公司、股份有限公司或者其他经济组织兼职。

第一百七十六条 国有独资公司在董事会中设置由董事组成的审计委员会行使本法规定的监事会职权的，不设监事会或者监事。

第一百七十七条 国家出资公司应当依法建立健全内部监督管理和风险控制制度，加强内部合规管理。

第八章　公司董事、监事、高级管理人员的资格和义务

第一百七十八条　有下列情形之一的，不得担任公司的董事、监事、高级管理人员：

（一）无民事行为能力或者限制民事行为能力；

（二）因贪污、贿赂、侵占财产、挪用财产或者破坏社会主义市场经济秩序，被判处刑罚，或者因犯罪被剥夺政治权利，执行期满未逾五年，被宣告缓刑的，自缓刑考验期满之日起未逾二年；

（三）担任破产清算的公司、企业的董事或者厂长、经理，对该公司、企业的破产负有个人责任的，自该公司、企业破产清算完结之日起未逾三年；

（四）担任因违法被吊销营业执照、责令关闭的公司、企业的法定代表人，并负有个人责任的，自该公司、企业被吊销营业执照、责令关闭之日起未逾三年；

（五）个人因所负数额较大债务到期未清偿被人民法院列为失信被执行人。

违反前款规定选举、委派董事、监事或者聘任高级管理人员的，该选举、委派或者聘任无效。

董事、监事、高级管理人员在任职期间出现本条第一款所列情形的，公司应当解除其职务。

第一百七十九条　董事、监事、高级管理人员应当遵守法律、行政法规和公司章程。

第一百八十条　董事、监事、高级管理人员对公司负有忠实义务，应当采取措施避免自身利益与公司利益冲突，不得利用职权牟取不正当利益。

董事、监事、高级管理人员对公司负有勤勉义务，执行职务应当为公司的最大利益尽到管理者通常应有的合理注意。

公司的控股股东、实际控制人不担任公司董事但实际执行公司事务的，适用前两款规定。

第一百八十一条　董事、监事、高级管理人员不得有下列行为：

（一）侵占公司财产、挪用公司资金；

（二）将公司资金以其个人名义或者以其他个人名义开立账户存储；

（三）利用职权贿赂或者收受其他非法收入；

（四）接受他人与公司交易的佣金归为己有；

（五）擅自披露公司秘密；

（六）违反对公司忠实义务的其他行为。

第一百八十二条 董事、监事、高级管理人员，直接或者间接与本公司订立合同或者进行交易，应当就与订立合同或者进行交易有关的事项向董事会或者股东会报告，并按照公司章程的规定经董事会或者股东会决议通过。

董事、监事、高级管理人员的近亲属，董事、监事、高级管理人员或者其近亲属直接或者间接控制的企业，以及与董事、监事、高级管理人员有其他关联关系的关联人，与公司订立合同或者进行交易，适用前款规定。

第一百八十三条 董事、监事、高级管理人员，不得利用职务便利为自己或者他人谋取属于公司的商业机会。但是，有下列情形之一的除外：

（一）向董事会或者股东会报告，并按照公司章程的规定经董事会或者股东会决议通过；

（二）根据法律、行政法规或者公司章程的规定，公司不能利用该商业机会。

第一百八十四条 董事、监事、高级管理人员未向董事会或者股东会报告，并按照公司章程的规定经董事会或者股东会决议通过，不得自营或者为他人经营与其任职公司同类的业务。

第一百八十五条 董事会对本法第一百八十二条至第一百八十四条规定的事项决议时，关联董事不得参与表决，其表决权不计入表决权总数。出席董事会会议的无关联关系董事人数不足三人的，应当将该事项提交股东会审议。

第一百八十六条 董事、监事、高级管理人员违反本法第一百八十一条至第一百八十四条规定所得的收入应当归公司所有。

第一百八十七条 股东会要求董事、监事、高级管理人员列席会议的，董事、监事、高级管理人员应当列席并接受股东的质询。

第一百八十八条 董事、监事、高级管理人员执行职务违反法律、行政法规或者公司章程的规定，给公司造成损失的，应当承担赔偿责任。

第一百八十九条 董事、高级管理人员有前条规定的情形的，有限责任公司的股东、股份有限公司连续一百八十日以上单独或者合计持有公司百分之一以上股份的股东，可以书面请求监事会向人民法院提起诉讼；监事有前条规定的情形的，前述股东可以书面请求董事会向人民法院提起诉讼。

监事会或者董事会收到前款规定的股东书面请求后拒绝提起诉讼，或者自收到请求之日起三十日内未提起诉讼，或者情况紧急、不立即提起诉讼将会使公司利益受到难以弥补的损害的，前款规定的股东有权为公司利益以自己的名义直接向人民法院提起诉讼。

他人侵犯公司合法权益，给公司造成损失的，本条第一款规定的股东可以依照前两款的规定向人民法院提起诉讼。

公司全资子公司的董事、监事、高级管理人员有前条规定情形，或者他人侵犯公司全资子公司合法权益造成损失的，有限责任公司的股东、股份有限公司连续一百八十日以上单独或者合计持有公司百分之一以上股份的股东，可以依照前三款规定书面请求全资子公司的监事会、董事会向人民法院提起诉讼或者以自己的名义直接向人民法院提起诉讼。

第一百九十条　董事、高级管理人员违反法律、行政法规或者公司章程的规定，损害股东利益的，股东可以向人民法院提起诉讼。

第一百九十一条　董事、高级管理人员执行职务，给他人造成损害的，公司应当承担赔偿责任；董事、高级管理人员存在故意或者重大过失的，也应当承担赔偿责任。

第一百九十二条　公司的控股股东、实际控制人指示董事、高级管理人员从事损害公司或者股东利益的行为的，与该董事、高级管理人员承担连带责任。

第一百九十三条　公司可以在董事任职期间为董事因执行公司职务承担的赔偿责任投保责任保险。

公司为董事投保责任保险或者续保后，董事会应当向股东会报告责任保险的投保金额、承保范围及保险费率等内容。

第九章　公司债券

第一百九十四条　本法所称公司债券，是指公司发行的约定按期还本付息的有价证券。

公司债券可以公开发行，也可以非公开发行。

公司债券的发行和交易应当符合《中华人民共和国证券法》等法律、行政法规的规定。

第一百九十五条　公开发行公司债券，应当经国务院证券监督管理机构注册，公告公司债券募集办法。

公司债券募集办法应当载明下列主要事项：

（一）公司名称；

（二）债券募集资金的用途；

（三）债券总额和债券的票面金额；

（四）债券利率的确定方式；

（五）还本付息的期限和方式；

（六）债券担保情况；

（七）债券的发行价格、发行的起止日期；

（八）公司净资产额；

（九）已发行的尚未到期的公司债券总额；

（十）公司债券的承销机构。

第一百九十六条　公司以纸面形式发行公司债券的，应当在债券上载明公司名称、债券票面金额、利率、偿还期限等事项，并由法定代表人签名，公司盖章。

第一百九十七条　公司债券应当为记名债券。

第一百九十八条　公司发行公司债券应当置备公司债券持有人名册。

发行公司债券的，应当在公司债券持有人名册上载明下列事项：

（一）债券持有人的姓名或者名称及住所；

（二）债券持有人取得债券的日期及债券的编号；

（三）债券总额，债券的票面金额、利率、还本付息的期限和方式；

（四）债券的发行日期。

第一百九十九条　公司债券的登记结算机构应当建立债券登记、存管、付息、兑付等相关制度。

第二百条　公司债券可以转让，转让价格由转让人与受让人约定。

公司债券的转让应当符合法律、行政法规的规定。

第二百零一条　公司债券由债券持有人以背书方式或者法律、行政法规规定的其他方式转让；转让后由公司将受让人的姓名或者名称及住所记载于公司债券持有人名册。

第二百零二条　股份有限公司经股东会决议，或者经公司章程、股东会授权由董事会决议，可以发行可转换为股票的公司债券，并规定具体的转换办法。上市公司发行可转换为股票的公司债券，应当经国务院证券监督管理机构注册。

发行可转换为股票的公司债券，应当在债券上标明可转换公司债券字样，并在公司债券持有人名册上载明可转换公司债券的数额。

第二百零三条　发行可转换为股票的公司债券的，公司应当按照其转换办法向债券持有人换发股票，但债券持有人对转换股票或者不转换股票有选择权。法律、行政法规另有规定的除外。

第二百零四条 公开发行公司债券的，应当为同期债券持有人设立债券持有人会议，并在债券募集办法中对债券持有人会议的召集程序、会议规则和其他重要事项作出规定。债券持有人会议可以对与债券持有人有利害关系的事项作出决议。

除公司债券募集办法另有约定外，债券持有人会议决议对同期全体债券持有人发生效力。

第二百零五条 公开发行公司债券的，发行人应当为债券持有人聘请债券受托管理人，由其为债券持有人办理受领清偿、债权保全、与债券相关的诉讼以及参与债务人破产程序等事项。

第二百零六条 债券受托管理人应当勤勉尽责，公正履行受托管理职责，不得损害债券持有人利益。

受托管理人与债券持有人存在利益冲突可能损害债券持有人利益的，债券持有人会议可以决议变更债券受托管理人。

债券受托管理人违反法律、行政法规或者债券持有人会议决议，损害债券持有人利益的，应当承担赔偿责任。

第十章 公司财务、会计

第二百零七条 公司应当依照法律、行政法规和国务院财政部门的规定建立本公司的财务、会计制度。

第二百零八条 公司应当在每一会计年度终了时编制财务会计报告，并依法经会计师事务所审计。

财务会计报告应当依照法律、行政法规和国务院财政部门的规定制作。

第二百零九条 有限责任公司应当按照公司章程规定的期限将财务会计报告送交各股东。

股份有限公司的财务会计报告应当在召开股东会年会的二十日前置备于本公司，供股东查阅；公开发行股份的股份有限公司应当公告其财务会计报告。

第二百一十条 公司分配当年税后利润时，应当提取利润的百分之十列入公司法定公积金。公司法定公积金累计额为公司注册资本的百分之五十以上的，可以不再提取。

公司的法定公积金不足以弥补以前年度亏损的，在依照前款规定提取法定公积金之前，应当先用当年利润弥补亏损。

公司从税后利润中提取法定公积金后，经股东会决议，还可以从税后利润中提取任意公积金。

公司弥补亏损和提取公积金后所余税后利润，有限责任公司按照股东实缴的出资比例分配利润，全体股东约定不按照出资比例分配利润的除外；股份有限公司按照股东所持有的股份比例分配利润，公司章程另有规定的除外。

公司持有的本公司股份不得分配利润。

第二百一十一条　公司违反本法规定向股东分配利润的，股东应当将违反规定分配的利润退还公司；给公司造成损失的，股东及负有责任的董事、监事、高级管理人员应当承担赔偿责任。

第二百一十二条　股东会作出分配利润的决议的，董事会应当在股东会决议作出之日起六个月内进行分配。

第二百一十三条　公司以超过股票票面金额的发行价格发行股份所得的溢价款、发行无面额股所得股款未计入注册资本的金额以及国务院财政部门规定列入资本公积金的其他项目，应当列为公司资本公积金。

第二百一十四条　公司的公积金用于弥补公司的亏损、扩大公司生产经营或者转为增加公司注册资本。

公积金弥补公司亏损，应当先使用任意公积金和法定公积金；仍不能弥补的，可以按照规定使用资本公积金。

法定公积金转为增加注册资本时，所留存的该项公积金不得少于转增前公司注册资本的百分之二十五。

第二百一十五条　公司聘用、解聘承办公司审计业务的会计师事务所，按照公司章程的规定，由股东会、董事会或者监事会决定。

公司股东会、董事会或者监事会就解聘会计师事务所进行表决时，应当允许会计师事务所陈述意见。

第二百一十六条　公司应当向聘用的会计师事务所提供真实、完整的会计凭证、会计账簿、财务会计报告及其他会计资料，不得拒绝、隐匿、谎报。

第二百一十七条　公司除法定的会计账簿外，不得另立会计账簿。

对公司资金，不得以任何个人名义开立账户存储。

第十一章　公司合并、分立、增资、减资

第二百一十八条　公司合并可以采取吸收合并或者新设合并。

一个公司吸收其他公司为吸收合并，被吸收的公司解散。两个以上公司合并

设立一个新的公司为新设合并，合并各方解散。

第二百一十九条 公司与其持股百分之九十以上的公司合并，被合并的公司不需经股东会决议，但应当通知其他股东，其他股东有权请求公司按照合理的价格收购其股权或者股份。

公司合并支付的价款不超过本公司净资产百分之十的，可以不经股东会决议；但是，公司章程另有规定的除外。

公司依照前两款规定合并不经股东会决议的，应当经董事会决议。

第二百二十条 公司合并，应当由合并各方签订合并协议，并编制资产负债表及财产清单。公司应当自作出合并决议之日起十日内通知债权人，并于三十日内在报纸上或者国家企业信用信息公示系统公告。债权人自接到通知之日起三十日内，未接到通知的自公告之日起四十五日内，可以要求公司清偿债务或者提供相应的担保。

第二百二十一条 公司合并时，合并各方的债权、债务，应当由合并后存续的公司或者新设的公司承继。

第二百二十二条 公司分立，其财产作相应的分割。

公司分立，应当编制资产负债表及财产清单。公司应当自作出分立决议之日起十日内通知债权人，并于三十日内在报纸上或者国家企业信用信息公示系统公告。

第二百二十三条 公司分立前的债务由分立后的公司承担连带责任。但是，公司在分立前与债权人就债务清偿达成的书面协议另有约定的除外。

第二百二十四条 公司减少注册资本，应当编制资产负债表及财产清单。

公司应当自股东会作出减少注册资本决议之日起十日内通知债权人，并于三十日内在报纸上或者国家企业信用信息公示系统公告。债权人自接到通知之日起三十日内，未接到通知的自公告之日起四十五日内，有权要求公司清偿债务或者提供相应的担保。

公司减少注册资本，应当按照股东出资或者持有股份的比例相应减少出资额或者股份，法律另有规定、有限责任公司全体股东另有约定或者股份有限公司章程另有规定的除外。

第二百二十五条 公司依照本法第二百一十四条第二款的规定弥补亏损后，仍有亏损的，可以减少注册资本弥补亏损。减少注册资本弥补亏损的，公司不得向股东分配，也不得免除股东缴纳出资或者股款的义务。

依照前款规定减少注册资本的，不适用前条第二款的规定，但应当自股东会作出减少注册资本决议之日起三十日内在报纸上或者国家企业信用信息公示系统公告。

公司依照前两款的规定减少注册资本后，在法定公积金和任意公积金累计额达到公司注册资本百分之五十前，不得分配利润。

第二百二十六条 违反本法规定减少注册资本的，股东应当退还其收到的资金，减免股东出资的应当恢复原状；给公司造成损失的，股东及负有责任的董事、监事、高级管理人员应当承担赔偿责任。

第二百二十七条 有限责任公司增加注册资本时，股东在同等条件下有权优先按照实缴的出资比例认缴出资。但是，全体股东约定不按照出资比例优先认缴出资的除外。

股份有限公司为增加注册资本发行新股时，股东不享有优先认购权，公司章程另有规定或者股东会决议决定股东享有优先认购权的除外。

第二百二十八条 有限责任公司增加注册资本时，股东认缴新增资本的出资，依照本法设立有限责任公司缴纳出资的有关规定执行。

股份有限公司为增加注册资本发行新股时，股东认购新股，依照本法设立股份有限公司缴纳股款的有关规定执行。

第十二章 公司解散和清算

第二百二十九条 公司因下列原因解散：

（一）公司章程规定的营业期限届满或者公司章程规定的其他解散事由出现；

（二）股东会决议解散；

（三）因公司合并或者分立需要解散；

（四）依法被吊销营业执照、责令关闭或者被撤销；

（五）人民法院依照本法第二百三十一条的规定予以解散。

公司出现前款规定的解散事由，应当在十日内将解散事由通过国家企业信用信息公示系统予以公示。

第二百三十条 公司有前条第一款第一项、第二项情形，且尚未向股东分配财产的，可以通过修改公司章程或者经股东会决议而存续。

依照前款规定修改公司章程或者经股东会决议，有限责任公司须经持有三分之二以上表决权的股东通过，股份有限公司须经出席股东会会议的股东所持表决权的三分之二以上通过。

第二百三十一条　公司经营管理发生严重困难，继续存续会使股东利益受到重大损失，通过其他途径不能解决的，持有公司百分之十以上表决权的股东，可以请求人民法院解散公司。

第二百三十二条　公司因本法第二百二十九条第一款第一项、第二项、第四项、第五项规定而解散的，应当清算。董事为公司清算义务人，应当在解散事由出现之日起十五日内组成清算组进行清算。

清算组由董事组成，但是公司章程另有规定或者股东会决议另选他人的除外。

清算义务人未及时履行清算义务，给公司或者债权人造成损失的，应当承担赔偿责任。

第二百三十三条　公司依照前条第一款的规定应当清算，逾期不成立清算组进行清算或者成立清算组后不清算的，利害关系人可以申请人民法院指定有关人员组成清算组进行清算。人民法院应当受理该申请，并及时组织清算组进行清算。

公司因本法第二百二十九条第一款第四项的规定而解散的，作出吊销营业执照、责令关闭或者撤销决定的部门或者公司登记机关，可以申请人民法院指定有关人员组成清算组进行清算。

第二百三十四条　清算组在清算期间行使下列职权：

（一）清理公司财产，分别编制资产负债表和财产清单；

（二）通知、公告债权人；

（三）处理与清算有关的公司未了结的业务；

（四）清缴所欠税款以及清算过程中产生的税款；

（五）清理债权、债务；

（六）分配公司清偿债务后的剩余财产；

（七）代表公司参与民事诉讼活动。

第二百三十五条　清算组应当自成立之日起十日内通知债权人，并于六十日内在报纸上或者国家企业信用信息公示系统公告。债权人应当自接到通知之日起三十日内，未接到通知的自公告之日起四十五日内，向清算组申报其债权。

债权人申报债权，应当说明债权的有关事项，并提供证明材料。清算组应当对债权进行登记。

在申报债权期间，清算组不得对债权人进行清偿。

第二百三十六条　清算组在清理公司财产、编制资产负债表和财产清单后，应当制订清算方案，并报股东会或者人民法院确认。

公司财产在分别支付清算费用、职工的工资、社会保险费用和法定补偿金，缴纳所欠税款，清偿公司债务后的剩余财产，有限责任公司按照股东的出资比例分配，股份有限公司按照股东持有的股份比例分配。

清算期间，公司存续，但不得开展与清算无关的经营活动。公司财产在未依照前款规定清偿前，不得分配给股东。

第二百三十七条 清算组在清理公司财产、编制资产负债表和财产清单后，发现公司财产不足清偿债务的，应当依法向人民法院申请破产清算。

人民法院受理破产申请后，清算组应当将清算事务移交给人民法院指定的破产管理人。

第二百三十八条 清算组成员履行清算职责，负有忠实义务和勤勉义务。

清算组成员怠于履行清算职责，给公司造成损失的，应当承担赔偿责任；因故意或者重大过失给债权人造成损失的，应当承担赔偿责任。

第二百三十九条 公司清算结束后，清算组应当制作清算报告，报股东会或者人民法院确认，并报送公司登记机关，申请注销公司登记。

第二百四十条 公司在存续期间未产生债务，或者已清偿全部债务的，经全体股东承诺，可以按照规定通过简易程序注销公司登记。

通过简易程序注销公司登记，应当通过国家企业信用信息公示系统予以公告，公告期限不少于二十日。公告期限届满后，未有异议的，公司可以在二十日内向公司登记机关申请注销公司登记。

公司通过简易程序注销公司登记，股东对本条第一款规定的内容承诺不实的，应当对注销登记前的债务承担连带责任。

第二百四十一条 公司被吊销营业执照、责令关闭或者被撤销，满三年未向公司登记机关申请注销公司登记的，公司登记机关可以通过国家企业信用信息公示系统予以公告，公告期限不少于六十日。公告期限届满后，未有异议的，公司登记机关可以注销公司登记。

依照前款规定注销公司登记的，原公司股东、清算义务人的责任不受影响。

第二百四十二条 公司被依法宣告破产的，依照有关企业破产的法律实施破产清算。

第十三章 外国公司的分支机构

第二百四十三条 本法所称外国公司，是指依照外国法律在中华人民共和国境外设立的公司。

第二百四十四条　外国公司在中华人民共和国境内设立分支机构，应当向中国主管机关提出申请，并提交其公司章程、所属国的公司登记证书等有关文件，经批准后，向公司登记机关依法办理登记，领取营业执照。

外国公司分支机构的审批办法由国务院另行规定。

第二百四十五条　外国公司在中华人民共和国境内设立分支机构，应当在中华人民共和国境内指定负责该分支机构的代表人或者代理人，并向该分支机构拨付与其所从事的经营活动相适应的资金。

对外国公司分支机构的经营资金需要规定最低限额的，由国务院另行规定。

第二百四十六条　外国公司的分支机构应当在其名称中标明该外国公司的国籍及责任形式。

外国公司的分支机构应当在本机构中置备该外国公司章程。

第二百四十七条　外国公司在中华人民共和国境内设立的分支机构不具有中国法人资格。

外国公司对其分支机构在中华人民共和国境内进行经营活动承担民事责任。

第二百四十八条　经批准设立的外国公司分支机构，在中华人民共和国境内从事业务活动，应当遵守中国的法律，不得损害中国的社会公共利益，其合法权益受中国法律保护。

第二百四十九条　外国公司撤销其在中华人民共和国境内的分支机构时，应当依法清偿债务，依照本法有关公司清算程序的规定进行清算。未清偿债务之前，不得将其分支机构的财产转移至中华人民共和国境外。

第十四章　法律责任

第二百五十条　违反本法规定，虚报注册资本、提交虚假材料或者采取其他欺诈手段隐瞒重要事实取得公司登记的，由公司登记机关责令改正，对虚报注册资本的公司，处以虚报注册资本金额百分之五以上百分之十五以下的罚款；对提交虚假材料或者采取其他欺诈手段隐瞒重要事实的公司，处以五万元以上二百万元以下的罚款；情节严重的，吊销营业执照；对直接负责的主管人员和其他直接责任人员处以三万元以上三十万元以下的罚款。

第二百五十一条　公司未依照本法第四十条规定公示有关信息或者不如实公示有关信息的，由公司登记机关责令改正，可以处以一万元以上五万元以下的罚款。情节严重的，处以五万元以上二十万元以下的罚款；对直接负责的主管人员和其他直接责任人员处以一万元以上十万元以下的罚款。

第二百五十二条 公司的发起人、股东虚假出资,未交付或者未按期交付作为出资的货币或者非货币财产的,由公司登记机关责令改正,可以处以五万元以上二十万元以下的罚款;情节严重的,处以虚假出资或者未出资金额百分之五以上百分之十五以下的罚款;对直接负责的主管人员和其他直接责任人员处以一万元以上十万元以下的罚款。

第二百五十三条 公司的发起人、股东在公司成立后,抽逃其出资的,由公司登记机关责令改正,处以所抽逃出资金额百分之五以上百分之十五以下的罚款;对直接负责的主管人员和其他直接责任人员处以三万元以上三十万元以下的罚款。

第二百五十四条 有下列行为之一的,由县级以上人民政府财政部门依照《中华人民共和国会计法》等法律、行政法规的规定处罚:

(一)在法定的会计账簿以外另立会计账簿;

(二)提供存在虚假记载或者隐瞒重要事实的财务会计报告。

第二百五十五条 公司在合并、分立、减少注册资本或者进行清算时,不依照本法规定通知或者公告债权人的,由公司登记机关责令改正,对公司处以一万元以上十万元以下的罚款。

第二百五十六条 公司在进行清算时,隐匿财产,对资产负债表或者财产清单作虚假记载,或者在未清偿债务前分配公司财产的,由公司登记机关责令改正,对公司处以隐匿财产或者未清偿债务前分配公司财产金额百分之五以上百分之十以下的罚款;对直接负责的主管人员和其他直接责任人员处以一万元以上十万元以下的罚款。

第二百五十七条 承担资产评估、验资或者验证的机构提供虚假材料或者提供有重大遗漏的报告的,由有关部门依照《中华人民共和国资产评估法》、《中华人民共和国注册会计师法》等法律、行政法规的规定处罚。

承担资产评估、验资或者验证的机构因其出具的评估结果、验资或者验证证明不实,给公司债权人造成损失的,除能够证明自己没有过错的外,在其评估或者证明不实的金额范围内承担赔偿责任。

第二百五十八条 公司登记机关违反法律、行政法规规定未履行职责或者履行职责不当的,对负有责任的领导人员和直接责任人员依法给予政务处分。

第二百五十九条 未依法登记为有限责任公司或者股份有限公司,而冒用有限责任公司或者股份有限公司名义的,或者未依法登记为有限责任公司或者股份有限公司的分公司，而冒用有限责任公司或者股份有限公司的分公司名义的，由公司登记机关责令改正或者予以取缔，可以并处十万元以下的罚款。

第二百六十条　公司成立后无正当理由超过六个月未开业的，或者开业后自行停业连续六个月以上的，公司登记机关可以吊销营业执照，但公司依法办理歇业的除外。

公司登记事项发生变更时，未依照本法规定办理有关变更登记的，由公司登记机关责令限期登记；逾期不登记的，处以一万元以上十万元以下的罚款。

第二百六十一条　外国公司违反本法规定，擅自在中华人民共和国境内设立分支机构的，由公司登记机关责令改正或者关闭，可以并处五万元以上二十万元以下的罚款。

第二百六十二条　利用公司名义从事危害国家安全、社会公共利益的严重违法行为的，吊销营业执照。

第二百六十三条　公司违反本法规定，应当承担民事赔偿责任和缴纳罚款、罚金的，其财产不足以支付时，先承担民事赔偿责任。

第二百六十四条　违反本法规定，构成犯罪的，依法追究刑事责任。

第十五章　附　则

第二百六十五条　本法下列用语的含义：

（一）高级管理人员，是指公司的经理、副经理、财务负责人，上市公司董事会秘书和公司章程规定的其他人员。

（二）控股股东，是指其出资额占有限责任公司资本总额超过百分之五十或者其持有的股份占股份有限公司股本总额超过百分之五十的股东；出资额或者持有股份的比例虽然低于百分之五十，但依其出资额或者持有的股份所享有的表决权已足以对股东会的决议产生重大影响的股东。

（三）实际控制人，是指通过投资关系、协议或者其他安排，能够实际支配公司行为的人。

（四）关联关系，是指公司控股股东、实际控制人、董事、监事、高级管理人员与其直接或者间接控制的企业之间的关系，以及可能导致公司利益转移的其他关系。但是，国家控股的企业之间不仅因为同受国家控股而具有关联关系。

第二百六十六条　本法自2024年7月1日起施行。

本法施行前已登记设立的公司，出资期限超过本法规定的期限的，除法律、行政法规或者国务院另有规定外，应当逐步调整至本法规定的期限以内；对于出资期限、出资额明显异常的，公司登记机关可以依法要求其及时调整。具体实施办法由国务院规定。

附录2 《中华人民共和国市场主体登记管理条例》

（2021年4月14日，国务院总理李克强主持召开国务院常务会议，通过《中华人民共和国市场主体登记管理条例（草案）》，为培育壮大市场主体和促进公平竞争提供法治保障。《中华人民共和国市场主体登记管理条例》2021年8月24日公布，自2022年3月1日起施行。）

第一章 总 则

第一条 为了规范市场主体登记管理行为，推进法治化市场建设，维护良好市场秩序和市场主体合法权益，优化营商环境，制定本条例。

第二条 本条例所称市场主体，是指在中华人民共和国境内以营利为目的从事经营活动的下列自然人、法人及非法人组织：

（一）公司、非公司企业法人及其分支机构；

（二）个人独资企业、合伙企业及其分支机构；

（三）农民专业合作社（联合社）及其分支机构；

（四）个体工商户；

（五）外国公司分支机构；

（六）法律、行政法规规定的其他市场主体。

第三条 市场主体应当依照本条例办理登记。未经登记，不得以市场主体名义从事经营活动。法律、行政法规规定无需办理登记的除外。

市场主体登记包括设立登记、变更登记和注销登记。

第四条 市场主体登记管理应当遵循依法合规、规范统一、公开透明、便捷高效的原则。

第五条 国务院市场监督管理部门主管全国市场主体登记管理工作。

县级以上地方人民政府市场监督管理部门主管本辖区市场主体登记管理工作，加强统筹指导和监督管理。

第六条 国务院市场监督管理部门应当加强信息化建设，制定统一的市场主体登记数据和系统建设规范。

县级以上地方人民政府承担市场主体登记工作的部门（以下称登记机关）应当优化市场主体登记办理流程，提高市场主体登记效率，推行当场办结、一次办结、限时办结等制度，实现集中办理、就近办理、网上办理、异地可办，提升市场主体登记便利化程度。

第七条　国务院市场监督管理部门和国务院有关部门应当推动市场主体登记信息与其他政府信息的共享和运用，提升政府服务效能。

第二章　登记事项

第八条　市场主体的一般登记事项包括：

（一）名称；

（二）主体类型；

（三）经营范围；

（四）住所或者主要经营场所；

（五）注册资本或者出资额；

（六）法定代表人、执行事务合伙人或者负责人姓名。

除前款规定外，还应当根据市场主体类型登记下列事项：

（一）有限责任公司股东、股份有限公司发起人、非公司企业法人出资人的姓名或者名称；

（二）个人独资企业的投资人姓名及居所；

（三）合伙企业的合伙人名称或者姓名、住所、承担责任方式；

（四）个体工商户的经营者姓名、住所、经营场所；

（五）法律、行政法规规定的其他事项。

第九条　市场主体的下列事项应当向登记机关办理备案：

（一）章程或者合伙协议；

（二）经营期限或者合伙期限；

（三）有限责任公司股东或者股份有限公司发起人认缴的出资数额，合伙企业合伙人认缴或者实际缴付的出资数额、缴付期限和出资方式；

（四）公司董事、监事、高级管理人员；

（五）农民专业合作社（联合社）成员；

（六）参加经营的个体工商户家庭成员姓名；

（七）市场主体登记联络员、外商投资企业法律文件送达接受人；

（八）公司、合伙企业等市场主体受益所有人相关信息；

（九）法律、行政法规规定的其他事项。

第十条 市场主体只能登记一个名称，经登记的市场主体名称受法律保护。

市场主体名称由申请人依法自主申报。

第十一条 市场主体只能登记一个住所或者主要经营场所。

电子商务平台内的自然人经营者可以根据国家有关规定，将电子商务平台提供的网络经营场所作为经营场所。

省、自治区、直辖市人民政府可以根据有关法律、行政法规的规定和本地区实际情况，自行或者授权下级人民政府对住所或者主要经营场所作出更加便利市场主体从事经营活动的具体规定。

第十二条 有下列情形之一的，不得担任公司、非公司企业法人的法定代表人：

（一）无民事行为能力或者限制民事行为能力；

（二）因贪污、贿赂、侵占财产、挪用财产或者破坏社会主义市场经济秩序被判处刑罚，执行期满未逾5年，或者因犯罪被剥夺政治权利，执行期满未逾5年；

（三）担任破产清算的公司、非公司企业法人的法定代表人、董事或者厂长、经理，对破产负有个人责任的，自破产清算完结之日起未逾3年；

（四）担任因违法被吊销营业执照、责令关闭的公司、非公司企业法人的法定代表人，并负有个人责任的，自被吊销营业执照之日起未逾3年；

（五）个人所负数额较大的债务到期未清偿；

（六）法律、行政法规规定的其他情形。

第十三条 除法律、行政法规或者国务院决定另有规定外，市场主体的注册资本或者出资额实行认缴登记制，以人民币表示。

出资方式应当符合法律、行政法规的规定。公司股东、非公司企业法人出资人、农民专业合作社（联合社）成员不得以劳务、信用、自然人姓名、商誉、特许经营权或者设定担保的财产等作价出资。

第十四条 市场主体的经营范围包括一般经营项目和许可经营项目。经营范围中属于在登记前依法须经批准的许可经营项目，市场主体应当在申请登记时提交有关批准文件。

市场主体应当按照登记机关公布的经营项目分类标准办理经营范围登记。

第三章　登记规范

第十五条　市场主体实行实名登记。申请人应当配合登记机关核验身份信息。

第十六条　申请办理市场主体登记，应当提交下列材料：

（一）申请书；

（二）申请人资格文件、自然人身份证明；

（三）住所或者主要经营场所相关文件；

（四）公司、非公司企业法人、农民专业合作社（联合社）章程或者合伙企业合伙协议；

（五）法律、行政法规和国务院市场监督管理部门规定提交的其他材料。

国务院市场监督管理部门应当根据市场主体类型分别制定登记材料清单和文书格式样本，通过政府网站、登记机关服务窗口等向社会公开。

登记机关能够通过政务信息共享平台获取的市场主体登记相关信息，不得要求申请人重复提供。

第十七条　申请人应当对提交材料的真实性、合法性和有效性负责。

第十八条　申请人可以委托其他自然人或者中介机构代其办理市场主体登记。受委托的自然人或者中介机构代为办理登记事宜应当遵守有关规定，不得提供虚假信息和材料。

第十九条　登记机关应当对申请材料进行形式审查。对申请材料齐全、符合法定形式的予以确认并当场登记。不能当场登记的，应当在3个工作日内予以登记；情形复杂的，经登记机关负责人批准，可以再延长3个工作日。

申请材料不齐全或者不符合法定形式的，登记机关应当一次性告知申请人需要补正的材料。

第二十条　登记申请不符合法律、行政法规规定，或者可能危害国家安全、社会公共利益的，登记机关不予登记并说明理由。

第二十一条　申请人申请市场主体设立登记，登记机关依法予以登记的，签发营业执照。营业执照签发日期为市场主体的成立日期。

法律、行政法规或者国务院决定规定设立市场主体须经批准的，应当在批准文件有效期内向登记机关申请登记。

第二十二条　营业执照分为正本和副本，具有同等法律效力。

电子营业执照与纸质营业执照具有同等法律效力。

营业执照样式、电子营业执照标准由国务院市场监督管理部门统一制定。

第二十三条 市场主体设立分支机构，应当向分支机构所在地的登记机关申请登记。

第二十四条 市场主体变更登记事项，应当自作出变更决议、决定或者法定变更事项发生之日起30日内向登记机关申请变更登记。

市场主体变更登记事项属于依法须经批准的，申请人应当在批准文件有效期内向登记机关申请变更登记。

第二十五条 公司、非公司企业法人的法定代表人在任职期间发生本条例第十二条所列情形之一的，应当向登记机关申请变更登记。

第二十六条 市场主体变更经营范围，属于依法须经批准的项目的，应当自批准之日起30日内申请变更登记。许可证或者批准文件被吊销、撤销或者有效期届满的，应当自许可证或者批准文件被吊销、撤销或者有效期届满之日起30日内向登记机关申请变更登记或者办理注销登记。

第二十七条 市场主体变更住所或者主要经营场所跨登记机关辖区的，应当在迁入新的住所或者主要经营场所前，向迁入地登记机关申请变更登记。迁出地登记机关无正当理由不得拒绝移交市场主体档案等相关材料。

第二十八条 市场主体变更登记涉及营业执照记载事项的，登记机关应当及时为市场主体换发营业执照。

第二十九条 市场主体变更本条例第九条规定的备案事项的，应当自作出变更决议、决定或者法定变更事项发生之日起30日内向登记机关办理备案。农民专业合作社（联合社）成员发生变更的，应当自本会计年度终了之日起90日内向登记机关办理备案。

第三十条 因自然灾害、事故灾难、公共卫生事件、社会安全事件等原因造成经营困难的，市场主体可以自主决定在一定时期内歇业。法律、行政法规另有规定的除外。

市场主体应当在歇业前与职工依法协商劳动关系处理等有关事项。

市场主体应当在歇业前向登记机关办理备案。登记机关通过国家企业信用信息公示系统向社会公示歇业期限、法律文书送达地址等信息。

市场主体歇业的期限最长不得超过3年。市场主体在歇业期间开展经营活动的，视为恢复营业，市场主体应当通过国家企业信用信息公示系统向社会公示。

市场主体歇业期间，可以以法律文书送达地址代替住所或者主要经营场所。

第三十一条 市场主体因解散、被宣告破产或者其他法定事由需要终止的，应当依法向登记机关申请注销登记。经登记机关注销登记，市场主体终止。

市场主体注销依法须经批准的，应当经批准后向登记机关申请注销登记。

第三十二条 市场主体注销登记前依法应当清算的，清算组应当自成立之日起10日内将清算组成员、清算组负责人名单通过国家企业信用信息公示系统公告。清算组可以通过国家企业信用信息公示系统发布债权人公告。

清算组应当自清算结束之日起30日内向登记机关申请注销登记。市场主体申请注销登记前，应当依法办理分支机构注销登记。

第三十三条 市场主体未发生债权债务或者已将债权债务清偿完结，未发生或者已结清清偿费用、职工工资、社会保险费用、法定补偿金、应缴纳税款（滞纳金、罚款），并由全体投资人书面承诺对上述情况的真实性承担法律责任的，可以按照简易程序办理注销登记。

市场主体应当将承诺书及注销登记申请通过国家企业信用信息公示系统公示，公示期为20日。在公示期内无相关部门、债权人及其他利害关系人提出异议的，市场主体可以于公示期届满之日起20日内向登记机关申请注销登记。

个体工商户按照简易程序办理注销登记的，无需公示，由登记机关将个体工商户的注销登记申请推送至税务等有关部门，有关部门在10日内没有提出异议的，可以直接办理注销登记。

市场主体注销依法须经批准的，或者市场主体被吊销营业执照、责令关闭、撤销，或者被列入经营异常名录的，不适用简易注销程序。

第三十四条 人民法院裁定强制清算或者裁定宣告破产的，有关清算组、破产管理人可以持人民法院终结强制清算程序的裁定或者终结破产程序的裁定，直接向登记机关申请办理注销登记。

第四章 监督管理

第三十五条 市场主体应当按照国家有关规定公示年度报告和登记相关信息。

第三十六条 市场主体应当将营业执照置于住所或者主要经营场所的醒目位置。从事电子商务经营的市场主体应当在其首页显著位置持续公示营业执照信息或者相关链接标识。

第三十七条 任何单位和个人不得伪造、涂改、出租、出借、转让营业执照。

营业执照遗失或者毁坏的，市场主体应当通过国家企业信用信息公示系统声明作废，申请补领。

登记机关依法作出变更登记、注销登记和撤销登记决定的，市场主体应当缴回营业执照。拒不缴回或者无法缴回营业执照的，由登记机关通过国家企业信用信息公示系统公告营业执照作废。

第三十八条　登记机关应当根据市场主体的信用风险状况实施分级分类监管。

登记机关应当采取随机抽取检查对象、随机选派执法检查人员的方式，对市场主体登记事项进行监督检查，并及时向社会公开监督检查结果。

第三十九条　登记机关对市场主体涉嫌违反本条例规定的行为进行查处，可以行使下列职权：

（一）进入市场主体的经营场所实施现场检查；

（二）查阅、复制、收集与市场主体经营活动有关的合同、票据、账簿以及其他资料；

（三）向与市场主体经营活动有关的单位和个人调查了解情况；

（四）依法责令市场主体停止相关经营活动；

（五）依法查询涉嫌违法的市场主体的银行账户；

（六）法律、行政法规规定的其他职权。

登记机关行使前款第四项、第五项规定的职权的，应当经登记机关主要负责人批准。

第四十条　提交虚假材料或者采取其他欺诈手段隐瞒重要事实取得市场主体登记的，受虚假市场主体登记影响的自然人、法人和其他组织可以向登记机关提出撤销市场主体登记的申请。

登记机关受理申请后，应当及时开展调查。经调查认定存在虚假市场主体登记情形的，登记机关应当撤销市场主体登记。相关市场主体和人员无法联系或者拒不配合的，登记机关可以将相关市场主体的登记时间、登记事项等通过国家企业信用信息公示系统向社会公示，公示期为45日。相关市场主体及其利害关系人在公示期内没有提出异议的，登记机关可以撤销市场主体登记。

因虚假市场主体登记被撤销的市场主体，其直接责任人自市场主体登记被撤销之日起3年内不得再次申请市场主体登记。登记机关应当通过国家企业信用信息公示系统予以公示。

第四十一条　有下列情形之一的，登记机关可以不予撤销市场主体登记：

（一）撤销市场主体登记可能对社会公共利益造成重大损害；

（二）撤销市场主体登记后无法恢复到登记前的状态；

（三）法律、行政法规规定的其他情形。

第四十二条　登记机关或者其上级机关认定撤销市场主体登记决定错误的，可以撤销该决定，恢复原登记状态，并通过国家企业信用信息公示系统公示。

第五章　法律责任

第四十三条　未经设立登记从事经营活动的，由登记机关责令改正，没收违法所得；拒不改正的，处1万元以上10万元以下的罚款；情节严重的，依法责令关闭停业，并处10万元以上50万元以下的罚款。

第四十四条　提交虚假材料或者采取其他欺诈手段隐瞒重要事实取得市场主体登记的，由登记机关责令改正，没收违法所得，并处5万元以上20万元以下的罚款；情节严重的，处20万元以上100万元以下的罚款，吊销营业执照。

第四十五条　实行注册资本实缴登记制的市场主体虚报注册资本取得市场主体登记的，由登记机关责令改正，处虚报注册资本金额5%以上15%以下的罚款；情节严重的，吊销营业执照。

实行注册资本实缴登记制的市场主体的发起人、股东虚假出资，未交付或者未按期交付作为出资的货币或者非货币财产的，或者在市场主体成立后抽逃出资的，由登记机关责令改正，处虚假出资金额5%以上15%以下的罚款。

第四十六条　市场主体未依照本条例办理变更登记的，由登记机关责令改正；拒不改正的，处1万元以上10万元以下的罚款；情节严重的，吊销营业执照。

第四十七条　市场主体未依照本条例办理备案的，由登记机关责令改正；拒不改正的，处5万元以下的罚款。

第四十八条　市场主体未依照本条例将营业执照置于住所或者主要经营场所醒目位置的，由登记机关责令改正；拒不改正的，处3万元以下的罚款。

从事电子商务经营的市场主体未在其首页显著位置持续公示营业执照信息或者相关链接标识的，由登记机关依照《中华人民共和国电子商务法》处罚。

市场主体伪造、涂改、出租、出借、转让营业执照的，由登记机关没收违法所得，处10万元以下的罚款；情节严重的，处10万元以上50万元以下的罚款，吊销营业执照。

第四十九条 违反本条例规定的,登记机关确定罚款金额时,应当综合考虑市场主体的类型、规模、违法情节等因素。

第五十条 登记机关及其工作人员违反本条例规定未履行职责或者履行职责不当的,对直接负责的主管人员和其他直接责任人员依法给予处分。

第五十一条 违反本条例规定,构成犯罪的,依法追究刑事责任。

第五十二条 法律、行政法规对市场主体登记管理违法行为处罚另有规定的,从其规定。

第六章 附 则

第五十三条 国务院市场监督管理部门可以依照本条例制定市场主体登记和监督管理的具体办法。

第五十四条 无固定经营场所摊贩的管理办法,由省、自治区、直辖市人民政府根据当地实际情况另行规定。

第五十五条 本条例自 2022 年 3 月 1 日起施行。《中华人民共和国公司登记管理条例》、《中华人民共和国企业法人登记管理条例》、《中华人民共和国合伙企业登记管理办法》、《农民专业合作社登记管理条例》、《企业法人法定代表人登记管理规定》同时废止。

附录3 《中华人民共和国市场主体登记管理条例实施细则》

(2022 年 3 月 1 日国家市场监督管理总局令第 52 号公布 自公布之日起施行)

第一章 总 则

第一条 根据《中华人民共和国市场主体登记管理条例》(以下简称《条例》)等有关法律法规,制定本实施细则。

第二条 市场主体登记管理应当遵循依法合规、规范统一、公开透明、便捷高效的原则。

第三条 国家市场监督管理总局主管全国市场主体统一登记管理工作,制定市场主体登记管理的制度措施,推进登记全程电子化,规范登记行为,指导地方登记机关依法有序开展登记管理工作。

县级以上地方市场监督管理部门主管本辖区市场主体登记管理工作，加强对辖区内市场主体登记管理工作的统筹指导和监督管理，提升登记管理水平。

县级市场监督管理部门的派出机构可以依法承担个体工商户等市场主体的登记管理职责。

各级登记机关依法履行登记管理职责，执行全国统一的登记管理政策文件和规范要求，使用统一的登记材料、文书格式，以及省级统一的市场主体登记管理系统，优化登记办理流程，推行网上办理等便捷方式，健全数据安全管理制度，提供规范化、标准化登记管理服务。

第四条 省级以上人民政府或者其授权的国有资产监督管理机构履行出资人职责的公司，以及该公司投资设立并持有50%以上股权或者股份的公司的登记管理由省级登记机关负责；股份有限公司的登记管理由地市级以上地方登记机关负责。

除前款规定的情形外，省级市场监督管理部门依法对本辖区登记管辖作出统一规定；上级登记机关在特定情形下，可以依法将部分市场主体登记管理工作交由下级登记机关承担，或者承担下级登记机关的部分登记管理工作。

外商投资企业登记管理由国家市场监督管理总局或者其授权的地方市场监督管理部门负责。

第五条 国家市场监督管理总局应当加强信息化建设，统一登记管理业务规范、数据标准和平台服务接口，归集全国市场主体登记管理信息。

省级市场监督管理部门主管本辖区登记管理信息化建设，建立统一的市场主体登记管理系统，归集市场主体登记管理信息，规范市场主体登记注册流程，提升政务服务水平，强化部门间信息共享和业务协同，提升市场主体登记管理便利化程度。

第二章 登记事项

第六条 市场主体应当按照类型依法登记下列事项：

（一）公司：名称、类型、经营范围、住所、注册资本、法定代表人姓名、有限责任公司股东或者股份有限公司发起人姓名或者名称。

（二）非公司企业法人：名称、类型、经营范围、住所、出资额、法定代表人姓名、出资人（主管部门）名称。

（三）个人独资企业：名称、类型、经营范围、住所、出资额、投资人姓名及居所。

（四）合伙企业：名称、类型、经营范围、主要经营场所、出资额、执行事务合伙人名称或者姓名，合伙人名称或者姓名、住所、承担责任方式。执行事务合伙人是法人或者其他组织的，登记事项还应当包括其委派的代表姓名。

（五）农民专业合作社（联合社）：名称、类型、经营范围、住所、出资额、法定代表人姓名。

（六）分支机构：名称、类型、经营范围、经营场所、负责人姓名。

（七）个体工商户：组成形式、经营范围、经营场所，经营者姓名、住所。个体工商户使用名称的，登记事项还应当包括名称。

（八）法律、行政法规规定的其他事项。

第七条 市场主体应当按照类型依法备案下列事项：

（一）公司：章程、经营期限、有限责任公司股东或者股份有限公司发起人认缴的出资数额、董事、监事、高级管理人员、登记联络员、外商投资公司法律文件送达接受人。

（二）非公司企业法人：章程、经营期限、登记联络员。

（三）个人独资企业：登记联络员。

（四）合伙企业：合伙协议、合伙期限、合伙人认缴或者实际缴付的出资数额、缴付期限和出资方式、登记联络员、外商投资合伙企业法律文件送达接受人。

（五）农民专业合作社（联合社）：章程、成员、登记联络员。

（六）分支机构：登记联络员。

（七）个体工商户：家庭参加经营的家庭成员姓名、登记联络员。

（八）公司、合伙企业等市场主体受益所有人相关信息。

（九）法律、行政法规规定的其他事项。

上述备案事项由登记机关在设立登记时一并进行信息采集。

受益所有人信息管理制度由中国人民银行会同国家市场监督管理总局另行制定。

第八条 市场主体名称由申请人依法自主申报。

第九条 申请人应当依法申请登记下列市场主体类型：

（一）有限责任公司、股份有限公司；

（二）全民所有制企业、集体所有制企业、联营企业；

（三）个人独资企业；

（四）普通合伙（含特殊普通合伙）企业、有限合伙企业；

（五）农民专业合作社、农民专业合作社联合社；

（六）个人经营的个体工商户、家庭经营的个体工商户。

分支机构应当按所属市场主体类型注明分公司或者相应的分支机构。

第十条　申请人应当根据市场主体类型依法向其住所（主要经营场所、经营场所）所在地具有登记管辖权的登记机关办理登记。

第十一条　申请人申请登记市场主体法定代表人、执行事务合伙人（含委派代表），应当符合章程或者协议约定。

合伙协议未约定或者全体合伙人未决定委托执行事务合伙人的，除有限合伙人外，申请人应当将其他合伙人均登记为执行事务合伙人。

第十二条　申请人应当按照国家市场监督管理总局发布的经营范围规范目录，根据市场主体主要行业或者经营特征自主选择一般经营项目和许可经营项目，申请办理经营范围登记。

第十三条　申请人申请登记的市场主体注册资本（出资额）应当符合章程或者协议约定。

市场主体注册资本（出资额）以人民币表示。外商投资企业的注册资本（出资额）可以用可自由兑换的货币表示。

依法以境内公司股权或者债权出资的，应当权属清楚、权能完整，依法可以评估、转让，符合公司章程规定。

第三章　登记规范

第十四条　申请人可以自行或者指定代表人、委托代理人办理市场主体登记、备案事项。

第十五条　申请人应当在申请材料上签名或者盖章。

申请人可以通过全国统一电子营业执照系统等电子签名工具和途径进行电子签名或者电子签章。符合法律规定的可靠电子签名、电子签章与手写签名或者盖章具有同等法律效力。

第十六条　在办理登记、备案事项时，申请人应当配合登记机关通过实名认证系统，采用人脸识别等方式对下列人员进行实名验证：

（一）法定代表人、执行事务合伙人（含委派代表）、负责人；

（二）有限责任公司股东、股份有限公司发起人、公司董事、监事及高级管理人员；

（三）个人独资企业投资人、合伙企业合伙人、农民专业合作社（联合社）成员、个体工商户经营者；

（四）市场主体登记联络员、外商投资企业法律文件送达接受人；

（五）指定的代表人或者委托代理人。

因特殊原因，当事人无法通过实名认证系统核验身份信息的，可以提交经依法公证的自然人身份证明文件，或者由本人持身份证件到现场办理。

第十七条 办理市场主体登记、备案事项，申请人可以到登记机关现场提交申请，也可以通过市场主体登记注册系统提出申请。

申请人对申请材料的真实性、合法性、有效性负责。

办理市场主体登记、备案事项，应当遵守法律法规，诚实守信，不得利用市场主体登记，牟取非法利益，扰乱市场秩序，危害国家安全、社会公共利益。

第十八条 申请材料齐全、符合法定形式的，登记机关予以确认，并当场登记，出具登记通知书，及时制发营业执照。

不予当场登记的，登记机关应当向申请人出具接收申请材料凭证，并在3个工作日内对申请材料进行审查；情形复杂的，经登记机关负责人批准，可以延长3个工作日，并书面告知申请人。

申请材料不齐全或者不符合法定形式的，登记机关应当将申请材料退还申请人，并一次性告知申请人需要补正的材料。申请人补正后，应当重新提交申请材料。

不属于市场主体登记范畴或者不属于本登记机关登记管辖范围的事项，登记机关应当告知申请人向有关行政机关申请。

第十九条 市场主体登记申请不符合法律、行政法规或者国务院决定规定，或者可能危害国家安全、社会公共利益的，登记机关不予登记，并出具不予登记通知书。

利害关系人就市场主体申请材料的真实性、合法性、有效性或者其他有关实体权利提起诉讼或者仲裁，对登记机关依法登记造成影响的，申请人应当在诉讼或者仲裁终结后，向登记机关申请办理登记。

第二十条 市场主体法定代表人依法受到任职资格限制的，在申请办理其他变更登记时，应当依法及时申请办理法定代表人变更登记。

市场主体因通过登记的住所（主要经营场所、经营场所）无法取得联系被列入经营异常名录的，在申请办理其他变更登记时，应当依法及时申请办理住所（主要经营场所、经营场所）变更登记。

第二十一条 公司或者农民专业合作社（联合社）合并、分立的，可以通过国家企业信用信息公示系统公告,公告期45日,应当于公告期届满后申请办理登记。

非公司企业法人合并、分立的,应当经出资人(主管部门)批准,自批准之日起30日内申请办理登记。

市场主体设立分支机构的,应当自决定作出之日起30日内向分支机构所在地登记机关申请办理登记。

第二十二条 法律、行政法规或者国务院决定规定市场主体申请登记、备案事项前需要审批的,在办理登记、备案时,应当在有效期内提交有关批准文件或者许可证书。有关批准文件或者许可证书未规定有效期限,自批准之日起超过90日的,申请人应当报审批机关确认其效力或者另行报批。

市场主体设立后,前款规定批准文件或者许可证书内容有变化、被吊销、撤销或者有效期届满的,应当自批准文件、许可证书重新批准之日或者被吊销、撤销、有效期届满之日起30日内申请办理变更登记或者注销登记。

第二十三条 市场主体营业执照应当载明名称、法定代表人(执行事务合伙人、个人独资企业投资人、经营者或者负责人)姓名、类型(组成形式)、注册资本(出资额)、住所(主要经营场所、经营场所)、经营范围、登记机关、成立日期、统一社会信用代码。

电子营业执照与纸质营业执照具有同等法律效力,市场主体可以凭电子营业执照开展经营活动。

市场主体在办理涉及营业执照记载事项变更登记或者申请注销登记时,需要在提交申请时一并缴回纸质营业执照正、副本。对于市场主体营业执照拒不缴回或者无法缴回的,登记机关在完成变更登记或者注销登记后,通过国家企业信用信息公示系统公告营业执照作废。

第二十四条 外国投资者在中国境内设立外商投资企业,其主体资格文件或者自然人身份证明应当经所在国家公证机关公证并经中国驻该国使(领)馆认证。中国与有关国家缔结或者共同参加的国际条约对认证另有规定的除外。

香港特别行政区、澳门特别行政区和台湾地区投资者的主体资格文件或者自然人身份证明应当按照专项规定或者协议,依法提供当地公证机构的公证文件。按照国家有关规定,无需提供公证文件的除外。

第四章 设立登记

第二十五条 申请办理设立登记,应当提交下列材料:

(一)申请书;

（二）申请人主体资格文件或者自然人身份证明；

（三）住所（主要经营场所、经营场所）相关文件；

（四）公司、非公司企业法人、农民专业合作社（联合社）章程或者合伙企业合伙协议。

第二十六条 申请办理公司设立登记，还应当提交法定代表人、董事、监事和高级管理人员的任职文件和自然人身份证明。

除前款规定的材料外，募集设立股份有限公司还应当提交依法设立的验资机构出具的验资证明；公开发行股票的，还应当提交国务院证券监督管理机构的核准或者注册文件。涉及发起人首次出资属于非货币财产的，还应当提交已办理财产权转移手续的证明文件。

第二十七条 申请设立非公司企业法人，还应当提交法定代表人的任职文件和自然人身份证明。

第二十八条 申请设立合伙企业，还应当提交下列材料：

（一）法律、行政法规规定设立特殊的普通合伙企业需要提交合伙人的职业资格文件的，提交相应材料；

（二）全体合伙人决定委托执行事务合伙人的，应当提交全体合伙人的委托书和执行事务合伙人的主体资格文件或者自然人身份证明。执行事务合伙人是法人或者其他组织的，还应当提交其委派代表的委托书和自然人身份证明。

第二十九条 申请设立农民专业合作社（联合社），还应当提交下列材料：

（一）全体设立人签名或者盖章的设立大会纪要；

（二）法定代表人、理事的任职文件和自然人身份证明；

（三）成员名册和出资清单，以及成员主体资格文件或者自然人身份证明。

第三十条 申请办理分支机构设立登记，还应当提交负责人的任职文件和自然人身份证明。

第五章 变更登记

第三十一条 市场主体变更登记事项，应当自作出变更决议、决定或者法定变更事项发生之日起30日内申请办理变更登记。

市场主体登记事项变更涉及分支机构登记事项变更的，应当自市场主体登记事项变更登记之日起30日内申请办理分支机构变更登记。

第三十二条 申请办理变更登记，应当提交申请书，并根据市场主体类型及具体变更事项分别提交下列材料：

（一）公司变更事项涉及章程修改的，应当提交修改后的章程或者章程修正案；需要对修改章程作出决议决定的，还应当提交相关决议决定；

（二）合伙企业应当提交全体合伙人或者合伙协议约定的人员签署的变更决定书；变更事项涉及修改合伙协议的，应当提交由全体合伙人签署或者合伙协议约定的人员签署修改或者补充的合伙协议；

（三）农民专业合作社（联合社）应当提交成员大会或者成员代表大会作出的变更决议；变更事项涉及章程修改的应当提交修改后的章程或者章程修正案。

第三十三条 市场主体更换法定代表人、执行事务合伙人（含委派代表）、负责人的变更登记申请由新任法定代表人、执行事务合伙人（含委派代表）、负责人签署。

第三十四条 市场主体变更名称，可以自主申报名称并在保留期届满前申请变更登记，也可以直接申请变更登记。

第三十五条 市场主体变更住所（主要经营场所、经营场所），应当在迁入新住所（主要经营场所、经营场所）前向迁入地登记机关申请变更登记，并提交新的住所（主要经营场所、经营场所）使用相关文件。

第三十六条 市场主体变更注册资本或者出资额的，应当办理变更登记。

公司增加注册资本，有限责任公司股东认缴新增资本的出资和股份有限公司的股东认购新股的，应当按照设立时缴纳出资和缴纳股款的规定执行。股份有限公司以公开发行新股方式或者上市公司以非公开发行新股方式增加注册资本，还应当提交国务院证券监督管理机构的核准或者注册文件。

公司减少注册资本，可以通过国家企业信用信息公示系统公告，公告期45日，应当于公告期届满后申请变更登记。法律、行政法规或者国务院决定对公司注册资本有最低限额规定的，减少后的注册资本应当不少于最低限额。

外商投资企业注册资本（出资额）币种发生变更，应当向登记机关申请变更登记。

第三十七条 公司变更类型，应当按照拟变更公司类型的设立条件，在规定的期限内申请变更登记，并提交有关材料。

非公司企业法人申请改制为公司，应当按照拟变更的公司类型设立条件，在规定期限内申请变更登记，并提交有关材料。

个体工商户申请转变为企业组织形式，应当按照拟变更的企业类型设立条件申请登记。

第三十八条　个体工商户变更经营者，应当在办理注销登记后，由新的经营者重新申请办理登记。双方经营者同时申请办理的，登记机关可以合并办理。

第三十九条　市场主体变更备案事项的，应当按照《条例》第二十九条规定办理备案。

农民专业合作社因成员发生变更，农民成员低于法定比例的，应当自事由发生之日起 6 个月内采取吸收新的农民成员入社等方式使农民成员达到法定比例。农民专业合作社联合社成员退社，成员数低于联合社设立法定条件的，应当自事由发生之日起 6 个月内采取吸收新的成员入社等方式使农民专业合作社联合社成员达到法定条件。

第六章　歇　业

第四十条　因自然灾害、事故灾难、公共卫生事件、社会安全事件等原因造成经营困难的，市场主体可以自主决定在一定时期内歇业。法律、行政法规另有规定的除外。

第四十一条　市场主体决定歇业，应当在歇业前向登记机关办理备案。登记机关通过国家企业信用信息公示系统向社会公示歇业期限、法律文书送达地址等信息。

以法律文书送达地址代替住所（主要经营场所、经营场所）的，应当提交法律文书送达地址确认书。

市场主体延长歇业期限，应当于期限届满前 30 日内按规定办理。

第四十二条　市场主体办理歇业备案后，自主决定开展或者已实际开展经营活动的，应当于 30 日内在国家企业信用信息公示系统上公示终止歇业。

市场主体恢复营业时，登记、备案事项发生变化的，应当及时办理变更登记或者备案。以法律文书送达地址代替住所（主要经营场所、经营场所）的，应当及时办理住所（主要经营场所、经营场所）变更登记。

市场主体备案的歇业期限届满，或者累计歇业满 3 年，视为自动恢复经营，决定不再经营的，应当及时办理注销登记。

第四十三条　歇业期间，市场主体以法律文书送达地址代替原登记的住所（主要经营场所、经营场所）的，不改变歇业市场主体的登记管辖。

第七章 注销登记

第四十四条 市场主体因解散、被宣告破产或者其他法定事由需要终止的，应当依法向登记机关申请注销登记。依法需要清算的，应当自清算结束之日起30日内申请注销登记。依法不需要清算的，应当自决定作出之日起30日内申请注销登记。市场主体申请注销后，不得从事与注销无关的生产经营活动。自登记机关予以注销登记之日起，市场主体终止。

第四十五条 市场主体注销登记前依法应当清算的，清算组应当自成立之日起10日内将清算组成员、清算组负责人名单通过国家企业信用信息公示系统公告。清算组可以通过国家企业信用信息公示系统发布债权人公告。

第四十六条 申请办理注销登记，应当提交下列材料：

（一）申请书；

（二）依法作出解散、注销的决议或者决定，或者被行政机关吊销营业执照、责令关闭、撤销的文件；

（三）清算报告、负责清理债权债务的文件或者清理债务完结的证明；

（四）税务部门出具的清税证明。

除前款规定外，人民法院指定清算人、破产管理人进行清算的，应当提交人民法院指定证明；合伙企业分支机构申请注销登记，还应当提交全体合伙人签署的注销分支机构决定书。

个体工商户申请注销登记的，无需提交第二项、第三项材料；因合并、分立而申请市场主体注销登记的，无需提交第三项材料。

第四十七条 申请办理简易注销登记，应当提交申请书和全体投资人承诺书。

第四十八条 有下列情形之一的，市场主体不得申请办理简易注销登记：

（一）在经营异常名录或者市场监督管理严重违法失信名单中的；

（二）存在股权（财产份额）被冻结、出质或者动产抵押，或者对其他市场主体存在投资的；

（三）正在被立案调查或者采取行政强制措施，正在诉讼或者仲裁程序中的；

（四）被吊销营业执照、责令关闭、撤销的；

（五）受到罚款等行政处罚尚未执行完毕的；

（六）不符合《条例》第三十三条规定的其他情形。

第四十九条 申请办理简易注销登记，市场主体应当将承诺书及注销登记申请通过国家企业信用信息公示系统公示，公示期为 20 日。

在公示期内无相关部门、债权人及其他利害关系人提出异议的，市场主体可以于公示期届满之日起 20 日内向登记机关申请注销登记。

第八章 撤销登记

第五十条 对涉嫌提交虚假材料或者采取其他欺诈手段隐瞒重要事实取得市场主体登记的行为，登记机关可以根据当事人申请或者依职权主动进行调查。

第五十一条 受虚假登记影响的自然人、法人和其他组织，可以向登记机关提出撤销市场主体登记申请。涉嫌冒用自然人身份的虚假登记，被冒用人应当配合登记机关通过线上或者线下途径核验身份信息。

涉嫌虚假登记市场主体的登记机关发生变更的，由现登记机关负责处理撤销登记，原登记机关应当协助进行调查。

第五十二条 登记机关收到申请后，应当在 3 个工作日内作出是否受理的决定，并书面通知申请人。

有下列情形之一的，登记机关可以不予受理：

（一）涉嫌冒用自然人身份的虚假登记，被冒用人未能通过身份信息核验的；

（二）涉嫌虚假登记的市场主体已注销的，申请撤销注销登记的除外；

（三）其他依法不予受理的情形。

第五十三条 登记机关受理申请后，应当于 3 个月内完成调查，并及时作出撤销或者不予撤销市场主体登记的决定。情形复杂的，经登记机关负责人批准，可以延长 3 个月。

在调查期间，相关市场主体和人员无法联系或者拒不配合的，登记机关可以将涉嫌虚假登记市场主体的登记时间、登记事项，以及登记机关联系方式等信息通过国家企业信用信息公示系统向社会公示，公示期 45 日。相关市场主体及其利害关系人在公示期内没有提出异议的，登记机关可以撤销市场主体登记。

第五十四条 有下列情形之一的，经当事人或者其他利害关系人申请，登记机关可以中止调查：

（一）有证据证明与涉嫌虚假登记相关的民事权利存在争议的；

（二）涉嫌虚假登记的市场主体正在诉讼或者仲裁程序中的；

（三）登记机关收到有关部门出具的书面意见，证明涉嫌虚假登记的市场主体或者其法定代表人、负责人存在违法案件尚未结案，或者尚未履行相关法定义务的。

第五十五条　有下列情形之一的，登记机关可以不予撤销市场主体登记：

（一）撤销市场主体登记可能对社会公共利益造成重大损害；

（二）撤销市场主体登记后无法恢复到登记前的状态；

（三）法律、行政法规规定的其他情形。

第五十六条　登记机关作出撤销登记决定后，应当通过国家企业信用信息公示系统向社会公示。

第五十七条　同一登记包含多个登记事项，其中部分登记事项被认定为虚假，撤销虚假的登记事项不影响市场主体存续的，登记机关可以仅撤销虚假的登记事项。

第五十八条　撤销市场主体备案事项的，参照本章规定执行。

第九章　档案管理

第五十九条　登记机关应当负责建立市场主体登记管理档案，对在登记、备案过程中形成的具有保存价值的文件依法分类，有序收集管理，推动档案电子化、影像化，提供市场主体登记管理档案查询服务。

第六十条　申请查询市场主体登记管理档案，应当按照下列要求提交材料：

（一）公安机关、国家安全机关、检察机关、审判机关、纪检监察机关、审计机关等国家机关进行查询，应当出具本部门公函及查询人员的有效证件；

（二）市场主体查询自身登记管理档案，应当出具授权委托书及查询人员的有效证件；

（三）律师查询与承办法律事务有关市场主体登记管理档案，应当出具执业证书、律师事务所证明以及相关承诺书。

除前款规定情形外，省级以上市场监督管理部门可以结合工作实际，依法对档案查询范围以及提交材料作出规定。

第六十一条　登记管理档案查询内容涉及国家秘密、商业秘密、个人信息的，应当按照有关法律法规规定办理。

第六十二条　市场主体发生住所（主要经营场所、经营场所）迁移的，登记机关应当于3个月内将所有登记管理档案移交迁入地登记机关管理。档案迁出、迁入应当记录备案。

第十章　监督管理

第六十三条　市场主体应当于每年 1 月 1 日至 6 月 30 日，通过国家企业信用信息公示系统报送上一年度年度报告，并向社会公示。

个体工商户可以通过纸质方式报送年度报告，并自主选择年度报告内容是否向社会公示。

歇业的市场主体应当按时公示年度报告。

第六十四条　市场主体应当将营业执照（含电子营业执照）置于住所（主要经营场所、经营场所）的醒目位置。

从事电子商务经营的市场主体应当在其首页显著位置持续公示营业执照信息或者其链接标识。

营业执照记载的信息发生变更时，市场主体应当于 15 日内完成对应信息的更新公示。市场主体被吊销营业执照的，登记机关应当将吊销情况标注于电子营业执照中。

第六十五条　登记机关应当对登记注册、行政许可、日常监管、行政执法中的相关信息进行归集，根据市场主体的信用风险状况实施分级分类监管，并强化信用风险分类结果的综合应用。

第六十六条　登记机关应当随机抽取检查对象、随机选派执法检查人员，对市场主体的登记备案事项、公示信息情况等进行抽查，并将抽查检查结果通过国家企业信用信息公示系统向社会公示。必要时可以委托会计师事务所、税务师事务所、律师事务所等专业机构开展审计、验资、咨询等相关工作，依法使用其他政府部门作出的检查、核查结果或者专业机构作出的专业结论。

第六十七条　市场主体被撤销设立登记、吊销营业执照、责令关闭，6 个月内未办理清算组公告或者未申请注销登记的，登记机关可以在国家企业信用信息公示系统上对其作出特别标注并予以公示。

第十一章　法律责任

第六十八条　未经设立登记从事一般经营活动的，由登记机关责令改正，没收违法所得；拒不改正的，处 1 万元以上 10 万元以下的罚款；情节严重的，依法责令关闭停业，并处 10 万元以上 50 万元以下的罚款。

第六十九条　未经设立登记从事许可经营活动或者未依法取得许可从事经营活动的，由法律、法规或者国务院决定规定的部门予以查处；法律、法规或者国务院决定没有规定或者规定不明确的，由省、自治区、直辖市人民政府确定的部门予以查处。

第七十条 市场主体未按照法律、行政法规规定的期限公示或者报送年度报告的，由登记机关列入经营异常名录，可以处1万元以下的罚款。

第七十一条 提交虚假材料或者采取其他欺诈手段隐瞒重要事实取得市场主体登记的，由登记机关依法责令改正，没收违法所得，并处5万元以上20万元以下的罚款；情节严重的，处20万元以上100万元以下的罚款，吊销营业执照。

明知或者应当知道申请人提交虚假材料或者采取其他欺诈手段隐瞒重要事实进行市场主体登记，仍接受委托代为办理，或者协助其进行虚假登记的，由登记机关没收违法所得，处10万元以下的罚款。

虚假市场主体登记的直接责任人自市场主体登记被撤销之日起3年内不得再次申请市场主体登记。登记机关应当通过国家企业信用信息公示系统予以公示。

第七十二条 市场主体未按规定办理变更登记的，由登记机关责令改正；拒不改正的，处1万元以上10万元以下的罚款；情节严重的，吊销营业执照。

第七十三条 市场主体未按规定办理备案的，由登记机关责令改正；拒不改正的，处5万元以下的罚款。

依法应当办理受益所有人信息备案的市场主体，未办理备案的，按照前款规定处理。

第七十四条 市场主体未按照本实施细则第四十二条规定公示终止歇业的，由登记机关责令改正；拒不改正的，处3万元以下的罚款。

第七十五条 市场主体未按规定将营业执照置于住所（主要经营场所、经营场所）醒目位置的，由登记机关责令改正；拒不改正的，处3万元以下的罚款。

电子商务经营者未在首页显著位置持续公示营业执照信息或者相关链接标识的，由登记机关依照《中华人民共和国电子商务法》处罚。

市场主体伪造、涂改、出租、出借、转让营业执照的，由登记机关没收违法所得，处10万元以下的罚款；情节严重的，处10万元以上50万元以下的罚款，吊销营业执照。

第七十六条 利用市场主体登记，牟取非法利益，扰乱市场秩序，危害国家安全、社会公共利益的，法律、行政法规有规定的，依照其规定；法律、行政法规没有规定的，由登记机关处10万元以下的罚款。

第七十七条 违反本实施细则规定，登记机关确定罚款幅度时，应当综合考虑市场主体的类型、规模、违法情节等因素。

情节轻微并及时改正，没有造成危害后果的，依法不予行政处罚。初次违法且危害后果轻微并及时改正的，可以不予行政处罚。当事人有证据足以证明没有主观过错的，不予行政处罚。

第十二章 附 则

第七十八条 本实施细则所指申请人，包括设立登记时的申请人、依法设立后的市场主体。

第七十九条 人民法院办理案件需要登记机关协助执行的，登记机关应当按照人民法院的生效法律文书和协助执行通知书，在法定职责范围内办理协助执行事项。

第八十条 国家市场监督管理总局根据法律、行政法规、国务院决定及本实施细则，制定登记注册前置审批目录、登记材料和文书格式。

第八十一条 法律、行政法规或者国务院决定对登记管理另有规定的，从其规定。

第八十二条 本实施细则自公布之日起施行。1988年11月3日原国家工商行政管理局令第1号公布的《中华人民共和国企业法人登记管理条例施行细则》，2000年1月13日原国家工商行政管理局令第94号公布的《个人独资企业登记管理办法》，2011年9月30日原国家工商行政管理总局令第56号公布的《个体工商户登记管理办法》，2014年2月20日原国家工商行政管理总局令第64号公布的《公司注册资本登记管理规定》，2015年8月27日原国家工商行政管理总局令第76号公布的《企业经营范围登记管理规定》同时废止。

附录4 《中华人民共和国企业国有资产法》

（《中华人民共和国企业国有资产法》由中华人民共和国第十一届全国人民代表大会常务委员会第五次会议于2008年10月28日通过，现予公布，自2009年5月1日起施行。）

第一章 总 则

第一条 为了维护国家基本经济制度，巩固和发展国有经济，加强对国有资产的保护,发挥国有经济在国民经济中的主导作用,促进社会主义市场经济发展,制定本法。

第二条 本法所称企业国有资产(以下称国有资产),是指国家对企业各种形式的出资所形成的权益。

第三条 国有资产属于国家所有即全民所有。国务院代表国家行使国有资产所有权。

第四条 国务院和地方人民政府依照法律、行政法规的规定,分别代表国家对国家出资企业履行出资人职责,享有出资人权益。

国务院确定的关系国民经济命脉和国家安全的大型国家出资企业,重要基础设施和重要自然资源等领域的国家出资企业,由国务院代表国家履行出资人职责。其他的国家出资企业,由地方人民政府代表国家履行出资人职责。

第五条 本法所称国家出资企业,是指国家出资的国有独资企业、国有独资公司,以及国有资本控股公司、国有资本参股公司。

第六条 国务院和地方人民政府应当按照政企分开、社会公共管理职能与国有资产出资人职能分开、不干预企业依法自主经营的原则,依法履行出资人职责。

第七条 国家采取措施,推动国有资本向关系国民经济命脉和国家安全的重要行业和关键领域集中,优化国有经济布局和结构,推进国有企业的改革和发展,提高国有经济的整体素质,增强国有经济的控制力、影响力。

第八条 国家建立健全与社会主义市场经济发展要求相适应的国有资产管理与监督体制,建立健全国有资产保值增值考核和责任追究制度,落实国有资产保值增值责任。

第九条 国家建立健全国有资产基础管理制度。具体办法按照国务院的规定制定。

第十条 国有资产受法律保护,任何单位和个人不得侵害。

第二章 履行出资人职责的机构

第十一条 国务院国有资产监督管理机构和地方人民政府按照国务院的规定设立的国有资产监督管理机构,根据本级人民政府的授权,代表本级人民政府对国家出资企业履行出资人职责。

国务院和地方人民政府根据需要,可以授权其他部门、机构代表本级人民政府对国家出资企业履行出资人职责。

代表本级人民政府履行出资人职责的机构、部门,以下统称履行出资人职责的机构。

第十二条 履行出资人职责的机构代表本级人民政府对国家出资企业依法享有资产收益、参与重大决策和选择管理者等出资人权利。

履行出资人职责的机构依照法律、行政法规的规定，制定或者参与制定国家出资企业的章程。

履行出资人职责的机构对法律、行政法规和本级人民政府规定须经本级人民政府批准的履行出资人职责的重大事项，应当报请本级人民政府批准。

第十三条 履行出资人职责的机构委派的股东代表参加国有资本控股公司、国有资本参股公司召开的股东会会议、股东大会会议，应当按照委派机构的指示提出提案、发表意见、行使表决权，并将其履行职责的情况和结果及时报告委派机构。

第十四条 履行出资人职责的机构应当依照法律、行政法规以及企业章程履行出资人职责，保障出资人权益，防止国有资产损失。

履行出资人职责的机构应当维护企业作为市场主体依法享有的权利，除依法履行出资人职责外，不得干预企业经营活动。

第十五条 履行出资人职责的机构对本级人民政府负责，向本级人民政府报告履行出资人职责的情况，接受本级人民政府的监督和考核，对国有资产的保值增值负责。

履行出资人职责的机构应当按照国家有关规定，定期向本级人民政府报告有关国有资产总量、结构、变动、收益等汇总分析的情况。

第三章　国家出资企业

第十六条 国家出资企业对其动产、不动产和其他财产依照法律、行政法规以及企业章程享有占有、使用、收益和处分的权利。

国家出资企业依法享有的经营自主权和其他合法权益受法律保护。

第十七条 国家出资企业从事经营活动，应当遵守法律、行政法规，加强经营管理，提高经济效益，接受人民政府及其有关部门、机构依法实施的管理和监督，接受社会公众的监督，承担社会责任，对出资人负责。

国家出资企业应当依法建立和完善法人治理结构，建立健全内部监督管理和风险控制制度。

第十八条 国家出资企业应当依照法律、行政法规和国务院财政部门的规定，建立健全财务、会计制度，设置会计账簿，进行会计核算，依照法律、行政法规以及企业章程的规定向出资人提供真实、完整的财务、会计信息。

国家出资企业应当依照法律、行政法规以及企业章程的规定，向出资人分配利润。

第十九条 国有独资公司、国有资本控股公司和国有资本参股公司依照《中华人民共和国公司法》的规定设立监事会。国有独资企业由履行出资人职责的机构按照国务院的规定委派监事组成监事会。

国家出资企业的监事会依照法律、行政法规以及企业章程的规定，对董事、高级管理人员执行职务的行为进行监督，对企业财务进行监督检查。

第二十条 国家出资企业依照法律规定，通过职工代表大会或者其他形式，实行民主管理。

第二十一条 国家出资企业对其所出资企业依法享有资产收益、参与重大决策和选择管理者等出资人权利。

国家出资企业对其所出资企业，应当依照法律、行政法规的规定，通过制定或者参与制定所出资企业的章程，建立权责明确、有效制衡的企业内部监督管理和风险控制制度，维护其出资人权益。

第四章　国家出资企业管理者的选择与考核

第二十二条 履行出资人职责的机构依照法律、行政法规以及企业章程的规定，任免或者建议任免国家出资企业的下列人员：

（一）任免国有独资企业的经理、副经理、财务负责人和其他高级管理人员；

（二）任免国有独资公司的董事长、副董事长、董事、监事会主席和监事；

（三）向国有资本控股公司、国有资本参股公司的股东会、股东大会提出董事、监事人选。

国家出资企业中应当由职工代表出任的董事、监事，依照有关法律、行政法规的规定由职工民主选举产生。

第二十三条 履行出资人职责的机构任命或者建议任命的董事、监事、高级管理人员，应当具备下列条件：

（一）有良好的品行；

（二）有符合职位要求的专业知识和工作能力；

（三）有能够正常履行职责的身体条件；

（四）法律、行政法规规定的其他条件。

董事、监事、高级管理人员在任职期间出现不符合前款规定情形或者出现《中华人民共和国公司法》规定的不得担任公司董事、监事、高级管理人员情形的，履行出资人职责的机构应当依法予以免职或者提出免职建议。

第二十四条 履行出资人职责的机构对拟任命或者建议任命的董事、监事、高级管理人员的人选，应当按照规定的条件和程序进行考察。考察合格的，按照规定的权限和程序任命或者建议任命。

第二十五条 未经履行出资人职责的机构同意，国有独资企业、国有独资公司的董事、高级管理人员不得在其他企业兼职。未经股东会、股东大会同意，国有资本控股公司、国有资本参股公司的董事、高级管理人员不得在经营同类业务的其他企业兼职。

未经履行出资人职责的机构同意，国有独资公司的董事长不得兼任经理。未经股东会、股东大会同意，国有资本控股公司的董事长不得兼任经理。

董事、高级管理人员不得兼任监事。

第二十六条 国家出资企业的董事、监事、高级管理人员，应当遵守法律、行政法规以及企业章程，对企业负有忠实义务和勤勉义务，不得利用职权收受贿赂或者取得其他非法收入和不当利益，不得侵占、挪用企业资产，不得超越职权或者违反程序决定企业重大事项，不得有其他侵害国有资产出资人权益的行为。

第二十七条 国家建立国家出资企业管理者经营业绩考核制度。履行出资人职责的机构应当对其任命的企业管理者进行年度和任期考核，并依据考核结果决定对企业管理者的奖惩。

履行出资人职责的机构应当按照国家有关规定，确定其任命的国家出资企业管理者的薪酬标准。

第二十八条 国有独资企业、国有独资公司和国有资本控股公司的主要负责人，应当接受依法进行的任期经济责任审计。

第二十九条 本法第二十二条第一款第一项、第二项规定的企业管理者，国务院和地方人民政府规定由本级人民政府任免的，依照其规定。履行出资人职责的机构依照本章规定对上述企业管理者进行考核、奖惩并确定其薪酬标准。

第五章　关系国有资产出资人权益的重大事项

第一节　一般规定

第三十条 国家出资企业合并、分立、改制、上市，增加或者减少注册资本，发行债券，进行重大投资，为他人提供大额担保，转让重大财产，进行大额捐赠，分配利润，以及解散、申请破产等重大事项，应当遵守法律、行政法规以及企业章程的规定，不得损害出资人和债权人的权益。

第三十一条　国有独资企业、国有独资公司合并、分立，增加或者减少注册资本，发行债券，分配利润，以及解散、申请破产，由履行出资人职责的机构决定。

第三十二条　国有独资企业、国有独资公司有本法第三十条所列事项的，除依照本法第三十一条和有关法律、行政法规以及企业章程的规定，由履行出资人职责的机构决定的以外，国有独资企业由企业负责人集体讨论决定，国有独资公司由董事会决定。

第三十三条　国有资本控股公司、国有资本参股公司有本法第三十条所列事项的，依照法律、行政法规以及公司章程的规定，由公司股东会、股东大会或者董事会决定。由股东会、股东大会决定的，履行出资人职责的机构委派的股东代表应当依照本法第十三条的规定行使权利。

第三十四条　重要的国有独资企业、国有独资公司、国有资本控股公司的合并、分立、解散、申请破产以及法律、行政法规和本级人民政府规定应当由履行出资人职责的机构报经本级人民政府批准的重大事项，履行出资人职责的机构在作出决定或者向其委派参加国有资本控股公司股东会会议、股东大会会议的股东代表作出指示前，应当报请本级人民政府批准。

本法所称的重要的国有独资企业、国有独资公司和国有资本控股公司，按照国务院的规定确定。

第三十五条　国家出资企业发行债券、投资等事项，有关法律、行政法规规定应当报经人民政府或者人民政府有关部门、机构批准、核准或者备案的，依照其规定。

第三十六条　国家出资企业投资应当符合国家产业政策，并按照国家规定进行可行性研究；与他人交易应当公平、有偿，取得合理对价。

第三十七条　国家出资企业的合并、分立、改制、解散、申请破产等重大事项，应当听取企业工会的意见，并通过职工代表大会或者其他形式听取职工的意见和建议。

第三十八条　国有独资企业、国有独资公司、国有资本控股公司对其所出资企业的重大事项参照本章规定履行出资人职责。具体办法由国务院规定。

第二节 企业改制

第三十九条 本法所称企业改制是指：

（一）国有独资企业改为国有独资公司；

（二）国有独资企业、国有独资公司改为国有资本控股公司或者非国有资本控股公司；

（三）国有资本控股公司改为非国有资本控股公司。

第四十条 企业改制应当依照法定程序，由履行出资人职责的机构决定或者由公司股东会、股东大会决定。

重要的国有独资企业、国有独资公司、国有资本控股公司的改制，履行出资人职责的机构在作出决定或者向其委派参加国有资本控股公司股东会议、股东大会会议的股东作出指示前，应当将改制方案报请本级人民政府批准。

第四十一条 企业改制应当制定改制方案，载明改制后的企业组织形式、企业资产和债权债务处理方案、股权变动方案、改制的操作程序、资产评估和财务审计等中介机构的选聘等事项。

企业改制涉及重新安置企业职工的，还应当制定职工安置方案，并经职工代表大会或者职工大会审议通过。

第四十二条 企业改制应当按照规定进行清产核资、财务审计、资产评估，准确界定和核实资产，客观、公正地确定资产的价值。

企业改制涉及以企业的实物、知识产权、土地使用权等非货币财产折算为国有资本出资或者股份的，应当按照规定对折价财产进行评估，以评估确认价格作为确定国有资本出资额或者股份数额的依据。不得将财产低价折股或者有其他损害出资人权益的行为。

第三节 与关联方的交易

第四十三条 国家出资企业的关联方不得利用与国家出资企业之间的交易，谋取不当利益，损害国家出资企业利益。

本法所称关联方，是指本企业的董事、监事、高级管理人员及其近亲属，以及这些人员所有或者实际控制的企业。

第四十四条 国有独资企业、国有独资公司、国有资本控股公司不得无偿向关联方提供资金、商品、服务或者其他资产，不得以不公平的价格与关联方进行交易。

第四十五条　未经履行出资人职责的机构同意，国有独资企业、国有独资公司不得有下列行为：

（一）与关联方订立财产转让、借款的协议；

（二）为关联方提供担保；

（三）与关联方共同出资设立企业，或者向董事、监事、高级管理人员或者其近亲属所有或者实际控制的企业投资。

第四十六条　国有资本控股公司、国有资本参股公司与关联方的交易，依照《中华人民共和国公司法》和有关行政法规以及公司章程的规定，由公司股东会、股东大会或者董事会决定。由公司股东会、股东大会决定的，履行出资人职责的机构委派的股东代表，应当依照本法第十三条的规定行使权利。

公司董事会对公司与关联方的交易作出决议时，该交易涉及的董事不得行使表决权，也不得代理其他董事行使表决权。

第四节　资产评估

第四十七条　国有独资企业、国有独资公司和国有资本控股公司合并、分立、改制，转让重大财产，以非货币财产对外投资，清算或者有法律、行政法规以及企业章程规定应当进行资产评估的其他情形的，应当按照规定对有关资产进行评估。

第四十八条　国有独资企业、国有独资公司和国有资本控股公司应当委托依法设立的符合条件的资产评估机构进行资产评估；涉及应当报经履行出资人职责的机构决定的事项的，应当将委托资产评估机构的情况向履行出资人职责的机构报告。

第四十九条　国有独资企业、国有独资公司、国有资本控股公司及其董事、监事、高级管理人员应当向资产评估机构如实提供有关情况和资料，不得与资产评估机构串通评估作价。

第五十条　资产评估机构及其工作人员受托评估有关资产，应当遵守法律、行政法规以及评估执业准则，独立、客观、公正地对受托评估的资产进行评估。资产评估机构应当对其出具的评估报告负责。

第五节　国有资产转让

第五十一条　本法所称国有资产转让，是指依法将国家对企业的出资所形成的权益转移给其他单位或者个人的行为；按照国家规定无偿划转国有资产的除外。

第五十二条 国有资产转让应当有利于国有经济布局和结构的战略性调整，防止国有资产损失，不得损害交易各方的合法权益。

第五十三条 国有资产转让由履行出资人职责的机构决定。履行出资人职责的机构决定转让全部国有资产的，或者转让部分国有资产致使国家对该企业不再具有控股地位的，应当报请本级人民政府批准。

第五十四条 国有资产转让应当遵循等价有偿和公开、公平、公正的原则。

除按照国家规定可以直接协议转让的以外，国有资产转让应当在依法设立的产权交易场所公开进行。转让方应当如实披露有关信息，征集受让方；征集产生的受让方为两个以上的，转让应当采用公开竞价的交易方式。

转让上市交易的股份依照《中华人民共和国证券法》的规定进行。

第五十五条 国有资产转让应当以依法评估的、经履行出资人职责的机构认可或者由履行出资人职责的机构报经本级人民政府核准的价格为依据，合理确定最低转让价格。

第五十六条 法律、行政法规或者国务院国有资产监督管理机构规定可以向本企业的董事、监事、高级管理人员或者其近亲属，或者这些人员所有或者实际控制的企业转让的国有资产，在转让时，上述人员或者企业参与受让的，应当与其他受让参与者平等竞买；转让方应当按照国家有关规定，如实披露有关信息；相关的董事、监事和高级管理人员不得参与转让方案的制定和组织实施的各项工作。

第五十七条 国有资产向境外投资者转让的，应当遵守国家有关规定，不得危害国家安全和社会公共利益。

第六章　国有资本经营预算

第五十八条 国家建立健全国有资本经营预算制度，对取得的国有资本收入及其支出实行预算管理。

第五十九条 国家取得的下列国有资本收入，以及下列收入的支出，应当编制国有资本经营预算：

（一）从国家出资企业分得的利润；

（二）国有资产转让收入；

（三）从国家出资企业取得的清算收入；

（四）其他国有资本收入。

第六十条　国有资本经营预算按年度单独编制，纳入本级人民政府预算，报本级人民代表大会批准。

国有资本经营预算支出按照当年预算收入规模安排，不列赤字。

第六十一条　国务院和有关地方人民政府财政部门负责国有资本经营预算草案的编制工作，履行出资人职责的机构向财政部门提出由其履行出资人职责的国有资本经营预算建议草案。

第六十二条　国有资本经营预算管理的具体办法和实施步骤，由国务院规定，报全国人民代表大会常务委员会备案。

第七章　国有资产监督

第六十三条　各级人民代表大会常务委员会通过听取和审议本级人民政府履行出资人职责的情况和国有资产监督管理情况的专项工作报告，组织对本法实施情况的执法检查等，依法行使监督职权。

第六十四条　国务院和地方人民政府应当对其授权履行出资人职责的机构履行职责的情况进行监督。

第六十五条　国务院和地方人民政府审计机关依照《中华人民共和国审计法》的规定，对国有资本经营预算的执行情况和属于审计监督对象的国家出资企业进行审计监督。

第六十六条　国务院和地方人民政府应当依法向社会公布国有资产状况和国有资产监督管理工作情况，接受社会公众的监督。

任何单位和个人有权对造成国有资产损失的行为进行检举和控告。

第六十七条　履行出资人职责的机构根据需要，可以委托会计师事务所对国有独资企业、国有独资公司的年度财务会计报告进行审计，或者通过国有资本控股公司的股东会、股东大会决议，由国有资本控股公司聘请会计师事务所对公司的年度财务会计报告进行审计，维护出资人权益。

第八章　法律责任

第六十八条　履行出资人职责的机构有下列行为之一的，对其直接负责的主管人员和其他直接责任人员依法给予处分：

（一）不按照法定的任职条件，任命或者建议任命国家出资企业管理者的；

（二）侵占、截留、挪用国家出资企业的资金或者应当上缴的国有资本收入的；

（三）违反法定的权限、程序，决定国家出资企业重大事项，造成国有资产损失的；

（四）有其他不依法履行出资人职责的行为，造成国有资产损失的。

第六十九条 履行出资人职责的机构的工作人员玩忽职守、滥用职权、徇私舞弊，尚不构成犯罪的，依法给予处分。

第七十条 履行出资人职责的机构委派的股东代表未按照委派机构的指示履行职责，造成国有资产损失的，依法承担赔偿责任；属于国家工作人员的，并依法给予处分。

第七十一条 国家出资企业的董事、监事、高级管理人员有下列行为之一，造成国有资产损失的，依法承担赔偿责任；属于国家工作人员的，并依法给予处分：

（一）利用职权收受贿赂或者取得其他非法收入和不当利益的；

（二）侵占、挪用企业资产的；

（三）在企业改制、财产转让等过程中，违反法律、行政法规和公平交易规则，将企业财产低价转让、低价折股的；

（四）违反本法规定与本企业进行交易的；

（五）不如实向资产评估机构、会计师事务所提供有关情况和资料，或者与资产评估机构、会计师事务所串通出具虚假资产评估报告、审计报告的；

（六）违反法律、行政法规和企业章程规定的决策程序，决定企业重大事项的；

（七）有其他违反法律、行政法规和企业章程执行职务行为的。

国家出资企业的董事、监事、高级管理人员因前款所列行为取得的收入，依法予以追缴或者归国家出资企业所有。

履行出资人职责的机构任命或者建议任命的董事、监事、高级管理人员有本条第一款所列行为之一，造成国有资产重大损失的，由履行出资人职责的机构依法予以免职或者提出免职建议。

第七十二条 在涉及关联方交易、国有资产转让等交易活动中，当事人恶意串通，损害国有资产权益的，该交易行为无效。

第七十三条 国有独资企业、国有独资公司、国有资本控股公司的董事、监事、高级管理人员违反本法规定，造成国有资产重大损失，被免职的，自免职之日起五年内不得担任国有独资企业、国有独资公司、国有资本控股公司的董事、监事、高级管理人员；造成国有资产特别重大损失，或者因贪污、贿赂、侵占财产、挪用财产或者破坏社会主义市场经济秩序被判处刑罚的,终身不得担任国有独资企业、国有独资公司、国有资本控股公司的董事、监事、高级管理人员。

第七十四条 接受委托对国家出资企业进行资产评估、财务审计的资产评估机构、会计师事务所违反法律、行政法规的规定和执业准则,出具虚假的资产评估报告或者审计报告的,依照有关法律、行政法规的规定追究法律责任。

第七十五条 违反本法规定,构成犯罪的,依法追究刑事责任。

第九章 附　则

第七十六条 金融企业国有资产的管理与监督,法律、行政法规另有规定的,依照其规定。

第七十七条 本法自 2009 年 5 月 1 日起施行。

附录5 《中华人民共和国反不正当竞争法》

（1993年9月2日第八届全国人民代表大会常务委员会第三次会议通过　2017年11月4日第十二届全国人民代表大会常务委员会第三十次会议修订　根据2019年4月23日第十三届全国人民代表大会常务委员会第十次会议《关于修改〈中华人民共和国建筑法〉等八部法律的决定》修正）

第一章 总　则

第一条 为了促进社会主义市场经济健康发展,鼓励和保护公平竞争,制止不正当竞争行为,保护经营者和消费者的合法权益,制定本法。

第二条 经营者在生产经营活动中,应当遵循自愿、平等、公平、诚信的原则,遵守法律和商业道德。

本法所称的不正当竞争行为,是指经营者在生产经营活动中,违反本法规定,扰乱市场竞争秩序,损害其他经营者或者消费者的合法权益的行为。

本法所称的经营者,是指从事商品生产、经营或者提供服务（以下所称商品包括服务）的自然人、法人和非法人组织。

第三条 各级人民政府应当采取措施,制止不正当竞争行为,为公平竞争创造良好的环境和条件。

国务院建立反不正当竞争工作协调机制,研究决定反不正当竞争重大政策,协调处理维护市场竞争秩序的重大问题。

第四条 县级以上人民政府履行工商行政管理职责的部门对不正当竞争行为进行查处；法律、行政法规规定由其他部门查处的，依照其规定。

第五条 国家鼓励、支持和保护一切组织和个人对不正当竞争行为进行社会监督。

国家机关及其工作人员不得支持、包庇不正当竞争行为。

行业组织应当加强行业自律，引导、规范会员依法竞争，维护市场竞争秩序。

第二章 不正当竞争行为

第六条 经营者不得实施下列混淆行为，引人误认为是他人商品或者与他人存在特定联系：

（一）擅自使用与他人有一定影响的商品名称、包装、装潢等相同或者近似的标识；

（二）擅自使用他人有一定影响的企业名称（包括简称、字号等）、社会组织名称（包括简称等）、姓名（包括笔名、艺名、译名等）；

（三）擅自使用他人有一定影响的域名主体部分、网站名称、网页等；

（四）其他足以引人误认为是他人商品或者与他人存在特定联系的混淆行为。

第七条 经营者不得采用财物或者其他手段贿赂下列单位或者个人，以谋取交易机会或者竞争优势：

（一）交易相对方的工作人员；

（二）受交易相对方委托办理相关事务的单位或者个人；

（三）利用职权或者影响力影响交易的单位或者个人。

经营者在交易活动中，可以以明示方式向交易相对方支付折扣，或者向中间人支付佣金。经营者向交易相对方支付折扣、向中间人支付佣金的，应当如实入账。接受折扣、佣金的经营者也应当如实入账。

经营者的工作人员进行贿赂的，应当认定为经营者的行为；但是，经营者有证据证明该工作人员的行为与为经营者谋取交易机会或者竞争优势无关的除外。

第八条 经营者不得对其商品的性能、功能、质量、销售状况、用户评价、曾获荣誉等作虚假或者引人误解的商业宣传，欺骗、误导消费者。

经营者不得通过组织虚假交易等方式，帮助其他经营者进行虚假或者引人误解的商业宣传。

第九条 经营者不得实施下列侵犯商业秘密的行为：

（一）以盗窃、贿赂、欺诈、胁迫、电子侵入或者其他不正当手段获取权利人的商业秘密；

（二）披露、使用或者允许他人使用以前项手段获取的权利人的商业秘密；

（三）违反保密义务或者违反权利人有关保守商业秘密的要求，披露、使用或者允许他人使用其所掌握的商业秘密；

（四）教唆、引诱、帮助他人违反保密义务或者违反权利人有关保守商业秘密的要求，获取、披露、使用或者允许他人使用权利人的商业秘密。

经营者以外的其他自然人、法人和非法人组织实施前款所列违法行为的，视为侵犯商业秘密。

第三人明知或者应知商业秘密权利人的员工、前员工或者其他单位、个人实施本条第一款所列违法行为，仍获取、披露、使用或者允许他人使用该商业秘密的，视为侵犯商业秘密。

本法所称的商业秘密，是指不为公众所知悉、具有商业价值并经权利人采取相应保密措施的技术信息、经营信息等商业信息。

第十条 经营者进行有奖销售不得存在下列情形：

（一）所设奖的种类、兑奖条件、奖金金额或者奖品等有奖销售信息不明确，影响兑奖；

（二）采用谎称有奖或者故意让内定人员中奖的欺骗方式进行有奖销售；

（三）抽奖式的有奖销售，最高奖的金额超过五万元。

第十一条 经营者不得编造、传播虚假信息或者误导性信息，损害竞争对手的商业信誉、商品声誉。

第十二条 经营者利用网络从事生产经营活动，应当遵守本法的各项规定。

经营者不得利用技术手段，通过影响用户选择或者其他方式，实施下列妨碍、破坏其他经营者合法提供的网络产品或者服务正常运行的行为：

（一）未经其他经营者同意，在其合法提供的网络产品或者服务中，插入链接、强制进行目标跳转；

（二）误导、欺骗、强迫用户修改、关闭、卸载其他经营者合法提供的网络产品或者服务；

（三）恶意对其他经营者合法提供的网络产品或者服务实施不兼容；

（四）其他妨碍、破坏其他经营者合法提供的网络产品或者服务正常运行的行为。

第三章 对涉嫌不正当竞争行为的调查

第十三条 监督检查部门调查涉嫌不正当竞争行为,可以采取下列措施:

(一)进入涉嫌不正当竞争行为的经营场所进行检查;

(二)询问被调查的经营者、利害关系人及其他有关单位、个人,要求其说明有关情况或者提供与被调查行为有关的其他资料;

(三)查询、复制与涉嫌不正当竞争行为有关的协议、账簿、单据、文件、记录、业务函电和其他资料;

(四)查封、扣押与涉嫌不正当竞争行为有关的财物;

(五)查询涉嫌不正当竞争行为的经营者的银行账户。

采取前款规定的措施,应当向监督检查部门主要负责人书面报告,并经批准。采取前款第四项、第五项规定的措施,应当向设区的市级以上人民政府监督检查部门主要负责人书面报告,并经批准。

监督检查部门调查涉嫌不正当竞争行为,应当遵守《中华人民共和国行政强制法》和其他有关法律、行政法规的规定,并应当将查处结果及时向社会公开。

第十四条 监督检查部门调查涉嫌不正当竞争行为,被调查的经营者、利害关系人及其他有关单位、个人应当如实提供有关资料或者情况。

第十五条 监督检查部门及其工作人员对调查过程中知悉的商业秘密负有保密义务。

第十六条 对涉嫌不正当竞争行为,任何单位和个人有权向监督检查部门举报,监督检查部门接到举报后应当依法及时处理。

监督检查部门应当向社会公开受理举报的电话、信箱或者电子邮件地址,并为举报人保密。对实名举报并提供相关事实和证据的,监督检查部门应当将处理结果告知举报人。

第四章 法律责任

第十七条 经营者违反本法规定,给他人造成损害的,应当依法承担民事责任。

经营者的合法权益受到不正当竞争行为损害的,可以向人民法院提起诉讼。

因不正当竞争行为受到损害的经营者的赔偿数额,按照其因被侵权所受到的实际损失确定;实际损失难以计算的,按照侵权人因侵权所获得的利益确定。经营者恶意实施侵犯商业秘密行为,情节严重的,可以在按照上述方法确定数额的一倍以上五倍以下确定赔偿数额。赔偿数额还应当包括经营者为制止侵权行为所支付的合理开支。

经营者违反本法第六条、第九条规定，权利人因被侵权所受到的实际损失、侵权人因侵权所获得的利益难以确定的，由人民法院根据侵权行为的情节判决给予权利人五百万元以下的赔偿。

第十八条 经营者违反本法第六条规定实施混淆行为的，由监督检查部门责令停止违法行为，没收违法商品。违法经营额五万元以上的，可以并处违法经营额五倍以下的罚款；没有违法经营额或者违法经营额不足五万元的，可以并处二十五万元以下的罚款。情节严重的，吊销营业执照。

经营者登记的企业名称违反本法第六条规定的，应当及时办理名称变更登记；名称变更前，由原企业登记机关以统一社会信用代码代替其名称。

第十九条 经营者违反本法第七条规定贿赂他人的，由监督检查部门没收违法所得，处十万元以上三百万元以下的罚款。情节严重的，吊销营业执照。

第二十条 经营者违反本法第八条规定对其商品作虚假或者引人误解的商业宣传，或者通过组织虚假交易等方式帮助其他经营者进行虚假或者引人误解的商业宣传的，由监督检查部门责令停止违法行为，处二十万元以上一百万元以下的罚款；情节严重的，处一百万元以上二百万元以下的罚款，可以吊销营业执照。

经营者违反本法第八条规定，属于发布虚假广告的，依照《中华人民共和国广告法》的规定处罚。

第二十一条 经营者以及其他自然人、法人和非法人组织违反本法第九条规定侵犯商业秘密的，由监督检查部门责令停止违法行为，没收违法所得，处十万元以上一百万元以下的罚款；情节严重的，处五十万元以上五百万元以下的罚款。

第二十二条 经营者违反本法第十条规定进行有奖销售的，由监督检查部门责令停止违法行为，处五万元以上五十万元以下的罚款。

第二十三条 经营者违反本法第十一条规定损害竞争对手商业信誉、商品声誉的，由监督检查部门责令停止违法行为、消除影响，处十万元以上五十万元以下的罚款；情节严重的，处五十万元以上三百万元以下的罚款。

第二十四条 经营者违反本法第十二条规定妨碍、破坏其他经营者合法提供的网络产品或者服务正常运行的，由监督检查部门责令停止违法行为，处十万元以上五十万元以下的罚款；情节严重的，处五十万元以上三百万元以下的罚款。

第二十五条 经营者违反本法规定从事不正当竞争，有主动消除或者减轻违法行为危害后果等法定情形的，依法从轻或者减轻行政处罚；违法行为轻微并及时纠正，没有造成危害后果的，不予行政处罚。

第二十六条 经营者违反本法规定从事不正当竞争，受到行政处罚的，由监督检查部门记入信用记录，并依照有关法律、行政法规的规定予以公示。

第二十七条 经营者违反本法规定，应当承担民事责任、行政责任和刑事责任，其财产不足以支付的，优先用于承担民事责任。

第二十八条 妨害监督检查部门依照本法履行职责，拒绝、阻碍调查的，由监督检查部门责令改正，对个人可以处五千元以下的罚款，对单位可以处五万元以下的罚款，并可以由公安机关依法给予治安管理处罚。

第二十九条 当事人对监督检查部门作出的决定不服的，可以依法申请行政复议或者提起行政诉讼。

第三十条 监督检查部门的工作人员滥用职权、玩忽职守、徇私舞弊或者泄露调查过程中知悉的商业秘密的，依法给予处分。

第三十一条 违反本法规定，构成犯罪的，依法追究刑事责任。

第三十二条 在侵犯商业秘密的民事审判程序中，商业秘密权利人提供初步证据，证明其已经对所主张的商业秘密采取保密措施，且合理表明商业秘密被侵犯，涉嫌侵权人应当证明权利人所主张的商业秘密不属于本法规定的商业秘密。

商业秘密权利人提供初步证据合理表明商业秘密被侵犯，且提供以下证据之一的，涉嫌侵权人应当证明其不存在侵犯商业秘密的行为：

（一）有证据表明涉嫌侵权人有渠道或者机会获取商业秘密，且其使用的信息与该商业秘密实质上相同；

（二）有证据表明商业秘密已经被涉嫌侵权人披露、使用或者有被披露、使用的风险；

（三）有其他证据表明商业秘密被涉嫌侵权人侵犯。

第五章 附 则

第三十三条 本法自 2018 年 1 月 1 日起施行。

附录6 《最高人民法院关于适用〈中华人民共和国公司法〉若干问题的规定（五）》

（2019年4月22日最高人民法院审判委员会第1766次会议审议通过，根据2020年12月23日最高人民法院审判委员会第1823次会议通过的《最高人民法院关于修改〈最高人民法院关于破产企业国有划拨土地使用权应否列入破产财产等问题的批复〉等二十九件商事类司法解释的决定》修正）

为正确适用《中华人民共和国公司法》，结合人民法院审判实践，就股东权益保护等纠纷案件适用法律问题作出如下规定。

第一条 关联交易损害公司利益，原告公司依据民法典第八十四条、公司法第二十一条规定请求控股股东、实际控制人、董事、监事、高级管理人员赔偿所造成的损失，被告仅以该交易已经履行了信息披露、经股东会或者股东大会同意等法律、行政法规或者公司章程规定的程序为由抗辩的，人民法院不予支持。

公司没有提起诉讼的，符合公司法第一百五十一条第一款规定条件的股东，可以依据公司法第一百五十一条第二款、第三款规定向人民法院提起诉讼。

第二条 关联交易合同存在无效、可撤销或者对公司不发生效力的情形，公司没有起诉合同相对方的，符合公司法第一百五十一条第一款规定条件的股东，可以依据公司法第一百五十一条第二款、第三款规定向人民法院提起诉讼。

第三条 董事任期届满前被股东会或者股东大会有效决议解除职务，其主张解除不发生法律效力的，人民法院不予支持。

董事职务被解除后，因补偿与公司发生纠纷提起诉讼的，人民法院应当依据法律、行政法规、公司章程的规定或者合同的约定，综合考虑解除的原因、剩余任期、董事薪酬等因素，确定是否补偿以及补偿的合理数额。

第四条 分配利润的股东会或者股东大会决议作出后，公司应当在决议载明的时间内完成利润分配。决议没有载明时间的，以公司章程规定的为准。决议、章程中均未规定时间或者时间超过一年的，公司应当自决议作出之日起一年内完成利润分配。

决议中载明的利润分配完成时间超过公司章程规定时间的，股东可以依据民法典第八十五条、公司法第二十二条第二款规定请求人民法院撤销决议中关于该时间的规定。

第五条 人民法院审理涉及有限责任公司股东重大分歧案件时，应当注重调解。当事人协商一致以下列方式解决分歧，且不违反法律、行政法规的强制性规定的，人民法院应予支持：

（一）公司回购部分股东股份；

（二）其他股东受让部分股东股份；

（三）他人受让部分股东股份；

（四）公司减资；

（五）公司分立；

（六）其他能够解决分歧，恢复公司正常经营，避免公司解散的方式。

第六条 本规定自 2019 年 4 月 29 日起施行。

本规定施行后尚未终审的案件，适用本规定；本规定施行前已经终审的案件，或者适用审判监督程序再审的案件，不适用本规定。

本院以前发布的司法解释与本规定不一致的，以本规定为准。

附录7 《最高人民法院关于适用〈中华人民共和国公司法〉若干问题的规定（四）》

（2016 年 12 月 5 日最高人民法院审判委员会第 1702 次会议通过，根据 2020 年 12 月 23 日最高人民法院审判委员会第 1823 次会议通过的《最高人民法院关于修改〈最高人民法院关于破产企业国有划拨土地使用权应否列入破产财产等问题的批复〉等二十九件商事类司法解释的决定》修正）

为正确适用《中华人民共和国公司法》，结合人民法院审判实践，现就公司决议效力、股东知情权、利润分配权、优先购买权和股东代表诉讼等案件适用法律问题作出如下规定。

第一条 公司股东、董事、监事等请求确认股东会或者股东大会、董事会决议无效或者不成立的，人民法院应当依法予以受理。

第二条 依据公司法第二十二条第二款请求撤销股东会或者股东大会、董事会决议的原告，应当在起诉时具有公司股东资格。

第三条 原告请求确认股东会或者股东大会、董事会决议不成立、无效或者撤销决议的案件，应当列公司为被告。对决议涉及的其他利害关系人，可以依法列为第三人。

一审法庭辩论终结前，其他有原告资格的人以相同的诉讼请求申请参加前款规定诉讼的，可以列为共同原告。

第四条 股东请求撤销股东会或者股东大会、董事会决议，符合公司法第二十二条第二款规定的，人民法院应当予以支持，但会议召集程序或者表决方式仅有轻微瑕疵，且对决议未产生实质影响的，人民法院不予支持。

第五条 股东会或者股东大会、董事会决议存在下列情形之一，当事人主张决议不成立的，人民法院应当予以支持：

（一）公司未召开会议的，但依据公司法第三十七条第二款或者公司章程规定可以不召开股东会或者股东大会而直接作出决定，并由全体股东在决定文件上签名、盖章的除外；

（二）会议未对决议事项进行表决的；

（三）出席会议的人数或者股东所持表决权不符合公司法或者公司章程规定的；

（四）会议的表决结果未达到公司法或者公司章程规定的通过比例的；

（五）导致决议不成立的其他情形。

第六条 股东会或者股东大会、董事会决议被人民法院判决确认无效或者撤销，公司依据该决议与善意相对人形成的民事法律关系不受影响。

第七条 股东依据公司法第三十三条、第九十七条或者公司章程的规定，起诉请求查阅或者复制公司特定文件材料的，人民法院应当依法予以受理。

公司有证据证明前款规定的原告在起诉时不具有公司股东资格的，人民法院应当驳回起诉，但原告有初步证据证明在持股期间其合法权益受到损害，请求依法查阅或者复制其持股期间的公司特定文件材料的除外。

第八条 有证据证明股东存在下列情形之一的，人民法院应当认定股东有公司法第三十三条第二款规定的"不正当目的"：

（一）股东自营或者为他人经营与公司主营业务有实质性竞争关系业务的，但公司章程另有规定或者全体股东另有约定的除外；

（二）股东为了向他人通报有关信息查阅公司会计账簿，可能损害公司合法利益的；

（三）股东在向公司提出查阅请求之日前的三年内，曾通过查阅公司会计账簿，向他人通报有关信息损害公司合法利益的；

（四）股东有不正当目的的其他情形。

第九条 公司章程、股东之间的协议等实质性剥夺股东依据公司法第三十三条、第九十七条规定查阅或者复制公司文件材料的权利，公司以此为由拒绝股东查阅或者复制的，人民法院不予支持。

第十条 人民法院审理股东请求查阅或者复制公司特定文件材料的案件，对原告诉讼请求予以支持的，应当在判决中明确查阅或者复制公司特定文件材料的时间、地点和特定文件材料的名录。

股东依据人民法院生效判决查阅公司文件材料的，在该股东在场的情况下，可以由会计师、律师等依法或者依据执业行为规范负有保密义务的中介机构执业人员辅助进行。

第十一条 股东行使知情权后泄露公司商业秘密导致公司合法利益受到损害，公司请求该股东赔偿相关损失的，人民法院应当予以支持。

根据本规定第十条辅助股东查阅公司文件材料的会计师、律师等泄露公司商业秘密导致公司合法利益受到损害，公司请求其赔偿相关损失的，人民法院应当予以支持。

第十二条 公司董事、高级管理人员等未依法履行职责，导致公司未依法制作或者保存公司法第三十三条、第九十七条规定的公司文件材料，给股东造成损失，股东依法请求负有相应责任的公司董事、高级管理人员承担民事赔偿责任的，人民法院应当予以支持。

第十三条 股东请求公司分配利润案件，应当列公司为被告。

一审法庭辩论终结前，其他股东基于同一分配方案请求分配利润并申请参加诉讼的，应当列为共同原告。

第十四条 股东提交载明具体分配方案的股东会或者股东大会的有效决议，请求公司分配利润，公司拒绝分配利润且其关于无法执行决议的抗辩理由不成立的，人民法院应当判决公司按照决议载明的具体分配方案向股东分配利润。

第十五条 股东未提交载明具体分配方案的股东会或者股东大会决议，请求公司分配利润的，人民法院应当驳回其诉讼请求，但违反法律规定滥用股东权利导致公司不分配利润，给其他股东造成损失的除外。

第十六条 有限责任公司的自然人股东因继承发生变化时，其他股东主张依据公司法第七十一条第三款规定行使优先购买权的，人民法院不予支持，但公司章程另有规定或者全体股东另有约定的除外。

第十七条 有限责任公司的股东向股东以外的人转让股权,应就其股权转让事项以书面或者其他能够确认收悉的合理方式通知其他股东征求同意。其他股东半数以上不同意转让,不同意的股东不购买的,人民法院应当认定视为同意转让。

经股东同意转让的股权,其他股东主张转让股东应当向其以书面或者其他能够确认收悉的合理方式通知转让股权的同等条件的,人民法院应当予以支持。

经股东同意转让的股权,在同等条件下,转让股东以外的其他股东主张优先购买的,人民法院应当予以支持,但转让股东依据本规定第二十条放弃转让的除外。

第十八条 人民法院在判断是否符合公司法第七十一条第三款及本规定所称的"同等条件"时,应当考虑转让股权的数量、价格、支付方式及期限等因素。

第十九条 有限责任公司的股东主张优先购买转让股权的,应当在收到通知后,在公司章程规定的行使期间内提出购买请求。公司章程没有规定行使期间或者规定不明确的,以通知确定的期间为准,通知确定的期间短于三十日或者未明确行使期间的,行使期间为三十日。

第二十条 有限责任公司的转让股东,在其他股东主张优先购买后又不同意转让股权的,对其他股东优先购买的主张,人民法院不予支持,但公司章程另有规定或者全体股东另有约定的除外。其他股东主张转让股东赔偿其损失合理的,人民法院应当予以支持。

第二十一条 有限责任公司的股东向股东以外的人转让股权,未就其股权转让事项征求其他股东意见,或者以欺诈、恶意串通等手段,损害其他股东优先购买权,其他股东主张按照同等条件购买该转让股权的,人民法院应当予以支持,但其他股东自知道或者应当知道行使优先购买权的同等条件之日起三十日内没有主张,或者自股权变更登记之日起超过一年的除外。

前款规定的其他股东仅提出确认股权转让合同及股权变动效力等请求,未同时主张按照同等条件购买转让股权的,人民法院不予支持,但其他股东非因自身原因导致无法行使优先购买权,请求损害赔偿的除外。

股东以外的股权受让人,因股东行使优先购买权而不能实现合同目的的,可以依法请求转让股东承担相应民事责任。

第二十二条 通过拍卖向股东以外的人转让有限责任公司股权的,适用公司法第七十一条第二款、第三款或者第七十二条规定的"书面通知""通知""同等条件"时,根据相关法律、司法解释确定。

在依法设立的产权交易场所转让有限责任公司国有股权的，适用公司法第七十一条第二款、第三款或者第七十二条规定的"书面通知""通知""同等条件"时，可以参照产权交易场所的交易规则。

第二十三条 监事会或者不设监事会的有限责任公司的监事依据公司法第一百五十一条第一款规定对董事、高级管理人员提起诉讼的，应当列公司为原告，依法由监事会主席或者不设监事会的有限责任公司的监事代表公司进行诉讼。

董事会或者不设董事会的有限责任公司的执行董事依据公司法第一百五十一条第一款规定对监事提起诉讼的，或者依据公司法第一百五十一条第三款规定对他人提起诉讼的，应当列公司为原告，依法由董事长或者执行董事代表公司进行诉讼。

第二十四条 符合公司法第一百五十一条第一款规定条件的股东，依据公司法第一百五十一条第二款、第三款规定，直接对董事、监事、高级管理人员或者他人提起诉讼的，应当列公司为第三人参加诉讼。

一审法庭辩论终结前，符合公司法第一百五十一条第一款规定条件的其他股东，以相同的诉讼请求申请参加诉讼的，应当列为共同原告。

第二十五条 股东依据公司法第一百五十一条第二款、第三款规定直接提起诉讼的案件，胜诉利益归属于公司。股东请求被告直接向其承担民事责任的，人民法院不予支持。

第二十六条 股东依据公司法第一百五十一条第二款、第三款规定直接提起诉讼的案件，其诉讼请求部分或者全部得到人民法院支持的，公司应当承担股东因参加诉讼支付的合理费用。

第二十七条 本规定自2017年9月1日起施行。

本规定施行后尚未终审的案件，适用本规定；本规定施行前已经终审的案件，或者适用审判监督程序再审的案件，不适用本规定。

附录8 《最高人民法院关于适用〈中华人民共和国公司法〉若干问题的规定（三）》

（2010年12月6日，最高人民法院审判委员会第1504次会议通过。2014年2月17日，由最高人民法院审判委员会第1607次会议修正。2020年12月23日，最高人民法院审判委员会第1823次会议第二次修正。）

为正确适用《中华人民共和国公司法》，结合审判实践，就人民法院审理公司设立、出资、股权确认等纠纷案件适用法律问题作出如下规定。

第一条 为设立公司而签署公司章程、向公司认购出资或者股份并履行公司设立职责的人，应当认定为公司的发起人，包括有限责任公司设立时的股东。

第二条 发起人为设立公司以自己名义对外签订合同，合同相对人请求该发起人承担合同责任的，人民法院应予支持；公司成立后合同相对人请求公司承担合同责任的，人民法院应予支持。

第三条 发起人以设立中公司名义对外签订合同，公司成立后合同相对人请求公司承担合同责任的，人民法院应予支持。

公司成立后有证据证明发起人利用设立中公司的名义为自己的利益与相对人签订合同，公司以此为由主张不承担合同责任的，人民法院应予支持，但相对人为善意的除外。

第四条 公司因故未成立，债权人请求全体或者部分发起人对设立公司行为所产生的费用和债务承担连带清偿责任的，人民法院应予支持。

部分发起人依照前款规定承担责任后，请求其他发起人分担的，人民法院应当判令其他发起人按照约定的责任承担比例分担责任；没有约定责任承担比例的，按照约定的出资比例分担责任；没有约定出资比例的，按照均等份额分担责任。

因部分发起人的过错导致公司未成立，其他发起人主张其承担设立行为所产生的费用和债务的，人民法院应当根据过错情况，确定过错一方的责任范围。

第五条 发起人因履行公司设立职责造成他人损害，公司成立后受害人请求公司承担侵权赔偿责任的，人民法院应予支持；公司未成立，受害人请求全体发起人承担连带赔偿责任的，人民法院应予支持。

公司或者无过错的发起人承担赔偿责任后，可以向有过错的发起人追偿。

第六条 股份有限公司的认股人未按期缴纳所认股份的股款，经公司发起人催缴后在合理期间内仍未缴纳，公司发起人对该股份另行募集的，人民法院应当认定该募集行为有效。认股人延期缴纳股款给公司造成损失，公司请求该认股人承担赔偿责任的，人民法院应予支持。

第七条 出资人以不享有处分权的财产出资，当事人之间对于出资行为效力产生争议的，人民法院可以参照民法典第三百一十一条的规定予以认定。

以贪污、受贿、侵占、挪用等违法犯罪所得的货币出资后取得股权的，对违法犯罪行为予以追究、处罚时，应当采取拍卖或者变卖的方式处置其股权。

第八条 出资人以划拨土地使用权出资，或者以设定权利负担的土地使用权出资，公司、其他股东或者公司债权人主张认定出资人未履行出资义务的，人民法院应当责令当事人在指定的合理期间内办理土地变更手续或者解除权利负担；逾期未办理或者未解除的，人民法院应当认定出资人未依法全面履行出资义务。

第九条 出资人以非货币财产出资，未依法评估作价，公司、其他股东或者公司债权人请求认定出资人未履行出资义务的，人民法院应当委托具有合法资格的评估机构对该财产评估作价。评估确定的价额显著低于公司章程所定价额的，人民法院应当认定出资人未依法全面履行出资义务。

第十条 出资人以房屋、土地使用权或者需要办理权属登记的知识产权等财产出资，已经交付公司使用但未办理权属变更手续，公司、其他股东或者公司债权人主张认定出资人未履行出资义务的，人民法院应当责令当事人在指定的合理期间内办理权属变更手续；在前述期间内办理了权属变更手续的，人民法院应当认定其已经履行了出资义务；出资人主张自其实际交付财产给公司使用时享有相应股东权利的，人民法院应予支持。

出资人以前款规定的财产出资，已经办理权属变更手续但未交付给公司使用，公司或者其他股东主张其向公司交付、并在实际交付之前不享有相应股东权利的，人民法院应予支持。

第十一条 出资人以其他公司股权出资，符合下列条件的，人民法院应当认定出资人已履行出资义务：

（一）出资的股权由出资人合法持有并依法可以转让；

（二）出资的股权无权利瑕疵或者权利负担；

（三）出资人已履行关于股权转让的法定手续；

（四）出资的股权已依法进行了价值评估。

股权出资不符合前款第（一）、（二）、（三）项的规定，公司、其他股东或者公司债权人请求认定出资人未履行出资义务的，人民法院应当责令该出资人在指定的合理期间内采取补正措施，以符合上述条件；逾期未补正的，人民法院应当认定其未依法全面履行出资义务。

股权出资不符合本条第一款第（四）项的规定，公司、其他股东或者公司债权人请求认定出资人未履行出资义务的，人民法院应当按照本规定第九条的规定处理。

第十二条　公司成立后，公司、股东或者公司债权人以相关股东的行为符合下列情形之一且损害公司权益为由，请求认定该股东抽逃出资的，人民法院应予支持：

（一）制作虚假财务会计报表虚增利润进行分配；

（二）通过虚构债权债务关系将其出资转出；

（三）利用关联交易将出资转出；

（四）其他未经法定程序将出资抽回的行为。

第十三条　股东未履行或者未全面履行出资义务，公司或者其他股东请求其向公司依法全面履行出资义务的，人民法院应予支持。

公司债权人请求未履行或者未全面履行出资义务的股东在未出资本息范围内对公司债务不能清偿的部分承担补充赔偿责任的，人民法院应予支持；未履行或者未全面履行出资义务的股东已经承担上述责任，其他债权人提出相同请求的，人民法院不予支持。

股东在公司设立时未履行或者未全面履行出资义务，依照本条第一款或者第二款提起诉讼的原告，请求公司的发起人与被告股东承担连带责任的，人民法院应予支持；公司的发起人承担责任后，可以向被告股东追偿。

股东在公司增资时未履行或者未全面履行出资义务，依照本条第一款或者第二款提起诉讼的原告，请求未尽公司法第一百四十七条第一款规定的义务而使出资未缴足的董事、高级管理人员承担相应责任的，人民法院应予支持；董事、高级管理人员承担责任后，可以向被告股东追偿。

第十四条　股东抽逃出资，公司或者其他股东请求其向公司返还出资本息、协助抽逃出资的其他股东、董事、高级管理人员或者实际控制人对此承担连带责任的，人民法院应予支持。

公司债权人请求抽逃出资的股东在抽逃出资本息范围内对公司债务不能清偿的部分承担补充赔偿责任、协助抽逃出资的其他股东、董事、高级管理人员或者实际控制人对此承担连带责任的，人民法院应予支持；抽逃出资的股东已经承担上述责任，其他债权人提出相同请求的，人民法院不予支持。

第十五条　出资人以符合法定条件的非货币财产出资后，因市场变化或者其他客观因素导致出资财产贬值，公司、其他股东或者公司债权人请求该出资人承担补足出资责任的，人民法院不予支持。但是，当事人另有约定的除外。

第十六条　股东未履行或者未全面履行出资义务或者抽逃出资，公司根据公司章程或者股东会决议对其利润分配请求权、新股优先认购权、剩余财产分配请求权等股东权利作出相应的合理限制，该股东请求认定该限制无效的，人民法院不予支持。

第十七条　有限责任公司的股东未履行出资义务或者抽逃全部出资，经公司催告缴纳或者返还，其在合理期间内仍未缴纳或者返还出资，公司以股东会决议解除该股东的股东资格，该股东请求确认该解除行为无效的，人民法院不予支持。

在前款规定的情形下，人民法院在判决时应当释明，公司应当及时办理法定减资程序或者由其他股东或者第三人缴纳相应的出资。在办理法定减资程序或者其他股东或者第三人缴纳相应的出资之前，公司债权人依照本规定第十三条或者第十四条请求相关当事人承担相应责任的，人民法院应予支持。

第十八条　有限责任公司的股东未履行或者未全面履行出资义务即转让股权，受让人对此知道或者应当知道，公司请求该股东履行出资义务、受让人对此承担连带责任的，人民法院应予支持；公司债权人依照本规定第十三条第二款向该股东提起诉讼，同时请求前述受让人对此承担连带责任的，人民法院应予支持。

受让人根据前款规定承担责任后，向该未履行或者未全面履行出资义务的股东追偿的，人民法院应予支持。但是，当事人另有约定的除外。

第十九条　公司股东未履行或者未全面履行出资义务或者抽逃出资，公司或者其他股东请求其向公司全面履行出资义务或者返还出资，被告股东以诉讼时效为由进行抗辩的，人民法院不予支持。

公司债权人的债权未过诉讼时效期间，其依照本规定第十三条第二款、第十四条第二款的规定请求未履行或者未全面履行出资义务或者抽逃出资的股东承担赔偿责任，被告股东以出资义务或者返还出资义务超过诉讼时效期间为由进行抗辩的，人民法院不予支持。

第二十条　当事人之间对是否已履行出资义务发生争议，原告提供对股东履行出资义务产生合理怀疑证据的，被告股东应当就其已履行出资义务承担举证责任。

第二十一条　当事人向人民法院起诉请求确认其股东资格的，应当以公司为被告，与案件争议股权有利害关系的人作为第三人参加诉讼。

第二十二条　当事人之间对股权归属发生争议，一方请求人民法院确认其享有股权的，应当证明以下事实之一：

（一）已经依法向公司出资或者认缴出资，且不违反法律法规强制性规定；

（二）已经受让或者以其他形式继受公司股权，且不违反法律法规强制性规定。

第二十三条 当事人依法履行出资义务或者依法继受取得股权后，公司未根据公司法第三十一条、第三十二条的规定签发出资证明书、记载于股东名册并办理公司登记机关登记，当事人请求公司履行上述义务的，人民法院应予支持。

第二十四条 有限责任公司的实际出资人与名义出资人订立合同，约定由实际出资人出资并享有投资权益，以名义出资人为名义股东，实际出资人与名义股东对该合同效力发生争议的，如无法律规定的无效情形，人民法院应当认定该合同有效。

前款规定的实际出资人与名义股东因投资权益的归属发生争议，实际出资人以其实际履行了出资义务为由向名义股东主张权利的，人民法院应予支持。名义股东以公司股东名册记载、公司登记机关登记为由否认实际出资人权利的，人民法院不予支持。

实际出资人未经公司其他股东半数以上同意，请求公司变更股东、签发出资证明书、记载于股东名册、记载于公司章程并办理公司登记机关登记的，人民法院不予支持。

第二十五条 名义股东将登记于其名下的股权转让、质押或者以其他方式处分，实际出资人以其对于股权享有实际权利为由，请求认定处分股权行为无效的，人民法院可以参照民法典第三百一十一条的规定处理。

名义股东处分股权造成实际出资人损失，实际出资人请求名义股东承担赔偿责任的，人民法院应予支持。

第二十六条 公司债权人以登记于公司登记机关的股东未履行出资义务为由，请求其对公司债务不能清偿的部分在未出资本息范围内承担补充赔偿责任，股东以其仅为名义股东而非实际出资人为由进行抗辩的，人民法院不予支持。

名义股东根据前款规定承担赔偿责任后，向实际出资人追偿的，人民法院应予支持。

第二十七条 股权转让后尚未向公司登记机关办理变更登记，原股东将仍登记于其名下的股权转让、质押或者以其他方式处分，受让股东以其对于股权享有实际权利为由，请求认定处分股权行为无效的，人民法院可以参照民法典第三百一十一条的规定处理。

原股东处分股权造成受让股东损失，受让股东请求原股东承担赔偿责任、对于未及时办理变更登记有过错的董事、高级管理人员或者实际控制人承担相应责任的，人民法院应予支持；受让股东对于未及时办理变更登记也有过错的，可以适当减轻上述董事、高级管理人员或者实际控制人的责任。

第二十八条 冒用他人名义出资并将该他人作为股东在公司登记机关登记的，冒名登记行为人应当承担相应责任；公司、其他股东或者公司债权人以未履行出资义务为由，请求被冒名登记为股东的承担补足出资责任或者对公司债务不能清偿部分的赔偿责任的，人民法院不予支持。

附录9 《最高人民法院关于适用〈中华人民共和国公司法〉若干问题的规定（二）》

（2008年5月5日最高人民法院审判委员会第1447次会议通过，根据2014年2月17日最高人民法院审判委员会第1607次会议《关于修改关于适用〈中华人民共和国公司法〉若干问题的规定的决定》第一次修正，根据2020年12月23日最高人民法院审判委员会第1823次会议通过的《最高人民法院关于修改〈最高人民法院关于破产企业国有划拨土地使用权应否列入破产财产等问题的批复〉等二十九件商事类司法解释的决定》第二次修正）

为正确适用《中华人民共和国公司法》，结合审判实践，就人民法院审理公司解散和清算案件适用法律问题作出如下规定。

第一条 单独或者合计持有公司全部股东表决权百分之十以上的股东，以下列事由之一提起解散公司诉讼，并符合公司法第一百八十二条规定的，人民法院应予受理：

（一）公司持续两年以上无法召开股东会或者股东大会，公司经营管理发生严重困难的；

（二）股东表决时无法达到法定或者公司章程规定的比例，持续两年以上不能作出有效的股东会或者股东大会决议，公司经营管理发生严重困难的；

（三）公司董事长期冲突，且无法通过股东会或者股东大会解决，公司经营管理发生严重困难的；

（四）经营管理发生其他严重困难，公司继续存续会使股东利益受到重大损失的情形。

股东以知情权、利润分配请求权等权益受到损害，或者公司亏损、财产不足以偿还全部债务，以及公司被吊销企业法人营业执照未进行清算等为由，提起解散公司诉讼的，人民法院不予受理。

第二条 股东提起解散公司诉讼，同时又申请人民法院对公司进行清算的，人民法院对其提出的清算申请不予受理。人民法院可以告知原告，在人民法院判决解散公司后，依据民法典第七十条、公司法第一百八十三条和本规定第七条的规定，自行组织清算或者另行申请人民法院对公司进行清算。

第三条 股东提起解散公司诉讼时，向人民法院申请财产保全或者证据保全的，在股东提供担保且不影响公司正常经营的情形下，人民法院可予以保全。

第四条 股东提起解散公司诉讼应当以公司为被告。

原告以其他股东为被告一并提起诉讼的，人民法院应当告知原告将其他股东变更为第三人；原告坚持不予变更的，人民法院应当驳回原告对其他股东的起诉。

原告提起解散公司诉讼应当告知其他股东，或者由人民法院通知其参加诉讼。其他股东或者有关利害关系人申请以共同原告或者第三人身份参加诉讼的，人民法院应予准许。

第五条 人民法院审理解散公司诉讼案件，应当注重调解。当事人协商同意由公司或者股东收购股份，或者以减资等方式使公司存续，且不违反法律、行政法规强制性规定的，人民法院应予支持。当事人不能协商一致使公司存续的，人民法院应当及时判决。

经人民法院调解公司收购原告股份的，公司应当自调解书生效之日起六个月内将股份转让或者注销。股份转让或者注销之前，原告不得以公司收购其股份为由对抗公司债权人。

第六条 人民法院关于解散公司诉讼作出的判决，对公司全体股东具有法律约束力。

人民法院判决驳回解散公司诉讼请求后，提起该诉讼的股东或者其他股东又以同一事实和理由提起解散公司诉讼的，人民法院不予受理。

第七条 公司应当依照民法典第七十条、公司法第一百八十三条的规定，在解散事由出现之日起十五日内成立清算组，开始自行清算。

有下列情形之一，债权人、公司股东、董事或其他利害关系人申请人民法院指定清算组进行清算的，人民法院应予受理：

（一）公司解散逾期不成立清算组进行清算的；

（二）虽然成立清算组但故意拖延清算的；

（三）违法清算可能严重损害债权人或者股东利益的。

第八条 人民法院受理公司清算案件，应当及时指定有关人员组成清算组。清算组成员可以从下列人员或者机构中产生：

（一）公司股东、董事、监事、高级管理人员；

（二）依法设立的律师事务所、会计师事务所、破产清算事务所等社会中介机构；

（三）依法设立的律师事务所、会计师事务所、破产清算事务所等社会中介机构中具备相关专业知识并取得执业资格的人员。

第九条 人民法院指定的清算组成员有下列情形之一的，人民法院可以根据债权人、公司股东、董事或其他利害关系人的申请，或者依职权更换清算组成员：

（一）有违反法律或者行政法规的行为；

（二）丧失执业能力或者民事行为能力；

（三）有严重损害公司或者债权人利益的行为。

第十条 公司依法清算结束并办理注销登记前，有关公司的民事诉讼，应当以公司的名义进行。

公司成立清算组的，由清算组负责人代表公司参加诉讼；尚未成立清算组的，由原法定代表人代表公司参加诉讼。

第十一条 公司清算时，清算组应当按照公司法第一百八十五条的规定，将公司解散清算事宜书面通知全体已知债权人，并根据公司规模和营业地域范围在全国或者公司注册登记地省级有影响的报纸上进行公告。

清算组未按照前款规定履行通知和公告义务，导致债权人未及时申报债权而未获清偿，债权人主张清算组成员对因此造成的损失承担赔偿责任的，人民法院应依法予以支持。

第十二条 公司清算时，债权人对清算组核定的债权有异议的，可以要求清算组重新核定。清算组不予重新核定，或者债权人对重新核定的债权仍有异议，债权人以公司为被告向人民法院提起诉讼请求确认的，人民法院应予受理。

第十三条 债权人在规定的期限内未申报债权，在公司清算程序终结前补充申报的，清算组应予登记。

公司清算程序终结，是指清算报告经股东会、股东大会或者人民法院确认完毕。

第十四条　债权人补充申报的债权，可以在公司尚未分配财产中依法清偿。公司尚未分配财产不能全额清偿，债权人主张股东以其在剩余财产分配中已经取得的财产予以清偿的，人民法院应予支持；但债权人因重大过错未在规定期限内申报债权的除外。

债权人或者清算组，以公司尚未分配财产和股东在剩余财产分配中已经取得的财产，不能全额清偿补充申报的债权为由，向人民法院提出破产清算申请的，人民法院不予受理。

第十五条　公司自行清算的，清算方案应当报股东会或者股东大会决议确认；人民法院组织清算的，清算方案应当报人民法院确认。未经确认的清算方案，清算组不得执行。

执行未经确认的清算方案给公司或者债权人造成损失，公司、股东、董事、公司其他利害关系人或者债权人主张清算组成员承担赔偿责任的，人民法院应依法予以支持。

第十六条　人民法院组织清算的，清算组应当自成立之日起六个月内清算完毕。

因特殊情况无法在六个月内完成清算的，清算组应当向人民法院申请延长。

第十七条　人民法院指定的清算组在清理公司财产、编制资产负债表和财产清单时，发现公司财产不足清偿债务的，可以与债权人协商制作有关债务清偿方案。

债务清偿方案经全体债权人确认且不损害其他利害关系人利益的，人民法院可依清算组的申请裁定予以认可。清算组依据该清偿方案清偿债务后，应当向人民法院申请裁定终结清算程序。

债权人对债务清偿方案不予确认或者人民法院不予认可的，清算组应当依法向人民法院申请宣告破产。

第十八条　有限责任公司的股东、股份有限公司的董事和控股股东未在法定期限内成立清算组开始清算，导致公司财产贬值、流失、毁损或者灭失，债权人主张其在造成损失范围内对公司债务承担赔偿责任的，人民法院应依法予以支持。

有限责任公司的股东、股份有限公司的董事和控股股东因怠于履行义务，导致公司主要财产、账册、重要文件等灭失，无法进行清算，债权人主张其对公司债务承担连带清偿责任的，人民法院应依法予以支持。

上述情形系实际控制人原因造成，债权人主张实际控制人对公司债务承担相应民事责任的，人民法院应依法予以支持。

第十九条 有限责任公司的股东、股份有限公司的董事和控股股东，以及公司的实际控制人在公司解散后，恶意处置公司财产给债权人造成损失，或者未经依法清算，以虚假的清算报告骗取公司登记机关办理法人注销登记，债权人主张其对公司债务承担相应赔偿责任的，人民法院应依法予以支持。

第二十条 公司解散应当在依法清算完毕后，申请办理注销登记。公司未经清算即办理注销登记，导致公司无法进行清算，债权人主张有限责任公司的股东、股份有限公司的董事和控股股东，以及公司的实际控制人对公司债务承担清偿责任的，人民法院应依法予以支持。

公司未经依法清算即办理注销登记，股东或者第三人在公司登记机关办理注销登记时承诺对公司债务承担责任，债权人主张其对公司债务承担相应民事责任的，人民法院应依法予以支持。

第二十一条 按照本规定第十八条和第二十条第一款的规定应当承担责任的有限责任公司的股东、股份有限公司的董事和控股股东，以及公司的实际控制人为二人以上的，其中一人或者数人依法承担民事责任后，主张其他人员按照过错大小分担责任的，人民法院应依法予以支持。

第二十二条 公司解散时，股东尚未缴纳的出资均应作为清算财产。股东尚未缴纳的出资，包括到期应缴未缴的出资，以及依照公司法第二十六条和第八十条的规定分期缴纳尚未届满缴纳期限的出资。

公司财产不足以清偿债务时，债权人主张未缴出资股东，以及公司设立时的其他股东或者发起人在未缴出资范围内对公司债务承担连带清偿责任的，人民法院应依法予以支持。

第二十三条 清算组成员从事清算事务时，违反法律、行政法规或者公司章程给公司或者债权人造成损失，公司或者债权人主张其承担赔偿责任的，人民法院应依法予以支持。

有限责任公司的股东、股份有限公司连续一百八十日以上单独或者合计持有公司百分之一以上股份的股东，依据公司法第一百五十一条第三款的规定，以清算组成员有前款所述行为为由向人民法院提起诉讼的，人民法院应予受理。

公司已经清算完毕注销，上述股东参照公司法第一百五十一条第三款的规定，直接以清算组成员为被告、其他股东为第三人向人民法院提起诉讼的，人民法院应予受理。

第二十四条 解散公司诉讼案件和公司清算案件由公司住所地人民法院管

辖。公司住所地是指公司主要办事机构所在地。公司办事机构所在地不明确的，由其注册地人民法院管辖。

基层人民法院管辖县、县级市或者区的公司登记机关核准登记公司的解散诉讼案件和公司清算案件；中级人民法院管辖地区、地级市以上的公司登记机关核准登记公司的解散诉讼案件和公司清算案件。

附录10 《最高人民法院关于适用〈中华人民共和国公司法〉若干问题的规定（一）》

（2006年3月27日最高人民法院审判委员会第1382次会议通过）

为正确适用2005年10月27日十届全国人大常委会第十八次会议修订的《中华人民共和国公司法》，对人民法院在审理相关的民事纠纷案件中，具体适用公司法的有关问题规定如下：

第一条　公司法实施后，人民法院尚未审结的和新受理的民事案件，其民事行为或事件发生在公司法实施以前的，适用当时的法律法规和司法解释。

第二条　因公司法实施前有关民事行为或者事件发生纠纷起诉到人民法院的，如当时的法律法规和司法解释没有明确规定时，可参照适用公司法的有关规定。

第三条　原告以公司法第二十二条第二款、第七十五条第二款规定事由，向人民法院提起诉讼时，超过公司法规定期限的，人民法院不予受理。

第四条　公司法第一百五十二条规定的180日以上连续持股期间，应为股东向人民法院提起诉讼时，已期满的持股时间；规定的合计持有公司百分之一以上股份，是指两个以上股东持股份额的合计。

第五条　人民法院对公司法实施前已经终审的案件依法进行再审时，不适用公司法的规定。

第六条　本规定自公布之日起实施。

附录11 《防范和查处假冒企业登记违法行为规定》

（2024年1月10日国家市场监督管理总局令第88号公布　自2024年3月15日起施行）

第一条 为了规范企业登记管理秩序，有效防范和查处假冒企业登记违法行为，加快构建诚信守法的市场秩序，切实维护交易安全，持续优化营商环境，根据《中华人民共和国市场主体登记管理条例》等法律法规，制定本规定。

第二条 本规定适用于对假冒企业登记违法行为的防范和查处。

本规定所称假冒企业登记违法行为，是指提交虚假材料或者采取其他欺诈手段隐瞒重要事实，冒用其他企业名义，将其登记为有限责任公司股东、股份有限公司发起人、非公司企业法人出资人、合伙企业合伙人等的违法行为。

前款所称提交虚假材料或者采取其他欺诈手段隐瞒重要事实，具体情形包括：

（一）伪造、变造其他企业的印章、营业执照、批准文件、授权文书等；

（二）伪造身份验证信息；

（三）提交虚假承诺；

（四）其他隐瞒重要事实的情形。

第三条 国家市场监督管理总局负责指导监督全国范围内假冒企业登记违法行为的防范和查处工作。

县级以上地方人民政府承担企业登记工作的部门（以下称登记机关）负责本辖区假冒企业登记违法行为的防范和查处工作。县级以上地方人民政府对承担假冒企业登记违法行为调查处理职责另有规定的，依照其规定。

第四条 市场监督管理部门应当会同相关部门构建防范和查处假冒企业登记违法行为的沟通协调机制，强化信息共享核验，加强源头预防，推进全过程控制，依法及时查处违法行为。

第五条 企业登记实行实名制。申请人应当配合登记机关核验身份信息。

当事人为自然人的，应当配合登记机关通过实名认证系统，采用人脸识别等方式进行实名验证。

当事人为企业的，应当配合登记机关通过核验电子营业执照的方式进行身份核验；未使用电子营业执照的，其法定代表人、负责人、执行事务合伙人等自然人应当进行实名验证。

第六条 申请人应当对提交材料的真实性、合法性和有效性负责。

受委托的自然人或者中介机构代为办理登记事宜应当遵守法律法规规定，表明其代理身份，不得伪造、变造或者使用伪造、变造的法律文件、印章、签名，不得采取欺诈、诱骗等不正当手段，不得教唆、编造或者帮助他人编造、提供虚假信息或者材料；不得以转让牟利为目的，恶意大量申请企业登记，损害社会公共利益或者妨碍社会公共秩序。

第七条　市场监督管理部门与国有资产监督管理等部门建立国有企业登记信息与产权登记信息共享机制。

登记机关在办理国有企业登记时，应当按照有关规定，通过信息化等方式，查验比对国有企业登记信息与产权登记信息。信息查验比对不一致，不符合有关登记申请规定的，登记机关不予登记，并出具不予登记通知书。国务院有关部门对主管范围内企业的产权登记另有规定的，依照其规定。

第八条　国家市场监督管理总局建立企业名称预防性保护机制，完善企业名称禁限用管理制度，加大企业名称合法权益保护力度。

第九条　企业发现被假冒登记的，可以向该假冒登记所在登记机关提出调查申请，并提供相关证据材料，申请人对申请事项和证据材料的真实性负责。

登记机关在履行职责过程中，发现假冒企业登记违法行为的，或者收到有关部门移交的假冒企业登记违法行为线索的，应当依法进行调查。

第十条　登记机关收到调查申请后，应当在 3 个工作日内作出是否受理的决定，并书面通知申请人。

登记机关受理申请后，应当在 3 个月内完成调查，并及时作出撤销或者不予撤销登记的决定。情形复杂的，经登记机关负责人批准，可以延长 3 个月。

在调查期间，相关企业和人员无法联系或者拒不配合的，登记机关可以将涉嫌假冒登记企业的登记时间、登记事项等信息通过国家企业信用信息公示系统向社会公示，公示期 45 日。

相关企业及其利害关系人在公示期内没有提出异议的，登记机关可以依法撤销其企业登记。

第十一条　登记机关依法调查假冒企业登记违法行为，可以结合具有法定资质的机构出具的鉴定意见，或者有关部门出具的书面意见进行处理。法律、行政法规另有规定的，依照其规定。

第十二条　有下列情形之一的，登记机关应当撤销登记：

（一）假冒企业登记违法行为事实清楚的；

（二）人民法院协助执行通知书要求配合撤销登记的；

（三）其他依法应当撤销登记的情形。

属于前款第一项规定，但是有证据证明被假冒企业对其被假冒登记知情，以明示方式表示同意，或者未提出异议，并在此基础上从事过相关管理、经营活动或者获得收益的，登记机关可以不予撤销登记。

第十三条　被撤销登记的企业有对外投资设立企业的，该企业负责人应当依法妥善处理，消除不良影响。

第十四条　登记机关作出撤销登记决定后，应当在 20 个工作日内通过国家企业信用信息公示系统向社会公示。

撤销设立登记的，标注"已撤销设立登记"，公示被撤销登记日期和原因、作出撤销决定的机关等信息。

撤销变更登记的，恢复公示被假冒登记前的信息，同时公示撤销假冒登记相关信息。

撤销注销登记的，恢复公示注销前的信息，标注"已撤销注销登记，恢复主体资格"。

第十五条　假冒企业被撤销设立登记、变更登记的，企业应当缴回营业执照，拒不缴回或者无法缴回的，由登记机关通过国家企业信用信息公示系统公告营业执照作废。假冒企业已领取电子营业执照的，其电子营业执照与纸质营业执照同步作废。

第十六条　相关单位或者个人因涉嫌假冒企业登记已被立案调查或者移送司法机关的，涉嫌假冒企业的相关登记申请经审查违反法律法规规定，或者可能危害国家安全、社会公共利益的，登记机关不予登记，并出具不予登记通知书。

第十七条　登记机关或者其上级机关认定撤销登记决定错误的，可以撤销该决定，恢复原登记状态，并通过国家企业信用信息公示系统公示。

第十八条　提交虚假材料或者采取其他欺诈手段隐瞒重要事实取得企业登记的，由登记机关依法责令改正，没收违法所得，并处 5 万元以上 20 万元以下的罚款；情节严重的，处 20 万元以上 100 万元以下的罚款，吊销营业执照；对直接责任人依法作出处理。

明知或者应当知道申请人提交虚假材料或者采取其他欺诈手段隐瞒重要事实进行企业登记，仍接受委托代为办理，或者协助其进行虚假登记的，由登记机关没收违法所得，处 10 万元以下的罚款。中介机构违反本规定第六条第二款规定，多次从事上述违法行为，或者性质恶劣、造成严重后果的，依法从重处罚。

第十九条　假冒企业登记违法行为的直接责任人，自该登记被撤销之日起 3 年内不得再次申请企业登记；受到市场监督管理部门较重行政处罚的，应当依法被列入市场监督管理严重违法失信名单。登记机关应当通过国家企业信用信息公示系统予以公示。

本规定所称直接责任人包括对实施假冒企业登记违法行为起到决定作用，负有组织、决策、指挥等责任的人员，以及具体执行、积极参与的人员。

第二十条 登记机关在调查假冒企业登记相关违法行为时，发现涉嫌构成伪造印章、诈骗等犯罪行为的，应当及时移送公安机关处理。

在工作中发现的公职人员涉嫌职务违法、职务犯罪问题线索的，应当及时移交纪检监察机关。

第二十一条 假冒登记企业或者利害关系人对登记机关作出的有关处理决定不服的，可以依法申请行政复议或者提起行政诉讼。

第二十二条 本规定对防范和查处假冒企业登记违法行为未作规定的，适用《中华人民共和国市场主体登记管理条例》及其实施细则等规定。

第二十三条 自然人、社会组织、事业单位等作为股东、出资人办理企业登记的参照本规定执行。

防范和查处其他虚假登记、备案违法行为，参照本规定执行。

第二十四条 本规定自2024年3月15日起施行。

附录12 《企业信息公示暂行条例》（2024年修订版）

（2014年8月7日国务院令第654号公布，根据2024年3月10日《国务院关于修改和废止部分行政法规的决定》修改）

第一条 为了保障公平竞争，促进企业诚信自律，规范企业信息公示，强化企业信用约束，维护交易安全，提高政府监管效能，扩大社会监督，制定本条例。

第二条 本条例所称企业信息，是指在市场监督管理部门登记的企业从事生产经营活动过程中形成的信息，以及政府部门在履行职责过程中产生的能够反映企业状况的信息。

第三条 企业信息公示应当真实、及时。公示的企业信息涉及国家秘密、国家安全或者社会公共利益的，应当报请主管的保密行政管理部门或者国家安全机关批准。县级以上地方人民政府有关部门公示的企业信息涉及企业商业秘密或者个人隐私的，应当报请上级主管部门批准。

第四条 省、自治区、直辖市人民政府领导本行政区域的企业信息公示工作，按照国家社会信用信息平台建设的总体要求，推动本行政区域企业信用信息公示系统的建设。

第五条　国务院市场监督管理部门推进、监督企业信息公示工作，组织国家企业信用信息公示系统的建设。国务院其他有关部门依照本条例规定做好企业信息公示相关工作。

县级以上地方人民政府有关部门依照本条例规定做好企业信息公示工作。

第六条　市场监督管理部门应当通过国家企业信用信息公示系统，公示其在履行职责过程中产生的下列企业信息：

（一）注册登记、备案信息；

（二）动产抵押登记信息；

（三）股权出质登记信息；

（四）行政处罚信息；

（五）其他依法应当公示的信息。

前款规定的企业信息应当自产生之日起20个工作日内予以公示。

第七条　市场监督管理部门以外的其他政府部门（以下简称其他政府部门）应当公示其在履行职责过程中产生的下列企业信息：

（一）行政许可准予、变更、延续信息；

（二）行政处罚信息；

（三）其他依法应当公示的信息。

其他政府部门可以通过国家企业信用信息公示系统，也可以通过其他系统公示前款规定的企业信息。市场监督管理部门和其他政府部门应当按照国家社会信用信息平台建设的总体要求，实现企业信息的互联共享。

第八条　企业应当于每年1月1日至6月30日，通过国家企业信用信息公示系统向市场监督管理部门报送上一年度年度报告，并向社会公示。

当年设立登记的企业，自下一年起报送并公示年度报告。

第九条　企业年度报告内容包括：

（一）企业通信地址、邮政编码、联系电话、电子邮箱等信息；

（二）企业开业、歇业、清算等存续状态信息；

（三）企业投资设立企业、购买股权信息；

（四）企业为有限责任公司或者股份有限公司的，其股东或者发起人认缴和实缴的出资额、出资时间、出资方式等信息；

（五）有限责任公司股东股权转让等股权变更信息；

（六）企业网站以及从事网络经营的网店的名称、网址等信息；

（七）企业从业人数、资产总额、负债总额、对外提供保证担保、所有者权益合计、营业总收入、主营业务收入、利润总额、净利润、纳税总额信息。

前款第一项至第六项规定的信息应当向社会公示，第七项规定的信息由企业选择是否向社会公示。

经企业同意，公民、法人或者其他组织可以查询企业选择不公示的信息。

第十条 企业应当自下列信息形成之日起20个工作日内通过国家企业信用信息公示系统向社会公示：

（一）有限责任公司股东或者股份有限公司发起人认缴和实缴的出资额、出资时间、出资方式等信息；

（二）有限责任公司股东股权转让等股权变更信息；

（三）行政许可取得、变更、延续信息；

（四）知识产权出质登记信息；

（五）受到行政处罚的信息；

（六）其他依法应当公示的信息。

市场监督管理部门发现企业未依照前款规定履行公示义务的，应当责令其限期履行。

第十一条 政府部门和企业分别对其公示信息的真实性、及时性负责。

第十二条 政府部门发现其公示的信息不准确的，应当及时更正。公民、法人或者其他组织有证据证明政府部门公示的信息不准确的，有权要求该政府部门予以更正。

企业发现其公示的信息不准确的，应当及时更正；但是，企业年度报告公示信息的更正应当在每年6月30日之前完成。更正前后的信息应当同时公示。

第十三条 公民、法人或者其他组织发现企业公示的信息虚假的，可以向市场监督管理部门举报，接到举报的市场监督管理部门应当自接到举报材料之日起20个工作日内进行核查，予以处理，并将处理情况书面告知举报人。

公民、法人或者其他组织对依照本条例规定公示的企业信息有疑问的，可以向政府部门申请查询，收到查询申请的政府部门应当自收到申请之日起20个工作日内书面答复申请人。

第十四条 国务院市场监督管理部门和省、自治区、直辖市人民政府市场监督管理部门应当按照公平规范的要求，根据企业注册号等随机摇号，确定抽查的企业，组织对企业公示信息的情况进行检查。

市场监督管理部门抽查企业公示的信息，可以采取书面检查、实地核查、网络监测等方式。市场监督管理部门抽查企业公示的信息，可以委托会计师事务所、税务师事务所、律师事务所等专业机构开展相关工作，并依法利用其他政府部门作出的检查、核查结果或者专业机构作出的专业结论。

抽查结果由市场监督管理部门通过国家企业信用信息公示系统向社会公布。

第十五条　市场监督管理部门对企业公示的信息依法开展抽查或者根据举报进行核查，企业应当配合，接受询问调查，如实反映情况，提供相关材料。

对不予配合情节严重的企业，市场监督管理部门应当通过国家企业信用信息公示系统公示。

第十六条　市场监督管理部门对涉嫌违反本条例规定的行为进行查处，可以行使下列职权：

（一）进入企业的经营场所实施现场检查；

（二）查阅、复制、收集与企业经营活动相关的合同、票据、账簿以及其他资料；

（三）向与企业经营活动有关的单位和个人调查了解情况；

（四）依法查询涉嫌违法的企业银行账户；

（五）法律、行政法规规定的其他职权。

市场监督管理部门行使前款第四项规定的职权的，应当经市场监督管理部门主要负责人批准。

第十七条　任何公民、法人或者其他组织不得非法修改公示的企业信息，不得非法获取企业信息。

第十八条　企业未按照本条例规定的期限公示年度报告或者未按照市场监督管理部门责令的期限公示有关企业信息的，由县级以上市场监督管理部门列入经营异常名录，并依法给予行政处罚。企业因连续2年未按规定报送年度报告被列入经营异常名录未改正，且通过登记的住所或者经营场所无法取得联系的，由县级以上市场监督管理部门吊销营业执照。

企业公示信息隐瞒真实情况、弄虚作假的，法律、行政法规有规定的，依照其规定；没有规定的，由市场监督管理部门责令改正，处1万元以上5万元以下罚款；情节严重的，处5万元以上20万元以下罚款，列入市场监督管理严重违法失信名单，并可以吊销营业执照。被列入市场监督管理严重违法失信名单的企业的法定代表人、负责人，3年内不得担任其他企业的法定代表人、负责人。

企业被吊销营业执照后，应当依法办理注销登记；未办理注销登记的，由市场监督管理部门依法作出处理。

第十九条 县级以上地方人民政府及其有关部门应当建立健全信用约束机制，在政府采购、工程招投标、国有土地出让、授予荣誉称号等工作中，将企业信息作为重要考量因素，对被列入经营异常名录或者市场监督管理严重违法失信名单的企业依法予以限制或者禁入。

第二十条 鼓励企业主动纠正违法失信行为、消除不良影响，依法申请修复失信记录。政府部门依法解除相关管理措施并修复失信记录的，应当及时将上述信息与有关部门共享。

第二十一条 政府部门未依照本条例规定履行职责的，由监察机关、上一级政府部门责令改正；情节严重的，对负有责任的主管人员和其他直接责任人员依法给予处分；构成犯罪的，依法追究刑事责任。

第二十二条 非法修改公示的企业信息，或者非法获取企业信息的，依照有关法律、行政法规规定追究法律责任。

第二十三条 公民、法人或者其他组织认为政府部门在企业信息公示工作中的具体行政行为侵犯其合法权益的，可以依法申请行政复议或者提起行政诉讼。

第二十四条 企业依照本条例规定公示信息，不免除其依照其他有关法律、行政法规规定公示信息的义务。

第二十五条 法律、法规授权的具有管理公共事务职能的组织公示企业信息适用本条例关于政府部门公示企业信息的规定。

第二十六条 国务院市场监督管理部门负责制定国家企业信用信息公示系统的技术规范。

个体工商户、农民专业合作社信息公示的具体办法由国务院市场监督管理部门另行制定。

第二十七条 本条例自 2014 年 10 月 1 日起施行。

附录13 《中华人民共和国税收征收管理法》

（1992年9月4日第七届全国人民代表大会常务委员会第二十七次会议通过 根据1995年2月28日第八届全国人民代表大会常务委员会第十二次会议《关于修改〈中华人民共和国税收征收管理法〉的决定》第一次修正 2001

年 4 月 28 日第九届全国人民代表大会常务委员会第二十一次会议修订　根据 2013 年 6 月 29 日第十二届全国人民代表大会常务委员会第三次会议《关于修改〈中华人民共和国文物保护法〉等十二部法律的决定》第二次修正　根据 2015 年 4 月 24 日第十二届全国人民代表大会常务委员会第十四次会议《关于修改〈中华人民共和国港口法〉等七部法律的决定》第三次修正)

第一章　总　则

第一条　为了加强税收征收管理，规范税收征收和缴纳行为，保障国家税收收入，保护纳税人的合法权益，促进经济和社会发展，制定本法。

第二条　凡依法由税务机关征收的各种税收的征收管理，均适用本法。

第三条　税收的开征、停征以及减税、免税、退税、补税，依照法律的规定执行；法律授权国务院规定的，依照国务院制定的行政法规的规定执行。

任何机关、单位和个人不得违反法律、行政法规的规定，擅自作出税收开征、停征以及减税、免税、退税、补税和其他同税收法律、行政法规相抵触的决定。

第四条　法律、行政法规规定负有纳税义务的单位和个人为纳税人。

法律、行政法规规定负有代扣代缴、代收代缴税款义务的单位和个人为扣缴义务人。

纳税人、扣缴义务人必须依照法律、行政法规的规定缴纳税款、代扣代缴、代收代缴税款。

第五条　国务院税务主管部门主管全国税收征收管理工作。各地国家税务局和地方税务局应当按照国务院规定的税收征收管理范围分别进行征收管理。

地方各级人民政府应当依法加强对本行政区域内税收征收管理工作的领导或者协调，支持税务机关依法执行职务，依照法定税率计算税额，依法征收税款。

各有关部门和单位应当支持、协助税务机关依法执行职务。

税务机关依法执行职务，任何单位和个人不得阻挠。

第六条　国家有计划地用现代信息技术装备各级税务机关，加强税收征收管理信息系统的现代化建设，建立、健全税务机关与政府其他管理机关的信息共享制度。

纳税人、扣缴义务人和其他有关单位应当按照国家有关规定如实向税务机关提供与纳税和代扣代缴、代收代缴税款有关的信息。

第七条　税务机关应当广泛宣传税收法律、行政法规，普及纳税知识，无偿地为纳税人提供纳税咨询服务。

第八条 纳税人、扣缴义务人有权向税务机关了解国家税收法律、行政法规的规定以及与纳税程序有关的情况。

纳税人、扣缴义务人有权要求税务机关为纳税人、扣缴义务人的情况保密。税务机关应当依法为纳税人、扣缴义务人的情况保密。

纳税人依法享有申请减税、免税、退税的权利。

纳税人、扣缴义务人对税务机关所作出的决定，享有陈述权、申辩权；依法享有申请行政复议、提起行政诉讼、请求国家赔偿等权利。

纳税人、扣缴义务人有权控告和检举税务机关、税务人员的违法违纪行为。

第九条 税务机关应当加强队伍建设，提高税务人员的政治业务素质。

税务机关、税务人员必须秉公执法，忠于职守，清正廉洁，礼貌待人，文明服务，尊重和保护纳税人、扣缴义务人的权利，依法接受监督。

税务人员不得索贿受贿、徇私舞弊、玩忽职守、不征或者少征应征税款；不得滥用职权多征税款或者故意刁难纳税人和扣缴义务人。

第十条 各级税务机关应当建立、健全内部制约和监督管理制度。

上级税务机关应当对下级税务机关的执法活动依法进行监督。

各级税务机关应当对其工作人员执行法律、行政法规和廉洁自律准则的情况进行监督检查。

第十一条 税务机关负责征收、管理、稽查、行政复议的人员的职责应当明确，并相互分离、相互制约。

第十二条 税务人员征收税款和查处税收违法案件，与纳税人、扣缴义务人或者税收违法案件有利害关系的，应当回避。

第十三条 任何单位和个人都有权检举违反税收法律、行政法规的行为。收到检举的机关和负责查处的机关应当为检举人保密。税务机关应当按照规定对检举人给予奖励。

第十四条 本法所称税务机关是指各级税务局、税务分局、税务所和按照国务院规定设立的并向社会公告的税务机构。

第二章 税务管理

第一节 税务登记

第十五条 企业，企业在外地设立的分支机构和从事生产、经营的场所，个体工商户和从事生产、经营的事业单位（以下统称从事生产、经营的纳税人）自领取营业执照之日起三十日内，持有关证件，向税务机关申报办理税务登记。税务机关应当于收到申报的当日办理登记并发给税务登记证件。

工商行政管理机关应当将办理登记注册、核发营业执照的情况，定期向税务机关通报。

本条第一款规定以外的纳税人办理税务登记和扣缴义务人办理扣缴税款登记的范围和办法，由国务院规定。

第十六条　从事生产、经营的纳税人，税务登记内容发生变化的，自工商行政管理机关办理变更登记之日起三十日内或者在向工商行政管理机关申请办理注销登记之前，持有关证件向税务机关申报办理变更或者注销税务登记。

第十七条　从事生产、经营的纳税人应当按照国家有关规定，持税务登记证件，在银行或者其他金融机构开立基本存款账户和其他存款账户，并将其全部账号向税务机关报告。

银行和其他金融机构应当在从事生产、经营的纳税人的账户中登录税务登记证件号码，并在税务登记证件中登录从事生产、经营的纳税人的账户账号。

税务机关依法查询从事生产、经营的纳税人开立账户的情况时，有关银行和其他金融机构应当予以协助。

第十八条　纳税人按照国务院税务主管部门的规定使用税务登记证件。税务登记证件不得转借、涂改、损毁、买卖或者伪造。

第二节　账簿、凭证管理

第十九条　纳税人、扣缴义务人按照有关法律、行政法规和国务院财政、税务主管部门的规定设置账簿，根据合法、有效凭证记账，进行核算。

第二十条　从事生产、经营的纳税人的财务、会计制度或者财务、会计处理办法和会计核算软件，应当报送税务机关备案。

纳税人、扣缴义务人的财务、会计制度或者财务、会计处理办法与国务院或者国务院财政、税务主管部门有关税收的规定抵触的，依照国务院或者国务院财政、税务主管部门有关税收的规定计算应纳税款、代扣代缴和代收代缴税款。

第二十一条　税务机关是发票的主管机关，负责发票印制、领购、开具、取得、保管、缴销的管理和监督。

单位、个人在购销商品、提供或者接受经营服务以及从事其他经营活动中，应当按照规定开具、使用、取得发票。

发票的管理办法由国务院规定。

第二十二条 增值税专用发票由国务院税务主管部门指定的企业印制；其他发票，按照国务院税务主管部门的规定，分别由省、自治区、直辖市国家税务局、地方税务局指定企业印制。

未经前款规定的税务机关指定，不得印制发票。

第二十三条 国家根据税收征收管理的需要，积极推广使用税控装置。纳税人应当按照规定安装、使用税控装置，不得损毁或者擅自改动税控装置。

第二十四条 从事生产、经营的纳税人、扣缴义务人必须按照国务院财政、税务主管部门规定的保管期限保管账簿、记账凭证、完税凭证及其他有关资料。

账簿、记账凭证、完税凭证及其他有关资料不得伪造、变造或者擅自损毁。

第三节 纳税申报

第二十五条 纳税人必须依照法律、行政法规规定或者税务机关依照法律、行政法规的规定确定的申报期限、申报内容如实办理纳税申报，报送纳税申报表、财务会计报表以及税务机关根据实际需要要求纳税人报送的其他纳税资料。

扣缴义务人必须依照法律、行政法规规定或者税务机关依照法律、行政法规的规定确定的申报期限、申报内容如实报送代扣代缴、代收代缴税款报告表以及税务机关根据实际需要要求扣缴义务人报送的其他有关资料。

第二十六条 纳税人、扣缴义务人可以直接到税务机关办理纳税申报或者报送代扣代缴、代收代缴税款报告表，也可以按照规定采取邮寄、数据电文或者其他方式办理上述申报、报送事项。

第二十七条 纳税人、扣缴义务人不能按期办理纳税申报或者报送代扣代缴、代收代缴税款报告表的，经税务机关核准，可以延期申报。

经核准延期办理前款规定的申报、报送事项的，应当在纳税期内按照上期实际缴纳的税额或者税务机关核定的税额预缴税款，并在核准的延期内办理税款结算。

第三章 税款征收

第二十八条 税务机关依照法律、行政法规的规定征收税款，不得违反法律、行政法规的规定开征、停征、多征、少征、提前征收、延缓征收或者摊派税款。

农业税应纳税额按照法律、行政法规的规定核定。

第二十九条　除税务机关、税务人员以及经税务机关依照法律、行政法规委托的单位和人员外，任何单位和个人不得进行税款征收活动。

第三十条　扣缴义务人依照法律、行政法规的规定履行代扣、代收税款的义务。对法律、行政法规没有规定负有代扣、代收税款义务的单位和个人，税务机关不得要求其履行代扣、代收税款义务。

扣缴义务人依法履行代扣、代收税款义务时，纳税人不得拒绝。纳税人拒绝的，扣缴义务人应当及时报告税务机关处理。

税务机关按照规定付给扣缴义务人代扣、代收手续费。

第三十一条　纳税人、扣缴义务人按照法律、行政法规规定或者税务机关依照法律、行政法规的规定确定的期限，缴纳或者解缴税款。

纳税人因有特殊困难，不能按期缴纳税款的，经省、自治区、直辖市国家税务局、地方税务局批准，可以延期缴纳税款，但是最长不得超过三个月。

第三十二条　纳税人未按照规定期限缴纳税款的，扣缴义务人未按照规定期限解缴税款的，税务机关除责令限期缴纳外，从滞纳税款之日起，按日加收滞纳税款万分之五的滞纳金。

第三十三条　纳税人依照法律、行政法规的规定办理减税、免税。

地方各级人民政府、各级人民政府主管部门、单位和个人违反法律、行政法规规定，擅自作出的减税、免税决定无效，税务机关不得执行，并向上级税务机关报告。

第三十四条　税务机关征收税款时，必须给纳税人开具完税凭证。扣缴义务人代扣、代收税款时，纳税人要求扣缴义务人开具代扣、代收税款凭证的，扣缴义务人应当开具。

第三十五条　纳税人有下列情形之一的，税务机关有权核定其应纳税额：

（一）依照法律、行政法规的规定可以不设置账簿的；

（二）依照法律、行政法规的规定应当设置账簿但未设置的；

（三）擅自销毁账簿或者拒不提供纳税资料的；

（四）虽设置账簿，但账目混乱或者成本资料、收入凭证、费用凭证残缺不全，难以查账的；

（五）发生纳税义务，未按照规定的期限办理纳税申报，经税务机关责令限期申报，逾期仍不申报的；

（六）纳税人申报的计税依据明显偏低，又无正当理由的。

税务机关核定应纳税额的具体程序和方法由国务院税务主管部门规定。

第三十六条 企业或者外国企业在中国境内设立的从事生产、经营的机构、场所与其关联企业之间的业务往来，应当按照独立企业之间的业务往来收取或者支付价款、费用；不按照独立企业之间的业务往来收取或者支付价款、费用，而减少其应纳税的收入或者所得额的，税务机关有权进行合理调整。

第三十七条 对未按照规定办理税务登记的从事生产、经营的纳税人以及临时从事经营的纳税人，由税务机关核定其应纳税额，责令缴纳；不缴纳的，税务机关可以扣押其价值相当于应纳税款的商品、货物。扣押后缴纳应纳税款的，税务机关必须立即解除扣押，并归还所扣押的商品、货物；扣押后仍不缴纳应纳税款的，经县以上税务局（分局）局长批准，依法拍卖或者变卖所扣押的商品、货物，以拍卖或者变卖所得抵缴税款。

第三十八条 税务机关有根据认为从事生产、经营的纳税人有逃避纳税义务行为的，可以在规定的纳税期之前，责令限期缴纳应纳税款；在限期内发现纳税人有明显的转移、隐匿其应纳税的商品、货物以及其他财产或者应纳税的收入的迹象的，税务机关可以责成纳税人提供纳税担保。如果纳税人不能提供纳税担保，经县以上税务局（分局）局长批准，税务机关可以采取下列税收保全措施：

（一）书面通知纳税人开户银行或者其他金融机构冻结纳税人的金额相当于应纳税款的存款；

（二）扣押、查封纳税人的价值相当于应纳税款的商品、货物或者其他财产。

纳税人在前款规定的限期内缴纳税款的，税务机关必须立即解除税收保全措施；限期期满仍未缴纳税款的，经县以上税务局（分局）局长批准，税务机关可以书面通知纳税人开户银行或者其他金融机构从其冻结的存款中扣缴税款，或者依法拍卖或者变卖所扣押、查封的商品、货物或者其他财产，以拍卖或者变卖所得抵缴税款。

个人及其所扶养家属维持生活必需的住房和用品，不在税收保全措施的范围之内。

第三十九条 纳税人在限期内已缴纳税款，税务机关未立即解除税收保全措施，使纳税人的合法利益遭受损失的，税务机关应当承担赔偿责任。

第四十条 从事生产、经营的纳税人、扣缴义务人未按照规定的期限缴纳或者解缴税款，纳税担保人未按照规定的期限缴纳所担保的税款，由税务机关责令限期缴纳，逾期仍未缴纳的，经县以上税务局（分局）局长批准，税务机关可以采取下列强制执行措施：

（一）书面通知其开户银行或者其他金融机构从其存款中扣缴税款；

（二）扣押、查封、依法拍卖或者变卖其价值相当于应纳税款的商品、货物或者其他财产，以拍卖或者变卖所得抵缴税款。

税务机关采取强制执行措施时，对前款所列纳税人、扣缴义务人、纳税担保人未缴纳的滞纳金同时强制执行。

个人及其所扶养家属维持生活必需的住房和用品，不在强制执行措施的范围之内。

第四十一条 本法第三十七条、第三十八条、第四十条规定的采取税收保全措施、强制执行措施的权力，不得由法定的税务机关以外的单位和个人行使。

第四十二条 税务机关采取税收保全措施和强制执行措施必须依照法定权限和法定程序，不得查封、扣押纳税人个人及其所扶养家属维持生活必需的住房和用品。

第四十三条 税务机关滥用职权违法采取税收保全措施、强制执行措施，或者采取税收保全措施、强制执行措施不当，使纳税人、扣缴义务人或者纳税担保人的合法权益遭受损失的，应当依法承担赔偿责任。

第四十四条 欠缴税款的纳税人或者他的法定代表人需要出境的，应当在出境前向税务机关结清应纳税款、滞纳金或者提供担保。未结清税款、滞纳金，又不提供担保的，税务机关可以通知出境管理机关阻止其出境。

第四十五条 税务机关征收税款，税收优先于无担保债权，法律另有规定的除外；纳税人欠缴的税款发生在纳税人以其财产设定抵押、质押或者纳税人的财产被留置之前的，税收应当先于抵押权、质权、留置权执行。

纳税人欠缴税款，同时又被行政机关决定处以罚款、没收违法所得的，税收优先于罚款、没收违法所得。

税务机关应当对纳税人欠缴税款的情况定期予以公告。

第四十六条 纳税人有欠税情形而以其财产设定抵押、质押的，应当向抵押权人、质权人说明其欠税情况。抵押权人、质权人可以请求税务机关提供有关的欠税情况。

第四十七条 税务机关扣押商品、货物或者其他财产时，必须开付收据；查封商品、货物或者其他财产时，必须开付清单。

第四十八条　纳税人有合并、分立情形的，应当向税务机关报告，并依法缴清税款。纳税人合并时未缴清税款的，应当由合并后的纳税人继续履行未履行的纳税义务；纳税人分立时未缴清税款的，分立后的纳税人对未履行的纳税义务应当承担连带责任。

第四十九条　欠缴税款数额较大的纳税人在处分其不动产或者大额资产之前，应当向税务机关报告。

第五十条　欠缴税款的纳税人因怠于行使到期债权，或者放弃到期债权，或者无偿转让财产，或者以明显不合理的低价转让财产而受让人知道该情形，对国家税收造成损害的，税务机关可以依照合同法第七十三条、第七十四条的规定行使代位权、撤销权。

税务机关依照前款规定行使代位权、撤销权的，不免除欠缴税款的纳税人尚未履行的纳税义务和应承担的法律责任。

第五十一条　纳税人超过应纳税额缴纳的税款，税务机关发现后应当立即退还；纳税人自结算缴纳税款之日起三年内发现的，可以向税务机关要求退还多缴的税款并加算银行同期存款利息，税务机关及时查实后应当立即退还；涉及从国库中退库的，依照法律、行政法规有关国库管理的规定退还。

第五十二条　因税务机关的责任，致使纳税人、扣缴义务人未缴或者少缴税款的，税务机关在三年内可以要求纳税人、扣缴义务人补缴税款，但是不得加收滞纳金。

因纳税人、扣缴义务人计算错误等失误，未缴或者少缴税款的，税务机关在三年内可以追征税款、滞纳金；有特殊情况的，追征期可以延长到五年。

对偷税、抗税、骗税的，税务机关追征其未缴或者少缴的税款、滞纳金或者所骗取的税款，不受前款规定期限的限制。

第五十三条　国家税务局和地方税务局应当按照国家规定的税收征收管理范围和税款入库预算级次，将征收的税款缴入国库。

对审计机关、财政机关依法查出的税收违法行为，税务机关应当根据有关机关的决定、意见书，依法将应收的税款、滞纳金按照税款入库预算级次缴入国库，并将结果及时回复有关机关。

第四章　税务检查

第五十四条　税务机关有权进行下列税务检查：

（一）检查纳税人的账簿、记账凭证、报表和有关资料，检查扣缴义务人代扣代缴、代收代缴税款账簿、记账凭证和有关资料；

（二）到纳税人的生产、经营场所和货物存放地检查纳税人应纳税的商品、货物或者其他财产，检查扣缴义务人与代扣代缴、代收代缴税款有关的经营情况；

（三）责成纳税人、扣缴义务人提供与纳税或者代扣代缴、代收代缴税款有关的文件、证明材料和有关资料；

（四）询问纳税人、扣缴义务人与纳税或者代扣代缴、代收代缴税款有关的问题和情况；

（五）到车站、码头、机场、邮政企业及其分支机构检查纳税人托运、邮寄应纳税商品、货物或者其他财产的有关单据、凭证和有关资料；

（六）经县以上税务局（分局）局长批准，凭全国统一格式的检查存款账户许可证明，查询从事生产、经营的纳税人、扣缴义务人在银行或者其他金融机构的存款账户。税务机关在调查税收违法案件时，经设区的市、自治州以上税务局（分局）局长批准，可以查询案件涉嫌人员的储蓄存款。税务机关查询所获得的资料，不得用于税收以外的用途。

第五十五条 税务机关对从事生产、经营的纳税人以前纳税期的纳税情况依法进行税务检查时，发现纳税人有逃避纳税义务行为，并有明显的转移、隐匿其应纳税的商品、货物以及其他财产或者应纳税的收入的迹象的，可以按照本法规定的批准权限采取税收保全措施或者强制执行措施。

第五十六条 纳税人、扣缴义务人必须接受税务机关依法进行的税务检查，如实反映情况，提供有关资料，不得拒绝、隐瞒。

第五十七条 税务机关依法进行税务检查时，有权向有关单位和个人调查纳税人、扣缴义务人和其他当事人与纳税或者代扣代缴、代收代缴税款有关的情况，有关单位和个人有义务向税务机关如实提供有关资料及证明材料。

第五十八条 税务机关调查税务违法案件时，对与案件有关的情况和资料，可以记录、录音、录像、照相和复制。

第五十九条 税务机关派出的人员进行税务检查时，应当出示税务检查证和税务检查通知书，并有责任为被检查人保守秘密；未出示税务检查证和税务检查通知书的，被检查人有权拒绝检查。

第五章　法律责任

第六十条 纳税人有下列行为之一的，由税务机关责令限期改正，可以处二千元以下的罚款；情节严重的，处二千元以上一万元以下的罚款：

（一）未按照规定的期限申报办理税务登记、变更或者注销登记的；

（二）未按照规定设置、保管账簿或者保管记账凭证和有关资料的；

（三）未按照规定将财务、会计制度或者财务、会计处理办法和会计核算软件报送税务机关备查的；

（四）未按照规定将其全部银行账号向税务机关报告的；

（五）未按照规定安装、使用税控装置，或者损毁或者擅自改动税控装置的。

纳税人不办理税务登记的，由税务机关责令限期改正；逾期不改正的，经税务机关提请，由工商行政管理机关吊销其营业执照。

纳税人未按照规定使用税务登记证件，或者转借、涂改、损毁、买卖、伪造税务登记证件的，处二千元以上一万元以下的罚款；情节严重的，处一万元以上五万元以下的罚款。

第六十一条 扣缴义务人未按照规定设置、保管代扣代缴、代收代缴税款账簿或者保管代扣代缴、代收代缴税款记账凭证及有关资料的，由税务机关责令限期改正，可以处二千元以下的罚款；情节严重的，处二千元以上五千元以下的罚款。

第六十二条 纳税人未按照规定的期限办理纳税申报和报送纳税资料的，或者扣缴义务人未按照规定的期限向税务机关报送代扣代缴、代收代缴税款报告表和有关资料的，由税务机关责令限期改正，可以处二千元以下的罚款；情节严重的，可以处二千元以上一万元以下的罚款。

第六十三条 纳税人伪造、变造、隐匿、擅自销毁账簿、记账凭证，或者在账簿上多列支出或者不列、少列收入，或者经税务机关通知申报而拒不申报或者进行虚假的纳税申报，不缴或者少缴应纳税款的，是偷税。对纳税人偷税的，由税务机关追缴其不缴或者少缴的税款、滞纳金，并处不缴或者少缴的税款百分之五十以上五倍以下的罚款；构成犯罪的，依法追究刑事责任。

扣缴义务人采取前款所列手段，不缴或者少缴已扣、已收税款，由税务机关追缴其不缴或者少缴的税款、滞纳金，并处不缴或者少缴的税款百分之五十以上五倍以下的罚款；构成犯罪的，依法追究刑事责任。

第六十四条 纳税人、扣缴义务人编造虚假计税依据的，由税务机关责令限期改正，并处五万元以下的罚款。

纳税人不进行纳税申报，不缴或者少缴应纳税款的，由税务机关追缴其不缴或者少缴的税款、滞纳金，并处不缴或者少缴的税款百分之五十以上五倍以下的罚款。

第六十五条 纳税人欠缴应纳税款，采取转移或者隐匿财产的手段，妨碍税务机关追缴欠缴的税款的，由税务机关追缴欠缴的税款、滞纳金，并处欠缴税款百分之五十以上五倍以下的罚款；构成犯罪的，依法追究刑事责任。

第六十六条 以假报出口或者其他欺骗手段，骗取国家出口退税款的，由税务机关追缴其骗取的退税款，并处骗取税款一倍以上五倍以下的罚款；构成犯罪的，依法追究刑事责任。

对骗取国家出口退税款的，税务机关可以在规定期间内停止为其办理出口退税。

第六十七条 以暴力、威胁方法拒不缴纳税款的，是抗税，除由税务机关追缴其拒缴的税款、滞纳金外，依法追究刑事责任。情节轻微，未构成犯罪的，由税务机关追缴其拒缴的税款、滞纳金，并处拒缴税款一倍以上五倍以下的罚款。

第六十八条 纳税人、扣缴义务人在规定期限内不缴或者少缴应纳或者应解缴的税款，经税务机关责令限期缴纳，逾期仍未缴纳的，税务机关除依照本法第四十条的规定采取强制执行措施追缴其不缴或者少缴的税款外，可以处不缴或者少缴的税款百分之五十以上五倍以下的罚款。

第六十九条 扣缴义务人应扣未扣、应收而不收税款的，由税务机关向纳税人追缴税款，对扣缴义务人处应扣未扣、应收未收税款百分之五十以上三倍以下的罚款。

第七十条 纳税人、扣缴义务人逃避、拒绝或者以其他方式阻挠税务机关检查的，由税务机关责令改正，可以处一万元以下的罚款；情节严重的，处一万元以上五万元以下的罚款。

第七十一条 违反本法第二十二条规定，非法印制发票的，由税务机关销毁非法印制的发票，没收违法所得和作案工具，并处一万元以上五万元以下的罚款；构成犯罪的，依法追究刑事责任。

第七十二条 从事生产、经营的纳税人、扣缴义务人有本法规定的税收违法行为，拒不接受税务机关处理的，税务机关可以收缴其发票或者停止向其发售发票。

第七十三条 纳税人、扣缴义务人的开户银行或者其他金融机构拒绝接受税务机关依法检查纳税人、扣缴义务人存款账户，或者拒绝执行税务机关作出的冻结存款或者扣缴税款的决定，或者在接到税务机关的书面通知后帮助纳税人、扣缴义务人转移存款，造成税款流失的，由税务机关处十万元以上五十万元以下的罚款，对直接负责的主管人员和其他直接责任人员处一千元以上一万元以下的罚款。

第七十四条　本法规定的行政处罚，罚款额在二千元以下的，可以由税务所决定。

第七十五条　税务机关和司法机关的涉税罚没收入，应当按照税款入库预算级次上缴国库。

第七十六条　税务机关违反规定擅自改变税收征收管理范围和税款入库预算级次的，责令限期改正，对直接负责的主管人员和其他直接责任人员依法给予降级或者撤职的行政处分。

第七十七条　纳税人、扣缴义务人有本法第六十三条、第六十五条、第六十六条、第六十七条、第七十一条规定的行为涉嫌犯罪的，税务机关应当依法移交司法机关追究刑事责任。

税务人员徇私舞弊，对依法应当移交司法机关追究刑事责任的不移交，情节严重的，依法追究刑事责任。

第七十八条　未经税务机关依法委托征收税款的，责令退还收取的财物，依法给予行政处分或者行政处罚；致使他人合法权益受到损失的，依法承担赔偿责任；构成犯罪的，依法追究刑事责任。

第七十九条　税务机关、税务人员查封、扣押纳税人个人及其所扶养家属维持生活必需的住房和用品的，责令退还，依法给予行政处分；构成犯罪的，依法追究刑事责任。

第八十条　税务人员与纳税人、扣缴义务人勾结，唆使或者协助纳税人、扣缴义务人有本法第六十三条、第六十五条、第六十六条规定的行为，构成犯罪的，依法追究刑事责任；尚不构成犯罪的，依法给予行政处分。

第八十一条　税务人员利用职务上的便利，收受或者索取纳税人、扣缴义务人财物或者谋取其他不正当利益，构成犯罪的，依法追究刑事责任；尚不构成犯罪的，依法给予行政处分。

第八十二条　税务人员徇私舞弊或者玩忽职守，不征或者少征应征税款，致使国家税收遭受重大损失，构成犯罪的，依法追究刑事责任；尚不构成犯罪的，依法给予行政处分。

税务人员滥用职权，故意刁难纳税人、扣缴义务人的，调离税收工作岗位，并依法给予行政处分。

税务人员对控告、检举税收违法违纪行为的纳税人、扣缴义务人以及其他检举人进行打击报复的，依法给予行政处分；构成犯罪的，依法追究刑事责任。

税务人员违反法律、行政法规的规定，故意高估或者低估农业税计税产量，致使多征或者少征税款，侵犯农民合法权益或者损害国家利益，构成犯罪的，依法追究刑事责任；尚不构成犯罪的，依法给予行政处分。

第八十三条　违反法律、行政法规的规定提前征收、延缓征收或者摊派税款的，由其上级机关或者行政监察机关责令改正，对直接负责的主管人员和其他直接责任人员依法给予行政处分。

第八十四条　违反法律、行政法规的规定，擅自作出税收的开征、停征或者减税、免税、退税、补税以及其他同税收法律、行政法规相抵触的决定的，除依照本法规定撤销其擅自作出的决定外，补征应征未征税款，退还不应征收而征收的税款，并由上级机关追究直接负责的主管人员和其他直接责任人员的行政责任；构成犯罪的，依法追究刑事责任。

第八十五条　税务人员在征收税款或者查处税收违法案件时，未按照本法规定进行回避的，对直接负责的主管人员和其他直接责任人员，依法给予行政处分。

第八十六条　违反税收法律、行政法规应当给予行政处罚的行为，在五年内未被发现的，不再给予行政处罚。

第八十七条　未按照本法规定为纳税人、扣缴义务人、检举人保密的，对直接负责的主管人员和其他直接责任人员，由所在单位或者有关单位依法给予行政处分。

第八十八条　纳税人、扣缴义务人、纳税担保人同税务机关在纳税上发生争议时，必须先依照税务机关的纳税决定缴纳或者解缴税款及滞纳金或者提供相应的担保，然后可以依法申请行政复议；对行政复议决定不服的，可以依法向人民法院起诉。

当事人对税务机关的处罚决定、强制执行措施或者税收保全措施不服的，可以依法申请行政复议，也可以依法向人民法院起诉。

当事人对税务机关的处罚决定逾期不申请行政复议也不向人民法院起诉、又不履行的，作出处罚决定的税务机关可以采取本法第四十条规定的强制执行措施，或者申请人民法院强制执行。

第六章 附 则

第八十九条 纳税人、扣缴义务人可以委托税务代理人代为办理税务事宜。

第九十条 耕地占用税、契税、农业税、牧业税征收管理的具体办法，由国务院另行制定。

关税及海关代征税收的征收管理，依照法律、行政法规的有关规定执行。

第九十一条 中华人民共和国同外国缔结的有关税收的条约、协定同本法有不同规定的，依照条约、协定的规定办理。

第九十二条 本法施行前颁布的税收法律与本法有不同规定的，适用本法规定。

第九十三条 国务院根据本法制定实施细则。

第九十四条 本法自 2001 年 5 月 1 日起施行。

附录14 《中华人民共和国资产评估法》

（2016 年 7 月 2 日第十二届全国人民代表大会常务委员会第二十一次会议通过，自 2016 年 12 月 1 日起施行。）

第一章 总 则

第一条 为了规范资产评估行为，保护资产评估当事人合法权益和公共利益，促进资产评估行业健康发展，维护社会主义市场经济秩序，制定本法。

第二条 本法所称资产评估（以下称评估），是指评估机构及其评估专业人员根据委托对不动产、动产、无形资产、企业价值、资产损失或者其他经济权益进行评定、估算，并出具评估报告的专业服务行为。

第三条 自然人、法人或者其他组织需要确定评估对象价值的，可以自愿委托评估机构评估。

涉及国有资产或者公共利益等事项，法律、行政法规规定需要评估的（以下称法定评估），应当依法委托评估机构评估。

第四条 评估机构及其评估专业人员开展业务应当遵守法律、行政法规和评估准则，遵循独立、客观、公正的原则。

评估机构及其评估专业人员依法开展业务，受法律保护。

第五条　评估专业人员从事评估业务，应当加入评估机构，并且只能在一个评估机构从事业务。

第六条　评估行业可以按照专业领域依法设立行业协会，实行自律管理，并接受有关评估行政管理部门的监督和社会监督。

第七条　国务院有关评估行政管理部门按照各自职责分工，对评估行业进行监督管理。

设区的市级以上地方人民政府有关评估行政管理部门按照各自职责分工，对本行政区域内的评估行业进行监督管理。

第二章　评估专业人员

第八条　评估专业人员包括评估师和其他具有评估专业知识及实践经验的评估从业人员。

评估师是指通过评估师资格考试的评估专业人员。国家根据经济社会发展需要确定评估师专业类别。

第九条　有关全国性评估行业协会按照国家规定组织实施评估师资格全国统一考试。

具有高等院校专科以上学历的公民，可以参加评估师资格全国统一考试。

第十条　有关全国性评估行业协会应当在其网站上公布评估师名单，并实时更新。

第十一条　因故意犯罪或者在从事评估、财务、会计、审计活动中因过失犯罪而受刑事处罚，自刑罚执行完毕之日起不满五年的人员，不得从事评估业务。

第十二条　评估专业人员享有下列权利：

（一）要求委托人提供相关的权属证明、财务会计信息和其他资料，以及为执行公允的评估程序所需的必要协助；

（二）依法向有关国家机关或者其他组织查阅从事业务所需的文件、证明和资料；

（三）拒绝委托人或者其他组织、个人对评估行为和评估结果的非法干预；

（四）依法签署评估报告；

（五）法律、行政法规规定的其他权利。

第十三条　评估专业人员应当履行下列义务：

（一）诚实守信，依法独立、客观、公正从事业务；

（二）遵守评估准则，履行调查职责，独立分析估算，勤勉谨慎从事业务；

（三）完成规定的继续教育，保持和提高专业能力；

（四）对评估活动中使用的有关文件、证明和资料的真实性、准确性、完整性进行核查和验证；

（五）对评估活动中知悉的国家秘密、商业秘密和个人隐私予以保密；

（六）与委托人或者其他相关当事人及评估对象有利害关系的，应当回避；

（七）接受行业协会的自律管理，履行行业协会章程规定的义务；

（八）法律、行政法规规定的其他义务。

第十四条 评估专业人员不得有下列行为：

（一）私自接受委托从事业务、收取费用；

（二）同时在两个以上评估机构从事业务；

（三）采用欺骗、利诱、胁迫，或者贬损、诋毁其他评估专业人员等不正当手段招揽业务；

（四）允许他人以本人名义从事业务，或者冒用他人名义从事业务；

（五）签署本人未承办业务的评估报告；

（六）索要、收受或者变相索要、收受合同约定以外的酬金、财物，或者谋取其他不正当利益；

（七）签署虚假评估报告或者有重大遗漏的评估报告；

（八）违反法律、行政法规的其他行为。

第三章 评估机构

第十五条 评估机构应当依法采用合伙或者公司形式，聘用评估专业人员开展评估业务。

合伙形式的评估机构，应当有两名以上评估师；其合伙人三分之二以上应当是具有三年以上从业经历且最近三年内未受停止从业处罚的评估师。

公司形式的评估机构，应当有八名以上评估师和两名以上股东，其中三分之二以上股东应当是具有三年以上从业经历且最近三年内未受停止从业处罚的评估师。

评估机构的合伙人或者股东为两名的，两名合伙人或者股东都应当是具有三年以上从业经历且最近三年内未受停止从业处罚的评估师。

第十六条 设立评估机构，应当向工商行政管理部门申请办理登记。评估机构应当自领取营业执照之日起三十日内向有关评估行政管理部门备案。评估行政管理部门应当及时将评估机构备案情况向社会公告。

第十七条 评估机构应当依法独立、客观、公正开展业务，建立健全质量控制制度，保证评估报告的客观、真实、合理。

评估机构应当建立健全内部管理制度，对本机构的评估专业人员遵守法律、行政法规和评估准则的情况进行监督，并对其从业行为负责。

评估机构应当依法接受监督检查，如实提供评估档案以及相关情况。

第十八条 委托人拒绝提供或者不如实提供执行评估业务所需的权属证明、财务会计信息和其他资料的，评估机构有权依法拒绝其履行合同的要求。

第十九条 委托人要求出具虚假评估报告或者有其他非法干预评估结果情形的，评估机构有权解除合同。

第二十条 评估机构不得有下列行为：

（一）利用开展业务之便，谋取不正当利益；

（二）允许其他机构以本机构名义开展业务，或者冒用其他机构名义开展业务；

（三）以恶性压价、支付回扣、虚假宣传，或者贬损、诋毁其他评估机构等不正当手段招揽业务；

（四）受理与自身有利害关系的业务；

（五）分别接受利益冲突双方的委托，对同一评估对象进行评估；

（六）出具虚假评估报告或者有重大遗漏的评估报告；

（七）聘用或者指定不符合本法规定的人员从事评估业务；

（八）违反法律、行政法规的其他行为。

第二十一条 评估机构根据业务需要建立职业风险基金，或者自愿办理职业责任保险，完善风险防范机制。

第四章　评估程序

第二十二条 委托人有权自主选择符合本法规定的评估机构，任何组织或者个人不得非法限制或者干预。

评估事项涉及两个以上当事人的，由全体当事人协商委托评估机构。

委托开展法定评估业务，应当依法选择评估机构。

第二十三条 委托人应当与评估机构订立委托合同，约定双方的权利和义务。

委托人应当按照合同约定向评估机构支付费用，不得索要、收受或者变相索要、收受回扣。

委托人应当对其提供的权属证明、财务会计信息和其他资料的真实性、完整性和合法性负责。

第二十四条 对受理的评估业务，评估机构应当指定至少两名评估专业人员承办。

委托人有权要求与相关当事人及评估对象有利害关系的评估专业人员回避。

第二十五条 评估专业人员应当根据评估业务具体情况，对评估对象进行现场调查，收集权属证明、财务会计信息和其他资料并进行核查验证、分析整理，作为评估的依据。

第二十六条 评估专业人员应当恰当选择评估方法，除依据评估执业准则只能选择一种评估方法的外，应当选择两种以上评估方法，经综合分析，形成评估结论，编制评估报告。

评估机构应当对评估报告进行内部审核。

第二十七条 评估报告应当由至少两名承办该项业务的评估专业人员签名并加盖评估机构印章。

评估机构及其评估专业人员对其出具的评估报告依法承担责任。

委托人不得串通、唆使评估机构或者评估专业人员出具虚假评估报告。

第二十八条 评估机构开展法定评估业务，应当指定至少两名相应专业类别的评估师承办，评估报告应当由至少两名承办该项业务的评估师签名并加盖评估机构印章。

第二十九条 评估档案的保存期限不少于十五年，属于法定评估业务的，保存期限不少于三十年。

第三十条 委托人对评估报告有异议的，可以要求评估机构解释。

第三十一条 委托人认为评估机构或者评估专业人员违法开展业务的，可以向有关评估行政管理部门或者行业协会投诉、举报，有关评估行政管理部门或者行业协会应当及时调查处理，并答复委托人。

第三十二条 委托人或者评估报告使用人应当按照法律规定和评估报告载明的使用范围使用评估报告。

委托人或者评估报告使用人违反前款规定使用评估报告的，评估机构和评估专业人员不承担责任。

第五章 行业协会

第三十三条 评估行业协会是评估机构和评估专业人员的自律性组织，依照法律、行政法规和章程实行自律管理。

评估行业按照专业领域设立全国性评估行业协会，根据需要设立地方性评估行业协会。

第三十四条 评估行业协会的章程由会员代表大会制定，报登记管理机关核准，并报有关评估行政管理部门备案。

第三十五条 评估机构、评估专业人员加入有关评估行业协会，平等享有章程规定的权利，履行章程规定的义务。有关评估行业协会公布加入本协会的评估机构、评估专业人员名单。

第三十六条 评估行业协会履行下列职责：

（一）制定会员自律管理办法，对会员实行自律管理；

（二）依据评估基本准则制定评估执业准则和职业道德准则；

（三）组织开展会员继续教育；

（四）建立会员信用档案，将会员遵守法律、行政法规和评估准则的情况记入信用档案，并向社会公开；

（五）检查会员建立风险防范机制的情况；

（六）受理对会员的投诉、举报，受理会员的申诉，调解会员执业纠纷；

（七）规范会员从业行为，定期对会员出具的评估报告进行检查，按照章程规定对会员给予奖惩，并将奖惩情况及时报告有关评估行政管理部门；

（八）保障会员依法开展业务，维护会员合法权益；

（九）法律、行政法规和章程规定的其他职责。

第三十七条 有关评估行业协会应当建立沟通协作和信息共享机制，根据需要制定共同的行为规范，促进评估行业健康有序发展。

第三十八条 评估行业协会收取会员会费的标准，由会员代表大会通过，并向社会公开。不得以会员交纳会费数额作为其在行业协会中担任职务的条件。

会费的收取、使用接受会员代表大会和有关部门的监督，任何组织或者个人不得侵占、私分和挪用。

第六章 监督管理

第三十九条 国务院有关评估行政管理部门组织制定评估基本准则和评估行

业监督管理办法。

第四十条 设区的市级以上人民政府有关评估行政管理部门依据各自职责，负责监督管理评估行业，对评估机构和评估专业人员的违法行为依法实施行政处罚，将处罚情况及时通报有关评估行业协会，并依法向社会公开。

第四十一条 评估行政管理部门对有关评估行业协会实施监督检查，对检查发现的问题和针对协会的投诉、举报，应当及时调查处理。

第四十二条 评估行政管理部门不得违反本法规定，对评估机构依法开展业务进行限制。

第四十三条 评估行政管理部门不得与评估行业协会、评估机构存在人员或者资金关联，不得利用职权为评估机构招揽业务。

第七章　法律责任

第四十四条 评估专业人员违反本法规定，有下列情形之一的，由有关评估行政管理部门予以警告，可以责令停止从业六个月以上一年以下；有违法所得的，没收违法所得；情节严重的，责令停止从业一年以上五年以下；构成犯罪的，依法追究刑事责任：

（一）私自接受委托从事业务、收取费用的；

（二）同时在两个以上评估机构从事业务的；

（三）采用欺骗、利诱、胁迫，或者贬损、诋毁其他评估专业人员等不正当手段招揽业务的；

（四）允许他人以本人名义从事业务，或者冒用他人名义从事业务的；

（五）签署本人未承办业务的评估报告或者有重大遗漏的评估报告的；

（六）索要、收受或者变相索要、收受合同约定以外的酬金、财物，或者谋取其他不正当利益的。

第四十五条 评估专业人员违反本法规定，签署虚假评估报告的，由有关评估行政管理部门责令停止从业两年以上五年以下；有违法所得的，没收违法所得；情节严重的，责令停止从业五年以上十年以下；构成犯罪的，依法追究刑事责任，终身不得从事评估业务。

第四十六条 违反本法规定，未经工商登记以评估机构名义从事评估业务的，由工商行政管理部门责令停止违法活动；有违法所得的，没收违法所得，并处违法所得一倍以上五倍以下罚款。

第四十七条 评估机构违反本法规定，有下列情形之一的，由有关评估行政管理部门予以警告，可以责令停业一个月以上六个月以下；有违法所得的，没收违法所得，并处违法所得一倍以上五倍以下罚款；情节严重的，由工商行政管理部门吊销营业执照；构成犯罪的，依法追究刑事责任：

（一）利用开展业务之便，谋取不正当利益的；

（二）允许其他机构以本机构名义开展业务，或者冒用其他机构名义开展业务的；

（三）以恶性压价、支付回扣、虚假宣传，或者贬损、诋毁其他评估机构等不正当手段招揽业务的；

（四）受理与自身有利害关系的业务的；

（五）分别接受利益冲突双方的委托，对同一评估对象进行评估的；

（六）出具有重大遗漏的评估报告的；

（七）未按本法规定的期限保存评估档案的；

（八）聘用或者指定不符合本法规定的人员从事评估业务的；

（九）对本机构的评估专业人员疏于管理，造成不良后果的。

评估机构未按本法规定备案或者不符合本法第十五条规定的条件的，由有关评估行政管理部门责令改正；拒不改正的，责令停业，可以并处一万元以上五万元以下罚款。

第四十八条 评估机构违反本法规定，出具虚假评估报告的，由有关评估行政管理部门责令停业六个月以上一年以下；有违法所得的，没收违法所得，并处违法所得一倍以上五倍以下罚款；情节严重的，由工商行政管理部门吊销营业执照；构成犯罪的，依法追究刑事责任。

第四十九条 评估机构、评估专业人员在一年内累计三次因违反本法规定受到责令停业、责令停止从业以外处罚的，有关评估行政管理部门可以责令其停业或者停止从业一年以上五年以下。

第五十条 评估专业人员违反本法规定，给委托人或者其他相关当事人造成损失的，由其所在的评估机构依法承担赔偿责任。评估机构履行赔偿责任后，可以向有故意或者重大过失行为的评估专业人员追偿。

第五十一条 违反本法规定，应当委托评估机构进行法定评估而未委托的，由有关部门责令改正；拒不改正的，处十万元以上五十万元以下罚款；情节严重的，对直接负责的主管人员和其他直接责任人员依法给予处分；造成损失的，依法承担赔偿责任；构成犯罪的，依法追究刑事责任。

第五十二条 违反本法规定，委托人在法定评估中有下列情形之一的，由有关评估行政管理部门会同有关部门责令改正；拒不改正的，处十万元以上五十万元以下罚款；有违法所得的，没收违法所得；情节严重的，对直接负责的主管人员和其他直接责任人员依法给予处分；造成损失的，依法承担赔偿责任；构成犯罪的，依法追究刑事责任：

（一）未依法选择评估机构的；

（二）索要、收受或者变相索要、收受回扣的；

（三）串通、唆使评估机构或者评估师出具虚假评估报告的；

（四）不如实向评估机构提供权属证明、财务会计信息和其他资料的；

（五）未按照法律规定和评估报告载明的使用范围使用评估报告的。

前款规定以外的委托人违反本法规定，给他人造成损失的，依法承担赔偿责任。

第五十三条 评估行业协会违反本法规定的，由有关评估行政管理部门给予警告，责令改正；拒不改正的，可以通报登记管理机关，由其依法给予处罚。

第五十四条 有关行政管理部门、评估行业协会工作人员违反本法规定，滥用职权、玩忽职守或者徇私舞弊的，依法给予处分；构成犯罪的，依法追究刑事责任。

第八章 附 则

第五十五条 本法自 2016 年 12 月 1 日起施行。

附录15 《中华人民共和国注册会计师法》

（1993 年 10 月 31 日第八届全国人民代表大会常务委员会第四次会议通过 根据 2014 年 8 月 31 日第十二届全国人民代表大会常务委员会第十次会议《关于修改〈中华人民共和国保险法〉等五部法律的决定》修正）

第一章 总 则

第一条 为了发挥注册会计师在社会经济活动中的鉴证和服务作用，加强对注册会计师的管理，维护社会公共利益和投资者的合法权益，促进社会主义市场经济的健康发展，制定本法。

第二条 注册会计师是依法取得注册会计师证书并接受委托从事审计和会计咨询、会计服务业务的执业人员。

第三条 会计师事务所是依法设立并承办注册会计师业务的机构。

注册会计师执行业务，应当加入会计师事务所。

第四条 注册会计师协会是由注册会计师组成的社会团体。中国注册会计师协会是注册会计师的全国组织，省、自治区、直辖市注册会计师协会是注册会计师的地方组织。

第五条 国务院财政部门和省、自治区、直辖市人民政府财政部门，依法对注册会计师、会计师事务所和注册会计师协会进行监督、指导。

第六条 注册会计师和会计师事务所执行业务，必须遵守法律、行政法规。

注册会计师和会计师事务所依法独立、公正执行业务，受法律保护。

第二章　考试和注册

第七条 国家实行注册会计师全国统一考试制度。注册会计师全国统一考试办法，由国务院财政部门制定，由中国注册会计师协会组织实施。

第八条 具有高等专科以上学校毕业的学历、或者具有会计或者相关专业中级以上技术职称的中国公民，可以申请参加注册会计师全国统一考试；具有会计或者相关专业高级技术职称的人员，可以免予部分科目的考试。

第九条 参加注册会计师全国统一考试成绩合格，并从事审计业务工作二年以上的，可以向省、自治区、直辖市注册会计师协会申请注册。

除有本法第十条所列情形外，受理申请的注册会计师协会应当准予注册。

第十条 有下列情形之一的，受理申请的注册会计师协会不予注册：

（一）不具有完全民事行为能力的；

（二）因受刑事处罚，自刑罚执行完毕之日起至申请注册之日止不满五年的；

（三）因在财务、会计、审计、企业管理或者其他经济管理工作中犯有严重错误受行政处罚，撤职以上处分，自处罚、处分决定之日起至申请注册之日止不满二年的；

（四）受吊销注册会计师证书的处罚，自处罚决定之日起至申请注册之日止不满五年的；

（五）国务院财政部门规定的其他不予注册的情形的。

第十一条 注册会计师协会应当将准予注册的人员名单报国务院财政部门备案。国务院财政部门发现注册会计师协会的注册不符合本法规定的，应当通知有关的注册会计师协会撤销注册。

注册会计师协会依照本法第十条的规定不予注册的，应当自决定之日起十五日内书面通知申请人。申请人有异议的，可以自收到通知之日起十五日内向国务院财政部门或者省、自治区、直辖市人民政府财政部门申请复议。

第十二条 准予注册的申请人，由注册会计师协会发给国务院财政部门统一制定的注册会计师证书。

第十三条 已取得注册会计师证书的人员，除本法第十一条第一款规定的情形外，注册后有下列情形之一的，由准予注册的注册会计师协会撤销注册，收回注册会计师证书：

（一）完全丧失民事行为能力的；

（二）受刑事处罚的；

（三）因在财务、会计、审计、企业管理或者其他经济管理工作中犯有严重错误受行政处罚、撤职以上处分的；

（四）自行停止执行注册会计师业务满一年的。

被撤销注册的当事人有异议的，可以自接到撤销注册、收回注册会计师证书的通知之日起十五日内向国务院财政部门或者省、自治区、直辖市人民政府财政部门申请复议。

依照第一款规定被撤销注册的人员可以重新申请注册，但必须符合本法第九条、第十条的规定。

第三章 业务范围和规则

第十四条 注册会计师承办下列审计业务：

（一）审查企业会计报表，出具审计报告；

（二）验证企业资本，出具验资报告；

（三）办理企业合并、分立、清算事宜中的审计业务，出具有关的报告；

（四）法律、行政法规规定的其他审计业务。

注册会计师依法执行审计业务出具的报告，具有证明效力。

第十五条 注册会计师可以承办会计咨询、会计服务业务。

第十六条 注册会计师承办业务，由其所在的会计师事务所统一受理并与委托人签订委托合同。

会计师事务所对本所注册会计师依照前款规定承办的业务，承担民事责任。

第十七条 注册会计师执行业务，可以根据需要查阅委托人的有关会计资料和文件，查看委托人的业务现场和设施，要求委托人提供其他必要的协助。

第十八条 注册会计师与委托人有利害关系的，应当回避；委托人有权要求其回避。

第十九条 注册会计师对在执行业务中知悉的商业秘密，负有保密义务。

第二十条 注册会计师执行审计业务，遇有下列情形之一的，应当拒绝出具有关报告：

（一）委托人示意其作不实或者不当证明的；

（二）委托人故意不提供有关会计资料和文件的；

（三）因委托人有其他不合理要求，致使注册会计师出具的报告不能对财务会计的重要事项作出正确表述的。

第二十一条 注册会计师执行审计业务，必须按照执业准则、规则确定的工作程序出具报告。

注册会计师执行审计业务出具报告时，不得有下列行为：

（一）明知委托人对重要事项的财务会计处理与国家有关规定相抵触，而不予指明；

（二）明知委托人的财务会计处理会直接损害报告使用人或者其他利害关系人的利益，而予以隐瞒或者作不实的报告；

（三）明知委托人的财务会计处理会导致报告使用人或者其他利害关系人产生重大误解，而不予指明；

（四）明知委托人的会计报表的重要事项有其他不实的内容，而不予指明。

对委托人有前款所列行为，注册会计师按照执业准则、规则应当知道的，适用前款规定。

第二十二条 注册会计师不得有下列行为：

（一）在执行审计业务期间，在法律、行政法规规定不得买卖被审计单位的股票、债券或者不得购买被审计单位或者个人的其他财产的期限内，买卖被审计单位的股票、债券或者购买被审计单位或者个人所拥有的其他财产；

（二）索取、收受委托合同约定以外的酬金或者其他财物，或者利用执行业务之便，谋取其他不正当的利益；

（三）接受委托催收债款；

（四）允许他人以本人名义执行业务；

（五）同时在两个或者两个以上的会计师事务所执行业务；

（六）对其能力进行广告宣传以招揽业务；

（七）违反法律、行政法规的其他行为。

第四章 会计师事务所

第二十三条 会计师事务所可以由注册会计师合伙设立。

合伙设立的会计师事务所的债务，由合伙人按照出资比例或者协议的约定，以各自的财产承担责任。合伙人对会计师事务所的债务承担连带责任。

第二十四条 会计师事务所符合下列条件的，可以是负有限责任的法人：

（一）不少于三十万元的注册资本；

（二）有一定数量的专职从业人员，其中至少有五名注册会计师；

（三）国务院财政部门规定的业务范围和其他条件。

负有限责任的会计师事务所以其全部资产对其债务承担责任。

第二十五条 设立会计师事务所，由省、自治区、直辖市人民政府财政部门批准。

申请设立会计师事务所，申请者应当向审批机关报送下列文件：

（一）申请书；

（二）会计师事务所的名称、组织机构和业务场所；

（三）会计师事务所章程，有合伙协议的并应报送合伙协议；

（四）注册会计师名单、简历及有关证明文件；

（五）会计师事务所主要负责人、合伙人的姓名、简历及有关证明文件；

（六）负有限责任的会计师事务所的出资证明；

（七）审批机关要求的其他文件。

第二十六条 审批机关应当自收到申请文件之日起三十日内决定批准或者不批准。

省、自治区、直辖市人民政府财政部门批准的会计师事务所，应当报国务院财政部门备案。国务院财政部门发现批准不当的，应当自收到备案报告之日起三十日内通知原审批机关重新审查。

第二十七条 会计师事务所设立分支机构，须经分支机构所在地的省、自治区、直辖市人民政府财政部门批准。

第二十八条 会计师事务所依法纳税。

会计师事务所按照国务院财政部门的规定建立职业风险基金，办理职业保险。

第二十九条 会计师事务所受理业务，不受行政区域、行业的限制；但是，法律、行政法规另有规定的除外。

第三十条 委托人委托会计师事务所办理业务，任何单位和个人不得干预。

第三十一条 本法第十八条至第二十一条的规定，适用于会计师事务所。

第三十二条 会计师事务所不得有本法第二十二条第（一）项至第（四）项、第（六）项、第（七）项所列的行为。

第五章 注册会计师协会

第三十三条 注册会计师应当加入注册会计师协会。

第三十四条 中国注册会计师协会的章程由全国会员代表大会制定，并报国务院财政部门备案；省、自治区、直辖市注册会计师协会的章程由省、自治区、直辖市会员代表大会制定，并报省、自治区、直辖市人民政府财政部门备案。

第三十五条 中国注册会计师协会依法拟订注册会计师执业准则、规则，报国务院财政部门批准后施行。

第三十六条 注册会计师协会应当支持注册会计师依法执行业务，维护其合法权益，向有关方面反映其意见和建议。

第三十七条 注册会计师协会应当对注册会计师的任职资格和执业情况进行年度检查。

第三十八条 注册会计师协会依法取得社会团体法人资格。

第六章 法律责任

第三十九条 会计师事务所违反本法第二十条、第二十一条规定的，由省级以上人民政府财政部门给予警告，没收违法所得，可以并处违法所得一倍以上五倍以下的罚款；情节严重的，并可以由省级以上人民政府财政部门暂停其经营业务或者予以撤销。

注册会计师违反本法第二十条、第二十一条规定的，由省级以上人民政府财政部门给予警告；情节严重的，可以由省级以上人民政府财政部门暂停其执行业务或者吊销注册会计师证书。

会计师事务所、注册会计师违反本法第二十条、第二十一条的规定，故意出具虚假的审计报告、验资报告，构成犯罪的，依法追究刑事责任。

第四十条 对未经批准承办本法第十四条规定的注册会计师业务的单位，由省级以上人民政府财政部门责令其停止违法活动，没收违法所得，可以并处违法所得一倍以上五倍以下的罚款。

第四十一条 当事人对行政处罚决定不服的，可以在接到处罚通知之日起十五日内向作出处罚决定的机关的上一级机关申请复议；当事人也可以在接到处罚决定通知之日起十五日内直接向人民法院起诉。

复议机关应当在接到复议申请之日起六十日内作出复议决定。当事人对复议决定不服的，可以在接到复议决定之日起十五日内向人民法院起诉。复议机关逾期不作出复议决定的，当事人可以在复议期满之日起十五日内向人民法院起诉。

当事人逾期不申请复议，也不向人民法院起诉，又不履行处罚决定的，作出处罚决定的机关可以申请人民法院强制执行。

第四十二条 会计师事务所违反本法规定，给委托人、其他利害关系人造成损失的，应当依法承担赔偿责任。

第七章 附 则

第四十三条 在审计事务所工作的注册审计师，经认定为具有注册会计师资格的，可以执行本法规定的业务，其资格认定和对其监督、指导、管理的办法由国务院另行规定。

第四十四条 外国人申请参加中国注册会计师全国统一考试和注册，按照互惠原则办理。

外国会计师事务所需要在中国境内临时办理有关业务的，须经有关的省、自治区、直辖市人民政府财政部门批准。

第四十五条 国务院可以根据本法制定实施条例。

第四十六条 本法自1994年1月1日起施行。1986年7月3日国务院发布的《中华人民共和国注册会计师条例》同时废止。

附录16 《中华人民共和国证券法》

（1998年12月29日，经第九届全国人民代表大会常务委员会第六次会议通过，自1999年7月1日起施行。2005年10月27日第十届全国人民代表大会常务委员会第十八次会议第一次修订，自 2006 年 1 月 1 日起施行。2019 年 12 月 28 日第十三届全国人民代表大会常务委员会第十五次会议第二次修订，自 2020 年 3 月 1 日起施行。）

第一章　总　则

第一条　为了规范证券发行和交易行为，保护投资者的合法权益，维护社会经济秩序和社会公共利益，促进社会主义市场经济的发展，制定本法。

第二条　在中华人民共和国境内，股票、公司债券、存托凭证和国务院依法认定的其他证券的发行和交易，适用本法；本法未规定的，适用《中华人民共和国公司法》和其他法律、行政法规的规定。

政府债券、证券投资基金份额的上市交易，适用本法；其他法律、行政法规另有规定的，适用其规定。

资产支持证券、资产管理产品发行、交易的管理办法，由国务院依照本法的原则规定。

在中华人民共和国境外的证券发行和交易活动，扰乱中华人民共和国境内市场秩序，损害境内投资者合法权益的，依照本法有关规定处理并追究法律责任。

第三条　证券的发行、交易活动，必须遵循公开、公平、公正的原则。

第四条　证券发行、交易活动的当事人具有平等的法律地位，应当遵守自愿、有偿、诚实信用的原则。

第五条　证券的发行、交易活动，必须遵守法律、行政法规；禁止欺诈、内幕交易和操纵证券市场的行为。

第六条　证券业和银行业、信托业、保险业实行分业经营、分业管理，证券公司与银行、信托、保险业务机构分别设立。国家另有规定的除外。

第七条　国务院证券监督管理机构依法对全国证券市场实行集中统一监督管理。

国务院证券监督管理机构根据需要可以设立派出机构，按照授权履行监督管理职责。

第八条　国家审计机关依法对证券交易场所、证券公司、证券登记结算机构、证券监督管理机构进行审计监督。

第二章　证券发行

第九条　公开发行证券，必须符合法律、行政法规规定的条件，并依法报经国务院证券监督管理机构或者国务院授权的部门注册。未经依法注册，任何单位和个人不得公开发行证券。证券发行注册制的具体范围、实施步骤，由国务院规定。

有下列情形之一的，为公开发行：

（一）向不特定对象发行证券；

（二）向特定对象发行证券累计超过二百人，但依法实施员工持股计划的员工人数不计算在内；

（三）法律、行政法规规定的其他发行行为。

非公开发行证券，不得采用广告、公开劝诱和变相公开方式。

第十条 发行人申请公开发行股票、可转换为股票的公司债券，依法采取承销方式的，或者公开发行法律、行政法规规定实行保荐制度的其他证券的，应当聘请证券公司担任保荐人。

保荐人应当遵守业务规则和行业规范，诚实守信，勤勉尽责，对发行人的申请文件和信息披露资料进行审慎核查，督导发行人规范运作。

保荐人的管理办法由国务院证券监督管理机构规定。

第十一条 设立股份有限公司公开发行股票，应当符合《中华人民共和国公司法》规定的条件和经国务院批准的国务院证券监督管理机构规定的其他条件，向国务院证券监督管理机构报送募股申请和下列文件：

（一）公司章程；

（二）发起人协议；

（三）发起人姓名或者名称，发起人认购的股份数、出资种类及验资证明；

（四）招股说明书；

（五）代收股款银行的名称及地址；

（六）承销机构名称及有关的协议。

依照本法规定聘请保荐人的，还应当报送保荐人出具的发行保荐书。

法律、行政法规规定设立公司必须报经批准的，还应当提交相应的批准文件。

第十二条 公司首次公开发行新股，应当符合下列条件：

（一）具备健全且运行良好的组织机构；

（二）具有持续经营能力；

（三）最近三年财务会计报告被出具无保留意见审计报告；

（四）发行人及其控股股东、实际控制人最近三年不存在贪污、贿赂、侵占财产、挪用财产或者破坏社会主义市场经济秩序的刑事犯罪；

（五）经国务院批准的国务院证券监督管理机构规定的其他条件。

上市公司发行新股，应当符合经国务院批准的国务院证券监督管理机构规定的条件，具体管理办法由国务院证券监督管理机构规定。

公开发行存托凭证的，应当符合首次公开发行新股的条件以及国务院证券监督管理机构规定的其他条件。

第十三条 公司公开发行新股，应当报送募股申请和下列文件：

（一）公司营业执照；

（二）公司章程；

（三）股东大会决议；

（四）招股说明书或者其他公开发行募集文件；

（五）财务会计报告；

（六）代收股款银行的名称及地址。

依照本法规定聘请保荐人的，还应当报送保荐人出具的发行保荐书。依照本法规定实行承销的，还应当报送承销机构名称及有关的协议。

第十四条 公司对公开发行股票所募集资金，必须按照招股说明书或者其他公开发行募集文件所列资金用途使用；改变资金用途，必须经股东大会作出决议。擅自改变用途，未作纠正的，或者未经股东大会认可的，不得公开发行新股。

第十五条 公开发行公司债券，应当符合下列条件：

（一）具备健全且运行良好的组织机构；

（二）最近三年平均可分配利润足以支付公司债券一年的利息；

（三）国务院规定的其他条件。

公开发行公司债券筹集的资金，必须按照公司债券募集办法所列资金用途使用；改变资金用途，必须经债券持有人会议作出决议。公开发行公司债券筹集的资金，不得用于弥补亏损和非生产性支出。

上市公司发行可转换为股票的公司债券，除应当符合第一款规定的条件外，还应当遵守本法第十二条第二款的规定。但是，按照公司债券募集办法，上市公司通过收购本公司股份的方式进行公司债券转换的除外。

第十六条 申请公开发行公司债券，应当向国务院授权的部门或者国务院证券监督管理机构报送下列文件：

（一）公司营业执照；

（二）公司章程；

（三）公司债券募集办法；

（四）国务院授权的部门或者国务院证券监督管理机构规定的其他文件。

依照本法规定聘请保荐人的，还应当报送保荐人出具的发行保荐书。

第十七条　有下列情形之一的，不得再次公开发行公司债券：

（一）对已公开发行的公司债券或者其他债务有违约或者延迟支付本息的事实，仍处于继续状态；

（二）违反本法规定，改变公开发行公司债券所募资金的用途。

第十八条　发行人依法申请公开发行证券所报送的申请文件的格式、报送方式，由依法负责注册的机构或者部门规定。

第十九条　发行人报送的证券发行申请文件，应当充分披露投资者作出价值判断和投资决策所必需的信息，内容应当真实、准确、完整。

为证券发行出具有关文件的证券服务机构和人员，必须严格履行法定职责，保证所出具文件的真实性、准确性和完整性。

第二十条　发行人申请首次公开发行股票的，在提交申请文件后，应当按照国务院证券监督管理机构的规定预先披露有关申请文件。

第二十一条　国务院证券监督管理机构或者国务院授权的部门依照法定条件负责证券发行申请的注册。证券公开发行注册的具体办法由国务院规定。

按照国务院的规定，证券交易所等可以审核公开发行证券申请，判断发行人是否符合发行条件、信息披露要求，督促发行人完善信息披露内容。

依照前两款规定参与证券发行申请注册的人员，不得与发行申请人有利害关系，不得直接或者间接接受发行申请人的馈赠，不得持有所注册的发行申请的证券，不得私下与发行申请人进行接触。

第二十二条　国务院证券监督管理机构或者国务院授权的部门应当自受理证券发行申请文件之日起三个月内，依照法定条件和法定程序作出予以注册或者不予注册的决定，发行人根据要求补充、修改发行申请文件的时间不计算在内。不予注册的，应当说明理由。

第二十三条　证券发行申请经注册后，发行人应当依照法律、行政法规的规定，在证券公开发行前公告公开发行募集文件，并将该文件置备于指定场所供公众查阅。

发行证券的信息依法公开前，任何知情人不得公开或者泄露该信息。

发行人不得在公告公开发行募集文件前发行证券。

第二十四条　国务院证券监督管理机构或者国务院授权的部门对已作出的证

券发行注册的决定，发现不符合法定条件或者法定程序，尚未发行证券的，应当予以撤销，停止发行。已经发行尚未上市的，撤销发行注册决定，发行人应当按照发行价并加算银行同期存款利息返还证券持有人；发行人的控股股东、实际控制人以及保荐人，应当与发行人承担连带责任，但是能够证明自己没有过错的除外。

股票的发行人在招股说明书等证券发行文件中隐瞒重要事实或者编造重大虚假内容，已经发行并上市的，国务院证券监督管理机构可以责令发行人回购证券，或者责令负有责任的控股股东、实际控制人买回证券。

第二十五条 股票依法发行后，发行人经营与收益的变化，由发行人自行负责；由此变化引致的投资风险，由投资者自行负责。

第二十六条 发行人向不特定对象发行的证券，法律、行政法规规定应当由证券公司承销的，发行人应当同证券公司签订承销协议。证券承销业务采取代销或者包销方式。

证券代销是指证券公司代发行人发售证券，在承销期结束时，将未售出的证券全部退还给发行人的承销方式。

证券包销是指证券公司将发行人的证券按照协议全部购入或者在承销期结束时将售后剩余证券全部自行购入的承销方式。

第二十七条 公开发行证券的发行人有权依法自主选择承销的证券公司。

第二十八条 证券公司承销证券，应当同发行人签订代销或者包销协议，载明下列事项：

（一）当事人的名称、住所及法定代表人姓名；

（二）代销、包销证券的种类、数量、金额及发行价格；

（三）代销、包销的期限及起止日期；

（四）代销、包销的付款方式及日期；

（五）代销、包销的费用和结算办法；

（六）违约责任；

（七）国务院证券监督管理机构规定的其他事项。

第二十九条 证券公司承销证券，应当对公开发行募集文件的真实性、准确性、完整性进行核查。发现有虚假记载、误导性陈述或者重大遗漏的，不得进行销售活动；已经销售的，必须立即停止销售活动，并采取纠正措施。

证券公司承销证券，不得有下列行为：

（一）进行虚假的或者误导投资者的广告宣传或者其他宣传推介活动；

（二）以不正当竞争手段招揽承销业务；

（三）其他违反证券承销业务规定的行为。

证券公司有前款所列行为，给其他证券承销机构或者投资者造成损失的，应当依法承担赔偿责任。

第三十条 向不特定对象发行证券聘请承销团承销的，承销团应当由主承销和参与承销的证券公司组成。

第三十一条 证券的代销、包销期限最长不得超过九十日。

证券公司在代销、包销期内，对所代销、包销的证券应当保证先行出售给认购人，证券公司不得为本公司预留所代销的证券和预先购入并留存所包销的证券。

第三十二条 股票发行采取溢价发行的，其发行价格由发行人与承销的证券公司协商确定。

第三十三条 股票发行采用代销方式，代销期限届满，向投资者出售的股票数量未达到拟公开发行股票数量百分之七十的，为发行失败。发行人应当按照发行价并加算银行同期存款利息返还股票认购人。

第三十四条 公开发行股票，代销、包销期限届满，发行人应当在规定的期限内将股票发行情况报国务院证券监督管理机构备案。

第三章 证券交易

第一节 一般规定

第三十五条 证券交易当事人依法买卖的证券，必须是依法发行并交付的证券。

非依法发行的证券，不得买卖。

第三十六条 依法发行的证券，《中华人民共和国公司法》和其他法律对其转让期限有限制性规定的，在限定的期限内不得转让。

上市公司持有百分之五以上股份的股东、实际控制人、董事、监事、高级管理人员，以及其他持有发行人首次公开发行前发行的股份或者上市公司向特定对象发行的股份的股东，转让其持有的本公司股份的，不得违反法律、行政法规和国务院证券监督管理机构关于持有期限、卖出时间、卖出数量、卖出方式、信息披露等规定，并应当遵守证券交易所的业务规则。

第三十七条 公开发行的证券，应当在依法设立的证券交易所上市交易或者在国务院批准的其他全国性证券交易场所交易。

非公开发行的证券，可以在证券交易所、国务院批准的其他全国性证券交易场所、按照国务院规定设立的区域性股权市场转让。

第三十八条 证券在证券交易所上市交易，应当采用公开的集中交易方式或者国务院证券监督管理机构批准的其他方式。

第三十九条 证券交易当事人买卖的证券可以采用纸面形式或者国务院证券监督管理机构规定的其他形式。

第四十条 证券交易场所、证券公司和证券登记结算机构的从业人员，证券监督管理机构的工作人员以及法律、行政法规规定禁止参与股票交易的其他人员，在任期或者法定限期内，不得直接或者以化名、借他人名义持有、买卖股票或者其他具有股权性质的证券，也不得收受他人赠送的股票或者其他具有股权性质的证券。

任何人在成为前款所列人员时，其原已持有的股票或者其他具有股权性质的证券，必须依法转让。

实施股权激励计划或者员工持股计划的证券公司的从业人员，可以按照国务院证券监督管理机构的规定持有、卖出本公司股票或者其他具有股权性质的证券。

第四十一条 证券交易场所、证券公司、证券登记结算机构、证券服务机构及其工作人员应当依法为投资者的信息保密，不得非法买卖、提供或者公开投资者的信息。

证券交易场所、证券公司、证券登记结算机构、证券服务机构及其工作人员不得泄露所知悉的商业秘密。

第四十二条 为证券发行出具审计报告或者法律意见书等文件的证券服务机构和人员，在该证券承销期内和期满后六个月内，不得买卖该证券。

除前款规定外，为发行人及其控股股东、实际控制人，或者收购人、重大资产交易方出具审计报告或者法律意见书等文件的证券服务机构和人员，自接受委托之日起至上述文件公开后五日内，不得买卖该证券。实际开展上述有关工作之日早于接受委托之日的，自实际开展上述有关工作之日起至上述文件公开后五日内，不得买卖该证券。

第四十三条 证券交易的收费必须合理，并公开收费项目、收费标准和管理办法。

第四十四条 上市公司、股票在国务院批准的其他全国性证券交易场所交易的公司持有百分之五以上股份的股东、董事、监事、高级管理人员，将其持有的该公司的股票或者其他具有股权性质的证券在买入后六个月内卖出，或者在卖出后六个月内又买入，由此所得收益归该公司所有，公司董事会应当收回其所得收益。但是，证券公司因购入包销售后剩余股票而持有百分之五以上股份，以及有国务院证券监督管理机构规定的其他情形的除外。

前款所称董事、监事、高级管理人员、自然人股东持有的股票或者其他具有股权性质的证券，包括其配偶、父母、子女持有的及利用他人账户持有的股票或者其他具有股权性质的证券。

公司董事会不按照第一款规定执行的，股东有权要求董事会在三十日内执行。公司董事会未在上述期限内执行的，股东有权为了公司的利益以自己的名义直接向人民法院提起诉讼。

公司董事会不按照第一款的规定执行的，负有责任的董事依法承担连带责任。

第四十五条 通过计算机程序自动生成或者下达交易指令进行程序化交易的，应当符合国务院证券监督管理机构的规定，并向证券交易所报告，不得影响证券交易所系统安全或者正常交易秩序。

第二节 证券上市

第四十六条 申请证券上市交易，应当向证券交易所提出申请，由证券交易所依法审核同意，并由双方签订上市协议。

证券交易所根据国务院授权的部门的决定安排政府债券上市交易。

第四十七条 申请证券上市交易，应当符合证券交易所上市规则规定的上市条件。

证券交易所上市规则规定的上市条件，应当对发行人的经营年限、财务状况、最低公开发行比例和公司治理、诚信记录等提出要求。

第四十八条 上市交易的证券，有证券交易所规定的终止上市情形的，由证券交易所按照业务规则终止其上市交易。

证券交易所决定终止证券上市交易的，应当及时公告，并报国务院证券监督管理机构备案。

第四十九条 对证券交易所作出的不予上市交易、终止上市交易决定不服的，可以向证券交易所设立的复核机构申请复核。

第三节 禁止的交易行为

第五十条 禁止证券交易内幕信息的知情人和非法获取内幕信息的人利用内幕信息从事证券交易活动。

第五十一条 证券交易内幕信息的知情人包括：

（一）发行人及其董事、监事、高级管理人员；

（二）持有公司百分之五以上股份的股东及其董事、监事、高级管理人员，公司的实际控制人及其董事、监事、高级管理人员；

（三）发行人控股或者实际控制的公司及其董事、监事、高级管理人员；

（四）由于所任公司职务或者因与公司业务往来可以获取公司有关内幕信息的人员；

（五）上市公司收购人或者重大资产交易方及其控股股东、实际控制人、董事、监事和高级管理人员；

（六）因职务、工作可以获取内幕信息的证券交易场所、证券公司、证券登记结算机构、证券服务机构的有关人员；

（七）因职责、工作可以获取内幕信息的证券监督管理机构工作人员；

（八）因法定职责对证券的发行、交易或者对上市公司及其收购、重大资产交易进行管理可以获取内幕信息的有关主管部门、监管机构的工作人员；

（九）国务院证券监督管理机构规定的可以获取内幕信息的其他人员。

第五十二条 证券交易活动中，涉及发行人的经营、财务或者对该发行人证券的市场价格有重大影响的尚未公开的信息，为内幕信息。

本法第八十条第二款、第八十一条第二款所列重大事件属于内幕信息。

第五十三条 证券交易内幕信息的知情人和非法获取内幕信息的人，在内幕信息公开前，不得买卖该公司的证券，或者泄露该信息，或者建议他人买卖该证券。

持有或者通过协议、其他安排与他人共同持有公司百分之五以上股份的自然人、法人、非法人组织收购上市公司的股份，本法另有规定的，适用其规定。

内幕交易行为给投资者造成损失的，应当依法承担赔偿责任。

第五十四条 禁止证券交易场所、证券公司、证券登记结算机构、证券服务机构和其他金融机构的从业人员、有关监管部门或者行业协会的工作人员，利用因职务便利获取的内幕信息以外的其他未公开的信息，违反规定，从事与该信息相关的证券交易活动，或者明示、暗示他人从事相关交易活动。

利用未公开信息进行交易给投资者造成损失的，应当依法承担赔偿责任。

第五十五条 禁止任何人以下列手段操纵证券市场，影响或者意图影响证券交易价格或者证券交易量：

（一）单独或者通过合谋，集中资金优势、持股优势或者利用信息优势联合或者连续买卖；

（二）与他人串通，以事先约定的时间、价格和方式相互进行证券交易；

（三）在自己实际控制的账户之间进行证券交易；

（四）不以成交为目的，频繁或者大量申报并撤销申报；

（五）利用虚假或者不确定的重大信息，诱导投资者进行证券交易；

（六）对证券、发行人公开作出评价、预测或者投资建议，并进行反向证券交易；

（七）利用在其他相关市场的活动操纵证券市场；

（八）操纵证券市场的其他手段。

操纵证券市场行为给投资者造成损失的，应当依法承担赔偿责任。

第五十六条 禁止任何单位和个人编造、传播虚假信息或者误导性信息，扰乱证券市场。

禁止证券交易场所、证券公司、证券登记结算机构、证券服务机构及其从业人员，证券业协会、证券监督管理机构及其工作人员，在证券交易活动中作出虚假陈述或者信息误导。

各种传播媒介传播证券市场信息必须真实、客观，禁止误导。传播媒介及其从事证券市场信息报道的工作人员不得从事与其工作职责发生利益冲突的证券买卖。

编造、传播虚假信息或者误导性信息，扰乱证券市场，给投资者造成损失的，应当依法承担赔偿责任。

第五十七条 禁止证券公司及其从业人员从事下列损害客户利益的行为：

（一）违背客户的委托为其买卖证券；

（二）不在规定时间内向客户提供交易的确认文件；

（三）未经客户的委托，擅自为客户买卖证券，或者假借客户的名义买卖证券；

（四）为牟取佣金收入，诱使客户进行不必要的证券买卖；

（五）其他违背客户真实意思表示，损害客户利益的行为。

违反前款规定给客户造成损失的，应当依法承担赔偿责任。

第五十八条 任何单位和个人不得违反规定，出借自己的证券账户或者借用他人的证券账户从事证券交易。

第五十九条 依法拓宽资金入市渠道，禁止资金违规流入股市。

禁止投资者违规利用财政资金、银行信贷资金买卖证券。

第六十条 国有独资企业、国有独资公司、国有资本控股公司买卖上市交易的股票，必须遵守国家有关规定。

第六十一条 证券交易场所、证券公司、证券登记结算机构、证券服务机构及其从业人员对证券交易中发现的禁止的交易行为，应当及时向证券监督管理机构报告。

第四章 上市公司的收购

第六十二条 投资者可以采取要约收购、协议收购及其他合法方式收购上市公司。

第六十三条 通过证券交易所的证券交易，投资者持有或者通过协议、其他安排与他人共同持有一个上市公司已发行的有表决权股份达到百分之五时，应当在该事实发生之日起三日内，向国务院证券监督管理机构、证券交易所作出书面报告，通知该上市公司，并予公告，在上述期限内不得再行买卖该上市公司的股票，但国务院证券监督管理机构规定的情形除外。

投资者持有或者通过协议、其他安排与他人共同持有一个上市公司已发行的有表决权股份达到百分之五后，其所持该上市公司已发行的有表决权股份比例每增加或者减少百分之五，应当依照前款规定进行报告和公告，在该事实发生之日起至公告后三日内，不得再行买卖该上市公司的股票，但国务院证券监督管理机构规定的情形除外。

投资者持有或者通过协议、其他安排与他人共同持有一个上市公司已发行的有表决权股份达到百分之五后，其所持该上市公司已发行的有表决权股份比例每增加或者减少百分之一，应当在该事实发生的次日通知该上市公司，并予公告。

违反第一款、第二款规定买入上市公司有表决权的股份的，在买入后的三十六个月内，对该超过规定比例部分的股份不得行使表决权。

第六十四条 依照前条规定所作的公告，应当包括下列内容：

（一）持股人的名称、住所；

（二）持有的股票的名称、数额；

（三）持股达到法定比例或者持股增减变化达到法定比例的日期、增持股份的资金来源；

（四）在上市公司中拥有有表决权的股份变动的时间及方式。

第六十五条 通过证券交易所的证券交易，投资者持有或者通过协议、其他安排与他人共同持有一个上市公司已发行的有表决权股份达到百分之三十时，继续进行收购的，应当依法向该上市公司所有股东发出收购上市公司全部或者部分股份的要约。

收购上市公司部分股份的要约应当约定，被收购公司股东承诺出售的股份数额超过预定收购的股份数额的，收购人按比例进行收购。

第六十六条 依照前条规定发出收购要约，收购人必须公告上市公司收购报告书，并载明下列事项：

（一）收购人的名称、住所；

（二）收购人关于收购的决定；

（三）被收购的上市公司名称；

（四）收购目的；

（五）收购股份的详细名称和预定收购的股份数额；

（六）收购期限、收购价格；

（七）收购所需资金额及资金保证；

（八）公告上市公司收购报告书时持有被收购公司股份数占该公司已发行的股份总数的比例。

第六十七条 收购要约约定的收购期限不得少于三十日，并不得超过六十日。

第六十八条 在收购要约确定的承诺期限内，收购人不得撤销其收购要约。收购人需要变更收购要约的，应当及时公告，载明具体变更事项，且不得存在下列情形：

（一）降低收购价格；

（二）减少预定收购股份数额；

（三）缩短收购期限；

（四）国务院证券监督管理机构规定的其他情形。

第六十九条 收购要约提出的各项收购条件，适用于被收购公司的所有股东。

上市公司发行不同种类股份的，收购人可以针对不同种类股份提出不同的收购条件。

第七十条 采取要约收购方式的，收购人在收购期限内，不得卖出被收购公司的股票，也不得采取要约规定以外的形式和超出要约的条件买入被收购公司的股票。

第七十一条　采取协议收购方式的，收购人可以依照法律、行政法规的规定同被收购公司的股东以协议方式进行股份转让。

以协议方式收购上市公司时，达成协议后，收购人必须在三日内将该收购协议向国务院证券监督管理机构及证券交易所作出书面报告，并予公告。

在公告前不得履行收购协议。

第七十二条　采取协议收购方式的，协议双方可以临时委托证券登记结算机构保管协议转让的股票，并将资金存放于指定的银行。

第七十三条　采取协议收购方式的，收购人收购或者通过协议、其他安排与他人共同收购一个上市公司已发行的有表决权股份达到百分之三十时，继续进行收购的，应当依法向该上市公司所有股东发出收购上市公司全部或者部分股份的要约。但是，按照国务院证券监督管理机构的规定免除发出要约的除外。

收购人依照前款规定以要约方式收购上市公司股份，应当遵守本法第六十五条第二款、第六十六条至第七十条的规定。

第七十四条　收购期限届满，被收购公司股权分布不符合证券交易所规定的上市交易要求的，该上市公司的股票应当由证券交易所依法终止上市交易；其余仍持有被收购公司股票的股东，有权向收购人以收购要约的同等条件出售其股票，收购人应当收购。

收购行为完成后，被收购公司不再具备股份有限公司条件的，应当依法变更企业形式。

第七十五条　在上市公司收购中，收购人持有的被收购的上市公司的股票，在收购行为完成后的十八个月内不得转让。

第七十六条　收购行为完成后，收购人与被收购公司合并，并将该公司解散的，被解散公司的原有股票由收购人依法更换。

收购行为完成后，收购人应当在十五日内将收购情况报告国务院证券监督管理机构和证券交易所，并予公告。

第七十七条　国务院证券监督管理机构依照本法制定上市公司收购的具体办法。

上市公司分立或者被其他公司合并，应当向国务院证券监督管理机构报告，并予公告。

第五章　信息披露

第七十八条　发行人及法律、行政法规和国务院证券监督管理机构规定的其他信息披露义务人，应当及时依法履行信息披露义务。

信息披露义务人披露的信息，应当真实、准确、完整，简明清晰，通俗易懂，不得有虚假记载、误导性陈述或者重大遗漏。

证券同时在境内境外公开发行、交易的，其信息披露义务人在境外披露的信息，应当在境内同时披露。

第七十九条　上市公司、公司债券上市交易的公司、股票在国务院批准的其他全国性证券交易场所交易的公司，应当按照国务院证券监督管理机构和证券交易场所规定的内容和格式编制定期报告，并按照以下规定报送和公告：

（一）在每一会计年度结束之日起四个月内，报送并公告年度报告，其中的年度财务会计报告应当经符合本法规定的会计师事务所审计；

（二）在每一会计年度的上半年结束之日起二个月内，报送并公告中期报告。

第八十条　发生可能对上市公司、股票在国务院批准的其他全国性证券交易场所交易的公司的股票交易价格产生较大影响的重大事件，投资者尚未得知时，公司应当立即将有关该重大事件的情况向国务院证券监督管理机构和证券交易场所报送临时报告，并予公告，说明事件的起因、目前的状态和可能产生的法律后果。

前款所称重大事件包括：

（一）公司的经营方针和经营范围的重大变化；

（二）公司的重大投资行为，公司在一年内购买、出售重大资产超过公司资产总额百分之三十，或者公司营业用主要资产的抵押、质押、出售或者报废一次超过该资产的百分之三十；

（三）公司订立重要合同、提供重大担保或者从事关联交易，可能对公司的资产、负债、权益和经营成果产生重要影响；

（四）公司发生重大债务和未能清偿到期重大债务的违约情况；

（五）公司发生重大亏损或者重大损失；

（六）公司生产经营的外部条件发生的重大变化；

（七）公司的董事、三分之一以上监事或者经理发生变动，董事长或者经理无法履行职责；

（八）持有公司百分之五以上股份的股东或者实际控制人持有股份或者控制

公司的情况发生较大变化，公司的实际控制人及其控制的其他企业从事与公司相同或者相似业务的情况发生较大变化；

（九）公司分配股利、增资的计划，公司股权结构的重要变化，公司减资、合并、分立、解散及申请破产的决定，或者依法进入破产程序、被责令关闭；

（十）涉及公司的重大诉讼、仲裁，股东大会、董事会决议被依法撤销或者宣告无效；

（十一）公司涉嫌犯罪被依法立案调查，公司的控股股东、实际控制人、董事、监事、高级管理人员涉嫌犯罪被依法采取强制措施；

（十二）国务院证券监督管理机构规定的其他事项。

公司的控股股东或者实际控制人对重大事件的发生、进展产生较大影响的，应当及时将其知悉的有关情况书面告知公司，并配合公司履行信息披露义务。

第八十一条　发生可能对上市交易公司债券的交易价格产生较大影响的重大事件，投资者尚未得知时，公司应当立即将有关该重大事件的情况向国务院证券监督管理机构和证券交易场所报送临时报告，并予公告，说明事件的起因、目前的状态和可能产生的法律后果。

前款所称重大事件包括：

（一）公司股权结构或者生产经营状况发生重大变化；

（二）公司债券信用评级发生变化；

（三）公司重大资产抵押、质押、出售、转让、报废；

（四）公司发生未能清偿到期债务的情况；

（五）公司新增借款或者对外提供担保超过上年末净资产的百分之二十；

（六）公司放弃债权或者财产超过上年末净资产的百分之十；

（七）公司发生超过上年末净资产百分之十的重大损失；

（八）公司分配股利，作出减资、合并、分立、解散及申请破产的决定，或者依法进入破产程序、被责令关闭；

（九）涉及公司的重大诉讼、仲裁；

（十）公司涉嫌犯罪被依法立案调查，公司的控股股东、实际控制人、董事、监事、高级管理人员涉嫌犯罪被依法采取强制措施；

（十一）国务院证券监督管理机构规定的其他事项。

第八十二条　发行人的董事、高级管理人员应当对证券发行文件和定期报告签署书面确认意见。

发行人的监事会应当对董事会编制的证券发行文件和定期报告进行审核并提出书面审核意见。监事应当签署书面确认意见。

发行人的董事、监事和高级管理人员应当保证发行人及时、公平地披露信息，所披露的信息真实、准确、完整。

董事、监事和高级管理人员无法保证证券发行文件和定期报告内容的真实性、准确性、完整性或者有异议的，应当在书面确认意见中发表意见并陈述理由，发行人应当披露。发行人不予披露的，董事、监事和高级管理人员可以直接申请披露。

第八十三条 信息披露义务人披露的信息应当同时向所有投资者披露，不得提前向任何单位和个人泄露。但是，法律、行政法规另有规定的除外。

任何单位和个人不得非法要求信息披露义务人提供依法需要披露但尚未披露的信息。任何单位和个人提前获知的前述信息，在依法披露前应当保密。

第八十四条 除依法需要披露的信息之外，信息披露义务人可以自愿披露与投资者作出价值判断和投资决策有关的信息，但不得与依法披露的信息相冲突，不得误导投资者。

发行人及其控股股东、实际控制人、董事、监事、高级管理人员等作出公开承诺的，应当披露。不履行承诺给投资者造成损失的，应当依法承担赔偿责任。

第八十五条 信息披露义务人未按照规定披露信息，或者公告的证券发行文件、定期报告、临时报告及其他信息披露资料存在虚假记载、误导性陈述或者重大遗漏，致使投资者在证券交易中遭受损失的，信息披露义务人应当承担赔偿责任；发行人的控股股东、实际控制人、董事、监事、高级管理人员和其他直接责任人员以及保荐人、承销的证券公司及其直接责任人员，应当与发行人承担连带赔偿责任，但是能够证明自己没有过错的除外。

第八十六条 依法披露的信息，应当在证券交易场所的网站和符合国务院证券监督管理机构规定条件的媒体发布，同时将其置备于公司住所、证券交易场所，供社会公众查阅。

第八十七条 国务院证券监督管理机构对信息披露义务人的信息披露行为进行监督管理。

证券交易场所应当对其组织交易的证券的信息披露义务人的信息披露行为进行监督，督促其依法及时、准确地披露信息。

第六章 投资者保护

第八十八条 证券公司向投资者销售证券、提供服务时，应当按照规定充分了解投资者的基本情况、财产状况、金融资产状况、投资知识和经验、专业能力等相关信息；如实说明证券、服务的重要内容，充分揭示投资风险；销售、提供与投资者上述状况相匹配的证券、服务。

投资者在购买证券或者接受服务时，应当按照证券公司明示的要求提供前款所列真实信息。拒绝提供或者未按照要求提供信息的，证券公司应当告知其后果，并按照规定拒绝向其销售证券、提供服务。

证券公司违反第一款规定导致投资者损失的，应当承担相应的赔偿责任。

第八十九条 根据财产状况、金融资产状况、投资知识和经验、专业能力等因素，投资者可以分为普通投资者和专业投资者。专业投资者的标准由国务院证券监督管理机构规定。

普通投资者与证券公司发生纠纷的，证券公司应当证明其行为符合法律、行政法规以及国务院证券监督管理机构的规定，不存在误导、欺诈等情形。证券公司不能证明的，应当承担相应的赔偿责任。

第九十条 上市公司董事会、独立董事、持有百分之一以上有表决权股份的股东或者依照法律、行政法规或者国务院证券监督管理机构的规定设立的投资者保护机构（以下简称投资者保护机构），可以作为征集人，自行或者委托证券公司、证券服务机构，公开请求上市公司股东委托其代为出席股东大会，并代为行使提案权、表决权等股东权利。

依照前款规定征集股东权利的，征集人应当披露征集文件，上市公司应当予以配合。

禁止以有偿或者变相有偿的方式公开征集股东权利。

公开征集股东权利违反法律、行政法规或者国务院证券监督管理机构有关规定，导致上市公司或者其股东遭受损失的，应当依法承担赔偿责任。

第九十一条 上市公司应当在章程中明确分配现金股利的具体安排和决策程序，依法保障股东的资产收益权。

上市公司当年税后利润，在弥补亏损及提取法定公积金后有盈余的，应当按照公司章程的规定分配现金股利。

第九十二条 公开发行公司债券的，应当设立债券持有人会议，并应当在募集说明书中说明债券持有人会议的召集程序、会议规则和其他重要事项。

公开发行公司债券的，发行人应当为债券持有人聘请债券受托管理人，并订立债券受托管理协议。受托管理人应当由本次发行的承销机构或者其他经国务院证券监督管理机构认可的机构担任，债券持有人会议可以决议变更债券受托管理人。债券受托管理人应当勤勉尽责，公正履行受托管理职责，不得损害债券持有人利益。

债券发行人未能按期兑付债券本息的，债券受托管理人可以接受全部或者部分债券持有人的委托，以自己名义代表债券持有人提起、参加民事诉讼或者清算程序。

第九十三条 发行人因欺诈发行、虚假陈述或者其他重大违法行为给投资者造成损失的，发行人的控股股东、实际控制人、相关的证券公司可以委托投资者保护机构，就赔偿事宜与受到损失的投资者达成协议，予以先行赔付。先行赔付后，可以依法向发行人以及其他连带责任人追偿。

第九十四条 投资者与发行人、证券公司等发生纠纷的，双方可以向投资者保护机构申请调解。普通投资者与证券公司发生证券业务纠纷，普通投资者提出调解请求的，证券公司不得拒绝。

投资者保护机构对损害投资者利益的行为，可以依法支持投资者向人民法院提起诉讼。

发行人的董事、监事、高级管理人员执行公司职务时违反法律、行政法规或者公司章程的规定给公司造成损失，发行人的控股股东、实际控制人等侵犯公司合法权益给公司造成损失，投资者保护机构持有该公司股份的，可以为公司的利益以自己的名义向人民法院提起诉讼，持股比例和持股期限不受《中华人民共和国公司法》规定的限制。

第九十五条 投资者提起虚假陈述等证券民事赔偿诉讼时，诉讼标的是同一种类，且当事人一方人数众多的，可以依法推选代表人进行诉讼。

对按照前款规定提起的诉讼，可能存在有相同诉讼请求的其他众多投资者的，人民法院可以发出公告，说明该诉讼请求的案件情况，通知投资者在一定期间向人民法院登记。人民法院作出的判决、裁定，对参加登记的投资者发生效力。

投资者保护机构受五十名以上投资者委托，可以作为代表人参加诉讼，并为经证券登记结算机构确认的权利人依照前款规定向人民法院登记，但投资者明确表示不愿意参加该诉讼的除外。

第七章　证券交易场所

第九十六条　证券交易所、国务院批准的其他全国性证券交易场所为证券集中交易提供场所和设施，组织和监督证券交易，实行自律管理，依法登记，取得法人资格。

证券交易所、国务院批准的其他全国性证券交易场所的设立、变更和解散由国务院决定。

国务院批准的其他全国性证券交易场所的组织机构、管理办法等，由国务院规定。

第九十七条　证券交易所、国务院批准的其他全国性证券交易场所可以根据证券品种、行业特点、公司规模等因素设立不同的市场层次。

第九十八条　按照国务院规定设立的区域性股权市场为非公开发行证券的发行、转让提供场所和设施，具体管理办法由国务院规定。

第九十九条　证券交易所履行自律管理职能，应当遵守社会公共利益优先原则，维护市场的公平、有序、透明。

设立证券交易所必须制定章程。证券交易所章程的制定和修改，必须经国务院证券监督管理机构批准。

第一百条　证券交易所必须在其名称中标明证券交易所字样。其他任何单位或者个人不得使用证券交易所或者近似的名称。

第一百零一条　证券交易所可以自行支配的各项费用收入，应当首先用于保证其证券交易场所和设施的正常运行并逐步改善。

实行会员制的证券交易所的财产积累归会员所有，其权益由会员共同享有，在其存续期间，不得将其财产积累分配给会员。

第一百零二条　实行会员制的证券交易所设理事会、监事会。

证券交易所设总经理一人，由国务院证券监督管理机构任免。

第一百零三条　有《中华人民共和国公司法》第一百四十六条规定的情形或者下列情形之一的，不得担任证券交易所的负责人：

（一）因违法行为或者违纪行为被解除职务的证券交易场所、证券登记结算机构的负责人或者证券公司的董事、监事、高级管理人员，自被解除职务之日起未逾五年；

（二）因违法行为或者违纪行为被吊销执业证书或者被取消资格的律师、注册会计师或者其他证券服务机构的专业人员，自被吊销执业证书或者被取消资格之日起未逾五年。

第一百零四条 因违法行为或者违纪行为被开除的证券交易场所、证券公司、证券登记结算机构、证券服务机构的从业人员和被开除的国家机关工作人员，不得招聘为证券交易所的从业人员。

第一百零五条 进入实行会员制的证券交易所参与集中交易的，必须是证券交易所的会员。证券交易所不得允许非会员直接参与股票的集中交易。

第一百零六条 投资者应当与证券公司签订证券交易委托协议，并在证券公司实名开立账户，以书面、电话、自助终端、网络等方式，委托该证券公司代其买卖证券。

第一百零七条 证券公司为投资者开立账户，应当按照规定对投资者提供的身份信息进行核对。

证券公司不得将投资者的账户提供给他人使用。

投资者应当使用实名开立的账户进行交易。

第一百零八条 证券公司根据投资者的委托，按照证券交易规则提出交易申报，参与证券交易所场内的集中交易，并根据成交结果承担相应的清算交收责任。证券登记结算机构根据成交结果，按照清算交收规则，与证券公司进行证券和资金的清算交收，并为证券公司客户办理证券的登记过户手续。

第一百零九条 证券交易所应当为组织公平的集中交易提供保障，实时公布证券交易即时行情，并按交易日制作证券市场行情表，予以公布。

证券交易即时行情的权益由证券交易所依法享有。未经证券交易所许可，任何单位和个人不得发布证券交易即时行情。

第一百一十条 上市公司可以向证券交易所申请其上市交易股票的停牌或者复牌，但不得滥用停牌或者复牌损害投资者的合法权益。

证券交易所可以按照业务规则的规定，决定上市交易股票的停牌或者复牌。

第一百一十一条 因不可抗力、意外事件、重大技术故障、重大人为差错等突发性事件而影响证券交易正常进行时，为维护证券交易正常秩序和市场公平，证券交易所可以按照业务规则采取技术性停牌、临时停市等处置措施，并应当及时向国务院证券监督管理机构报告。

因前款规定的突发性事件导致证券交易结果出现重大异常，按交易结果进行交收将对证券交易正常秩序和市场公平造成重大影响的，证券交易所按照业务规则可以采取取消交易、通知证券登记结算机构暂缓交收等措施，并应当及时向国务院证券监督管理机构报告并公告。

证券交易所对其依照本条规定采取措施造成的损失，不承担民事赔偿责任，但存在重大过错的除外。

第一百一十二条　证券交易所对证券交易实行实时监控，并按照国务院证券监督管理机构的要求，对异常的交易情况提出报告。

证券交易所根据需要，可以按照业务规则对出现重大异常交易情况的证券账户的投资者限制交易，并及时报告国务院证券监督管理机构。

第一百一十三条　证券交易所应当加强对证券交易的风险监测，出现重大异常波动的，证券交易所可以按照业务规则采取限制交易、强制停牌等处置措施，并向国务院证券监督管理机构报告；严重影响证券市场稳定的，证券交易所可以按照业务规则采取临时停市等处置措施并公告。

证券交易所对其依照本条规定采取措施造成的损失，不承担民事赔偿责任，但存在重大过错的除外。

第一百一十四条　证券交易所应当从其收取的交易费用和会员费、席位费中提取一定比例的金额设立风险基金。风险基金由证券交易所理事会管理。

风险基金提取的具体比例和使用办法，由国务院证券监督管理机构会同国务院财政部门规定。

证券交易所应当将收存的风险基金存入开户银行专门账户，不得擅自使用。

第一百一十五条　证券交易所依照法律、行政法规和国务院证券监督管理机构的规定，制定上市规则、交易规则、会员管理规则和其他有关业务规则，并报国务院证券监督管理机构批准。

在证券交易所从事证券交易，应当遵守证券交易所依法制定的业务规则。违反业务规则的，由证券交易所给予纪律处分或者采取其他自律管理措施。

第一百一十六条　证券交易所的负责人和其他从业人员执行与证券交易有关的职务时，与本人或者其亲属有利害关系的，应当回避。

第一百一十七条　按照依法制定的交易规则进行的交易，不得改变其交易结果，但本法第一百一十一条第二款规定的除外。对交易中违规交易者应负的民事责任不得免除；在违规交易中所获利益，依照有关规定处理。

第八章 证券公司

第一百一十八条 设立证券公司，应当具备下列条件，并经国务院证券监督管理机构批准：

（一）有符合法律、行政法规规定的公司章程；

（二）主要股东及公司的实际控制人具有良好的财务状况和诚信记录，最近三年无重大违法违规记录；

（三）有符合本法规定的公司注册资本；

（四）董事、监事、高级管理人员、从业人员符合本法规定的条件；

（五）有完善的风险管理与内部控制制度；

（六）有合格的经营场所、业务设施和信息技术系统；

（七）法律、行政法规和经国务院批准的国务院证券监督管理机构规定的其他条件。

未经国务院证券监督管理机构批准，任何单位和个人不得以证券公司名义开展证券业务活动。

第一百一十九条 国务院证券监督管理机构应当自受理证券公司设立申请之日起六个月内，依照法定条件和法定程序并根据审慎监管原则进行审查，作出批准或者不予批准的决定，并通知申请人；不予批准的，应当说明理由。

证券公司设立申请获得批准的，申请人应当在规定的期限内向公司登记机关申请设立登记，领取营业执照。

证券公司应当自领取营业执照之日起十五日内，向国务院证券监督管理机构申请经营证券业务许可证。未取得经营证券业务许可证，证券公司不得经营证券业务。

第一百二十条 经国务院证券监督管理机构核准，取得经营证券业务许可证，证券公司可以经营下列部分或者全部证券业务：

（一）证券经纪；

（二）证券投资咨询；

（三）与证券交易、证券投资活动有关的财务顾问；

（四）证券承销与保荐；

（五）证券融资融券；

（六）证券做市交易；

（七）证券自营；

（八）其他证券业务。

国务院证券监督管理机构应当自受理前款规定事项申请之日起三个月内，依照法定条件和程序进行审查，作出核准或者不予核准的决定，并通知申请人；不予核准的，应当说明理由。

证券公司经营证券资产管理业务的，应当符合《中华人民共和国证券投资基金法》等法律、行政法规的规定。

除证券公司外，任何单位和个人不得从事证券承销、证券保荐、证券经纪和证券融资融券业务。

证券公司从事证券融资融券业务，应当采取措施，严格防范和控制风险，不得违反规定向客户出借资金或者证券。

第一百二十一条 证券公司经营本法第一百二十条第一款第（一）项至第（三）项业务的，注册资本最低限额为人民币五千万元；经营第（四）项至第（八）项业务之一的，注册资本最低限额为人民币一亿元；经营第（四）项至第（八）项业务中两项以上的，注册资本最低限额为人民币五亿元。证券公司的注册资本应当是实缴资本。

国务院证券监督管理机构根据审慎监管原则和各项业务的风险程度，可以调整注册资本最低限额，但不得少于前款规定的限额。

第一百二十二条 证券公司变更证券业务范围，变更主要股东或者公司的实际控制人，合并、分立、停业、解散、破产，应当经国务院证券监督管理机构核准。

第一百二十三条 国务院证券监督管理机构应当对证券公司净资本和其他风险控制指标作出规定。

证券公司除依规定为其客户提供融资融券外，不得为其股东或者股东的关联人提供融资或者担保。

第一百二十四条 证券公司的董事、监事、高级管理人员，应当正直诚实、品行良好，熟悉证券法律、行政法规，具有履行职责所需的经营管理能力。证券公司任免董事、监事、高级管理人员，应当报国务院证券监督管理机构备案。

有《中华人民共和国公司法》第一百四十六条规定的情形或者下列情形之一的，不得担任证券公司的董事、监事、高级管理人员：

（一）因违法行为或者违纪行为被解除职务的证券交易场所、证券登记结算机构的负责人或者证券公司的董事、监事、高级管理人员，自被解除职务之日起未逾五年；

（二）因违法行为或者违纪行为被吊销执业证书或者被取消资格的律师、注册会计师或者其他证券服务机构的专业人员，自被吊销执业证书或者被取消资格之日起未逾五年。

第一百二十五条 证券公司从事证券业务的人员应当品行良好，具备从事证券业务所需的专业能力。

因违法行为或者违纪行为被开除的证券交易场所、证券公司、证券登记结算机构、证券服务机构的从业人员和被开除的国家机关工作人员，不得招聘为证券公司的从业人员。

国家机关工作人员和法律、行政法规规定的禁止在公司中兼职的其他人员，不得在证券公司中兼任职务。

第一百二十六条 国家设立证券投资者保护基金。证券投资者保护基金由证券公司缴纳的资金及其他依法筹集的资金组成，其规模以及筹集、管理和使用的具体办法由国务院规定。

第一百二十七条 证券公司从每年的业务收入中提取交易风险准备金，用于弥补证券经营的损失，其提取的具体比例由国务院证券监督管理机构会同国务院财政部门规定。

第一百二十八条 证券公司应当建立健全内部控制制度，采取有效隔离措施，防范公司与客户之间、不同客户之间的利益冲突。

证券公司必须将其证券经纪业务、证券承销业务、证券自营业务、证券做市业务和证券资产管理业务分开办理，不得混合操作。

第一百二十九条 证券公司的自营业务必须以自己的名义进行，不得假借他人名义或者以个人名义进行。

证券公司的自营业务必须使用自有资金和依法筹集的资金。

证券公司不得将其自营账户借给他人使用。

第一百三十条 证券公司应当依法审慎经营，勤勉尽责，诚实守信。

证券公司的业务活动，应当与其治理结构、内部控制、合规管理、风险管理以及风险控制指标、从业人员构成等情况相适应，符合审慎监管和保护投资者合法权益的要求。

证券公司依法享有自主经营的权利，其合法经营不受干涉。

第一百三十一条 证券公司客户的交易结算资金应当存放在商业银行，以每个客户的名义单独立户管理。

证券公司不得将客户的交易结算资金和证券归入其自有财产。禁止任何单位或者个人以任何形式挪用客户的交易结算资金和证券。证券公司破产或者清算时，客户的交易结算资金和证券不属于其破产财产或者清算财产。非因客户本身的债务或者法律规定的其他情形，不得查封、冻结、扣划或者强制执行客户的交易结算资金和证券。

第一百三十二条　证券公司办理经纪业务，应当置备统一制定的证券买卖委托书，供委托人使用。采取其他委托方式的，必须作出委托记录。

客户的证券买卖委托，不论是否成交，其委托记录应当按照规定的期限，保存于证券公司。

第一百三十三条　证券公司接受证券买卖的委托，应当根据委托书载明的证券名称、买卖数量、出价方式、价格幅度等，按照交易规则代理买卖证券，如实进行交易记录；买卖成交后，应当按照规定制作买卖成交报告单交付客户。

证券交易中确认交易行为及其交易结果的对账单必须真实，保证账面证券余额与实际持有的证券相一致。

第一百三十四条　证券公司办理经纪业务，不得接受客户的全权委托而决定证券买卖、选择证券种类、决定买卖数量或者买卖价格。

证券公司不得允许他人以证券公司的名义直接参与证券的集中交易。

第一百三十五条　证券公司不得对客户证券买卖的收益或者赔偿证券买卖的损失作出承诺。

第一百三十六条　证券公司的从业人员在证券交易活动中，执行所属的证券公司的指令或者利用职务违反交易规则的，由所属的证券公司承担全部责任。

证券公司的从业人员不得私下接受客户委托买卖证券。

第一百三十七条　证券公司应当建立客户信息查询制度，确保客户能够查询其账户信息、委托记录、交易记录以及其他与接受服务或者购买产品有关的重要信息。

证券公司应当妥善保存客户开户资料、委托记录、交易记录和与内部管理、业务经营有关的各项信息，任何人不得隐匿、伪造、篡改或者毁损。上述信息的保存期限不得少于二十年。

第一百三十八条　证券公司应当按照规定向国务院证券监督管理机构报送业务、财务等经营管理信息和资料。国务院证券监督管理机构有权要求证券公司及其主要股东、实际控制人在指定的期限内提供有关信息、资料。

证券公司及其主要股东、实际控制人向国务院证券监督管理机构报送或者提供的信息、资料，必须真实、准确、完整。

第一百三十九条 国务院证券监督管理机构认为有必要时，可以委托会计师事务所、资产评估机构对证券公司的财务状况、内部控制状况、资产价值进行审计或者评估。具体办法由国务院证券监督管理机构会同有关主管部门制定。

第一百四十条 证券公司的治理结构、合规管理、风险控制指标不符合规定的，国务院证券监督管理机构应当责令其限期改正；逾期未改正，或者其行为严重危及该证券公司的稳健运行、损害客户合法权益的，国务院证券监督管理机构可以区别情形，对其采取下列措施：

（一）限制业务活动，责令暂停部分业务，停止核准新业务；

（二）限制分配红利，限制向董事、监事、高级管理人员支付报酬、提供福利；

（三）限制转让财产或者在财产上设定其他权利；

（四）责令更换董事、监事、高级管理人员或者限制其权利；

（五）撤销有关业务许可；

（六）认定负有责任的董事、监事、高级管理人员为不适当人选；

（七）责令负有责任的股东转让股权，限制负有责任的股东行使股东权利。

证券公司整改后，应当向国务院证券监督管理机构提交报告。国务院证券监督管理机构经验收，治理结构、合规管理、风险控制指标符合规定的，应当自验收完毕之日起三日内解除对其采取的前款规定的有关限制措施。

第一百四十一条 证券公司的股东有虚假出资、抽逃出资行为的，国务院证券监督管理机构应当责令其限期改正，并可责令其转让所持证券公司的股权。

在前款规定的股东按照要求改正违法行为、转让所持证券公司的股权前，国务院证券监督管理机构可以限制其股东权利。

第一百四十二条 证券公司的董事、监事、高级管理人员未能勤勉尽责，致使证券公司存在重大违法违规行为或者重大风险的，国务院证券监督管理机构可以责令证券公司予以更换。

第一百四十三条 证券公司违法经营或者出现重大风险，严重危害证券市场秩序、损害投资者利益的，国务院证券监督管理机构可以对该证券公司采取责令停业整顿、指定其他机构托管、接管或者撤销等监管措施。

第一百四十四条 在证券公司被责令停业整顿、被依法指定托管、接管或者清算期间，或者出现重大风险时，经国务院证券监督管理机构批准，可以对该证券公司直接负责的董事、监事、高级管理人员和其他直接责任人员采取以下措施：

（一）通知出境入境管理机关依法阻止其出境；

（二）申请司法机关禁止其转移、转让或者以其他方式处分财产，或者在财产上设定其他权利。

第九章 证券登记结算机构

第一百四十五条 证券登记结算机构为证券交易提供集中登记、存管与结算服务，不以营利为目的，依法登记，取得法人资格。

设立证券登记结算机构必须经国务院证券监督管理机构批准。

第一百四十六条 设立证券登记结算机构，应当具备下列条件：

（一）自有资金不少于人民币二亿元；

（二）具有证券登记、存管和结算服务所必须的场所和设施；

（三）国务院证券监督管理机构规定的其他条件。

证券登记结算机构的名称中应当标明证券登记结算字样。

第一百四十七条 证券登记结算机构履行下列职能：

（一）证券账户、结算账户的设立；

（二）证券的存管和过户；

（三）证券持有人名册登记；

（四）证券交易的清算和交收；

（五）受发行人的委托派发证券权益；

（六）办理与上述业务有关的查询、信息服务；

（七）国务院证券监督管理机构批准的其他业务。

第一百四十八条 在证券交易所和国务院批准的其他全国性证券交易场所交易的证券的登记结算，应当采取全国集中统一的运营方式。

前款规定以外的证券，其登记、结算可以委托证券登记结算机构或者其他依法从事证券登记、结算业务的机构办理。

第一百四十九条 证券登记结算机构应当依法制定章程和业务规则，并经国务院证券监督管理机构批准。证券登记结算业务参与人应当遵守证券登记结算机构制定的业务规则。

第一百五十条 在证券交易所或者国务院批准的其他全国性证券交易场所交易的证券，应当全部存管在证券登记结算机构。

证券登记结算机构不得挪用客户的证券。

第一百五十一条 证券登记结算机构应当向证券发行人提供证券持有人名册及有关资料。

证券登记结算机构应当根据证券登记结算的结果，确认证券持有人持有证券的事实，提供证券持有人登记资料。

证券登记结算机构应当保证证券持有人名册和登记过户记录真实、准确、完整，不得隐匿、伪造、篡改或者毁损。

第一百五十二条 证券登记结算机构应当采取下列措施保证业务的正常进行：

（一）具有必备的服务设备和完善的数据安全保护措施；

（二）建立完善的业务、财务和安全防范等管理制度；

（三）建立完善的风险管理系统。

第一百五十三条 证券登记结算机构应当妥善保存登记、存管和结算的原始凭证及有关文件和资料。其保存期限不得少于二十年。

第一百五十四条 证券登记结算机构应当设立证券结算风险基金，用于垫付或者弥补因违约交收、技术故障、操作失误、不可抗力造成的证券登记结算机构的损失。

证券结算风险基金从证券登记结算机构的业务收入和收益中提取，并可以由结算参与人按照证券交易业务量的一定比例缴纳。

证券结算风险基金的筹集、管理办法，由国务院证券监督管理机构会同国务院财政部门规定。

第一百五十五条 证券结算风险基金应当存入指定银行的专门账户，实行专项管理。

证券登记结算机构以证券结算风险基金赔偿后，应当向有关责任人追偿。

第一百五十六条 证券登记结算机构申请解散，应当经国务院证券监督管理机构批准。

第一百五十七条 投资者委托证券公司进行证券交易，应当通过证券公司申请在证券登记结算机构开立证券账户。证券登记结算机构应当按照规定为投资者开立证券账户。

投资者申请开立账户，应当持有证明中华人民共和国公民、法人、合伙企业身份的合法证件。国家另有规定的除外。

第一百五十八条 证券登记结算机构作为中央对手方提供证券结算服务的，是结算参与人共同的清算交收对手，进行净额结算，为证券交易提供集中履约保障。

证券登记结算机构为证券交易提供净额结算服务时，应当要求结算参与人按照货银对付的原则，足额交付证券和资金，并提供交收担保。

在交收完成之前，任何人不得动用用于交收的证券、资金和担保物。

结算参与人未按时履行交收义务的，证券登记结算机构有权按照业务规则处理前款所述财产。

第一百五十九条 证券登记结算机构按照业务规则收取的各类结算资金和证券，必须存放于专门的清算交收账户，只能按业务规则用于已成交的证券交易的清算交收，不得被强制执行。

第十章 证券服务机构

第一百六十条 会计师事务所、律师事务所以及从事证券投资咨询、资产评估、资信评级、财务顾问、信息技术系统服务的证券服务机构，应当勤勉尽责、恪尽职守，按照相关业务规则为证券的交易及相关活动提供服务。

从事证券投资咨询服务业务，应当经国务院证券监督管理机构核准；未经核准，不得为证券的交易及相关活动提供服务。从事其他证券服务业务，应当报国务院证券监督管理机构和国务院有关主管部门备案。

第一百六十一条 证券投资咨询机构及其从业人员从事证券服务业务不得有下列行为：

（一）代理委托人从事证券投资；

（二）与委托人约定分享证券投资收益或者分担证券投资损失；

（三）买卖本证券投资咨询机构提供服务的证券；

（四）法律、行政法规禁止的其他行为。

有前款所列行为之一，给投资者造成损失的，应当依法承担赔偿责任。

第一百六十二条 证券服务机构应当妥善保存客户委托文件、核查和验证资料、工作底稿以及与质量控制、内部管理、业务经营有关的信息和资料，任何人不得泄露、隐匿、伪造、篡改或者毁损。上述信息和资料的保存期限不得少于十年，自业务委托结束之日起算。

第一百六十三条 证券服务机构为证券的发行、上市、交易等证券业务活动制作、出具审计报告及其他鉴证报告、资产评估报告、财务顾问报告、资信评级报告或者法律意见书等文件，应当勤勉尽责，对所依据的文件资料内容的真实性、准确性、完整性进行核查和验证。其制作、出具的文件有虚假记载、误导性陈述或者重大遗漏，给他人造成损失的，应当与委托人承担连带赔偿责任，但是能够证明自己没有过错的除外。

第十一章　证券业协会

第一百六十四条　证券业协会是证券业的自律性组织，是社会团体法人。

证券公司应当加入证券业协会。

证券业协会的权力机构为全体会员组成的会员大会。

第一百六十五条　证券业协会章程由会员大会制定，并报国务院证券监督管理机构备案。

第一百六十六条　证券业协会履行下列职责：

（一）教育和组织会员及其从业人员遵守证券法律、行政法规，组织开展证券行业诚信建设，督促证券行业履行社会责任；

（二）依法维护会员的合法权益，向证券监督管理机构反映会员的建议和要求；

（三）督促会员开展投资者教育和保护活动，维护投资者合法权益；

（四）制定和实施证券行业自律规则，监督、检查会员及其从业人员行为，对违反法律、行政法规、自律规则或者协会章程的，按照规定给予纪律处分或者实施其他自律管理措施；

（五）制定证券行业业务规范，组织从业人员的业务培训；

（六）组织会员就证券行业的发展、运作及有关内容进行研究，收集整理、发布证券相关信息，提供会员服务，组织行业交流，引导行业创新发展；

（七）对会员之间、会员与客户之间发生的证券业务纠纷进行调解；

（八）证券业协会章程规定的其他职责。

第一百六十七条　证券业协会设理事会。理事会成员依章程的规定由选举产生。

第十二章　证券监督管理机构

第一百六十八条　国务院证券监督管理机构依法对证券市场实行监督管理，维护证券市场公开、公平、公正，防范系统性风险，维护投资者合法权益，促进证券市场健康发展。

第一百六十九条 国务院证券监督管理机构在对证券市场实施监督管理中履行下列职责：

（一）依法制定有关证券市场监督管理的规章、规则，并依法进行审批、核准、注册，办理备案；

（二）依法对证券的发行、上市、交易、登记、存管、结算等行为，进行监督管理；

（三）依法对证券发行人、证券公司、证券服务机构、证券交易场所、证券登记结算机构的证券业务活动，进行监督管理；

（四）依法制定从事证券业务人员的行为准则，并监督实施；

（五）依法监督检查证券发行、上市、交易的信息披露；

（六）依法对证券业协会的自律管理活动进行指导和监督；

（七）依法监测并防范、处置证券市场风险；

（八）依法开展投资者教育；

（九）依法对证券违法行为进行查处；

（十）法律、行政法规规定的其他职责。

第一百七十条 国务院证券监督管理机构依法履行职责，有权采取下列措施：

（一）对证券发行人、证券公司、证券服务机构、证券交易场所、证券登记结算机构进行现场检查；

（二）进入涉嫌违法行为发生场所调查取证；

（三）询问当事人和与被调查事件有关的单位和个人，要求其对与被调查事件有关的事项作出说明；或者要求其按照指定的方式报送与被调查事件有关的文件和资料；

（四）查阅、复制与被调查事件有关的财产权登记、通讯记录等文件和资料；

（五）查阅、复制当事人和与被调查事件有关的单位和个人的证券交易记录、登记过户记录、财务会计资料及其他相关文件和资料；对可能被转移、隐匿或者毁损的文件和资料，可以予以封存、扣押；

（六）查询当事人和与被调查事件有关的单位和个人的资金账户、证券账户、银行账户以及其他具有支付、托管、结算等功能的账户信息，可以对有关文件和资料进行复制；对有证据证明已经或者可能转移或者隐匿违法资金、证券等涉案财产或者隐匿、伪造、毁损重要证据的，经国务院证券监督管理机构主要负责人或者其授权的其他负责人批准，可以冻结或者查封，期限为六个月；因特殊原因需要延长的，每次延长期限不得超过三个月，冻结、查封期限最长不得超过二年；

（七）在调查操纵证券市场、内幕交易等重大证券违法行为时，经国务院证券监督管理机构主要负责人或者其授权的其他负责人批准，可以限制被调查的当事人的证券买卖，但限制的期限不得超过三个月；案情复杂的，可以延长三个月；

（八）通知出境入境管理机关依法阻止涉嫌违法人员、涉嫌违法单位的主管人员和其他直接责任人员出境。

为防范证券市场风险，维护市场秩序，国务院证券监督管理机构可以采取责令改正、监管谈话、出具警示函等措施。

第一百七十一条 国务院证券监督管理机构对涉嫌证券违法的单位或者个人进行调查期间，被调查的当事人书面申请，承诺在国务院证券监督管理机构认可的期限内纠正涉嫌违法行为，赔偿有关投资者损失，消除损害或者不良影响的，国务院证券监督管理机构可以决定中止调查。被调查的当事人履行承诺的，国务院证券监督管理机构可以决定终止调查；被调查的当事人未履行承诺或者有国务院规定的其他情形的，应当恢复调查。具体办法由国务院规定。

国务院证券监督管理机构决定中止或者终止调查的，应当按照规定公开相关信息。

第一百七十二条 国务院证券监督管理机构依法履行职责，进行监督检查或者调查，其监督检查、调查的人员不得少于二人，并应当出示合法证件和监督检查、调查通知书或者其他执法文书。监督检查、调查的人员少于二人或者未出示合法证件和监督检查、调查通知书或者其他执法文书的，被检查、调查的单位和个人有权拒绝。

第一百七十三条 国务院证券监督管理机构依法履行职责，被检查、调查的单位和个人应当配合，如实提供有关文件和资料，不得拒绝、阻碍和隐瞒。

第一百七十四条 国务院证券监督管理机构制定的规章、规则和监督管理工作制度应当依法公开。

国务院证券监督管理机构依据调查结果，对证券违法行为作出的处罚决定，应当公开。

第一百七十五条 国务院证券监督管理机构应当与国务院其他金融监督管理机构建立监督管理信息共享机制。

国务院证券监督管理机构依法履行职责，进行监督检查或者调查时，有关部门应当予以配合。

第一百七十六条 对涉嫌证券违法、违规行为,任何单位和个人有权向国务院证券监督管理机构举报。

对涉嫌重大违法、违规行为的实名举报线索经查证属实的,国务院证券监督管理机构按照规定给予举报人奖励。

国务院证券监督管理机构应当对举报人的身份信息保密。

第一百七十七条 国务院证券监督管理机构可以和其他国家或者地区的证券监督管理机构建立监督管理合作机制,实施跨境监督管理。

境外证券监督管理机构不得在中华人民共和国境内直接进行调查取证等活动。未经国务院证券监督管理机构和国务院有关主管部门同意,任何单位和个人不得擅自向境外提供与证券业务活动有关的文件和资料。

第一百七十八条 国务院证券监督管理机构依法履行职责,发现证券违法行为涉嫌犯罪的,应当依法将案件移送司法机关处理;发现公职人员涉嫌职务违法或者职务犯罪的,应当依法移送监察机关处理。

第一百七十九条 国务院证券监督管理机构工作人员必须忠于职守、依法办事、公正廉洁,不得利用职务便利牟取不正当利益,不得泄露所知悉的有关单位和个人的商业秘密。

国务院证券监督管理机构工作人员在任职期间,或者离职后在《中华人民共和国公务员法》规定的期限内,不得到与原工作业务直接相关的企业或者其他营利性组织任职,不得从事与原工作业务直接相关的营利性活动。

第十三章 法律责任

第一百八十条 违反本法第九条的规定,擅自公开或者变相公开发行证券的,责令停止发行,退还所募资金并加算银行同期存款利息,处以非法所募资金金额百分之五以上百分之五十以下的罚款;对擅自公开或者变相公开发行证券设立的公司,由依法履行监督管理职责的机构或者部门会同县级以上地方人民政府予以取缔。对直接负责的主管人员和其他直接责任人员给予警告,并处以五十万元以上五百万元以下的罚款。

第一百八十一条 发行人在其公告的证券发行文件中隐瞒重要事实或者编造重大虚假内容,尚未发行证券的,处以二百万元以上二千万元以下的罚款;已经发行证券的,处以非法所募资金金额百分之十以上一倍以下的罚款。对直接负责的主管人员和其他直接责任人员,处以一百万元以上一千万元以下的罚款。

发行人的控股股东、实际控制人组织、指使从事前款违法行为的,没收违法所得,并处以违法所得百分之十以上一倍以下的罚款;没有违法所得或者违法所得不足二千万元的,处以二百万元以上二千万元以下的罚款。对直接负责的主管人员和其他直接责任人员,处以一百万元以上一千万元以下的罚款。

第一百八十二条 保荐人出具有虚假记载、误导性陈述或者重大遗漏的保荐书,或者不履行其他法定职责的,责令改正,给予警告,没收业务收入,并处以业务收入一倍以上十倍以下的罚款;没有业务收入或者业务收入不足一百万元的,处以一百万元以上一千万元以下的罚款;情节严重的,并处暂停或者撤销保荐业务许可。对直接负责的主管人员和其他直接责任人员给予警告,并处以五十万元以上五百万元以下的罚款。

第一百八十三条 证券公司承销或者销售擅自公开发行或者变相公开发行的证券的,责令停止承销或者销售,没收违法所得,并处以违法所得一倍以上十倍以下的罚款;没有违法所得或者违法所得不足一百万元的,处以一百万元以上一千万元以下的罚款;情节严重的,并处暂停或者撤销相关业务许可。给投资者造成损失的,应当与发行人承担连带赔偿责任。对直接负责的主管人员和其他直接责任人员给予警告,并处以五十万元以上五百万元以下的罚款。

第一百八十四条 证券公司承销证券违反本法第二十九条规定的,责令改正,给予警告,没收违法所得,可以并处五十万元以上五百万元以下的罚款;情节严重的,暂停或者撤销相关业务许可。对直接负责的主管人员和其他直接责任人员给予警告,可以并处二十万元以上二百万元以下的罚款;情节严重的,并处以五十万元以上五百万元以下的罚款。

第一百八十五条 发行人违反本法第十四条、第十五条的规定擅自改变公开发行证券所募集资金的用途的,责令改正,处以五十万元以上五百万元以下的罚款;对直接负责的主管人员和其他直接责任人员给予警告,并处以十万元以上一百万元以下的罚款。

发行人的控股股东、实际控制人从事或者组织、指使从事前款违法行为的,给予警告,并处以五十万元以上五百万元以下的罚款;对直接负责的主管人员和其他直接责任人员,处以十万元以上一百万元以下的罚款。

第一百八十六条 违反本法第三十六条的规定,在限制转让期内转让证券,或者转让股票不符合法律、行政法规和国务院证券监督管理机构规定的,责令改正,给予警告,没收违法所得,并处以买卖证券等值以下的罚款。

第一百八十七条　法律、行政法规规定禁止参与股票交易的人员，违反本法第四十条的规定，直接或者以化名、借他人名义持有、买卖股票或者其他具有股权性质的证券的，责令依法处理非法持有的股票、其他具有股权性质的证券，没收违法所得，并处以买卖证券等值以下的罚款；属于国家工作人员的，还应当依法给予处分。

第一百八十八条　证券服务机构及其从业人员，违反本法第四十二条的规定买卖证券的，责令依法处理非法持有的证券，没收违法所得，并处以买卖证券等值以下的罚款。

第一百八十九条　上市公司、股票在国务院批准的其他全国性证券交易场所交易的公司的董事、监事、高级管理人员、持有该公司百分之五以上股份的股东，违反本法第四十四条的规定，买卖该公司股票或者其他具有股权性质的证券的，给予警告，并处以十万元以上一百万元以下的罚款。

第一百九十条　违反本法第四十五条的规定，采取程序化交易影响证券交易所系统安全或者正常交易秩序的，责令改正，并处以五十万元以上五百万元以下的罚款。对直接负责的主管人员和其他直接责任人员给予警告，并处以十万元以上一百万元以下的罚款。

第一百九十一条　证券交易内幕信息的知情人或者非法获取内幕信息的人违反本法第五十三条的规定从事内幕交易的，责令依法处理非法持有的证券，没收违法所得，并处以违法所得一倍以上十倍以下的罚款；没有违法所得或者违法所得不足五十万元的，处以五十万元以上五百万元以下的罚款。单位从事内幕交易的，还应当对直接负责的主管人员和其他直接责任人员给予警告，并处以二十万元以上二百万元以下的罚款。国务院证券监督管理机构工作人员从事内幕交易的，从重处罚。

违反本法第五十四条的规定，利用未公开信息进行交易的，依照前款的规定处罚。

第一百九十二条　违反本法第五十五条的规定，操纵证券市场的，责令依法处理其非法持有的证券，没收违法所得，并处以违法所得一倍以上十倍以下的罚款；没有违法所得或者违法所得不足一百万元的，处以一百万元以上一千万元以下的罚款。单位操纵证券市场的，还应当对直接负责的主管人员和其他直接责任人员给予警告，并处以五十万元以上五百万元以下的罚款。

第一百九十三条　违反本法第五十六条第一款、第三款的规定，编造、传播虚假信息或者误导性信息，扰乱证券市场的，没收违法所得，并处以违法所得一倍以上十倍以下的罚款；没有违法所得或者违法所得不足二十万元的，处以二十万元以上二百万元以下的罚款。

违反本法第五十六条第二款的规定，在证券交易活动中作出虚假陈述或者信息误导的，责令改正，处以二十万元以上二百万元以下的罚款；属于国家工作人员的，还应当依法给予处分。

传播媒介及其从事证券市场信息报道的工作人员违反本法第五十六条第三款的规定，从事与其工作职责发生利益冲突的证券买卖的，没收违法所得，并处以买卖证券等值以下的罚款。

第一百九十四条 证券公司及其从业人员违反本法第五十七条的规定，有损害客户利益的行为的，给予警告，没收违法所得，并处以违法所得一倍以上十倍以下的罚款；没有违法所得或者违法所得不足十万元的，处以十万元以上一百万元以下的罚款；情节严重的，暂停或者撤销相关业务许可。

第一百九十五条 违反本法第五十八条的规定，出借自己的证券账户或者借用他人的证券账户从事证券交易的，责令改正，给予警告，可以处五十万元以下的罚款。

第一百九十六条 收购人未按照本法规定履行上市公司收购的公告、发出收购要约义务的，责令改正，给予警告，并处以五十万元以上五百万元以下的罚款。对直接负责的主管人员和其他直接责任人员给予警告，并处以二十万元以上二百万元以下的罚款。

收购人及其控股股东、实际控制人利用上市公司收购，给被收购公司及其股东造成损失的，应当依法承担赔偿责任。

第一百九十七条 信息披露义务人未按照本法规定报送有关报告或者履行信息披露义务的，责令改正，给予警告，并处以五十万元以上五百万元以下的罚款；对直接负责的主管人员和其他直接责任人员给予警告，并处以二十万元以上二百万元以下的罚款。发行人的控股股东、实际控制人组织、指使从事上述违法行为，或者隐瞒相关事项导致发生上述情形的，处以五十万元以上五百万元以下的罚款；对直接负责的主管人员和其他直接责任人员，处以二十万元以上二百万元以下的罚款。

信息披露义务人报送的报告或者披露的信息有虚假记载、误导性陈述或者重大遗漏的，责令改正，给予警告，并处以一百万元以上一千万元以下的罚款；对直接负责的主管人员和其他直接责任人员给予警告，并处以五十万元以上五百万元以下的罚款。发行人的控股股东、实际控制人组织、指使从事上述违法行为，或者隐瞒相关事项导致发生上述情形，处以一百万元以上一千万元以下的罚款；对直接负责的主管人员和其他直接责任人员，处以五十万元以上五百万元以下的罚款。

第一百九十八条 证券公司违反本法第八十八条的规定未履行或者未按照规定履行投资者适当性管理义务的，责令改正，给予警告，并处以十万元以上一百万元以下的罚款。对直接负责的主管人员和其他直接责任人员给予警告，并处以二十万元以下的罚款。

第一百九十九条 违反本法第九十条的规定征集股东权利的，责令改正，给予警告，可以处五十万元以下的罚款。

第二百条 非法开设证券交易场所的，由县级以上人民政府予以取缔，没收违法所得，并处以违法所得一倍以上十倍以下的罚款；没有违法所得或者违法所得不足一百万元的，处以一百万元以上一千万元以下的罚款。对直接负责的主管人员和其他直接责任人员给予警告，并处以二十万元以上二百万元以下的罚款。

证券交易所违反本法第一百零五条的规定，允许非会员直接参与股票的集中交易的，责令改正，可以并处五十万元以下的罚款。

第二百零一条 证券公司违反本法第一百零七条第一款的规定，未对投资者开立账户提供的身份信息进行核对的，责令改正，给予警告，并处以五万元以上五十万元以下的罚款。对直接负责的主管人员和其他直接责任人员给予警告，并处以十万元以下的罚款。

证券公司违反本法第一百零七条第二款的规定，将投资者的账户提供给他人使用的，责令改正，给予警告，并处以十万元以上一百万元以下的罚款。对直接负责的主管人员和其他直接责任人员给予警告，并处以二十万元以下的罚款。

第二百零二条 违反本法第一百一十八条、第一百二十条第一款、第四款的规定，擅自设立证券公司、非法经营证券业务或者未经批准以证券公司名义开展证券业务活动的，责令改正，没收违法所得，并处以违法所得一倍以上十倍以下的罚款；没有违法所得或者违法所得不足一百万元的，处以一百万元以上一千万元以下的罚款。对直接负责的主管人员和其他直接责任人员给予警告，并处以二十万元以上二百万元以下的罚款。对擅自设立的证券公司，由国务院证券监督管理机构予以取缔。

证券公司违反本法第一百二十条第五款规定提供证券融资融券服务的，没收违法所得，并处以融资融券等值以下的罚款；情节严重的，禁止其在一定期限内从事证券融资融券业务。对直接负责的主管人员和其他直接责任人员给予警告，并处以二十万元以上二百万元以下的罚款。

第二百零三条 提交虚假证明文件或者采取其他欺诈手段骗取证券公司设立许可、业务许可或者重大事项变更核准的，撤销相关许可，并处以一百万元以上一千万元以下的罚款。对直接负责的主管人员和其他直接责任人员给予警告，并处以二十万元以上二百万元以下的罚款。

第二百零四条 证券公司违反本法第一百二十二条的规定，未经核准变更证券业务范围，变更主要股东或者公司的实际控制人，合并、分立、停业、解散、破产的，责令改正，给予警告，没收违法所得，并处以违法所得一倍以上十倍以下的罚款；没有违法所得或者违法所得不足五十万元的，处以五十万元以上五百万元以下的罚款；情节严重的，并处撤销相关业务许可。对直接负责的主管人员和其他直接责任人员给予警告，并处以二十万元以上二百万元以下的罚款。

第二百零五条 证券公司违反本法第一百二十三条第二款的规定，为其股东或者股东的关联人提供融资或者担保的，责令改正，给予警告，并处以五十万元以上五百万元以下的罚款。对直接负责的主管人员和其他直接责任人员给予警告，并处以十万元以上一百万元以下的罚款。股东有过错的，在按照要求改正前，国务院证券监督管理机构可以限制其股东权利；拒不改正的，可以责令其转让所持证券公司股权。

第二百零六条 证券公司违反本法第一百二十八条的规定，未采取有效隔离措施防范利益冲突，或者未分开办理相关业务、混合操作的，责令改正，给予警告，没收违法所得，并处以违法所得一倍以上十倍以下的罚款；没有违法所得或者违法所得不足五十万元的，处以五十万元以上五百万元以下的罚款；情节严重的，并处撤销相关业务许可。对直接负责的主管人员和其他直接责任人员给予警告，并处以二十万元以上二百万元以下的罚款。

第二百零七条 证券公司违反本法第一百二十九条的规定从事证券自营业务的，责令改正，给予警告，没收违法所得，并处以违法所得一倍以上十倍以下的罚款；没有违法所得或者违法所得不足五十万元的，处以五十万元以上五百万元以下的罚款；情节严重的，并处撤销相关业务许可或者责令关闭。对直接负责的主管人员和其他直接责任人员给予警告，并处以二十万元以上二百万元以下的罚款。

第二百零八条 违反本法第一百三十一条的规定，将客户的资金和证券归入自有财产，或者挪用客户的资金和证券的，责令改正，给予警告，没收违法所得，并处以违法所得一倍以上十倍以下的罚款；没有违法所得或者违法所得不足一百万元的，处以一百万元以上一千万元以下的罚款；情节严重的，并处撤销相关业务许可或者责令关闭。对直接负责的主管人员和其他直接责任人员给予警告，并处以五十万元以上五百万元以下的罚款。

第二百零九条 证券公司违反本法第一百三十四条第一款的规定接受客户的全权委托买卖证券的，或者违反本法第一百三十五条的规定对客户的收益或者赔偿客户的损失作出承诺的，责令改正，给予警告，没收违法所得，并处以违法所得一倍以上十倍以下的罚款；没有违法所得或者违法所得不足五十万元的，处以五十万元以上五百万元以下的罚款；情节严重的，并处撤销相关业务许可。对直接负责的主管人员和其他直接责任人员给予警告，并处以二十万元以上二百万元以下的罚款。

证券公司违反本法第一百三十四条第二款的规定，允许他人以证券公司的名义直接参与证券的集中交易的，责令改正，可以并处五十万元以下的罚款。

第二百一十条 证券公司的从业人员违反本法第一百三十六条的规定，私下接受客户委托买卖证券的，责令改正，给予警告，没收违法所得，并处以违法所得一倍以上十倍以下的罚款；没有违法所得的，处以五十万元以下的罚款。

第二百一十一条 证券公司及其主要股东、实际控制人违反本法第一百三十八条的规定，未报送、提供信息和资料，或者报送、提供的信息和资料有虚假记载、误导性陈述或者重大遗漏的，责令改正，给予警告，并处以一百万元以下的罚款；情节严重的，并处撤销相关业务许可。对直接负责的主管人员和其他直接责任人员，给予警告，并处以五十万元以下的罚款。

第二百一十二条 违反本法第一百四十五条的规定，擅自设立证券登记结算机构的，由国务院证券监督管理机构予以取缔，没收违法所得，并处以违法所得一倍以上十倍以下的罚款；没有违法所得或者违法所得不足五十万元的，处以五十万元以上五百万元以下的罚款。对直接负责的主管人员和其他直接责任人员给予警告，并处以二十万元以上二百万元以下的罚款。

第二百一十三条 证券投资咨询机构违反本法第一百六十条第二款的规定擅

自从事证券服务业务，或者从事证券服务业务有本法第一百六十一条规定行为的，责令改正，没收违法所得，并处以违法所得一倍以上十倍以下的罚款；没有违法所得或者违法所得不足五十万元的，处以五十万元以上五百万元以下的罚款。对直接负责的主管人员和其他直接责任人员，给予警告，并处以二十万元以上二百万元以下的罚款。

会计师事务所、律师事务所以及从事资产评估、资信评级、财务顾问、信息技术系统服务的机构违反本法第一百六十条第二款的规定，从事证券服务业务未报备案的，责令改正，可以处二十万元以下的罚款。

证券服务机构违反本法第一百六十三条的规定，未勤勉尽责，所制作、出具的文件有虚假记载、误导性陈述或者重大遗漏的，责令改正，没收业务收入，并处以业务收入一倍以上十倍以下的罚款，没有业务收入或者业务收入不足五十万元的，处以五十万元以上五百万元以下的罚款；情节严重的，并处暂停或者禁止从事证券服务业务。对直接负责的主管人员和其他直接责任人员给予警告，并处以二十万元以上二百万元以下的罚款。

第二百一十四条 发行人、证券登记结算机构、证券公司、证券服务机构未按照规定保存有关文件和资料的，责令改正，给予警告，并处以十万元以上一百万元以下的罚款；泄露、隐匿、伪造、篡改或者毁损有关文件和资料的，给予警告，并处以二十万元以上二百万元以下的罚款；情节严重的，处以五十万元以上五百万元以下的罚款，并处暂停、撤销相关业务许可或者禁止从事相关业务。对直接负责的主管人员和其他直接责任人员给予警告，并处以十万元以上一百万元以下的罚款。

第二百一十五条 国务院证券监督管理机构依法将有关市场主体遵守本法的情况纳入证券市场诚信档案。

第二百一十六条 国务院证券监督管理机构或者国务院授权的部门有下列情形之一的，对直接负责的主管人员和其他直接责任人员，依法给予处分：

（一）对不符合本法规定的发行证券、设立证券公司等申请予以核准、注册、批准的；

（二）违反本法规定采取现场检查、调查取证、查询、冻结或者查封等措施的；

（三）违反本法规定对有关机构和人员采取监督管理措施的；

（四）违反本法规定对有关机构和人员实施行政处罚的；

（五）其他不依法履行职责的行为。

第二百一十七条 国务院证券监督管理机构或者国务院授权的部门的工作人员，不履行本法规定的职责，滥用职权、玩忽职守，利用职务便利牟取不正当利益，或者泄露所知悉的有关单位和个人的商业秘密的，依法追究法律责任。

第二百一十八条 拒绝、阻碍证券监督管理机构及其工作人员依法行使监督检查、调查职权，由证券监督管理机构责令改正，处以十万元以上一百万元以下的罚款，并由公安机关依法给予治安管理处罚。

第二百一十九条 违反本法规定，构成犯罪的，依法追究刑事责任。

第二百二十条 违反本法规定，应当承担民事赔偿责任和缴纳罚款、罚金、违法所得，违法行为人的财产不足以支付的，优先用于承担民事赔偿责任。

第二百二十一条 违反法律、行政法规或者国务院证券监督管理机构的有关规定，情节严重的，国务院证券监督管理机构可以对有关责任人员采取证券市场禁入的措施。

前款所称证券市场禁入，是指在一定期限内直至终身不得从事证券业务、证券服务业务，不得担任证券发行人的董事、监事、高级管理人员，或者一定期限内不得在证券交易所、国务院批准的其他全国性证券交易场所交易证券的制度。

第二百二十二条 依照本法收缴的罚款和没收的违法所得，全部上缴国库。

第二百二十三条 当事人对证券监督管理机构或者国务院授权的部门的处罚决定不服的，可以依法申请行政复议，或者依法直接向人民法院提起诉讼。

第十四章 附 则

第二百二十四条 境内企业直接或者间接到境外发行证券或者将其证券在境外上市交易，应当符合国务院的有关规定。

第二百二十五条 境内公司股票以外币认购和交易的，具体办法由国务院另行规定。

第二百二十六条 本法自 2020 年 3 月 1 日起施行。

附录17 《公司债券发行与交易管理办法》（2023年版）

（2023 年 10 月 20 日，中国证券监督管理委员会令第 222 号发布实施新版的《公司债券发行与交易管理办法》，自公布之日起施行。2021 年 2 月 26 日发布的《公司债券发行与交易管理办法》（证监会令第 180 号）同时废止。）

中国证券监督管理委员会令

第 222 号

《公司债券发行与交易管理办法》已经2023年10月12日中国证券监督管理委员会2023年第6次委务会议审议通过，现予公布，自公布之日起施行。

主 席 易会满

2023年10月20日

公司债券发行与交易管理办法

第一章 总 则

第一条 为了规范公司债券（含企业债券）的发行、交易或转让行为，保护投资者的合法权益和社会公共利益，根据《证券法》、《公司法》和其他相关法律法规，制定本办法。

第二条 在中华人民共和国境内，公开发行公司债券并在证券交易所、全国中小企业股份转让系统交易，非公开发行公司债券并在证券交易所、全国中小企业股份转让系统、证券公司柜台转让的，适用本办法。法律法规和中国证券监督管理委员会（以下简称中国证监会）另有规定的，从其规定。本办法所称公司债券，是指公司依照法定程序发行、约定在一定期限还本付息的有价证券。

第三条 公司债券可以公开发行，也可以非公开发行。

第四条 发行人及其他信息披露义务人应当及时、公平地履行披露义务，所披露或者报送的信息必须真实、准确、完整，简明清晰，通俗易懂，不得有虚假记载、误导性陈述或者重大遗漏。

第五条 发行人及其控股股东、实际控制人、董事、监事、高级管理人员应当诚实守信、勤勉尽责，维护债券持有人享有的法定权利和债券募集说明书约定的权利。

发行人及其控股股东、实际控制人、董事、监事、高级管理人员不得怠于履行偿债义务或者通过财产转移、关联交易等方式逃废债务，故意损害债券持有人权益。

第六条 为公司债券发行提供服务的承销机构、受托管理人，以及资信评级机构、会计师事务所、资产评估机构、律师事务所等专业机构和人员应当勤勉尽责，严格遵守执业规范和监管规则，按规定和约定履行义务。

发行人及其控股股东、实际控制人应当全面配合承销机构、受托管理人、证券服务机构的相关工作，及时提供资料，并确保内容真实、准确、完整。

第七条 发行人、承销机构及其相关工作人员在发行定价和配售过程中，不得有违反公平竞争、进行利益输送、直接或间接谋取不正当利益以及其他破坏市场秩序的行为。

第八条 中国证监会对公司债券发行的注册，证券交易所对公司债券发行出具的审核意见，或者中国证券业协会按照本办法对公司债券发行的报备，不表明其对发行人的经营风险、偿债风险、诉讼风险以及公司债券的投资风险或收益等作出判断或者保证。公司债券的投资风险，由投资者自行承担。

第九条 中国证监会依法对公司债券的发行及其交易或转让活动进行监督管理。证券自律组织依照相关规定对公司债券的发行、上市交易或挂牌转让、登记结算、承销、尽职调查、信用评级、受托管理及增信等进行自律管理。

证券自律组织应当制定相关业务规则，明确公司债券发行、承销、报备、上市交易或挂牌转让、信息披露、登记结算、投资者适当性管理、持有人会议及受托管理等具体规定，报中国证监会批准或备案。

第二章 发行和交易转让的一般规定

第十条 发行公司债券，发行人应当依照《公司法》或者公司章程相关规定对以下事项作出决议：

（一）发行债券的金额；

（二）发行方式；

（三）债券期限；

（四）募集资金的用途；

（五）其他按照法律法规及公司章程规定需要明确的事项。

发行公司债券，如果对增信机制、偿债保障措施作出安排的，也应当在决议事项中载明。

第十一条 发行公司债券，可以附认股权、可转换成相关股票等条款。上市公司、股票公开转让的非上市公众公司股东可以发行附可交换成上市公司或非上市公众公司股票条款的公司债券。商业银行等金融机构可以按照有关规定发行公司债券补充资本。上市公司发行附认股权、可转换成股票条款的公司债券，应当符合上市公司证券发行管理的相关规定。股票公开转让的非上市公众公司发行附认股权、可转换成股票条款的公司债券，由中国证监会另行规定。

第十二条 根据财产状况、金融资产状况、投资知识和经验、专业能力等因素，公司债券投资者可以分为普通投资者和专业投资者。专业投资者的标准按照中国证监会的相关规定执行。

证券自律组织可以在中国证监会相关规定的基础上，设定更为严格的投资者适当性要求。

发行人的董事、监事、高级管理人员及持股比例超过百分之五的股东，可视同专业投资者参与发行人相关公司债券的认购或交易、转让。

第十三条 公开发行公司债券筹集的资金，必须按照公司债券募集说明书所列资金用途使用；改变资金用途，必须经债券持有人会议作出决议。非公开发行公司债券，募集资金应当用于约定的用途；改变资金用途，应当履行募集说明书约定的程序。

鼓励公开发行公司债券的募集资金投向符合国家宏观调控政策和产业政策的项目建设。

公开发行公司债券筹集的资金，不得用于弥补亏损和非生产性支出。发行人应当指定专项账户，用于公司债券募集资金的接收、存储、划转。

第三章 公开发行及交易

第一节 注册规定

第十四条 公开发行公司债券，应当符合下列条件：
（一）具备健全且运行良好的组织机构；
（二）最近三年平均可分配利润足以支付公司债券一年的利息；
（三）具有合理的资产负债结构和正常的现金流量；
（四）国务院规定的其他条件。
公开发行公司债券，由证券交易所负责受理、审核，并报中国证监会注册。

第十五条 存在下列情形之一的，不得再次公开发行公司债券：
（一）对已公开发行的公司债券或者其他债务有违约或者延迟支付本息的事实，仍处于继续状态；

（二）违反《证券法》规定，改变公开发行公司债券所募资金用途。

第十六条 资信状况符合以下标准的公开发行公司债券，专业投资者和普通投资者可以参与认购：

（一）发行人最近三年无债务违约或者延迟支付本息的事实；

（二）发行人最近三年平均可分配利润不少于债券一年利息的 1.5 倍；

（三）发行人最近一期末净资产规模不少于 250 亿元；

（四）发行人最近 36 个月内累计公开发行债券不少于 3 期，发行规模不少于 100 亿元；

（五）中国证监会根据投资者保护的需要规定的其他条件。

未达到前款规定标准的公开发行公司债券，仅限于专业投资者参与认购。

第二节 注册程序

第十七条 发行人公开发行公司债券，应当按照中国证监会有关规定制作注册申请文件，由发行人向证券交易所申报。证券交易所收到注册申请文件后，在五个工作日内作出是否受理的决定。

第十八条 自注册申请文件受理之日起，发行人及其控股股东、实际控制人、董事、监事、高级管理人员，以及与本次债券公开发行并上市相关的主承销商、证券服务机构及相关责任人员，即承担相应法律责任。

第十九条 注册申请文件受理后，未经中国证监会或者证券交易所同意，不得改动。

发生重大事项的，发行人、主承销商、证券服务机构应当及时向证券交易所报告，并按要求更新注册申请文件和信息披露资料。

第二十条 证券交易所负责审核发行人公开发行公司债券并上市申请。

证券交易所主要通过向发行人提出审核问询、发行人回答问题方式开展审核工作，判断发行人是否符合发行条件、上市条件和信息披露要求。

第二十一条 证券交易所按照规定的条件和程序，提出审核意见。认为发行人符合发行条件和信息披露要求的，将审核意见、注册申请文件及相关审核资料报送中国证监会履行发行注册程序。认为发行人不符合发行条件或信息披露要求的，作出终止发行上市审核决定。

第二十二条 证券交易所应当建立健全审核机制，强化质量控制，提高审核工作透明度，公开审核工作相关事项，接受社会监督。

证券交易所在审核中发现申报文件涉嫌虚假记载、误导性陈述或者重大遗漏的，可以对发行人进行现场检查，对相关主承销商、证券服务机构执业质量开展延伸检查。

第二十三条 中国证监会收到证券交易所报送的审核意见、发行人注册申请文件及相关审核资料后，履行发行注册程序。中国证监会认为存在需要进一步说明或者落实事项的，可以问询或要求证券交易所进一步问询。

中国证监会认为证券交易所的审核意见依据不充分的，可以退回证券交易所补充审核。

第二十四条 证券交易所应当自受理注册申请文件之日起二个月内出具审核意见，中国证监会应当自证券交易所受理注册申请文件之日起三个月内作出同意注册或者不予注册的决定。发行人根据中国证监会、证券交易所要求补充、修改注册申请文件的时间不计算在内。

第二十五条 公开发行公司债券，可以申请一次注册，分期发行。中国证监会同意注册的决定自作出之日起两年内有效，发行人应当在注册决定有效期内发行公司债券，并自主选择发行时点。

公开发行公司债券的募集说明书自最后签署之日起六个月内有效。发行人应当及时更新债券募集说明书等公司债券发行文件，并在每期发行前报证券交易所备案。

第二十六条 中国证监会作出注册决定后，主承销商及证券服务机构应当持续履行尽职调查职责；发生重大事项的，发行人、主承销商、证券服务机构应当及时向证券交易所报告。

证券交易所应当对上述事项及时处理，发现发行人存在重大事项影响发行条件、上市条件的，应当出具明确意见并及时向中国证监会报告。

第二十七条 中国证监会作出注册决定后、发行人公司债券上市前，发现可能影响本次发行的重大事项的，中国证监会可以要求发行人暂缓或者暂停发行、上市；相关重大事项导致发行人不符合发行条件的，可以撤销注册。

中国证监会撤销注册后，公司债券尚未发行的，发行人应当停止发行；公司债券已经发行尚未上市的，发行人应当按照发行价并加算银行同期存款利息返还债券持有人。

第二十八条 中国证监会应当按规定公开公司债券发行注册行政许可事项相关的监管信息。

第二十九条 存在下列情形之一的，发行人、主承销商、证券服务机构应当及时书面报告证券交易所或者中国证监会，证券交易所或者中国证监会应当中止相应发行上市审核程序或者发行注册程序：

（一）发行人因涉嫌违法违规被行政机关调查，或者被司法机关侦查，尚未结案，对其公开发行公司债券行政许可影响重大；

（二）发行人的主承销商，以及律师事务所、会计师事务所、资信评级机构等证券服务机构被中国证监会依法采取限制业务活动、责令停业整顿、指定其他机构托管、接管等监管措施，或者被证券交易所实施一定期限内不接受其出具的相关文件的纪律处分，尚未解除；

（三）发行人的主承销商，以及律师事务所、会计师事务所、资信评级机构等证券服务机构签字人员被中国证监会依法采取限制从事证券服务业务等监管措施或者证券市场禁入的措施，或者被证券交易所实施一定期限内不接受其出具的相关文件的纪律处分，尚未解除；

（四）发行人或主承销商主动要求中止发行上市审核程序或者发行注册程序，理由正当且经证券交易所或者中国证监会批准；

（五）中国证监会或证券交易所规定的其他情形。

中国证监会、证券交易所根据发行人、主承销商申请，决定中止审核的，待相关情形消失后，发行人、主承销商可以向中国证监会、证券交易所申请恢复审核。中国证监会、证券交易所依据相关规定中止审核的，待相关情形消失后，中国证监会、证券交易所按规定恢复审核。

第三十条 存在下列情形之一的，证券交易所或者中国证监会应当终止相应发行上市审核程序或者发行注册程序，并向发行人说明理由：

（一）发行人主动要求撤回申请或主承销商申请撤回所出具的核查意见；

（二）发行人未在要求的期限内对注册申请文件作出解释说明或者补充、修改；

（三）注册申请文件存在虚假记载、误导性陈述或重大遗漏；

（四）发行人阻碍或者拒绝中国证监会、证券交易所依法对发行人实施检查、核查；

（五）发行人及其关联方以不正当手段严重干扰发行上市审核或者发行注册工作；

（六）发行人法人资格终止；

（七）发行人注册申请文件内容存在重大缺陷，严重影响投资者理解和发行上市审核或者发行注册工作；

（八）发行人中止发行上市审核程序超过证券交易所规定的时限或者中止发行注册程序超过六个月仍未恢复；

（九）证券交易所认为发行人不符合发行条件或信息披露要求；

（十）中国证监会或证券交易所规定的其他情形。

第三节 交　易

第三十一条　公开发行的公司债券，应当在证券交易场所交易。

公开发行公司债券并在证券交易场所交易的，应当符合证券交易场所规定的上市、挂牌条件。

第三十二条　证券交易场所应当对公开发行公司债券的上市交易实施分类管理，实行差异化的交易机制，建立相应的投资者适当性管理制度，健全风险控制机制。证券交易场所应当根据债券资信状况的变化及时调整交易机制和投资者适当性安排。

第三十三条　公开发行公司债券申请上市交易的，应当在发行前根据证券交易场所的相关规则，明确交易机制和交易环节投资者适当性安排。发行环节和交易环节的投资者适当性要求应当保持一致。

第四章　非公开发行及转让

第三十四条　非公开发行的公司债券应当向专业投资者发行，不得采用广告、公开劝诱和变相公开方式，每次发行对象不得超过二百人。

第三十五条　承销机构应当按照中国证监会、证券自律组织规定的投资者适当性制度，了解和评估投资者对非公开发行公司债券的风险识别和承担能力，确认参与非公开发行公司债券认购的投资者为专业投资者，并充分揭示风险。

第三十六条　非公开发行公司债券，承销机构或依照本办法第三十九条规定自行销售的发行人应当在每次发行完成后五个工作日内向中国证券业协会报备。

中国证券业协会在材料齐备时应当及时予以报备。报备不代表中国证券业协会实行合规性审查，不构成市场准入，也不豁免相关主体的违规责任。

第三十七条　非公开发行公司债券，可以申请在证券交易场所、证券公司柜台转让。

非公开发行公司债券并在证券交易场所转让的，应当遵守证券交易场所制定的业务规则，并经证券交易场所同意。

非公开发行公司债券并在证券公司柜台转让的，应当符合中国证监会的相关规定。

第三十八条 非公开发行的公司债券仅限于专业投资者范围内转让。转让后，持有同次发行债券的投资者合计不得超过二百人。

第五章 发行与承销管理

第三十九条 发行公司债券应当依法由具有证券承销业务资格的证券公司承销。

取得证券承销业务资格的证券公司、中国证券金融股份有限公司非公开发行公司债券可以自行销售。

第四十条 承销机构承销公司债券，应当依据本办法以及中国证监会、中国证券业协会有关风险管理和内部控制等相关规定，制定严格的风险管理和内部控制制度，明确操作规程，保证人员配备，加强定价和配售等过程管理，有效控制业务风险。

承销机构应当建立健全内部问责机制，相关业务人员因违反公司债券相关规定被采取自律监管措施、自律处分、行政监管措施、市场禁入措施、行政处罚、刑事处罚等的，承销机构应当进行内部问责。

承销机构应当制定合理的薪酬考核体系，不得以业务包干等承包方式开展公司债券承销业务，或者以其他形式实施过度激励。

承销机构应当综合评估项目执行成本与风险责任，合理确定报价，不得以明显低于行业定价水平等不正当竞争方式招揽业务。

第四十一条 主承销商应当遵守业务规则和行业规范，诚实守信、勤勉尽责、保持合理怀疑，按照合理性、必要性和重要性原则，对公司债券发行文件的真实性、准确性和完整性进行审慎核查，并有合理谨慎的理由确信发行文件披露的信息不存在虚假记载、误导性陈述或者重大遗漏。

主承销商对公司债券发行文件中证券服务机构出具专业意见的重要内容存在合理怀疑的，应当履行审慎核查和必要的调查、复核工作，排除合理怀疑。证券服务机构应当配合主承销商的相关核查工作。

第四十二条 承销机构承销公司债券，应当依照《证券法》相关规定采用包销或者代销方式。

第四十三条 发行人和主承销商应当签订承销协议，在承销协议中界定双方的权利义务关系，约定明确的承销基数。采用包销方式的，应当明确包销责任。组成承销团的承销机构应当签订承销团协议，由主承销商负责组织承销工作。公司债券发行由两家以上承销机构联合主承销的，所有担任主承销商的承销机构应当共同承担主承销责任，履行相关义务。承销团由三家以上承销机构组成的，可以设副主承销商，协助主承销商组织承销活动。承销团成员应当按照承销团协议及承销协议的约定进行承销活动，不得进行虚假承销。

第四十四条 公司债券公开发行的价格或利率以询价或公开招标等市场化方式确定。发行人和主承销商应当协商确定公开发行的定价与配售方案并予公告，明确价格或利率确定原则、发行定价流程和配售规则等内容。

第四十五条 发行人及其控股股东、实际控制人、董事、监事、高级管理人员和承销机构不得操纵发行定价、暗箱操作；不得以代持、信托等方式谋取不正当利益或向其他相关利益主体输送利益；不得直接或通过其利益相关方向参与认购的投资者提供财务资助；不得有其他违反公平竞争、破坏市场秩序等行为。

发行人不得在发行环节直接或间接认购其发行的公司债券。发行人的董事、监事、高级管理人员、持股比例超过百分之五的股东及其他关联方认购或交易、转让其发行的公司债券的，应当披露相关情况。

第四十六条 公开发行公司债券的，发行人和主承销商应当聘请律师事务所对发行过程、配售行为、参与认购的投资者资质条件、资金划拨等事项进行见证，并出具专项法律意见书。公开发行的公司债券上市后十个工作日内，主承销商应当将专项法律意见、承销总结报告等文件一并报证券交易场所。

第四十七条 发行人和承销机构在推介过程中不得夸大宣传，或以虚假广告等不正当手段诱导、误导投资者，不得披露除债券募集说明书等信息以外的发行人其他信息。承销机构应当保留推介、定价、配售等承销过程中的相关资料，并按相关法律法规规定存档备查，包括推介宣传材料、路演现场录音等，如实、全面反映询价、定价和配售过程。相关推介、定价、配售等的备查资料应当按中国证券业协会的规定制作并妥善保管。

第四十八条 中国证券业协会应当制定非公开发行公司债券承销业务的风险控制管理规定，根据市场风险状况对承销业务范围进行限制并动态调整。

第四十九条 债券募集说明书及其他信息披露文件所引用的审计报告、法律意见书、评级报告及资产评估报告等，应当由符合《证券法》规定的证券服务机构出具。

证券服务机构应当严格遵守法律法规、中国证监会制定的监管规则、执业准则、职业道德守则、证券交易场所制定的业务规则及其他相关规定，建立并保持有效的质量控制体系、独立性管理和投资者保护机制，审慎履行职责，作出专业判断与认定，并对募集说明书或者其他信息披露文件中与其专业职责有关的内容及其出具的文件的真实性、准确性、完整性负责。

证券服务机构及其相关执业人员应当对与本专业相关的业务事项履行特别注意义务，对其他业务事项履行普通注意义务，并承担相应法律责任。

证券服务机构及其执业人员从事证券服务业务应当配合中国证监会的监督管理，在规定的期限内提供、报送或披露相关资料、信息，并保证其提供、报送或披露的资料、信息真实、准确、完整，不得有虚假记载、误导性陈述或者重大遗漏。

证券服务机构应当妥善保存客户委托文件、核查和验证资料、工作底稿以及与质量控制、内部管理、业务经营有关的信息和资料。

第六章　信息披露

第五十条　发行人及其他信息披露义务人应当按照中国证监会及证券自律组织的相关规定履行信息披露义务。

第五十一条　公司债券上市交易的发行人应当按照中国证监会、证券交易所的规定及时披露债券募集说明书，并在债券存续期内披露中期报告和经符合《证券法》规定的会计师事务所审计的年度报告。非公开发行公司债券的发行人信息披露的时点、内容，应当按照募集说明书的约定及证券交易场所的规定履行。

发行人及其控股股东、实际控制人、董事、监事、高级管理人员等作出公开承诺的，应当在募集说明书等文件中披露。

第五十二条　公司债券募集资金的用途应当在债券募集说明书中披露。发行人应当在定期报告中披露公开发行公司债券募集资金的使用情况、募投项目进展情况（如涉及）。非公开发行公司债券的，应当在债券募集说明书中约定募集资金使用情况的披露事宜。

第五十三条　发行人的董事、高级管理人员应当对公司债券发行文件和定期报告签署书面确认意见。

发行人的监事会应当对董事会编制的公司债券发行文件和定期报告进行审核并提出书面审核意见。监事应当签署书面确认意见。

发行人的董事、监事和高级管理人员应当保证发行人及时、公平地披露信息，所披露的信息真实、准确、完整。

董事、监事和高级管理人员无法保证公司债券发行文件和定期报告内容的真实性、准确性、完整性或者有异议的，应当在书面确认意见中发表意见并陈述理由，发行人应当披露。发行人不予披露的，董事、监事和高级管理人员可以直接申请披露。

第五十四条　发生可能对上市交易公司债券的交易价格产生较大影响的重大事件，投资者尚未得知时，发行人应当立即将有关该重大事件的情况向中国证监会、证券交易场所报送临时报告，并予公告，说明事件的起因、目前的状态和可能产生的法律后果。

前款所称重大事件包括：

（一）公司股权结构或者生产经营状况发生重大变化；

（二）公司债券信用评级发生变化；

（三）公司重大资产抵押、质押、出售、转让、报废；

（四）公司发生未能清偿到期债务的情况；

（五）公司新增借款或者对外提供担保超过上年末净资产的百分之二十；

（六）公司放弃债权或者财产超过上年末净资产的百分之十；

（七）公司发生超过上年末净资产百分之十的重大损失；

（八）公司分配股利，作出减资、合并、分立、解散及申请破产的决定，或者依法进入破产程序、被责令关闭；

（九）涉及公司的重大诉讼、仲裁；

（十）公司涉嫌犯罪被依法立案调查，公司的控股股东、实际控制人、董事、监事、高级管理人员涉嫌犯罪被依法采取强制措施；

（十一）募投项目情况发生重大变化，可能影响募集资金投入和使用计划，或者导致项目预期运营收益实现存在较大不确定性；

（十二）中国证监会规定的其他事项。

发行人的控股股东或者实际控制人对重大事件的发生、进展产生较大影响的，应当及时将其知悉的有关情况书面告知发行人，并配合发行人履行信息披露义务。

第五十五条　资信评级机构为公开发行公司债券进行信用评级的，应当符合以下规定或约定：

（一）将评级信息告知发行人，并及时向市场公布首次评级报告、定期和不定期跟踪评级报告；

（二）公司债券的期限为一年以上的，在债券有效存续期间，应当每年至少向市场公布一次定期跟踪评级报告；

（三）应充分关注可能影响评级对象信用等级的所有重大因素，及时向市场公布信用等级调整及其他与评级相关的信息变动情况，并向证券交易场所报告。

第五十六条　公开发行公司债券的发行人及其他信息披露义务人应当将披露的信息刊登在其证券交易场所的互联网网站和符合中国证监会规定条件的媒体，同时将其置备于公司住所、证券交易场所，供社会公众查阅。

第七章　债券持有人权益保护

第五十七条　公开发行公司债券的，发行人应当为债券持有人聘请债券受托管理人，并订立债券受托管理协议；非公开发行公司债券的，发行人应当在募集说明书中约定债券受托管理事项。在债券存续期限内，由债券受托管理人按照规定或协议的约定维护债券持有人的利益。

发行人应当在债券募集说明书中约定，投资者认购或持有本期公司债券视作同意债券受托管理协议、债券持有人会议规则及债券募集说明书中其他有关发行人、债券持有人权利义务的相关约定。

第五十八条　债券受托管理人由本次发行的承销机构或其他经中国证监会认可的机构担任。债券受托管理人应当为中国证券业协会会员。为本次发行提供担保的机构不得担任本次债券发行的受托管理人。债券受托管理人应当勤勉尽责，公正履行受托管理职责，不得损害债券持有人利益。对于债券受托管理人在履行受托管理职责时可能存在的利益冲突情形及相关风险防范、解决机制，发行人应当在债券募集说明书及债券存续期间的信息披露文件中予以充分披露，并同时在债券受托管理协议中载明。

第五十九条　公开发行公司债券的受托管理人应当按规定或约定履行下列职责：

（一）持续关注发行人和保证人的资信状况、担保物状况、增信措施及偿债保障措施的实施情况，出现可能影响债券持有人重大权益的事项时，召集债券持有人会议；

（二）在债券存续期内监督发行人募集资金的使用情况；

（三）对发行人的偿债能力和增信措施的有效性进行全面调查和持续关注，

并至少每年向市场公告一次受托管理事务报告；

（四）在债券存续期内持续督导发行人履行信息披露义务；

（五）预计发行人不能偿还债务时，要求发行人追加担保，并可以依法申请法定机关采取财产保全措施；

（六）在债券存续期内勤勉处理债券持有人与发行人之间的谈判或者诉讼事务；

（七）发行人为债券设定担保的，债券受托管理人应在债券发行前或债券募集说明书约定的时间内取得担保的权利证明或其他有关文件，并在增信措施有效期内妥善保管；

（八）发行人不能按期兑付债券本息或出现募集说明书约定的其他违约事件的，可以接受全部或部分债券持有人的委托，以自己名义代表债券持有人提起、参加民事诉讼或者破产等法律程序，或者代表债券持有人申请处置抵质押物。

第六十条　非公开发行公司债券的，债券受托管理人应当按照债券受托管理协议的约定履行职责。

第六十一条　受托管理人为履行受托管理职责，有权代表债券持有人查询债券持有人名册及相关登记信息、专项账户中募集资金的存储与划转情况。证券登记结算机构应当予以配合。

第六十二条　发行公司债券，应当在债券募集说明书中约定债券持有人会议规则。

债券持有人会议规则应当公平、合理。债券持有人会议规则应当明确债券持有人通过债券持有人会议行使权利的范围，债券持有人会议的召集、通知、决策生效条件与决策程序、决策效力范围和其他重要事项。债券持有人会议按照本办法的规定及会议规则的程序要求所形成的决议对全体债券持有人有约束力，债券持有人会议规则另有约定的除外。

第六十三条　存在下列情形的，债券受托管理人应当按规定或约定召集债券持有人会议：

（一）拟变更债券募集说明书的约定；

（二）拟修改债券持有人会议规则；

（三）拟变更债券受托管理人或受托管理协议的主要内容；

（四）发行人不能按期支付本息；

（五）发行人减资、合并等可能导致偿债能力发生重大不利变化，需要决定

或者授权采取相应措施;

(六)发行人分立、被托管、解散、申请破产或者依法进入破产程序;

(七)保证人、担保物或者其他偿债保障措施发生重大变化;

(八)发行人、单独或合计持有本期债券总额百分之十以上的债券持有人书面提议召开;

(九)发行人管理层不能正常履行职责,导致发行人债务清偿能力面临严重不确定性;

(十)发行人提出债务重组方案的;

(十一)发生其他对债券持有人权益有重大影响的事项。

在债券受托管理人应当召集而未召集债券持有人会议时,单独或合计持有本期债券总额百分之十以上的债券持有人有权自行召集债券持有人会议。

第六十四条 发行人可采取内外部增信机制、偿债保障措施,提高偿债能力,控制公司债券风险。内外部增信机制、偿债保障措施包括但不限于下列方式:

(一)第三方担保;

(二)商业保险;

(三)资产抵押、质押担保;

(四)限制发行人债务及对外担保规模;

(五)限制发行人对外投资规模;

(六)限制发行人向第三方出售或抵押主要资产;

(七)设置债券回售条款。

公司债券增信机构可以成为中国证券业协会会员。

第六十五条 发行人应当在债券募集说明书中约定构成债券违约的情形、违约责任及其承担方式以及公司债券发生违约后的诉讼、仲裁或其他争议解决机制。

第八章 监督管理和法律责任

第六十六条 中国证监会建立对证券交易场所公司债券业务监管工作的监督机制,持续关注证券交易场所发行审核、发行承销过程及其他公司债券业务监管情况,并开展定期或不定期检查。中国证监会在检查和抽查过程中发现问题的,证券交易场所应当整改。

证券交易场所应当建立定期报告制度,及时总结公司债券发行审核、发行承销过程及其他公司债券业务监管工作情况,并报告中国证监会。

第六十七条　证券交易场所公司债券发行上市审核工作违反本办法规定，有下列情形之一的，由中国证监会责令改正；情节严重的，追究直接责任人员相关责任：

（一）未按审核标准开展公司债券发行上市审核工作；

（二）未按程序开展公司债券发行上市审核工作；

（三）不配合中国证监会对发行上市审核工作、发行承销过程及其他公司债券业务监管工作的检查、抽查，或者不按中国证监会的整改要求进行整改。

第六十八条　中国证监会及其派出机构可以依法对发行人以及相关主承销商、受托管理人、证券服务机构等开展检查，检查对象及其工作人员应当配合，保证提供的有关文件和资料真实、准确、完整、及时，不得拒绝、阻碍和隐瞒。

第六十九条　违反法律法规及本办法等规定的，中国证监会可以对相关机构和人员采取责令改正、监管谈话、出具警示函、责令公开说明、责令定期报告等相关监管措施；依法应予行政处罚的，依照《证券法》、《行政处罚法》等法律法规和中国证监会的有关规定进行处罚；涉嫌犯罪的，依法移送司法机关，追究其刑事责任。

第七十条　非公开发行公司债券，发行人及其他信息披露义务人披露的信息存在虚假记载、误导性陈述或者重大遗漏的，中国证监会可以对发行人、其他信息披露义务人及其直接负责的主管人员和其他直接责任人员采取本办法第六十九条规定的相关监管措施；情节严重的，依照《证券法》第一百九十七条予以处罚。

第七十一条　非公开发行公司债券，发行人违反本办法第十三条规定的，中国证监会可以对发行人及其直接负责的主管人员和其他直接责任人员采取本办法第六十九条规定的相关监管措施；情节严重的，处以警告、罚款。

第七十二条　除中国证监会另有规定外，承销或自行销售非公开发行公司债券未按规定进行报备的，中国证监会可以对承销机构及其直接负责的主管人员和其他直接责任人员采取本办法第六十九条规定的相关监管措施；情节严重的，处以警告、罚款。

第七十三条　承销机构在承销公司债券过程中，有下列行为之一的，中国证监会依照《证券法》第一百八十四条予以处罚。

（一）未勤勉尽责，违反本办法第四十一条规定的行为；

（二）以不正当竞争手段招揽承销业务；

（三）从事本办法第四十五条规定禁止的行为；

（四）从事本办法第四十七条规定禁止的行为；

（五）未按本办法及相关规定要求披露有关文件；

（六）未按照事先披露的原则和方式配售公司债券，或其他未依照披露文件实施的行为；

（七）未按照本办法及相关规定要求保留推介、定价、配售等承销过程中相关资料；

（八）其他违反承销业务规定的行为。

第七十四条 发行人及其控股股东、实际控制人、债券受托管理人等违反本办法规定，损害债券持有人权益的，中国证监会可以对发行人、发行人的控股股东和实际控制人、受托管理人及其直接负责的主管人员和其他直接责任人员采取本办法第六十九条规定的相关监管措施；情节严重的，处以警告、罚款。

第七十五条 发行人及其控股股东、实际控制人、董事、监事、高级管理人员违反本办法第五条第二款的规定，严重损害债券持有人权益的，中国证监会可以依法限制其市场融资等活动，并将其有关信息纳入证券期货市场诚信档案数据库。

第九章 附 则

第七十六条 发行公司债券并在证券交易场所交易或转让的，应当由中国证券登记结算有限责任公司依法集中统一办理登记结算业务。非公开发行公司债券并在证券公司柜台转让的，可以由中国证券登记结算有限责任公司或者其他依法从事证券登记、结算业务的机构办理。

第七十七条 发行公司债券，应当符合地方政府性债务管理的相关规定，不得新增政府债务。

第七十八条 证券公司和其他金融机构次级债券的发行、交易或转让，适用本办法。境外注册公司在中国证监会监管的证券交易场所的债券发行、交易或转让，参照适用本办法。

第七十九条 本办法所称证券自律组织包括证券交易所、全国中小企业股份转让系统、中国证券登记结算有限责任公司、中国证券业协会以及中国证监会认定的其他自律组织。

本办法所称证券交易场所包括证券交易所、全国中小企业股份转让系统。

第八十条 本办法自公布之日起施行。2021年2月26日发布的《公司债券发行与交易管理办法》（证监会令第180号）同时废止。

附录18 《国务院关于开展优先股试点的指导意见》

（2013年11月30日，国务院以国发〔2013〕46号印发《关于开展优先股试点的指导意见》。）

为贯彻落实党的十八大、十八届三中全会精神，深化金融体制改革，支持实体经济发展，依照公司法、证券法相关规定，国务院决定开展优先股试点。开展优先股试点，有利于进一步深化企业股份制改革，为发行人提供灵活的直接融资工具，优化企业财务结构，推动企业兼并重组；有利于丰富证券品种，为投资者提供多元化的投资渠道，提高直接融资比重，促进资本市场稳定发展。为稳妥有序开展优先股试点，现提出如下指导意见。

一、优先股股东的权利与义务

（一）优先股的含义。优先股是指依照公司法，在一般规定的普通种类股份之外，另行规定的其他种类股份，其股份持有人优先于普通股股东分配公司利润和剩余财产，但参与公司决策管理等权利受到限制。

除本指导意见另有规定以外，优先股股东的权利、义务以及优先股股份的管理应当符合公司法的规定。试点期间不允许发行在股息分配和剩余财产分配上具有不同优先顺序的优先股，但允许发行在其他条款上具有不同设置的优先股。

（二）优先分配利润。优先股股东按照约定的票面股息率，优先于普通股股东分配公司利润。公司应当以现金的形式向优先股股东支付股息，在完全支付约定的股息之前，不得向普通股股东分配利润。

公司应当在公司章程中明确以下事项：（1）优先股股息率是采用固定股息率还是浮动股息率，并相应明确固定股息率水平或浮动股息率计算方法。（2）公司在有可分配税后利润的情况下是否必须分配利润。（3）如果公司因本会计年度可分配利润不足而未向优先股股东足额派发股息，差额部分是否累积到下一会计年度。（4）优先股股东按照约定的股息率分配股息后，是否有权同普通股股东一起参加剩余利润分配。（5）优先股利润分配涉及的其他事项。

（三）优先分配剩余财产。公司因解散、破产等原因进行清算时，公司财产在按照公司法和破产法有关规定进行清偿后的剩余财产，应当优先向优先股股东支付未派发的股息和公司章程约定的清算金额，不足以支付的按照优先股股东持股比例分配。

（四）优先股转换和回购。公司可以在公司章程中规定优先股转换为普通股、发行人回购优先股的条件、价格和比例。转换选择权或回购选择权可规定由发行人或优先股股东行使。发行人要求回购优先股的，必须完全支付所欠股息，但商业银行发行优先股补充资本的除外。优先股回购后相应减记发行在外的优先股股份总数。

（五）表决权限制。除以下情况外，优先股股东不出席股东大会会议，所持股份没有表决权：（1）修改公司章程中与优先股相关的内容；（2）一次或累计减少公司注册资本超过百分之十；（3）公司合并、分立、解散或变更公司形式；（4）发行优先股；（5）公司章程规定的其他情形。上述事项的决议，除须经出席会议的普通股股东（含表决权恢复的优先股股东）所持表决权的三分之二以上通过之外，还须经出席会议的优先股股东（不含表决权恢复的优先股股东）所持表决权的三分之二以上通过。

（六）表决权恢复。公司累计3个会计年度或连续2个会计年度未按约定支付优先股股息的，优先股股东有权出席股东大会，每股优先股股份享有公司章程规定的表决权。对于股息可累积到下一会计年度的优先股，表决权恢复直至公司全额支付所欠股息。对于股息不可累积的优先股，表决权恢复直至公司全额支付当年股息。公司章程可规定优先股表决权恢复的其他情形。

（七）与股份种类相关的计算。以下事项计算持股比例时，仅计算普通股和表决权恢复的优先股：（1）根据公司法第一百零一条，请求召开临时股东大会；（2）根据公司法第一百零二条，召集和主持股东大会；（3）根据公司法第一百零三条，提交股东大会临时提案；（4）根据公司法第二百一十七条，认定控股股东。

二、优先股发行与交易

（八）发行人范围。公开发行优先股的发行人限于证监会规定的上市公司，非公开发行优先股的发行人限于上市公司（含注册地在境内的境外上市公司）和非上市公众公司。

（九）发行条件。公司已发行的优先股不得超过公司普通股股份总数的百分之五十，且筹资金额不得超过发行前净资产的百分之五十，已回购、转换的优先股不纳入计算。公司公开发行优先股以及上市公司非公开发行优先股的其他条件适用证券法的规定。非上市公众公司非公开发行优先股的条件由证监会另行规定。

（十）公开发行。公司公开发行优先股的，应当在公司章程中规定以下事项：（1）采取固定股息率；（2）在有可分配税后利润的情况下必须向优先股股东分配股息；（3）未向优先股股东足额派发股息的差额部分应当累积到下一会计年度；（4）优先股股东按照约定的股息率分配股息后，不再同普通股股东一起参加剩余利润分配。商业银行发行优先股补充资本的，可就第（2）项和第（3）项事项另行规定。

（十一）交易转让及登记存管。优先股应当在证券交易所、全国中小企业股份转让系统或者在国务院批准的其他证券交易场所交易或转让。优先股应当在中国证券登记结算公司集中登记存管。优先股交易或转让环节的投资者适当性标准应当与发行环节一致。

（十二）信息披露。公司应当在发行文件中详尽说明优先股股东的权利义务，充分揭示风险。同时，应按规定真实、准确、完整、及时、公平地披露或者提供信息，不得有虚假记载、误导性陈述或重大遗漏。

（十三）公司收购。优先股可以作为并购重组支付手段。上市公司收购要约适用于被收购公司的所有股东，但可以针对优先股股东和普通股股东提出不同的收购条件。根据证券法第八十六条计算收购人持有上市公司已发行股份比例，以及根据证券法第八十八条和第九十六条计算触发要约收购义务时，表决权未恢复的优先股不计入持股数额和股本总额。

（十四）与持股数额相关的计算。以下事项计算持股数额时，仅计算普通股和表决权恢复的优先股：（1）根据证券法第五十四条和第六十六条，认定持有公司股份最多的前十名股东的名单和持股数额；（2）根据证券法第四十七条、第六十七条和第七十四条，认定持有公司百分之五以上股份的股东。

三、组织管理和配套政策

（十五）加强组织管理。证监会应加强与有关部门的协调配合，积极稳妥地组织开展优先股试点工作。证监会应当根据公司法、证券法和本指导意见，制定并发布优先股试点的具体规定，指导证券自律组织完善相关业务规则。

证监会应当加强市场监管，督促公司认真履行信息披露义务，督促中介机构诚实守信、勤勉尽责，依法查处违法违规行为，切实保护投资者合法权益。

（十六）完善配套政策。优先股相关会计处理和财务报告，应当遵循财政部发布的企业会计准则及其他相关会计标准。企业投资优先股获得的股息、红利等投资收益，符合税法规定条件的，可以作为企业所得税免税收入。全国社会保障基金、企业年金投资优先股的比例不受现行证券品种投资比例的限制，具体政策由国务院主管部门制定。外资行业准入管理中外资持股比例优先股与普通股合并计算。试点中需要配套制定的其他政策事项，由证监会根据试点进展情况提出，商有关部门办理，重大事项报告国务院。

附录19 《上市公司独立董事管理办法》

（2023年7月28日，《上市公司独立董事管理办法》经中国证券监督管理委员会2023年第5次委务会议审议通过，自2023年9月4日起施行。）

第一章 总 则

第一条 为规范独立董事行为，充分发挥独立董事在上市公司治理中的作用，促进提高上市公司质量，依据《中华人民共和国公司法》《中华人民共和国证券法》《国务院办公厅关于上市公司独立董事制度改革的意见》等规定，制定本办法。

第二条 独立董事是指不在上市公司担任除董事外的其他职务，并与其所受聘的上市公司及其主要股东、实际控制人不存在直接或者间接利害关系，或者其他可能影响其进行独立客观判断关系的董事。

独立董事应当独立履行职责，不受上市公司及其主要股东、实际控制人等单位或者个人的影响。

第三条 独立董事对上市公司及全体股东负有忠实与勤勉义务，应当按照法律、行政法规、中国证券监督管理委员会（以下简称中国证监会）规定、证券交易所业务规则和公司章程的规定，认真履行职责，在董事会中发挥参与决策、监督制衡、专业咨询作用，维护上市公司整体利益，保护中小股东合法权益。

第四条 上市公司应当建立独立董事制度。独立董事制度应当符合法律、行政法规、中国证监会规定和证券交易所业务规则的规定，有利于上市公司的持续规范发展，不得损害上市公司利益。上市公司应当为独立董事依法履职提供必要保障。

第五条 上市公司独立董事占董事会成员的比例不得低于三分之一，且至少包括一名会计专业人士。

上市公司应当在董事会中设置审计委员会。审计委员会成员应当为不在上市公司担任高级管理人员的董事，其中独立董事应当过半数，并由独立董事中会计专业人士担任召集人。

上市公司可以根据需要在董事会中设置提名、薪酬与考核、战略等专门委员会。提名委员会、薪酬与考核委员会中独立董事应当过半数并担任召集人。

第二章 任职资格与任免

第六条 独立董事必须保持独立性。下列人员不得担任独立董事：

（一）在上市公司或者其附属企业任职的人员及其配偶、父母、子女、主要社会关系；

（二）直接或者间接持有上市公司已发行股份百分之一以上或者是上市公司前十名股东中的自然人股东及其配偶、父母、子女；

（三）在直接或者间接持有上市公司已发行股份百分之五以上的股东或者在上市公司前五名股东任职的人员及其配偶、父母、子女；

（四）在上市公司控股股东、实际控制人的附属企业任职的人员及其配偶、父母、子女；

（五）与上市公司及其控股股东、实际控制人或者其各自的附属企业有重大业务往来的人员，或者在有重大业务往来的单位及其控股股东、实际控制人任职的人员；

（六）为上市公司及其控股股东、实际控制人或者其各自附属企业提供财务、法律、咨询、保荐等服务的人员，包括但不限于提供服务的中介机构的项目组全体人员、各级复核人员、在报告上签字的人员、合伙人、董事、高级管理人员及主要负责人；

（七）最近十二个月内曾经具有第一项至第六项所列举情形的人员；

（八）法律、行政法规、中国证监会规定、证券交易所业务规则和公司章程规定的不具备独立性的其他人员。

前款第四项至第六项中的上市公司控股股东、实际控制人的附属企业，不包括与上市公司受同一国有资产管理机构控制且按照相关规定未与上市公司构成关联关系的企业。

独立董事应当每年对独立性情况进行自查，并将自查情况提交董事会。董事会应当每年对在任独立董事独立性情况进行评估并出具专项意见，与年度报告同时披露。

第七条 担任独立董事应当符合下列条件：

（一）根据法律、行政法规和其他有关规定，具备担任上市公司董事的资格；

（二）符合本办法第六条规定的独立性要求；

（三）具备上市公司运作的基本知识，熟悉相关法律法规和规则；（四）具有五年以上履行独立董事职责所必需的法律、会计或者经济等工作经验；

（五）具有良好的个人品德，不存在重大失信等不良记录；

（六）法律、行政法规、中国证监会规定、证券交易所业务规则和公司章程规定的其他条件。

第八条　独立董事原则上最多在三家境内上市公司担任独立董事，并应当确保有足够的时间和精力有效地履行独立董事的职责。

第九条　上市公司董事会、监事会、单独或者合计持有上市公司已发行股份百分之一以上的股东可以提出独立董事候选人，并经股东大会选举决定。

依法设立的投资者保护机构可以公开请求股东委托其代为行使提名独立董事的权利。

第一款规定的提名人不得提名与其存在利害关系的人员或者有其他可能影响独立履职情形的关系密切人员作为独立董事候选人。

第十条　独立董事的提名人在提名前应当征得被提名人的同意。提名人应当充分了解被提名人职业、学历、职称、详细的工作经历、全部兼职、有无重大失信等不良记录等情况，并对其符合独立性和担任独立董事的其他条件发表意见。被提名人应当就其符合独立性和担任独立董事的其他条件作出公开声明。

第十一条　上市公司在董事会中设置提名委员会的，提名委员会应当对被提名人任职资格进行审查，并形成明确的审查意见。上市公司应当在选举独立董事的股东大会召开前，按照本办法第十条以及前款的规定披露相关内容，并将所有独立董事候选人的有关材料报送证券交易所，相关报送材料应当真实、准确、完整。

证券交易所依照规定对独立董事候选人的有关材料进行审查，审慎判断独立董事候选人是否符合任职资格并有权提出异议。证券交易所提出异议的，上市公司不得提交股东大会选举。

第十二条　上市公司股东大会选举两名以上独立董事的，应当实行累积投票制。鼓励上市公司实行差额选举，具体实施细则由公司章程规定。

中小股东表决情况应当单独计票并披露。

第十三条　独立董事每届任期与上市公司其他董事任期相同，任期届满，可以连选连任，但是连续任职不得超过六年。

第十四条　独立董事任期届满前，上市公司可以依照法定程序解除其职务。提前解除独立董事职务的，上市公司应当及时披露具体理由和依据。独立董事有异议的，上市公司应当及时予以披露。

独立董事不符合本办法第七条第一项或者第二项规定的，应当立即停止履职并辞去职务。未提出辞职的，董事会知悉或者应当知悉该事实发生后应当立即按规定解除其职务。

独立董事因触及前款规定情形提出辞职或者被解除职务导致董事会或者其专门委员会中独立董事所占的比例不符合本办法或者公司章程的规定，或者独立董事中欠缺会计专业人士的，上市公司应当自前述事实发生之日起六十日内完成补选。

第十五条　独立董事在任期届满前可以提出辞职。独立董事辞职应当向董事会提交书面辞职报告，对任何与其辞职有关或者其认为有必要引起上市公司股东和债权人注意的情况进行说明。上市公司应当对独立董事辞职的原因及关注事项予以披露。

独立董事辞职将导致董事会或者其专门委员会中独立董事所占的比例不符合本办法或者公司章程的规定，或者独立董事中欠缺会计专业人士的，拟辞职的独立董事应当继续履行职责至新任独立董事产生之日。上市公司应当自独立董事提出辞职之日起六十日内完成补选。

第十六条　中国上市公司协会负责上市公司独立董事信息库建设和管理工作。上市公司可以从独立董事信息库选聘独立董事。

第三章　职责与履职方式

第十七条　独立董事履行下列职责：

（一）参与董事会决策并对所议事项发表明确意见；

（二）对本办法第二十三条、第二十六条、第二十七条和第二十八条所列上市公司与其控股股东、实际控制人、董事、高级管理人员之间的潜在重大利益冲突事项进行监督，促使董事会决策符合上市公司整体利益，保护中小股东合法权益；

（三）对上市公司经营发展提供专业、客观的建议，促进提升董事会决策水平；

（四）法律、行政法规、中国证监会规定和公司章程规定的其他职责。

第十八条　独立董事行使下列特别职权：

（一）独立聘请中介机构，对上市公司具体事项进行审计、咨询或者核查；

（二）向董事会提议召开临时股东大会；

（三）提议召开董事会会议；

（四）依法公开向股东征集股东权利；

（五）对可能损害上市公司或者中小股东权益的事项发表独立意见；

（六）法律、行政法规、中国证监会规定和公司章程规定的其他职权。

独立董事行使前款第一项至第三项所列职权的，应当经全体独立董事过半数同意。

独立董事行使第一款所列职权的，上市公司应当及时披露。

上述职权不能正常行使的，上市公司应当披露具体情况和理由。

第十九条　董事会会议召开前，独立董事可以与董事会秘书进行沟通，就拟审议事项进行询问、要求补充材料、提出意见建议等。董事会及相关人员应当对独立董事提出的问题、要求和意见认真研究，及时向独立董事反馈议案修改等落实情况。

第二十条　独立董事应当亲自出席董事会会议。因故不能亲自出席会议的，独立董事应当事先审阅会议材料，形成明确的意见，并书面委托其他独立董事代为出席。

独立董事连续两次未能亲自出席董事会会议，也不委托其他独立董事代为出席的，董事会应当在该事实发生之日起三十日内提议召开股东大会解除该独立董事职务。

第二十一条　独立董事对董事会议案投反对票或者弃权票的，应当说明具体理由及依据、议案所涉事项的合法合规性、可能存在的风险以及对上市公司和中小股东权益的影响等。上市公司在披露董事会决议时，应当同时披露独立董事的异议意见，并在董事会决议和会议记录中载明。

第二十二条　独立董事应当持续关注本办法第二十三条、第二十六条、第二十七条和第二十八条所列事项相关的董事会决议执行情况，发现存在违反法律、行政法规、中国证监会规定、证券交易所业务规则和公司章程规定，或者违反股东大会和董事会决议等情形的，应当及时向董事会报告，并可以要求上市公司作出书面说明。涉及披露事项的，上市公司应当及时披露。

上市公司未按前款规定作出说明或者及时披露的，独立董事可以向中国证监会和证券交易所报告。

第二十三条　下列事项应当经上市公司全体独立董事过半数同意后，提交董事会审议：

（一）应当披露的关联交易；

（二）上市公司及相关方变更或者豁免承诺的方案；

（三）被收购上市公司董事会针对收购所作出的决策及采取的措施；

（四）法律、行政法规、中国证监会规定和公司章程规定的其他事项。

第二十四条　上市公司应当定期或者不定期召开全部由独立董事参加的会议（以下简称独立董事专门会议）。本办法第十八条第一款第一项至第三项、第二十三条所列事项，应当经独立董事专门会议审议。

独立董事专门会议可以根据需要研究讨论上市公司其他事项。

独立董事专门会议应当由过半数独立董事共同推举一名独立董事召集和主持；召集人不履职或者不能履职时，两名及以上独立董事可以自行召集并推举一名代表主持。

上市公司应当为独立董事专门会议的召开提供便利和支持。

第二十五条　独立董事在上市公司董事会专门委员会中应当依照法律、行政法规、中国证监会规定、证券交易所业务规则和公司章程履行职责。独立董事应当亲自出席专门委员会会议，因故不能亲自出席会议的，应当事先审阅会议材料，形成明确的意见，并书面委托其他独立董事代为出席。独立董事履职中关注到专门委员会职责范围内的上市公司重大事项，可以依照程序及时提请专门委员会进行讨论和审议。

上市公司应当按照本办法规定在公司章程中对专门委员会的组成、职责等作出规定，并制定专门委员会工作规程，明确专门委员会的人员构成、任期、职责范围、议事规则、档案保存等相关事项。国务院有关主管部门对专门委员会的召集人另有规定的，从其规定。

第二十六条　上市公司董事会审计委员会负责审核公司财务信息及其披露、监督及评估内外部审计工作和内部控制，下列事项应当经审计委员会全体成员过半数同意后，提交董事会审议：

（一）披露财务会计报告及定期报告中的财务信息、内部控制评价报告；

（二）聘用或者解聘承办上市公司审计业务的会计师事务所；

（三）聘任或者解聘上市公司财务负责人；

（四）因会计准则变更以外的原因作出会计政策、会计估计变更或者重大会计差错更正；

（五）法律、行政法规、中国证监会规定和公司章程规定的其他事项。

审计委员会每季度至少召开一次会议，两名及以上成员提议，或者召集人认为有必要时，可以召开临时会议。审计委员会会议须有三分之二以上成员出席方可举行。

第二十七条　上市公司董事会提名委员会负责拟定董事、高级管理人员的选择标准和程序，对董事、高级管理人员人选及其任职资格进行遴选、审核，并就下列事项向董事会提出建议：

（一）提名或者任免董事；

（二）聘任或者解聘高级管理人员；

（三）法律、行政法规、中国证监会规定和公司章程规定的其他事项。

董事会对提名委员会的建议未采纳或者未完全采纳的，应当在董事会决议中记载提名委员会的意见及未采纳的具体理由，并进行披露。

第二十八条　上市公司董事会薪酬与考核委员会负责制定董事、高级管理人员的考核标准并进行考核，制定、审查董事、高级管理人员的薪酬政策与方案，并就下列事项向董事会提出建议：

（一）董事、高级管理人员的薪酬；

（二）制定或者变更股权激励计划、员工持股计划，激励对象获授权益、行使权益条件成就；

（三）董事、高级管理人员在拟分拆所属子公司安排持股计划；

（四）法律、行政法规、中国证监会规定和公司章程规定的其他事项。

董事会对薪酬与考核委员会的建议未采纳或者未完全采纳的，应当在董事会决议中记载薪酬与考核委员会的意见及未采纳的具体理由，并进行披露。

第二十九条　上市公司未在董事会中设置提名委员会、薪酬与考核委员会的，由独立董事专门会议按照本办法第十一条对被提名人任职资格进行审查，就本办法第二十七条第一款、第二十八条第一款所列事项向董事会提出建议。

第三十条　独立董事每年在上市公司的现场工作时间应当不少于十五日。

除按规定出席股东大会、董事会及其专门委员会、独立董事专门会议外，独立董事可以通过定期获取上市公司运营情况等资料、听取管理层汇报、与内部审计机构负责人和承办上市公司审计业务的会计师事务所等中介机构沟通、实地考察、与中小股东沟通等多种方式履行职责。

第三十一条　上市公司董事会及其专门委员会、独立董事专门会议应当按规定制作会议记录，独立董事的意见应当在会议记录中载明。独立董事应当对会议记录签字确认。

独立董事应当制作工作记录，详细记录履行职责的情况。独立董事履行职责过程中获取的资料、相关会议记录、与上市公司及中介机构工作人员的通讯记录等，构成工作记录的组成部分。对于工作记录中的重要内容，独立董事可以要求董事会秘书等相关人员签字确认，上市公司及相关人员应当予以配合。

独立董事工作记录及上市公司向独立董事提供的资料，应当至少保存十年。

第三十二条 上市公司应当健全独立董事与中小股东的沟通机制，独立董事可以就投资者提出的问题及时向上市公司核实。

第三十三条 独立董事应当向上市公司年度股东大会提交年度述职报告，对其履行职责的情况进行说明。年度述职报告应当包括下列内容：

（一）出席董事会次数、方式及投票情况，出席股东大会次数；

（二）参与董事会专门委员会、独立董事专门会议工作情况；

（三）对本办法第二十三条、第二十六条、第二十七条、第二十八条所列事项进行审议和行使本办法第十八条第一款所列独立董事特别职权的情况；

（四）与内部审计机构及承办上市公司审计业务的会计师事务所就公司财务、业务状况进行沟通的重大事项、方式及结果等情况；

（五）与中小股东的沟通交流情况；

（六）在上市公司现场工作的时间、内容等情况；

（七）履行职责的其他情况。

独立董事年度述职报告最迟应当在上市公司发出年度股东大会通知时披露。

第三十四条 独立董事应当持续加强证券法律法规及规则的学习，不断提高履职能力。中国证监会、证券交易所、中国上市公司协会可以提供相关培训服务。

第四章　履职保障

第三十五条 上市公司应当为独立董事履行职责提供必要的工作条件和人员支持，指定董事会办公室、董事会秘书等专门部门和专门人员协助独立董事履行职责。

董事会秘书应当确保独立董事与其他董事、高级管理人员及其他相关人员之间的信息畅通，确保独立董事履行职责时能够获得足够的资源和必要的专业意见。

第三十六条 上市公司应当保障独立董事享有与其他董事同等的知情权。为保证独立董事有效行使职权，上市公司应当向独立董事定期通报公司运营情况，提供资料，组织或者配合独立董事开展实地考察等工作。

上市公司可以在董事会审议重大复杂事项前，组织独立董事参与研究论证等环节，充分听取独立董事意见，并及时向独立董事反馈意见采纳情况。

第三十七条 上市公司应当及时向独立董事发出董事会会议通知，不迟于法律、行政法规、中国证监会规定或者公司章程规定的董事会会议通知期限提供相关会议资料，并为独立董事提供有效沟通渠道；董事会专门委员会召开会议的，上市公司原则上应当不迟于专门委员会会议召开前三日提供相关资料和信息。上市公司应当保存上述会议资料至少十年。

两名及以上独立董事认为会议材料不完整、论证不充分或者提供不及时的，可以书面向董事会提出延期召开会议或者延期审议该事项，董事会应当予以采纳。

董事会及专门委员会会议以现场召开为原则。在保证全体参会董事能够充分沟通并表达意见的前提下，必要时可以依照程序采用视频、电话或者其他方式召开。

第三十八条　独立董事行使职权的，上市公司董事、高级管理人员等相关人员应当予以配合，不得拒绝、阻碍或者隐瞒相关信息，不得干预其独立行使职权。

独立董事依法行使职权遭遇阻碍的，可以向董事会说明情况，要求董事、高级管理人员等相关人员予以配合，并将受到阻碍的具体情形和解决状况记入工作记录；仍不能消除阻碍的，可以向中国证监会和证券交易所报告。

独立董事履职事项涉及应披露信息的，上市公司应当及时办理披露事宜；上市公司不予披露的，独立董事可以直接申请披露，或者向中国证监会和证券交易所报告。

中国证监会和证券交易所应当畅通独立董事沟通渠道。

第三十九条　上市公司应当承担独立董事聘请专业机构及行使其他职权时所需的费用。

第四十条　上市公司可以建立独立董事责任保险制度，降低独立董事正常履行职责可能引致的风险。

第四十一条　上市公司应当给予独立董事与其承担的职责相适应的津贴。津贴的标准应当由董事会制订方案，股东大会审议通过，并在上市公司年度报告中进行披露。

除上述津贴外，独立董事不得从上市公司及其主要股东、实际控制人或者有利害关系的单位和人员取得其他利益。

第五章　监督管理与法律责任

第四十二条　中国证监会依法对上市公司独立董事及相关主体在证券市场的活动进行监督管理。

证券交易所、中国上市公司协会依照法律、行政法规和本办法制定相关自律规则，对上市公司独立董事进行自律管理。

有关自律组织可以对上市公司独立董事履职情况进行评估，促进其不断提高履职效果。

第四十三条 中国证监会、证券交易所可以要求上市公司、独立董事及其他相关主体对独立董事有关事项作出解释、说明或者提供相关资料。上市公司、独立董事及相关主体应当及时回复，并配合中国证监会的检查、调查。

第四十四条 上市公司、独立董事及相关主体违反本办法规定的，中国证监会可以采取责令改正、监管谈话、出具警示函、责令公开说明、责令定期报告等监管措施。依法应当给予行政处罚的，中国证监会依照有关规定进行处罚。

第四十五条 对独立董事在上市公司中的履职尽责情况及其行政责任，可以结合独立董事履行职责与相关违法违规行为之间的关联程度，兼顾其董事地位和外部身份特点，综合下列方面进行认定：

（一）在信息形成和相关决策过程中所起的作用；

（二）相关事项信息来源和内容、了解信息的途径；

（三）知情程度及知情后的态度；

（四）对相关异常情况的注意程度，为核验信息采取的措施；

（五）参加相关董事会及其专门委员会、独立董事专门会议的情况；

（六）专业背景或者行业背景；

（七）其他与相关违法违规行为关联的方面。

第四十六条 独立董事能够证明其已履行基本职责，且存在下列情形之一的，可以认定其没有主观过错，依照《中华人民共和国行政处罚法》不予行政处罚：

（一）在审议或者签署信息披露文件前，对不属于自身专业领域的相关具体问题，借助会计、法律等专门职业的帮助仍然未能发现问题的；

（二）对违法违规事项提出具体异议，明确记载于董事会、董事会专门委员会或者独立董事专门会议的会议记录中，并在董事会会议中投反对票或者弃权票的；

（三）上市公司或者相关方有意隐瞒，且没有迹象表明独立董事知悉或者能够发现违法违规线索的；

（四）因上市公司拒绝、阻碍独立董事履行职责，导致其无法对相关信息披露文件是否真实、准确、完整作出判断，并及时向中国证监会和证券交易所书面报告的；

（五）能够证明勤勉尽责的其他情形。

在违法违规行为揭露日或者更正日之前，独立董事发现违法违规行为后及时向上市公司提出异议并监督整改，且向中国证监会和证券交易所书面报告的，可以不予行政处罚。

独立董事提供证据证明其在履职期间能够按照法律、行政法规、部门规章、规范性文件以及公司章程的规定履行职责的，或者在违法违规行为被揭露后及时督促上市公司整改且效果较为明显的，中国证监会可以结合违法违规行为事实和性质、独立董事日常履职情况等综合判断其行政责任。

第六章 附 则

第四十七条 本办法下列用语的含义：

（一）主要股东，是指持有上市公司百分之五以上股份，或者持有股份不足百分之五但对上市公司有重大影响的股东；

（二）中小股东，是指单独或者合计持有上市公司股份未达到百分之五，且不担任上市公司董事、监事和高级管理人员的股东；

（三）附属企业，是指受相关主体直接或者间接控制的企业；

（四）主要社会关系，是指兄弟姐妹、兄弟姐妹的配偶、配偶的父母、配偶的兄弟姐妹、子女的配偶、子女配偶的父母等；

（五）违法违规行为揭露日，是指违法违规行为在具有全国性影响的报刊、电台、电视台或者监管部门网站、交易场所网站、主要门户网站、行业知名的自媒体等媒体上，首次被公开揭露并为证券市场知悉之日；

（六）违法违规行为更正日，是指信息披露义务人在证券交易场所网站或者符合中国证监会规定条件的媒体上自行更正之日。

第四十八条 本办法自 2023 年 9 月 4 日起施行。2022 年 1 月 5 日发布的《上市公司独立董事规则》（证监会公告〔2022〕14 号）同时废止。

自本办法施行之日起的一年为过渡期。过渡期内，上市公司董事会及专门委员会的设置、独立董事专门会议机制、独立董事的独立性、任职条件、任职期限及兼职家数等事项与本办法不一致的，应当逐步调整至符合本办法规定。

《上市公司股权激励管理办法》《上市公司收购管理办法》《上市公司重大资产重组管理办法》等本办法施行前中国证监会发布的规章与本办法的规定不一致的，适用本办法。